JZ

Flujo circular de la renta Pág 51

Economía

1

Anxo Penalonga Sweers

Revisores técnicos:
José Alfaro Giménez
Clara González Fernández
Montserrat Pina Massachs

McGraw Hill Education

MADRID – BARCELONA – BOGOTÁ – BUENOS AIRES – CARACAS – GUATEMALA
MÉXICO – NUEVA YORK – PANAMÁ – SAN JUAN – SANTIAGO – SAO PAULO
AUCKLAND – HAMBURGO – LONDRES – MILÁN – MONTREAL
NUEVA DELHI – PARÍS – SAN FRANCISCO – SIDNEY – SINGAPUR

Presentación

Es indudable la importancia de la economía en el mundo actual: de ella depende la buena marcha de los negocios, se menciona a menudo en las noticias, se practica en los hogares para llegar a fin de mes, muchos libros tratan de ella, etc.

Todos sabemos que si la economía va mal debemos ahorrar y que si va bien quizá sea el momento de cambiar de coche o de invertir en bolsa. Pero, ¿qué sabemos realmente de economía antes de iniciar su estudio? Aunque es un concepto íntimamente ligado a la condición humana y prácticamente el motor que mueve el mundo, resulta sorprendente que para la mayoría de la gente la economía sea una disciplina extraña que, no obstante su aparente complejidad, dispone de sección propia en periódicos y telediarios.

Y sin embargo, es una ciencia útil que, tal como veremos a lo largo de este manual, estudia cuestiones como: ¿De qué depende que un médico gane más que un fontanero? ¿Cómo funciona la bolsa de valores? ¿Qué pretende el Gobierno al subir o bajar los impuestos? ¿Por qué en España muchas noticias versan sobre automóviles o turismo? ¿Por qué en algunos lugares las personas mueren de hambre cuando en otros sobran alimentos?

Para el autor de este libro, economista y docente, constituye un auténtico reto transmitir su entusiasmo por esta materia a los alumnos, máxime cuando no hay ninguna asignatura de la formación general que prepare para adentrarse en su estudio.

Con un enfoque pedagógico, innovador y ameno, el presente manual conjuga características técnicas, y sobre todo didácticas, para acercar al alumnado a una materia amena y asequible expuesta con un rigor y una claridad poco convencionales. Son muchas las secciones y elementos que hacen de este libro una herramienta realmente versátil en las aulas: los *Observatorios económicos,* que introducen contenidos transversales, los minuciosos *Casos prácticos,* que desarrollan la teoría, las *viñetas,* que tratan los temas económicos en clave de humor, los *Textos de apoyo,* que matizan los conceptos importantes, los artículos comentados de los Nobel de Economía, etc.

Para esta nueva edición hemos documentado exhaustivamente la actualidad económica a través de la actualización e inserción de nuevas secciones en estilo periodístico, las reflexiones en torno a los grandes problemas del siglo XXI o la utilización del cine o las reseñas bibliográficas como herramienta de trabajo. Si la primera edición fue una revolución en lo que a la didáctica de la economía se refiere y la segunda reforzó esa línea, esta cuarta edición mantiene intacto el espíritu de las precedentes, al tiempo que apuesta por la reflexión y el debate con nuevas secciones, ejercicios y actividades.

Todo ello configura esta obra que pretendemos que sea de referencia y de cuya utilidad práctica responde la experiencia en las aulas. Es el trabajo docente diario el verdadero y único artífice del planteamiento y la redacción final de este texto.

En la confianza de que cuando acabes este libro nos una la pasión por la economía, te invito a iniciar su lectura.

El autor

Unidad 13. Comercio internacional

Unidad 14. Integración económica: La Unión Europea

Unidad 15. La globalización y los desequilibrios de la economía mundial

Desarrollo de los contenidos

Observatorio

Comentarios extraídos de la actualidad económica que permiten reflexionar y aplicar los conocimientos aprendidos a problemas y situaciones reales.

Actividades

Permiten trabajar los contenidos a medida que se van explicando, con lo que se asegura un aprendizaje progresivo.

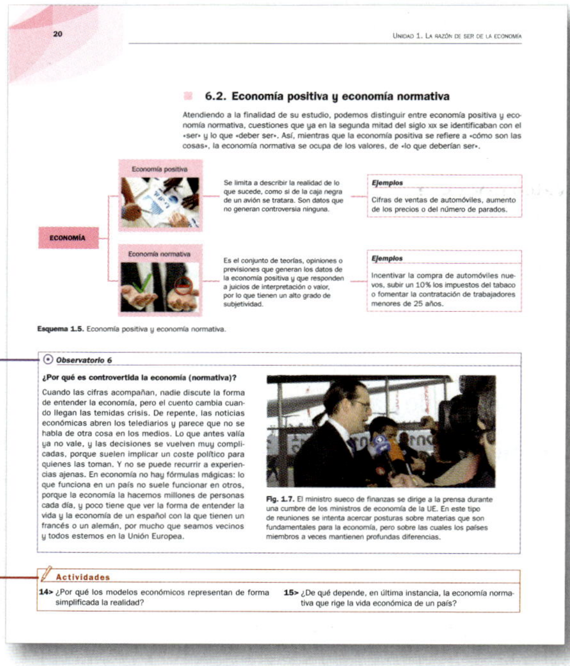
20 Unidad 1. La razón de ser de la economía

6.2. Economía positiva y economía normativa

Atendiendo a la finalidad de su estudio, podemos distinguir entre economía positiva y economía normativa, cuestiones que ya en la segunda mitad del siglo XIX se identificaban con el «ser» y lo que «deber ser». Así, mientras que la economía positiva se refiere a «cómo son las cosas», la economía normativa se ocupa de los valores, de «lo que deberían ser».

ECONOMÍA
Economía positiva — Se limita a describir la realidad de lo que sucede, como si de la caja negra de un avión se tratara. Son datos que no generan controversia ninguna. — Ejemplos: Cifras de ventas de automóviles, aumento de los precios o del número de parados.
Economía normativa — Es el conjunto de teorías, opiniones o previsiones que generan los datos de la economía positiva y que responden a juicios de interpretación o valor, por lo que tienen un alto grado de subjetividad. — Ejemplos: Incentivar la compra de automóviles nuevos, subir un 10% los impuestos del tabaco o fomentar la contratación de trabajadores menores de 25 años.

Esquema 1.5. Economía positiva y economía normativa.

Observatorio 6

¿Por qué es controvertida la economía (normativa)?

Cuando las cifras acompañan, nadie discute la forma de entender la economía, pero el cuento cambia cuando llegan las temidas crisis. De repente, las noticias económicas abren los telediarios y parece que no se habla de otra cosa en los medios. Lo que antes valía ya no vale, y las decisiones se vuelven muy complicadas, porque suelen implicar un coste político para quienes las toman. Y no se puede recurrir a experiencias ajenas. En economía no hay fórmulas mágicas: lo que funciona en un país no suele funcionar en otros, porque la economía la hacemos millones de personas cada día, y poco tiene que ver la forma de entender la vida y la economía de un español con la que tienen un francés o un alemán, por mucho que seamos vecinos y todos estemos en la Unión Europea.

Fig. 1.7. El ministro sueco de finanzas se dirige a la prensa durante una cumbre de los ministros de economía de la UE. En este tipo de reuniones se intenta acercar posturas sobre materias que son fundamentales para la economía, pero sobre las cuales los países miembros a veces mantienen profundas diferencias.

Actividades

14> ¿Por qué los modelos económicos representan de forma simplificada la realidad?

15> ¿De qué depende, en última instancia, la economía normativa que rige la vida económica de un país?

Secciones finales

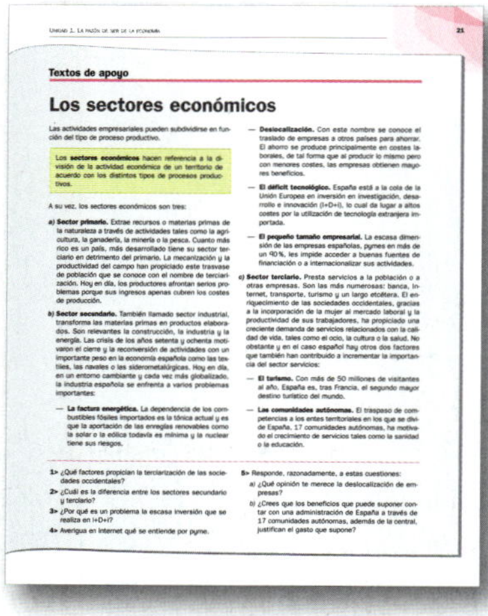
Textos de apoyo
Los sectores económicos

Textos de apoyo

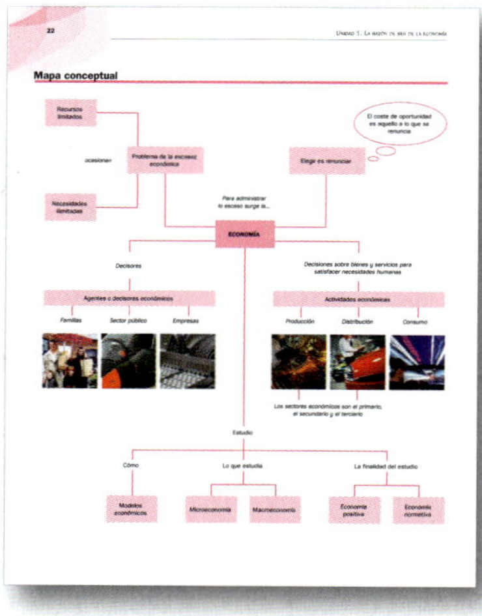
Mapa conceptual

Mapa conceptual

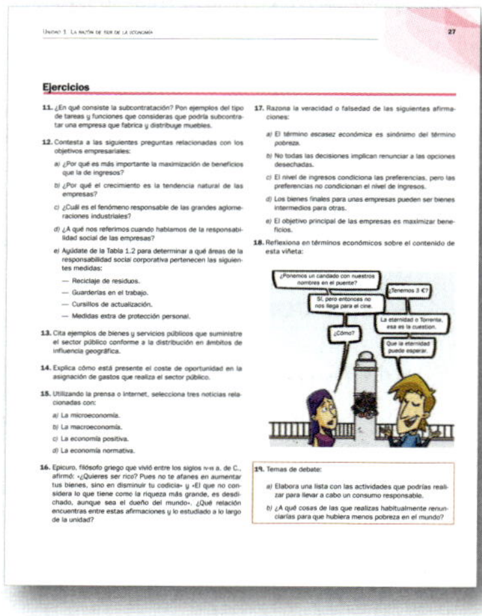
Ejercicios

Ejercicios

Economicus

Reportaje
Las decisiones de los políticos

Reportaje

Análisis económico
La fábula del industrial y el pescador

Análisis económico

Cultura económica
EL ECONOMISTA NATURALISTA

Cultura económica

Libro digital

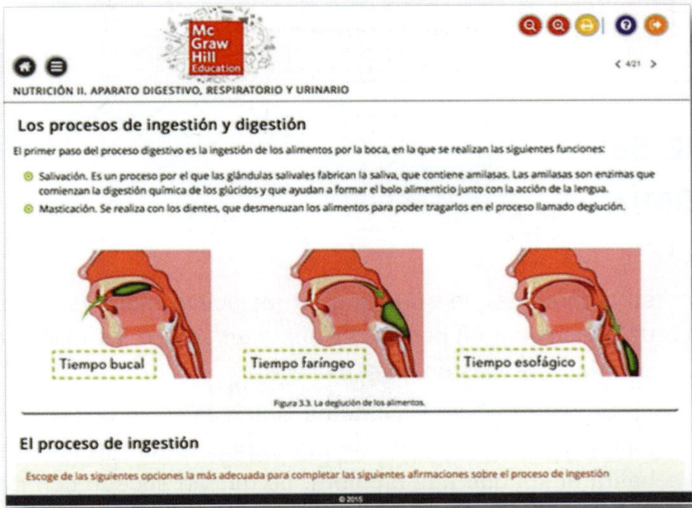

Es un ambicioso y novedoso modelo metodológico basado en la determinación de **objetos de aprendizaje** que pretende dar respuesta a las necesidades pedagógicas del aula. Incluye gran variedad de recursos didácticos creados para favorecer el proceso de enseñanza-aprendizaje.

Centro de Enseñanza *On-line* (CEO)

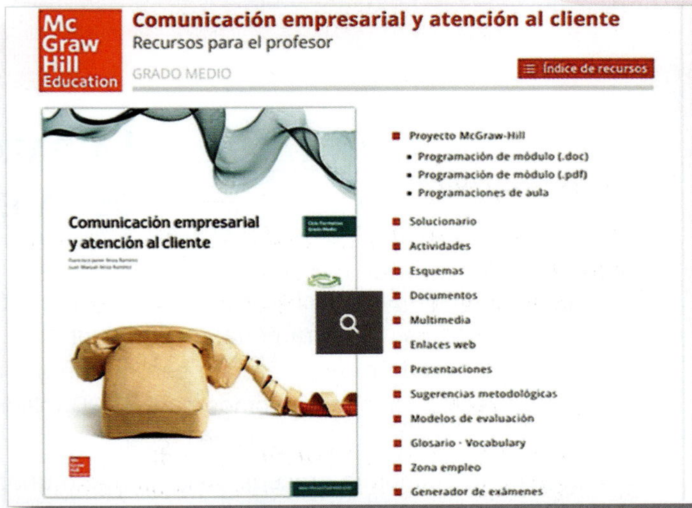

Todas las materias disponen de un **banco de recursos** digitales accesible a través del Centro de Enseñanza On-line (CEO) de McGraw-Hill Education, con materiales complementarios para profesores y alumnos.

SMARTBOOK®

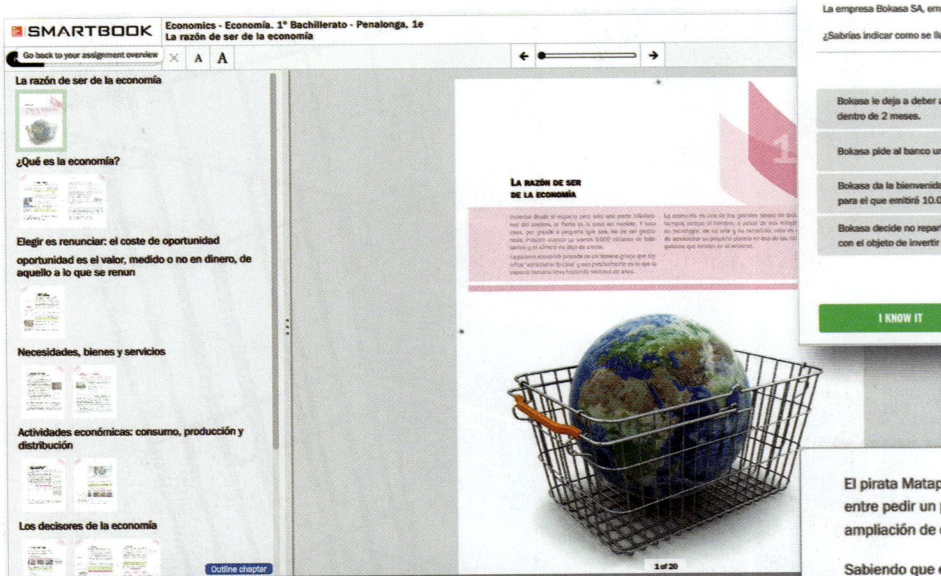

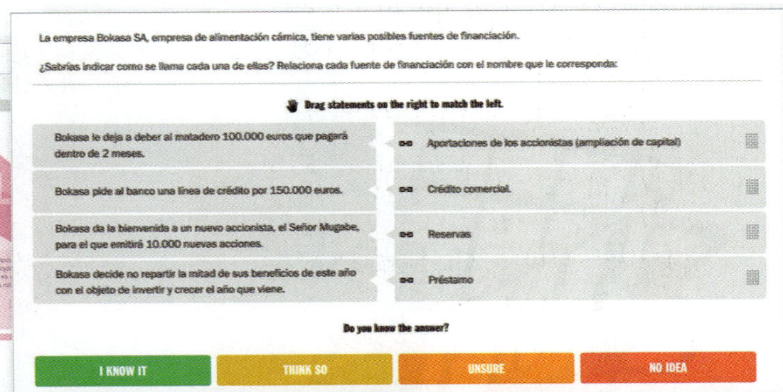

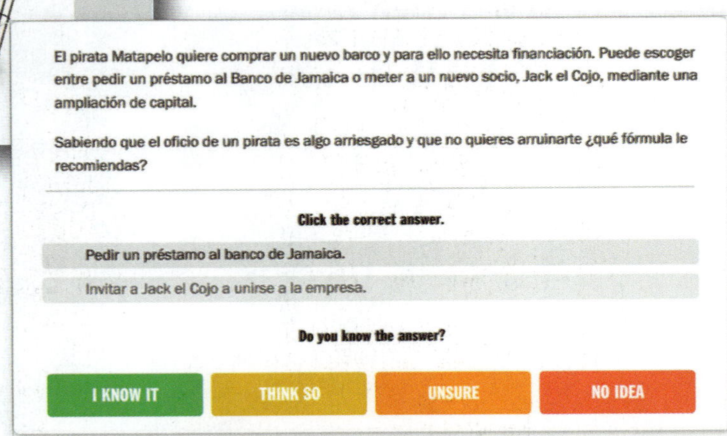

En nuestro proyecto **Smartbook** encontrarás una novedosa plataforma de aprendizaje adaptativo que te ayudará a identificar los conceptos clave en los que tienes que trabajar, al mismo tiempo que diseña especialmente para ti el itinerario formativo más adecuado a tus conocimientos.

1

Pirámide de maslow

La razón de ser de la economía

Inmensa desde el espacio pero solo una parte infinitesimal del cosmos, la Tierra es la casa del hombre. Y toda casa, por grande o pequeña que sea, ha de ser gestionada, máxime cuando ya somos casi 7 000 millones de habitantes y el número no deja de crecer.

La palabra economía procede de un término griego que significa 'administrar la casa', y eso precisamente es lo que la especie humana lleva haciendo millones de años.

La economía es uno de los grandes temas de todos los tiempos porque el hombre, a pesar de sus máquinas y su tecnología, de su arte y su raciocinio, solo es capaz de administrar un pequeño planeta en una de las miles de galaxias que existen en el universo.

En el planeta Tierra, Sistema Solar, número 3, todo es limitado, desde la vida de las especies que lo habitan hasta el sol que nos alumbra. Lo mismo sucede con las cosas. Como hay menos de las que las personas quisiéramos, les ponemos un precio para decidir quién se las lleva.

1. ¿Qué es la economía?

La educación, la alimentación o la vestimenta son algunos de los bienes y servicios que satisfacen las necesidades ligadas a la condición humana. Tal como veíamos en el relato con el que se abre esta unidad, el término economía proviene del griego y significa «administrar la casa». La economía se ocupa de cómo satisfacer esas necesidades de la mejor manera posible empleando para ello determinados medios o recursos. Pero estos son escasos en relación con las necesidades de las personas. Este problema se denomina escasez económica, y afecta a todo el mundo por igual, aunque no todos la sienten de la misma forma.

> La **escasez económica** es la sensación de carencia de recursos en relación con las necesidades de las personas.

!! Atención

Es evidente que hay recursos limitados. De ahí que haya que pagar un precio por la mayoría de los bienes que poseemos o disfrutamos. Si los recursos fueran ilimitados, no haría falta pagar por ellos, pues serían tan abundantes que todos tendríamos de todo y no haría falta el dinero.

No debe confundirse la **escasez económica** con la pobreza o escasez física. En los países desarrollados, como España, abundan los bienes y los servicios, mientras que en los países subdesarrollados o del Tercer Mundo apenas se cubren las necesidades más elementales. La escasez física solo existe en los países subdesarrollados, en cambio, la escasez económica es común a todos los países.

En definitiva, el concepto de escasez económica se refiere a que los recursos nos resultan insuficientes para satisfacer las necesidades, y la escasez física hace referencia a la pobreza de recursos. Con independencia de cuáles sean las necesidades, la escasez económica tiene dos características:

- es **universal,** pues afecta a todos, aunque de distinta forma;
- y es **relativa,** porque existe en la medida en que la cantidad de recursos disponibles resulta insuficiente en relación con las necesidades que hay.

A pesar de que los fenómenos económicos son tan antiguos como el hombre, la economía como ciencia es relativamente joven. Se puede considerar que nació con la obra del economista escocés Adam Smith (1723-1790), *La riqueza de las naciones,* publicada por primera vez en 1776. Este libro sentó las bases para estudiar y analizar la economía, tal como lo hacemos hoy en día.

Puesto que la escasez económica es un problema que afecta a todos los países, se justifica la existencia de una ciencia que lo resuelva.

> La **economía** es la ciencia que se ocupa de la forma en que se administran y se aprovechan unos recursos escasos para satisfacer las necesidades humanas.

Fig. 1.1. La calculadora humana. El ser humano y su entorno son limitados. Euros, kilómetros, segundos, años, centímetros, kilos..., todo está tasado o medido y, por tanto, es susceptible de administración y gestión.

Observatorio 1

¿Por qué se quejan quienes más tienen?

Muchas veces habrás observado que los que más dinero tienen se quejan de no tener suficiente. Estas personas no creen tener poco dinero, sino que, al igual que el resto de la gente, «andan escasas» porque sus ingresos les resultan insuficientes para cubrir sus gastos. Lo que varía de unas personas a otras son sus necesidades: una persona adinerada puede estar preocupada porque sus ingresos no le permiten pagar las cuotas del club de hípica o la hipoteca del chalé de Marbella. Sin embargo, muchas otras se conformarían con tener dinero suficiente para cubrir sus necesidades más esenciales, como pagar el alquiler de un piso o ir al dentista.

La economía ayuda a comprender el mundo porque la escasez económica está presente en la vida cotidiana de las personas. Tal como se verá a lo largo del libro la economía estudia, entre otras cosas:

— ¿Por qué unas personas ganan más dinero que otras?
— ¿Por qué es importante para las familias que baje el euribor?
— ¿Cómo funciona la bolsa de valores?
— ¿Qué sucede cuando el euro sube o baja en relación con el dólar?
— ¿Qué pretende el Gobierno al subir o bajar los impuestos?
— ¿Por qué se cobra una prestación por desempleo aunque no se trabaje?
— ¿Qué repercusiones tiene ser ciudadano de la Unión Europea?
— ¿Cuáles son las funciones del Banco Central Europeo (BCE)?
— ¿Qué es la globalización?
— ¿Por qué aceptamos papeles de colores como dinero? ¿Cómo nos afecta la existencia de un techo de gasto en las cuentas públicas? ¿Por qué el dinero pierde valor con el paso del tiempo?
— ¿Por qué, a principios de año, solo se habla de la subida de las pensiones?
— ¿Por qué las empresas cambian de país como quien cambia de piso?
— ¿Qué tiene que ver el Producto Interior Bruto (PIB) con la oferta de puestos de trabajo?

La economía responde a estas y a muchas otras cuestiones, por eso es una ciencia útil que forma parte de la vida cotidiana y que ayuda a comprender cómo funciona el mundo, tal como expuso el gran economista John Kenneth Galbraith en su obra *Introducción a la economía* (1967).

Y comprender mejor el mundo que nos rodea puede ayudarnos a tomar mejores decisiones. ¿Ciclos de formación profesional o estudios universitarios? ¿Trabajar por cuenta propia o ajena? ¿Alquilar o comprar una vivienda? ¿Invertir en bolsa o en oro? ¿Hipoteca en euros o en yenes? ¿Apoyar las medidas económicas de un partido político o las de otro? ¿Ahorrar o consumir? En definitiva, comprender la economía puede facilitar mucho nuestra vida.

La economía es una ciencia útil que integra y relaciona a muchas ciencias. Por un lado, la historia, la sociología, el derecho o la psicología son necesarias para entender los fenómenos y sucesos económicos en su contexto. Por otro, las matemáticas y la estadística nos ayudan a analizar numéricamente la realidad económica así como a formular predicciones y modelos que utilizamos para tomar decisiones.

Sabías que

«Comprender el funcionamiento de la economía es comprender la mayor parte de nuestra vida. La mayoría de nosotros pasamos el tiempo considerando la relación que hay entre el dinero que gastamos y el dinero que necesitamos.»

John Kenneth Galbraith

Observatorio 2

¿Por qué cobra más un futbolista que un operario de almacén?

¿Por qué decimos que en los salarios está presente el problema de la escasez económica? Frecuentemente, se habla de lo mucho que cobran los futbolistas de primera división. ¿Qué crees que es más fácil, meter un gol de falta directa como un futbolista o descargar un camión? La inmensa mayoría contestaría que es más fácil descargar un camión porque no hace falta ninguna habilidad especial. Muy poca gente llegaría a desarrollar la habilidad de un futbolista aun tras muchos años de duro entrenamiento. Cuando nos encontramos ante un recurso escaso y apreciado, el mercado paga mucho más. Por eso, un futbolista gana más que un operario de almacén. Si lo piensas detenidamente, el problema de la escasez económica no es tan distante como pudiera parecer, sino que es parte esencial de nuestras vidas: cuanto más escaso es un bien en relación con los deseos que tenemos de él, más estamos dispuestos a pagar por tenerlo o consumirlo.

Actividades

1> ¿Crees que sufren la misma escasez física un etíope y un español? ¿Y la misma escasez económica? Argumenta tu respuesta.

2> ¿En todos los países se escoge según lo que se desea, aunque se disponga de abundantes recursos? Razona la respuesta.

2. Elegir es renunciar: el coste de oportunidad

En la definición de economía estudiada en el apartado anterior subyacen dos ideas clave:

- **La escasez económica.** Los recursos son insuficientes para satisfacer las necesidades que se tienen de ellos.
- **La necesidad de elegir.** Ante la escasez de recursos y la posibilidad de usos alternativos, los individuos administran cuidadosamente los recursos para obtener el máximo provecho posible, es decir, eligen la alternativa que más se ajusta a sus preferencias y nivel de ingresos.

Este binomio de ideas, **escasez-elección,** determina la peculiaridad de las cuestiones económicas: no se puede conseguir todo lo que se desea pero, al menos, se puede elegir según las preferencias y el nivel de ingresos. Efectivamente, puesto que los recursos solo pueden atender a una parte de los deseos, es necesario decidir cuáles son prioritarios. Por ejemplo, si a un estudiante le quedan cinco horas libres al acabar sus clases y las alternativas al salir del instituto son estudiar, practicar deporte o navegar por Internet, el estudiante tomará una decisión en función de sus preferencias sabiendo que no puede hacer dos cosas al mismo tiempo.

Lo mismo sucede para el conjunto de la sociedad, donde existen necesidades colectivas como el transporte, la educación o la sanidad, que los gobernantes atienden con recursos limitados. E igual problema tienen las empresas, porque si una empresa asigna una serie de máquinas a la producción de tornillos, esas mismas máquinas no pueden producir a la vez tuercas.

En definitiva, cada vez que las familias, los Gobiernos o las empresas toman una decisión están renunciando a las alternativas no elegidas. Se dice entonces que su decisión tiene un **coste de oportunidad** porque, al elegir una opción, en detrimento de otra, están dejando pasar una oportunidad.

El **coste de oportunidad** es el valor, medido o no en dinero, de aquello a lo que se renuncia al tomar una decisión.

El coste de oportunidad está presente en cualquier decisión. Por ejemplo, cuando decidiste estudiar Ciencias Sociales en vez de Ciencias de la Naturaleza, renunciaste a estudiar Medicina o Biología, de igual forma que quien eligió esta última opción renunció a estudiar Filología o Derecho. En el primer caso, el coste de oportunidad es ser doctor o biólogo. En el segundo, es ser filólogo o abogado, ya que ese es el valor de lo que no elegiste.

Actividades

3> ¿Cómo se relaciona la economía con ciencias como la historia o la sociología? ¿Y con las matemáticas o la estadística?

4> ¿Cuál es el coste de oportunidad de haber ido al cine el domingo por la noche, si el lunes por la mañana tenías un examen? Razónalo.

Recuerda

Escaso. Este concepto se re-laciona con las cosas de las que hay poca o insuficiente cantidad.
En economía, se aplica a la insuficiencia de recursos en relación con los deseos o las necesidades.

Esquema 1.1. Coste de oportunidad de una decisión académica.

Fig. 1.2. Alternativas a la hora de leer. Nos pasamos la vida tomando decisiones y renunciando a lo que no elegimos, pero no siempre las alternativas son claras. ¿Pagar o no por la unidad lectora? ¿Lectura en pantalla o en papel?

3. Necesidades, bienes y servicios

La **necesidad** es el deseo de satisfacer algo de lo que se carece. Pero no todas las necesidades son iguales, incluso muchas son subjetivas pues responden a deseos humanos. Según sean más o menos prescindibles, las necesidades se clasifican en:

- **Necesidades primarias.** Son consideradas imprescindibles por estar ligadas a la condición humana y, por tanto, directamente relacionadas con cuestiones como la subsistencia y el desarrollo. La alimentación o el vestido son necesidades primarias.
- **Necesidades secundarias.** Como su propio nombre indica, las necesidades secunda-rias son más prescindibles. La satisfacción de este tipo de necesidades aumenta el bienestar, de tal forma que estas varían según la época o la cultura. Tener un teléfono móvil o conectarse a Internet son ejemplos actuales de necesidades secundarias.

Fig. 1.3. El Tesoro, monumento situado en Petra, Jordania (100 a. de C. - 200 d. de C.). Las necesidades y la manera de satisfacerlas varían en función de muchos factores. Gracias a su posición estratégica en la ruta de las especias, los habitantes de Petra desarrollaron una cultura funeraria única en el mundo basada en la talla de la roca en su propio entorno natural. Hoy en día, sus descendientes subsisten gracias al turismo y al pastoreo.

La manera en que satisfacemos nuestras necesidades depende de muchos factores (como la clase social, la época histórica, la zona geográfica o la edad) que condicionan la percepción que se tiene de la escasez. Porque, si bien es cierto que en todas las sociedades está presente la escasez económica, el grado en el que se manifiesta es distinto según el país o la persona. Las carencias de recursos a las que se enfrenta la mayor parte de la población mundial son enormes, ya que un 20 % vive con el 80 % de la riqueza, mientras que el 80 % restante únicamente posee el 20 % de los bienes. Si la riqueza y la población mundial estuvieran representadas por 100 sillas y 100 personas respectivamente, habría 20 personas sentadas en 80 sillas y las otras 80 personas «se las verían y desearían» para sentarse en 20 sillas.

Con los **bienes** y los **servicios** se satisfacen las necesidades humanas, pero los primeros son **materiales** (ropa, alimentos...) y los segundos, **inmateriales** (educación, sanidad, transporte, etc.). A su vez, los bienes y los servicios se clasifican según:

- **Su función.** Son bienes de consumo aquellos que satisfacen directamente las necesidades humanas (como un automóvil, una vivienda o un helado), y son bienes de capital los que lo hacen indirectamente (como máquinas, herramientas o dinero). A los bienes de capital también se los denomina «bienes de producción» porque, desde el punto de vista económico, son todos los necesarios para realizar una actividad productiva. El dinero no es el único bien de producción, pero sí es el bien básico, ya que, al funcionar como medio de pago, posibilita la adquisición de todos los restantes. Un bien de consumo que satisface directamente la necesidad de beber es la leche, mientras que la vaca es un bien de capital que satisface indirectamente esa necesidad por ser el responsable de la producción y distribución del bien que sí la satisface.

Observatorio 3

¿Por qué son importantes los bienes que no satisfacen necesidades?

Es necesario aclarar estos dos conceptos. El dinero no satisface en sí mismo la necesidad de vestirnos (nadie se viste pegando billetes o monedas sobre su piel), pero sí lo empleamos para comprar un pantalón que nos hace falta. Lo mismo sucede con otros elementos pertenecientes a este grupo: si necesitamos papel porque hemos de satisfacer la necesidad de escribir, tienen que existir otros bienes que lo produzcan, como las máquinas que cortan la madera en los bosques, los camiones que reparten los folios hasta nuestra librería, las instalaciones apropiadas para el tratamiento de la madera, las máquinas para su blanqueado, etc. En definitiva, los bienes de capital satisfacen necesidades, pero indirectamente, ya que producen bienes de consumo.

La línea que distingue bienes intermedios y bienes finales también puede ser difusa, porque existen bienes que son intermedios para unas empresas, mientras que para otras pueden ser bienes finales. Por ejemplo, la seda es un bien final para una empresa especializada en la producción de telas, sin embargo, para una empresa que fabrica ropa es un bien intermedio, ya que necesita ser transformado antes de convertirse en el bien final de una camisa.

- **Su grado de escasez.** Se denominan libres los que son ilimitados y, por tanto, existen en cantidad suficiente para atender a todo el mundo, por ejemplo, el aire o la luz de las estrellas. Son económicos todos aquellos que tienen un precio por ser útiles, escasos y transferibles y, por tanto, han de ser administrados. Prácticamente son bienes económicos todos los que conocemos, desde un botón hasta un avión, pasando por un móvil, una bufanda o un filete.
- **Su grado de transformación.** Son bienes intermedios los que aún no son capaces de satisfacer la necesidad para la que fueron creados y deben sufrir transformaciones, aunque puedan estar parcialmente elaborados. Los bienes finales son los que están preparados para ser utilizados o consumidos.
- **El acceso a los bienes.** Son públicos aquellos en los que ninguna persona es excluida de su utilización (parques, bibliotecas, escuelas...), y privados aquellos que excluyen a una o varias personas, por ejemplo, a las que no están dispuestas a pagar su precio medido en dinero por consumirlos o utilizarlos.

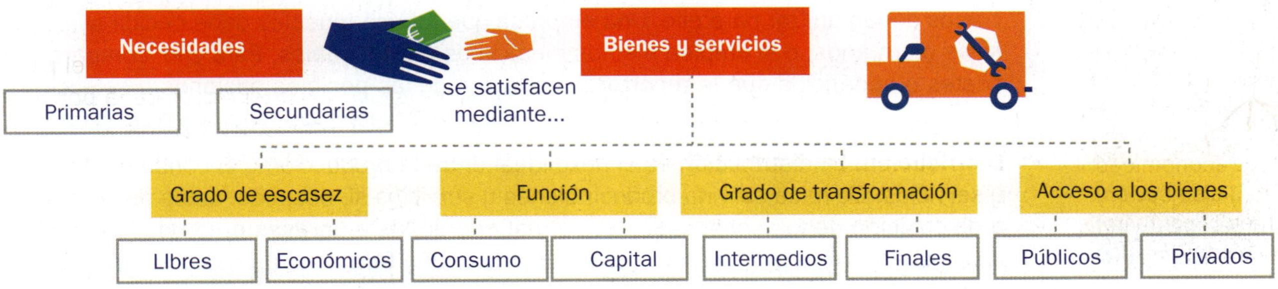

Esquema 1.2. Tipos de necesidades, bienes y servicios.

Observatorio 4

¿Por qué es justo el precio que acuerden comprador y vendedor?

En todo negocio no hay acuerdo más justo que el acordado entre comprador y vendedor. No hay generosidad alguna por parte del vendedor una vez que se admite que no es su utilidad efectiva, sino el uso y el curso del mercado los que regulan su precio justo. El precio de cada cosa depende de su oportunidad; aun cuando el vendedor la hubiera encarecido, ese precio se fija en aquel por encima del cual no puede venderse; aparte de que el buen comprador nada debe al vendedor. ¿Cuánto estimas que vale un albergue en el desierto, un techo mientras dura el aguacero o, en lo más recio del frío, el fuego amigo o un baño caliente? Pero tampoco hace falta ir tan lejos para buscar buenos ejemplos. Entre nosotros, el médico y el profesor son profesionales de sumo aprecio y consideración. Y no es para menos. Compras al médico una cosa inapreciable: la vida y la buena salud, y al profesor, las buenas letras y la cultura del alma; por tanto, a uno y a otro no les pagas por lo que te dan, sino por la molestia que se toman; es por el ejercicio de su ministerio por lo que les «indemnizas», pues se llevan el salario no del servicio que te hicieron, sino de las horas que emplearon en formarse.

(Adaptado de Adam Smith, *La riqueza de las naciones*, 1776.)

Actividades

5> Explica, mediante un ejemplo, cómo es posible que un bien final pueda ser también un bien de capital.

6> «El hombre feliz no es el que tiene muchas cosas sino el que tiene pocas necesidades», es un dicho que se le atribuye a Epicuro, un filósofo griego de los siglos IV-III a. de C. ¿Qué idea crees que subyace bajo esta afirmación?

7> Reflexiona sobre el concepto de necesidad y responde a las siguientes preguntas:

a) ¿En qué se diferencian las necesidades primarias de las secundarias?

b) A la hora de satisfacer nuestras necesidades, ¿por qué el dinero es el bien por excelencia?

4. Actividades económicas: consumo, producción y distribución

Atención

Coloquialmente, se tiende a identificar capital con dinero. Pero en economía ambos términos tienen diferentes significados: el **dinero** es un medio de pago que implica riqueza, y que tiene valor porque sirve para adquirir bienes y servicios. En cambio, se llama **capital** a los bienes que se emplean para crear otros bienes o servicios.

Recuerda

Todas las actividades económicas (consumo, producción y distribución) exigen tomar decisiones y, por tanto, obligan a renunciar a las opciones no escogidas.

Tras haber analizado qué son las necesidades y cómo se satisfacen, han de estudiarse cuáles son las actividades que hacen posible llevar a cabo dicha satisfacción. Estas actividades son el consumo, la producción y la distribución, que se denominan **actividades económicas** porque en cualquiera de ellas hay que elegir renunciando a lo que no se escoge, es decir, hay un coste de oportunidad.

- **Consumo.** Las familias, con un presupuesto limitado, tienen que decidir cómo repartir sus ingresos para satisfacer sus necesidades de acuerdo con sus preferencias. Por ejemplo, si una familia quiere comprar un reproductor de DVD, es posible que renuncie a ir al fútbol durante un tiempo o que lo compre a plazos.
- **Producción.** Las empresas tienen que decidir qué bienes les compensa elaborar y qué recursos deben utilizar para ello. Una empresa que fabrica muebles debe decidir si produce sillas o armarios, o si emplea medios mecánicos o artesanales. Para ello, comparará los costes o beneficios que le reportarán cada una de las posibles opciones y seleccionará la mejor alternativa, que será aquella que mejor aproveche los recursos disponibles.
- **Distribución.** La distribución es el nexo ideal entre la producción y el consumo de bienes y servicios. De nada serviría producir bienes y servicios si, después, estos no se pusieran a disposición de los consumidores. La mayoría de las empresas no producen, sino que distribuyen lo que producen otros. Por ejemplo: una farmacia, un quiosco, un supermercado o un estanco.

Tabla 1.1. Presupuestos Generales del Estado español en los años 2015 y 2014. Al igual que las familias o las empresas, también los Gobiernos (en nombre de los países que representan) tienen sus prioridades a la hora de repartir su presupuesto entre los distintos usos posibles. Cada año cambian las prioridades y disponibilidades, pero también puede cambiar el sujeto decisor, y es que los Gobiernos, en los países democráticos, son elegidos por sufragio universal.

	Año 2015		Año 2014	
	Millones €	Porcentaje %	Millones €	Porcentaje %
Justicia	1 460,95	0,9	1 043,31	0,6
Educación, cultura y deporte	2 680,28	1,6	2 759,65	1,7
Infraestructuras	5 805,00	3,5	4 979,57	3,1
Deuda pública	36 590,00	22,2	35 490,00	21,9
Desempleo	22 421,44	13,6	26 539,90	16,4
Sanidad	1 907,05	1,2	1 919,46	1,2
...	...	...	...	...
Total presupuesto	164 848,69	100,0	161 992,25	100,0

Observatorio 5

¿Por qué se dice que las familias «hacen economía»?

Un ejemplo claro que ilustra las peculiaridades del concepto económico está más próximo de lo que imaginamos: en nuestro propio hogar. Cuando los miembros de una familia «hacen economía» están administrando un presupuesto limitado en relación con sus necesidades. Si, por ejemplo, le preguntásemos a cualquiera de sus miembros si le sobra algo del presupuesto que maneja cada mes, nos miraría incrédulo y nos contestaría que el dinero «no da para nada» y que compra solo lo estrictamente imprescindible renunciando a muchas otras cosas necesarias (es decir, elige según sus preferencias y disponibilidades).

Fig. 1.4. En las sociedades industrializadas no valoramos la amplia gama de bienes y servicios con la que satisfacemos nuestras necesidades. La frase «el tiempo es oro» no es más que una forma de aludir al coste de oportunidad. En la medida en que pocas personas pueden hacer bien dos cosas al mismo tiempo, debemos elegir según nuestras preferencias renunciando a las opciones no elegidas.

La satisfacción de las necesidades humanas se consigue mediante bienes y servicios económicos, y estos a su vez son producidos y distribuidos por las empresas. Con estos nuevos conceptos puede darse ya una definición de economía más completa que la que se formuló al comienzo de la unidad:

> La **economía** es la ciencia que estudia la manera de emplear recursos escasos para producir y distribuir los bienes y servicios necesarios entre los diferentes miembros de una sociedad.

En definitiva, se dice que el **consumo,** la **producción** y la **distribución** son actividades económicas porque todas ellas suponen decidir sobre la satisfacción de las necesidades humanas con recursos limitados a los que se les atribuye un coste de oportunidad.

Fig. 1.5. Las actividades económicas satisfacen las necesidades humanas.

Actividades

8> Analiza el coste de oportunidad que ha supuesto tu jersey para las siguientes personas: el sastre que lo confeccionó, el comerciante que te lo vendió y para ti como consumidor.

9> ¿Cómo se relacionan las actividades de producción y distribución?

Reflexiona

¿Por qué se juegan la vida?

Hoy día las sociedades de los países desarrollados gozan de un nivel de vida inimaginable hace años. Las empresas producen cuanto necesitamos en gran número y variedad. Pero la riqueza en la que se mueven estas sociedades entra en contradicción con la penuria existente en el resto del mundo. Las migraciones masivas desde estos países más desfavorecidos, muchas veces arriesgando la vida a merced de las mafias y los elementos, solo son el reflejo de una situación a todas luces injusta.

5. Los decisores de la economía

Asociado a cada una de las actividades económicas estudiadas en el apartado anterior, hay alguien que se ocupa de decidir qué consumir, cómo producir o dónde distribuir, y de cuyas decisiones depende la marcha de su economía y, por tanto, la de todos en general. De ahí que a quienes deciden sobre estas cuestiones se les denomine también decisores o protagonistas de la economía o agentes económicos:

- Los **consumidores,** agrupados en familias o economías domésticas, deciden qué bienes y servicios consumir para satisfacer mejor sus necesidades.
- Las **empresas** toman decisiones sobre la producción y distribución de bienes y servicios, normalmente a cambio de un beneficio.
- El **sector público**, formado por las distintas Administraciones Públicas, tiene como principal objetivo conseguir el máximo bienestar para el conjunto de la sociedad.

Agentes o decisores económicos

Familias

Empresas

Sector público

Fig. 1.6. Se llamen como se llamen, los decisores de la economía son las personas. Lo que varía es el tipo de decisiones que hay que tomar en cada caso. Las de las familias están orientadas al máximo bienestar de sus integrantes, las del sector público tratan de promover el interés de todos y las de las empresas suelen estar enfocadas a la obtención de beneficios.

En lo que se refiere a la forma de decidir cuál es la mejor alternativa, el criterio general es el de la racionalidad económica, que implica elegir aquella alternativa que reporte mayor utilidad o bienestar a cada uno de los agentes o decisores económicos.

> La **racionalidad económica** consiste en elegir, entre las posibilidades disponibles, aquella que procura más utilidad o bienestar.

En los siguientes apartados estudiaremos los objetivos y el comportamiento de cada uno de los agentes económicos por separado y, en último lugar, analizaremos su interdependencia en el conjunto de la economía.

5.1. Las familias

Los consumidores, agrupados en familias o economías domésticas, deciden racionalmente sobre cuestiones relacionadas con el consumo, es decir, sobre cuáles son los bienes y servicios que mejor satisfacen sus necesidades. En dichas decisiones influyen:

- **Preferencias.** Ante dos o más bienes o servicios de iguales características y que satisfacen la misma necesidad, ¿cuál elegirá el consumidor?, ¿el de menor precio?, ¿el más respetuoso con el medioambiente?, ¿el mejor etiquetado?, ¿quizá el que contenga un cupón-regalo? La decisión dependerá de los gustos o preferencias de cada persona.
- **Nivel de ingresos.** Muchas veces, incluso teniendo bien definidas las preferencias, no se puede satisfacer la necesidad de adquirir determinado bien o servicio por falta de disponibilidad económica. El nivel de ingresos condiciona la capacidad de gasto y, por ello, es el factor más relevante, porque de nada vale tener las preferencias bien definidas si después no se cuenta con la suficiente cantidad de dinero para satisfacerlas.

Decidir qué producir y cuanto trabajadores van a contratar y equipos utilizarán, sabiendo su capital.

5.2. Las empresas

• Su función es vender bys en un mercado a cambio de un precio
• Pagarán renta a los factores de producción
• Pagarán impuestos

Las empresas toman decisiones racionales sobre la producción y la distribución de bienes y servicios, empleando para ello los recursos productivos aportados por las familias. Aunque el objetivo principal de las empresas es maximizar beneficios, también persiguen otros. Vamos a enumerarlos comenzando por el más importante:

- **Maximizar el beneficio.** Incrementar ingresos y reducir gastos suele ser la máxima, pero el objetivo que se persigue no siempre es económico, como en el caso de las empresas sin ánimo de lucro, cuyo objetivo es proporcionar un bien o servicio a la sociedad. Es el caso de las empresas públicas o las ONG.

Beneficio empresarial = Ingresos – Gastos

Vocabulario

Ánimo de lucro. Deseo de obtener beneficio económico.

- **Estabilizarse y crecer.** Una vez asegurada la clientela en los mercados existentes, crecer es la tendencia natural de cualquier empresa. Con el paso del tiempo, las empresas adquieren tal experiencia que se vuelven más eficientes y producen más unidades a un menor coste y, en consecuencia, necesitan ampliar mercados y clientela incluso más allá de nuestras fronteras. Por ejemplo: Inditex (moda), Sol Meliá (hoteles), Telefónica (telecomunicaciones), Roca (baños), Panda (software), BBVA (banca), Borges (aceite), etc.

- **Respetar los valores sociales y medioambientales.** Cada vez es mayor el número de empresas que diseñan estrategias de responsabilidad social en respuesta a las diversas presiones sociales, medioambientales y económicas que reciben por parte de la sociedad. Estas estrategias se conocen en conjunto con el nombre de **responsabilidad social corporativa (RSC).** RSEmpresarial

La **responsabilidad social corporativa (RSC)** es la integración voluntaria por parte de las empresas de las preocupaciones sociales y medioambientales.

Recuerda

Se llama **subcontratación** al acuerdo de una empresa con otras para que ejecuten tareas o piezas específicas que después se integrarán en los procesos productivos de la primera.

Áreas	Descripción
Gestión de recursos humanos	Contratar de forma responsable, potenciar la calidad en el empleo a través de la formación permanente, equilibrio trabajo/familia/ocio, participación en beneficios.
Salud y seguridad en el trabajo	Aplicar y desarrollar medidas de seguridad e higiene más allá de la normativa.
Adaptación al cambio	Comprometerse con el desarrollo local, mediante estrategias activas de empleo a través de la actualización o el reciclaje.
Gestión de recursos naturales	Combinar rentabilidad y ecología, minimizar el impacto medioambiental.

Tabla 1.2. Ámbitos de la responsabilidad social corporativa (RSC). La RSC va más allá de la ética (incluye las preocupaciones de la sociedad, además de la empresarial) y de la responsabilidad empresarial (además de a la empresa, abarca a comunidades locales, socios comerciales, proveedores y consumidores, así como ONG y asociaciones similares defensoras de los derechos humanos y el medioambiente).

- **Generar empleo y riqueza en la zona de influencia.** Es frecuente que las grandes empresas industriales creen empleo y realicen procesos de subcontratación en la zona donde ejercen su influencia. Suelen subcontratarse las tareas de limpieza, mantenimiento de máquinas o asesoramiento fiscal. La industria automovilística, por ejemplo, compra volantes o asientos a otras empresas.

Deberá decidir donde gastar los fondos recaudados. Justicia, educación, sanidad...

5.3. El sector público

> **Sabías que**
>
> *Ceteris paribus* es una expresión latina que significa literalmente «[siendo] las demás cosas igual» y que en español se traduce como «permaneciendo el resto constante».

El sector público actúa aplicando el criterio de autoridad que le confieren las leyes y no está sometido al mercado, como les ocurre a las empresas. En España, y con el fin de lograr el máximo bienestar entre sus ciudadanos, distribuye su fuerza en tres ámbitos de influencia geográfica:

- **Administración Local.** Realiza tareas cercanas al ciudadano (suministro de agua, recogida de basuras, arreglo de aceras, apertura de calles, etc.). Los principales ejemplos son los ayuntamientos y las diputaciones provinciales.
- **Administración Autonómica.** Como consecuencia de la descentralización que marca la Constitución de 1978, las comunidades autónomas han ido asumiendo competencias transferidas por la Administración Central, como la educación o la sanidad.
- **Administración Central.** Está compuesta por el Estado y sus organismos autónomos, como por ejemplo la administración de la Seguridad Social. Este organismo regula importantes gastos de protección social como, por ejemplo, la asignación de prestaciones tan importantes como el subsidio de desempleo o las pensiones.

Una cuarta Administración podría ser la Administración europea, dada la pertenencia de España a la Unión Europea.

> El **sector público** está formado por la **Administración** (Estatal, Autonómica y Local), las **empresas públicas** (como Renfe) y los **organismos autónomos** (sin filiación política, como la Seguridad Social o el Servicio Público de Empleo Estatal, antiguo INEM).

En lo que se refiere a las funciones que asume el sector público o el Estado, dependerán del sistema económico elegido por las sociedades, tal como estudiaremos en la Unidad 2.

Esquema 1.3. Sector público español.

Actividades

10> ¿Por qué crees que la economía emplea el supuesto de racionalidad económica para formular sus teorías?

11> Investiga cuáles son las tres principales asociaciones de consumidores y usuarios.

12> Redacta con tus propias palabras una definición de responsabilidad social corporativa.

13> ¿Por qué son necesarias las leyes para regularizar la actividad económica? Razona la respuesta y pon un ejemplo.

6. El estudio de la economía

La economía es tan compleja como lo son las decisiones de millones de personas y empresas. El objetivo de la ciencia económica, y de este libro, es comprender tan compleja actividad. Para ello los economistas emplean el llamado método científico, basado en la observación de los asuntos económicos, y el subsiguiente análisis de datos estadísticos e históricos. La idea es analizar el pasado para predecir el futuro mediante técnicas matemáticas y estadísticas. Para simplificar la exposición del análisis o la predicción de los asuntos económicos es muy frecuente la utilización de gráficos llamados *modelos económicos.*

Un **modelo económico** es una representación gráfica simplificada que ilustra o predice el comportamiento de una realidad mucho más compleja.

Las representaciones gráficas en papel no permiten representar un número amplio de variables. En la práctica, y para una mayor claridad, lo normal es ilustrar el comportamiento de dos variables. Las demás variables se supone que permanecen constantes, en lo que se denomina *ceteris paribus*.

Gracias a los modelos económicos es más fácil comprender y estudiar economía. De igual forma, y al igual que en otras disciplinas, dividimos la economía para un mejor estudio. Hay dos grandes criterios para dividir el estudio de la economía: por un lado, en función de lo que se estudia y, por otro, según la finalidad del estudio.

Sabías que

Las leyes son normas de obligado cumplimiento. Son el componente fundamental del ordenamiento jurídico (obligatorio) de una nación. La disciplina que se ocupa del estudio, desarrollo y aplicación de las leyes es el Derecho.

6.1. Microeconomía y macroeconomía

El contenido de la economía se estudia en relación con sus protagonistas: las familias, las empresas y el sector público son tan importantes que condicionan su estudio en dos grandes ramas. Son:

- La **microeconomía,** que se centra en el comportamiento individual de cada uno de los agentes económicos y en sus interrelaciones.
- La **macroeconomía,** que estudia el comportamiento global de la economía como resultado de la interacción de los agentes económicos. Esta se mide a través de indicadores tales como el nivel general de precios, las tasas de empleo, las exportaciones, etc.

Ambas ramas se ocupan del estudio de la economía, pero desde perspectivas distintas. Si la economía fuera un cuerpo humano, la microeconomía se encargaría del estudio de sus partes aisladamente (por ejemplo, cabeza, tronco y extremidades), así como de los nervios, venas y huesos que los relacionan. En cambio, la macroeconomía se ocuparía del estudio del organismo en su conjunto mediante el análisis de signos vitales como el pulso, la temperatura o la respiración.

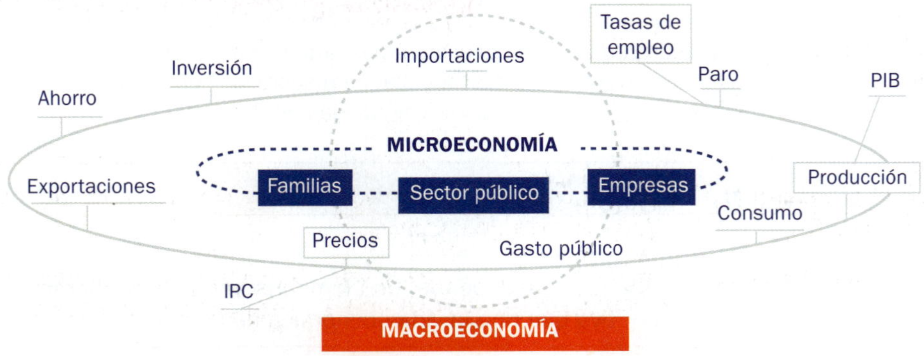

Esquema 1.4. Microeconomía y macroeconomía. Ambas disciplinas describen y analizan la realidad económica desde perspectivas distintas pero complementarias. En el presente libro estudiaremos la «micro» en las Unidades 1-6 y la «macro» en unidades posteriores.

6.2. Economía positiva y economía normativa

Atendiendo a la finalidad de su estudio, podemos distinguir entre economía positiva y economía normativa, cuestiones que ya en la segunda mitad del siglo XIX se identificaban con el «ser» y lo que «deber ser». Así, mientras que la economía positiva se refiere a «cómo son las cosas», la economía normativa se ocupa de los valores, de «lo que deberían ser».

ECONOMÍA

Economía positiva

Se limita a describir la realidad de lo que sucede, como si de la caja negra de un avión se tratara. Son datos que no generan controversia ninguna.

Ejemplos

Cifras de ventas de automóviles, aumento de los precios o del número de parados.

Economía normativa

Es el conjunto de teorías, opiniones o previsiones que generan los datos de la economía positiva y que responden a juicios de interpretación o valor, por lo que tienen un alto grado de subjetividad.

Ejemplos

Incentivar la compra de automóviles nuevos, subir un 10% los impuestos del tabaco o fomentar la contratación de trabajadores menores de 25 años.

Esquema 1.5. Economía positiva y economía normativa.

Observatorio 6

¿Por qué es controvertida la economía (normativa)?

Cuando las cifras acompañan, nadie discute la forma de entender la economía, pero el cuento cambia cuando llegan las temidas crisis. De repente, las noticias económicas abren los telediarios y parece que no se habla de otra cosa en los medios. Lo que antes valía ya no vale, y las decisiones se vuelven muy complicadas, porque suelen implicar un coste político para quienes las toman. Y no se puede recurrir a experiencias ajenas. En economía no hay fórmulas mágicas: lo que funciona en un país no suele funcionar en otros, porque la economía la hacemos millones de personas cada día, y poco tiene que ver la forma de entender la vida y la economía de un español con la que tienen un francés o un alemán, por mucho que seamos vecinos y todos estemos en la Unión Europea.

Fig. 1.7. El ministro sueco de finanzas se dirige a la prensa durante una cumbre de los ministros de economía de la UE. En este tipo de reuniones se intenta acercar posturas sobre materias que son fundamentales para la economía, pero sobre las cuales los países miembros a veces mantienen profundas diferencias.

Actividades

14> ¿Por qué los modelos económicos representan de forma simplificada la realidad?

15> ¿De qué depende, en última instancia, la economía normativa que rige la vida económica de un país?

Textos de apoyo

Los sectores económicos

Las actividades empresariales pueden subdividirse en función del tipo de proceso productivo.

Los **sectores económicos** hacen referencia a la división de la actividad económica de un territorio de acuerdo con los distintos tipos de procesos productivos.

A su vez, los sectores económicos son tres:

a) **Sector primario.** Extrae recursos o materias primas de la naturaleza a través de actividades tales como la agricultura, la ganadería, la minería o la pesca. Cuanto más rico es un país, más desarrollado tiene su sector terciario en detrimento del primario. La mecanización y la productividad del campo han propiciado este trasvase de población que se conoce con el nombre de terciarización. Hoy en día, los productores afrontan serios problemas porque sus ingresos apenas cubren los costes de producción.

b) **Sector secundario.** También llamado sector industrial, transforma las materias primas en productos elaborados. Son relevantes la construcción, la industria y la energía. Las crisis de los años setenta y ochenta motivaron el cierre y la reconversión de actividades con un importante peso en la economía española como las textiles, las navales o las siderometalúrgicas. Hoy en día, en un entorno cambiante y cada vez más globalizado, la industria española se enfrenta a varios problemas importantes:

- **La factura energética.** La dependencia de los combustibles fósiles importados es la tónica actual y es que la aportación de las enregías renovables como la solar o la eólica todavía es mínima y la nuclear tiene sus riesgos.
- **Deslocalización.** Con este nombre se conoce el traslado de empresas a otros países para ahorrar. El ahorro se produce principalmente en costes laborales, de tal forma que al producir lo mismo pero con menores costes, las empresas obtienen mayores beneficios.
- **El déficit tecnológico.** España está a la cola de la Unión Europea en inversión en investigación, desarrollo e innovación (I+D+i), lo cual da lugar a altos costes por la utilización de tecnología extranjera importada.
- **El pequeño tamaño empresarial.** La escasa dimensión de las empresas españolas, pymes en más de un 90 %, les impide acceder a buenas fuentes de financiación o a internacionalizar sus actividades.

c) **Sector terciario.** Presta servicios a la población o a otras empresas. Son las más numerosas: banca, Internet, transporte, turismo y un largo etcétera. El enriquecimiento de las sociedades occidentales, gracias a la incorporación de la mujer al mercado laboral y la productividad de sus trabajadores, ha propiciado una creciente demanda de servicios relacionados con la calidad de vida, tales como el ocio, la cultura o la salud. No obstante y en el caso español hay otros dos factores que también han contribuido a incrementar la importancia del sector servicios:

- **El turismo.** Con más de 50 millones de visitantes al año, España es, tras Francia, el segundo mayor destino turístico del mundo.
- **Las comunidades autónomas.** El traspaso de competencias a los entes territoriales en los que se divide España, 17 comunidades autónomas, ha motivado el crecimiento de servicios tales como la sanidad o la educación.

1> ¿Qué factores propician la terciarización de las sociedades occidentales?

2> ¿Cuál es la diferencia entre los sectores secundario y terciario?

3> ¿Por qué es un problema la escasa inversión que se realiza en I+D+i?

4> Averigua en Internet qué se entiende por pyme.

5> Responde, razonadamente, a estas cuestiones:

a) ¿Qué opinión te merece la deslocalización de empresas?

b) ¿Crees que los beneficios que puede suponer contar con una administración de España a través de 17 comunidades autónomas, además de la central, justifican el gasto que supone?

Mapa conceptual

Recursos limitados

ocasionan

Problema de la escasez económica

Necesidades ilimitadas

Elegir es renunciar

El coste de oportunidad es aquello a lo que se renuncia

Para administrar lo escaso surge la...

ECONOMÍA

Decisores

Agentes o decisores económicos

Familias · *Sector público* · *Empresas*

Decisiones sobre bienes y servicios para satisfacer necesidades humanas

Actividades económicas

Producción · *Distribución* · *Consumo*

Los sectores económicos son el primario, el secundario y el terciario

Estudio

- Cómo
  - Modelos económicos
- Lo que estudia
  - Microeconomía
  - Macroeconomía
- La finalidad del estudio
  - Economía positiva
  - Economía normativa

N.º 1. Diario independiente de información económica **Economicus**

«Gobernar una familia es casi tan difícil como gobernar todo un reino».
Michel de Montaigne, escritor y filósofo francés (1533-1592).

Las decisiones de los políticos

Todos estamos limitados a un presupuesto, aunque unos más que otros. Los Gobiernos, que manejan cifras de miles de millones de euros, también tienen su presupuesto limitado por cuantiosos que sean sus recursos. No echan a cara o cruz si es más importante proporcionar la paga a los soldados o poner más camas en los hospitales. Lo ponen todo en una balanza y eligen racionalmente para maximizar su utilidad.

*JAMES BUCHANAN

En teoría y en un mundo perfecto, todos alcanzaríamos la máxima utilidad o felicidad analizando costes y beneficios. Pero ni la información es perfecta ni todos los Gobiernos son igual de racionales. Tienen distintas preferencias, valores o, sencillamente, distinto programa político. Aun suponiendo que el ideario de dos formaciones políticas coincidiera en todo lo que acabamos de citar, detrás de las ideas están las personas.

Los políticos toman sus decisiones en nombre del bien público, pero tratan de conciliarlas con sus propios objetivos personales o los del partido. Sería irracional que, en primera instancia, no fuera así. Nadie mata dos pájaros con dos tiros cuando puede hacerlo con solo un disparo.

El problema surge cuando los objetivos públicos son incompatibles con los individuales o de partido. Por un lado actúan desde las instituciones públicas tratando de servir al país pero, por otro, deben seguir las consignas de partido, por no decir las propias, y una de las principales es mantenerse en el poder ya sea para ser reelegidos o para dar el testigo a un nuevo candidato de su propio partido. ¿Es posible no actuar de forma parcial? Condicionados por unas elecciones que llegarán como máximo en un plazo de cuatro años, los políticos necesitan tomar decisiones que resuelvan los problemas inmediatos de sus ciudadanos. Y es que los que resuelvan algo a largo plazo no serán apreciados en su justa medida. ¿Tomar una decisión que resuelve ya el problema de un grupo de ciudadanos pero se lo crea a otro o tomar una decisión que resuelve el problema de ambos grupos pasadas las elecciones? En el primer caso, el político contará con un grupo de votantes útiles y agradecidos que posibilitará su reelección, mientras que en el segundo, ante la falta de resultados inmediatos, puede perder las elecciones. Si se quiere mejorar la política hay que mejorar las leyes, mejorar la estructura. No hay que esperar a que los políticos actúen conforme a lo correcto. Actúan conforme a sus intereses y punto.

(Basado en opiniones y artículos de James Buchanan)

Premio nobel en 1986 por desarrollar la teoría de la adopción de decisiones económicas y políticas, Buchanan es líder y teórico de la corriente de la «elección pública», que analiza la forma en que se adoptan las decisiones públicas que influyen en el funcionamiento del sistema económico.

Reflexiona

1> ¿Qué sopesamos las personas a la hora de tomar una decisión? Detalla tu respuesta.

2> ¿Por qué no es posible que todas las personas alcancemos la máxima utilidad o felicidad? Razona tu respuesta.

3> En general, ¿qué objetivos deben conciliar los políticos al tomar una decisión que afecta a la ciudadanía?

4> ¿Qué leyes propondrías para tratar de evitar que los políticos actuaran conforme a intereses personales o partidistas?

La fábula del industrial y el pescador

Un rico industrial de un país del Norte se impresionó cuando vio a un pescador del Sur tranquilamente recostado en su barca y fumando una pipa en el puerto.

—¿Por qué no sales a pescar? —le preguntó el industrial.

—Porque ya he pescado bastante por hoy —respondió el pescador.

—¿Y por qué no pescas más de lo que necesitas?, insistió el industrial.

—¿Y qué iba a hacer con ello?, preguntó el pescador.

—Ganarías más dinero —fue la respuesta que obtuvo. De este modo, podrías poner un motor a tu barca. Entonces podrías ir hasta aguas más profundas y pescar más peces. Entonces ganarías lo suficiente para comprarte unas redes de nailon, con las que podrías obtener más peces y más dinero. Pronto ganarías para tener dos barcas... e incluso podrías llegar a tener una verdadera flota. Entonces serías rico, como yo.

—¿Y qué haría entonces? —volvió a preguntar el pescador.

—Podrías sentarte y disfrutar de la vida.

—¿Y qué crees que estoy haciendo en este preciso instante? —respondió el satisfecho pescador.

El canto del pájaro - Anthony de Mello

Sacerdote jesuita y psicoterapeura conocido por sus escritos y conferencias sobre espiritualidad.

Para realizar sus análisis y formular sus teorías, la ciencia económica supone que los agentes económicos actúan de forma racional, pero la práctica no siempre se corresponde con la teoría.

Hemeroteca

En el año 10 000 a. de C.

La revolución agrícola. A finales del Paleolítico solo existían unos 20 millones de *Homo Sapiens*. Solo sobrevivían los mejores cazadores y recolectores de frutos. Pero con la llegada del Neolítico y la retirada de los glaciales, la humanidad se vuelve sedentaria gracias a la agricultura. Los excedentes posibilitan los primeros trueques.

Lectura recomendada: *EL ECONOMISTA NATURALISTA*

Robert Frank
Ediciones Península, 2008

A partir de situaciones reales, el autor trata de inculcar en el lector la llamada «mentalidad económica». Su sistema consiste en plantear preguntas concretas del tipo «¿por qué...?», a veces fáciles y otras difíciles, pero siempre provocativas y relacionadas con conceptos económicos. Son casos concretos en los que, en mayor o menor medida, está presente el coste de oportunidad o el principio del coste-beneficio que subyace en toda decisión, e invitan a la reflexión y a la discusión con familia o amigos.

«¿Por qué los parques de atracciones no cobran más por sus atracciones estrella, a pesar de que siempre hay cola para entrar en ellas?

Hace unos años, el Disney World de Orlando, Florida, cobraba 55,16 dólares por la entrada infantil que permite el acceso ilimitado a todas las atracciones durante el día. Para ser precisos, el acceso es ilimitado solo en un sentido limitado: los niños pueden montar en cualquier atracción cuantas veces quieran, pero algunas de ellas tienen casi siempre mucha cola. Por ejemplo, cuando el parque está lleno, hay que esperar más de una hora para montar en la Space Mountain, *la atracción estrella. Entonces, ¿por qué no cobrar más por las atracciones más solicitadas? ¿Acaso no son las colas una señal de que una empresa está desaprovechando una oportunidad servida en bandeja? No por ejemplo en el caso de un restaurante donde el número de clientes en una noche cualquiera es muy variable, de tal forma que resulta difícil ajustar los precios a un nivel que permita ocupar cada noche todas las mesas sin espera alguna. Pero en cambio sí son predecibles y recurrentes las colas en la* Space Mountain *así que ¿por qué no cobrar un sobreprecio? La clave puede estar en que son los padres, y no los hijos, los que pagan las entradas de Disney World. Pensemos en cómo acabaría el día si la* Space Mountain *tuviese un sobreprecio calculado para que no hubiese colas, como por ejemplo 10 dólares. Muchos niños seguirían queriendo subirse a esta atracción muchas veces y, gracias al pago de 10 dólares, podrían hacerlo sin esperas. Tarde o temprano, la mayoría de los padres se verían obligados a decir que no y, probablemente, lo tendrían que decir muchas veces con todo lo que ello supone. ¿Alguien cree que las familias se irían del parque con un buen recuerdo? Cobrando una tarifa única y sirviéndose de las colas para racionar las atracciones más solicitadas, tal vez Disney haya logrado el mejor equilibrio posible.»*

Extractado y adaptado del capítulo «¿Por qué algunos compradores pagan más que otros?»

Hoy recordamos a...

ADAM SMITH

(Reino Unido, 1723–1790)

Profesor de Filosofía, comisionado de aduanas y rector.

Se le considera el padre de la economía. Poco agraciado y aquejado de tics nerviosos, dijo de sí mismo: «no soy un galán en nada salvo en mis libros». Su obra *La riqueza de las naciones*, publicada en 1776, todavía es un referente hoy en día. Conoció a Franklin, Voltaire y Quesnay. Fue el creador de la teoría del valor trabajo, en la cual se basa el marxismo. Al mismo tiempo, defendió el libre mercado y una mínima intervención de los Gobiernos en la economía.

Cine Europa
Próximamente
Náufrago

Director: Robert Zemeckis.

Reparto: Tom Hanks.

Sinopsis. Un empleado de mensajería sufre un accidente aéreo y se enfrenta a grandes dificultades. Consigue sobre-vivir y llega a una isla desierta, en la que vivirá durante varios años.

Comentario. Drama de un hombre enfrentado a la naturaleza y a la frustración. Sin apenas medios, resuelve sus necesidades optimizando los recursos disponibles en un entorno donde él es el único productor y el único consumidor. Se trata de una versión moderna de la novela *Robinson Crusoe* de Daniel Defoe, por la cual Tom Hanks, que llegó a perder 20 kilos para el rodaje, obtuvo el Oscar al mejor actor principal en el año 2000.

Claves de reflexión. Necesidades, decisiones, bienes, servicios, consumo y producción.

– Microeconomía
– Macroeconomía

Ejercicios

1. ¿Sería necesaria la economía si viviéramos en el Jardín del Edén descrito en el libro del Génesis de la Biblia? Razona tu respuesta.

2. Busca un ejemplo que aclare por qué decimos que la escasez económica es relativa.

3. «Cada pistola que se fabrica, cada buque de guerra que se bota, cada cohete que se dispara significa, en último término, un hurto a los que pasan hambre y no son alimentados». ¿Con qué concepto económico relacionarías esta frase del expresidente de los Estados Unidos Dwight David Eisenhower? Razona tu respuesta.

4. Lee atentamente la siguiente lista: linterna, saco de dormir, mechero, agua, teléfono móvil, brújula, cuerda, botiquín, billete de 20 €, caja de galletas y navaja multiusos. Imagina que tuvieras que ir de acampada a la montaña durante un par de días pero solo pudieras llevarte seis cosas en total, cinco de la lista y una más que tú creas oportuna. Haz la selección empezando por aquella que creas más imprescindible, para acabar con la que lo sea menos. Después trabaja en grupo con tus compañeros para redactar una lista única.

5. ¿Crees que, al igual que sucedió con el agua, el aire podría llegar a ser un bien económico en el futuro? Razona tu respuesta.

6. Copia este cuadro en tu cuaderno y completa los espacios en blanco tomando como modelo el ejemplo de la primera fila:

Bien o servicio	Función	Grado de transformac.	Acceso
Lápiz	Consumo	Final	Privado
Ordenador PC (casa)	Consumo	Final	Privado
Ordenador Mac (oficina)	Capital	Final	Privado
Pasta de papel	capital	Intermedio	Público
Internet (casa)	Consumo	Final	Privado
Camión de transporte	capital	Final	privado
Camisa sin mangas	Consumo	Final	privado
Parque	Consumo	Final	Público

7. Con base en lo estudiado en la unidad, establece una relación entre la economía y otras ciencias tales como la filosofía, la historia o las matemáticas.

8. En lo que se refiere a las necesidades y a la forma de satisfacerlas:

a) ¿Qué necesidades comunes tendrías con alguien que ha vivido hace cien años? ¿Y qué diferencias?

b) Piensa ahora en alguien de tu misma edad que viva en Suecia, EE. UU. o Japón, países donde tienen unas necesidades parecidas a las tuyas. Debate con tus compañeros a qué crees que obedece esta coincidencia de necesidades en lugares tan alejados geográficamente y tan diferentes desde el punto de vista social, cultural o religioso.

9. ¿Por qué clasificamos el dinero como un bien de capital y no de consumo?

10. Completa las frases uniendo con flechas los siguientes bloques:

a) Casi todos los bienes... 3
b) Lo que «es» frente a lo que «debería ser» 1
c) El coste de oportunidad... 5
d) Las necesidades humanas pueden ser... 6
e) No todos los bienes de capital son dinero... 4
f) Los agentes económicos son... 8
g) Son características de la escasez económica... 2
h) El sector público se divide en ámbitos de influencia territorial 9
i) Aunque no podemos conseguir todo lo que quisiéramos... 7

1. es lo que diferencia la economía positiva de la normativa.
2. la relatividad y la universalidad.
3. son económicos.
4. pero el dinero sí es un bien de capital.
5. está presente en todas las decisiones.
6. primarias y secundarias.
7. podemos elegir según nuestras preferencias y nivel de ingresos.
8. las empresas, las familias y el sector público.
9. para actuar con más eficacia.

Ejercicios

11. ¿En qué consiste la subcontratación? Pon ejemplos del tipo de tareas y funciones que consideras que podría subcontratar una empresa que fabrica y distribuye muebles.

12. Contesta a las siguientes preguntas relacionadas con los objetivos empresariales:

a) ¿Por qué es más importante la maximización de beneficios que la de ingresos?

b) ¿Por qué el crecimiento es la tendencia natural de las empresas?

c) ¿Cuál es el fenómeno responsable de las grandes aglomeraciones industriales?

d) ¿A qué nos referimos cuando hablamos de la responsabilidad social de las empresas?

e) Ayúdate de la Tabla 1.2 para determinar a qué áreas de la responsabilidad social corporativa pertenecen las siguientes medidas:

— Reciclaje de residuos.

— Guarderías en el trabajo.

— Cursillos de actualización.

— Medidas extra de protección personal.

13. Cita ejemplos de bienes y servicios públicos que suministre el sector público conforme a la distribución en ámbitos de influencia geográfica.

14. Explica cómo está presente el coste de oportunidad en la asignación de gastos que realiza el sector público.

15. Utilizando la prensa o Internet, selecciona tres noticias relacionadas con:

a) La microeconomía.

b) La macroeconomía.

c) La economía positiva.

d) La economía normativa.

16. Epicuro, filósofo griego que vivió entre los siglos IV-III a. de C., afirmó: «¿Quieres ser rico? Pues no te afanes en aumentar tus bienes, sino en disminuir tu codicia» y «El que no considera lo que tiene como la riqueza más grande, es desdichado, aunque sea el dueño del mundo». ¿Qué relación encuentras entre estas afirmaciones y lo estudiado a lo largo de la unidad?

17. Razona la veracidad o falsedad de las siguientes afirmaciones:

a) El término *escasez económica* es sinónimo del término *pobreza.*

b) No todas las decisiones implican renunciar a las opciones desechadas.

c) El nivel de ingresos condiciona las preferencias, pero las preferencias no condicionan el nivel de ingresos.

d) Los bienes finales para unas empresas pueden ser bienes intermedios para otras.

e) El objetivo principal de las empresas es maximizar beneficios.

18. Reflexiona en términos económicos sobre el contenido de esta viñeta:

19. Temas de debate:

a) Elabora una lista con las actividades que podrías realizar para llevar a cabo un consumo responsable.

b) ¿A qué cosas de las que realizas habitualmente renunciarías para que hubiera menos pobreza en el mundo?

2

ORGANIZACIÓN Y CRECIMIENTO

A pesar de la productividad que lograron los obreros durante la Revolución industrial, uno de los grandes debates del siglo XIX versó sobre la justicia de que los medios de producción pertenecieran al empresario y no a los trabajadores. Este debate acabó por materializarse durante el siglo XX con la creación de un sistema de organización económica alternativo al capitalista o de mercado: el comunismo o marxismo, en el que los medios de producción pertenecían al Estado. Durante el siglo XX, el mundo se dividió en dos grandes bloques de países antagonistas y armados hasta los dientes, encabezados por EE. UU. y la Unión Soviética. Durante más de treinta años se vivió una situación prebélica conocida con el nombre de «guerra fría», que transcendió a todos los órdenes de la vida. Pero al final hubo un ganador o, por lo menos, uno no perdió. Tras la caída del muro de Berlín en 1989, la economía soviética se derrumbó y adoptó el sistema capitalista.

1. Los recursos productivos y la renta

La principal actividad económica, puesto que sin ella no serían posibles las demás, es la producción de bienes y servicios. Pero esta, a su vez, está condicionada por los medios o recursos de los que dispongan las empresas (ver Tabla 2.1).

Fig. 2.1. El terremoto y el tsunami que arrasaron el norte de Japón en 2011 abrieron nuevamente el debate sobre la conveniencia de la utilización o no de la energía nuclear.

Los **recursos productivos** o factores de producción son los elementos básicos empleados en la producción y distribución de bienes y servicios.

Recursos naturales (tierra)	Son los que provienen de la naturaleza. Este término se usa en un sentido amplio que abarca, además de la tierra cultivable y urbana, los recursos del suelo y del mar como los minerales o la pesca.
Trabajo	Se refiere a toda actividad humana física o intelectual remunerada que interviene en el proceso productivo. Por muy mecanizadas o informatizadas que estén las sociedades modernas, no es posible manejar un ordenador, recoger la cosecha o extraer carbón sin que intervenga al menos una persona.
Bienes de capital	Se refiere a los bienes que son titularidad de la empresa, que se dividen en dos grandes grupos: por un lado, el elemento financiero o capital financiero (por ejemplo, el dinero) y, por otro, los elementos físicos o capital físico o instrumental, integrado por los distintos equipos utilizados en la producción y distribución de bienes y servicios (como edificaciones, maquinaria, mobiliario, ordenadores y terrenos, entre otros).

Tabla 2.1. Recursos productivos de las empresas. No obstante esta clasificación, algunos autores también mencionan un cuarto recurso: la iniciativa empresarial. Afirman que para que la producción o distribución funcionen no basta con reunir materias primas, trabajo y capital, también hay que saber organizar los recursos y dirigir a los trabajadores, funciones que recaen sobre la figura del empresario.

Los recursos productivos pertenecen a las personas y estas los venden o alquilan a las empresas a cambio de una remuneración denominada renta.

La **renta** representa el valor o el precio que se paga por la utilización de un recurso productivo en un periodo de tiempo determinado.

La renta recibe diferentes nombres, en función del recurso productivo que la genere: salario, si procede del trabajo; alquiler, si proviene de los recursos naturales; e interés, cuando tiene su origen en el capital. Veámoslo gráficamente:

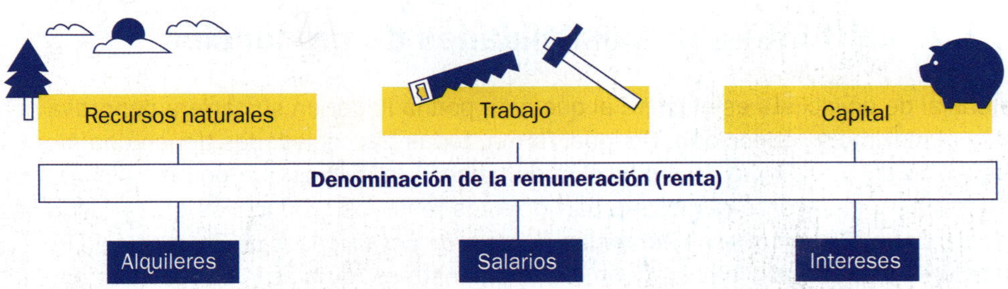

Esquema 2.1. Denominación de la remuneración de los recursos productivos.

Actividades

1> El alto nivel de vida de un país no se corresponde necesariamente con una abundancia de recursos y materias primas. ¿Qué factores crees que explican esta contradicción?

2> Si comparásemos la misma empresa en la actualidad y hace cuarenta años, ¿qué cambios crees que veríamos en los recursos productivos que emplea para desarrollar su actividad?

2. Las posibilidades de producción

Los llamados **recursos de producción** son el pilar básico de todas las actividades económicas, pues de su disponibilidad depende la producción de bienes y servicios para su posterior distribución y consumo.

!! Atención

Sin la producción de bienes y servicios, no tiene sentido hablar de la distribución o del consumo, por eso es la más importante de las actividades económicas.

2.1. La tecnología

Todos los países disponen de una determinada dotación de recursos productivos (recursos naturales, trabajo y capital), pero ¿qué cantidad de bienes y servicios son capaces de producir con esos recursos? Y, aun así, ¿depende todo de la cantidad de recursos?

Ni mucho menos. Es tan importante la cantidad de recursos como la forma de combinarlos. La combinación de los recursos productivos, es decir, el **método de producción** empleado, marcará la diferencia en la producción; esto se conoce con el nombre de *tecnología.*

Por ejemplo, desde la Antigüedad el hombre ha ordeñado al ganado vacuno para obtener su leche. Hoy en día, hay más formas de realizar esta tarea. No es lo mismo ordeñar manualmente cada vaca que hacerlo utilizando una moderna instalación automática de ordeño. La diferencia está en el método de producción o la tecnología empleada. En ambos casos se utilizan los recursos productivos *trabajo* y *capital* para la extracción de un recurso natural, pero de forma distinta.

Fig. 2.2. Artesanía de violines en la ciudad italiana de Cremona. Los avances tecnológicos que más condicionan la vida en la actualidad están relacionados con el descubrimiento o perfeccionamiento de máquinas; de ahí que sea frecuente utilizar el término tecnología como sinónimo de máquina, lo cual es incorrecto. Aunque cada vez son menos, existen muchas tecnologías que emplean abundante mano de obra y poca o ninguna maquinaria.

El primer método de producción consiste en utilizar un taburete y un cubo (capital) y muchas horas de trabajo manual ordeñando a las vacas una por una (trabajo); en el segundo, se utiliza una máquina o una instalación de ordeño con derivaciones individuales (capital) que han de colocarse en las ubres de los distintos animales y activarse posteriormente (trabajo). En la primera combinación, el ganadero opta por emplear más trabajo que capital y en la segunda utiliza más capital que trabajo. Tal y como veremos en la unidad siguiente, la elección de una u otra tecnología dependerá de su coste y de las ventajas que reporte su utilización, pero lo importante ahora es destacar la existencia de distintas alternativas o combinaciones de recursos productivos.

La **tecnología** es la forma en la que se combinan los distintos recursos productivos disponibles para obtener un bien o servicio.

En definitiva, las posibilidades de producción de los distintos países dependen de la cantidad de recursos productivos y de la tecnología disponible. Hay otros factores, como la formación de los trabajadores o la organización empresarial, que también influyen, pero en menor medida.

2.2. La frontera de posibilidades de producción

El potencial de un ciclista es el límite al que este podría llegar en su carrera deportiva si aprovechara al máximo su capacidad. De igual forma, todas las sociedades tienen una producción potencial, es decir, el límite de producción de bienes y servicios que podrían alcanzar si fueran eficientes y le sacaran el máximo partido a los recursos productivos y a la tecnología de la que disponen. Dicho límite se denomina *frontera de posibilidades de producción* (FPP) y para alcanzarlo es imprescindible actuar con eficiencia, esto es, organizar los recursos productivos disponibles de forma óptima, aprovechándolos al máximo.

Recuerda

La **eficiencia** es la utilización óptima de los recursos disponibles con una tecnología dada.

La **frontera de posibilidades de producción (FPP)** refleja las cantidades máximas de bienes y servicios que es capaz de producir una sociedad en un determinado periodo de tiempo a partir de unos recursos productivos y unos conocimientos tecnológicos dados.

Recuerda

Uno de los métodos de la ciencia económica consiste en observar la realidad para establecer modelos o teorías capaces de explicar su comportamiento y tratar de predecirlo.

Cada vez que un país opta por utilizar recursos escasos en la producción de un bien está renunciando a la posibilidad de emplearlos en la producción de otros bienes. Es decir, cada elección tiene asociado un coste de oportunidad, tal como vimos en la unidad anterior.

Para explicar el coste de oportunidad que implica cualquier decisión, puede recurrirse al análisis gráfico mediante lo que se denomina el *modelo económico del coste de oportunidad.*

Aunque cualquier país fabrica miles de bienes y servicios cada año, para representar el coste de oportunidad mediante la FFP solo se utilizan dos bienes o servicios determinados. Veamos, con el siguiente ejemplo, la forma de proceder necesaria para representar gráficamente la FPP:

a) En un diagrama de ejes representamos dos bienes –por ejemplo, barras de pan y masa para *pizzas*– que se producen con una tecnología dada y una cantidad de recursos productivos determinados, por ejemplo, un horno.

b) A continuación, anotamos las distintas combinaciones posibles: si se emplearan todos los medios en la producción de pan, se podrían cocer 20 barras cada hora. En cambio, si se dedicara esa hora a la cocción de *pizzas*, podrían hacerse ocho. Cuantas menos pizzas se fabriquen, más pan podrá hacerse y viceversa. Cada una de las combinaciones en cuestión se representa con un punto asociado a una letra (A, B, C, D y E).

	A	B	C	D	E
Barras	0	5	10	15	20
Pizzas	8	6	4	2	0

c) Uniendo los puntos así obtenidos, mediante una línea, trazamos la FPP. Los puntos situados por encima de la FPP representan combinaciones inalcanzables o no factibles (✯), mientras que los que están situados por debajo de la misma (■) representan combinaciones ineficientes pero factibles (Fig. 2.3).

Aunque no es aplicable en la práctica, en el ámbito teórico el modelo económico de la FPP es muy importante porque ilustra muchos conceptos:

- **La escasez de recursos.** Los recursos son limitados (un horno y 60 minutos en el ejemplo anterior), de forma que condicionan el número de unidades producidas.
- **El coste de oportunidad.** Solo podemos obtener cantidades adicionales del producto transfiriendo recursos de la producción de un bien a la de otro. No se puede estar en dos cosas a la vez. En el ejemplo, disponíamos de un tiempo y un horno, y debíamos decidir entre hacer dos *pizzas* o cinco barras cada 15 minutos.
- **La producción potencial.** Es la producción máxima que una economía es capaz de obtener (las combinaciones A, B, C, D o E del ejemplo) con unos recursos y un nivel tecnológico dados, siempre que los utilice de manera eficiente.

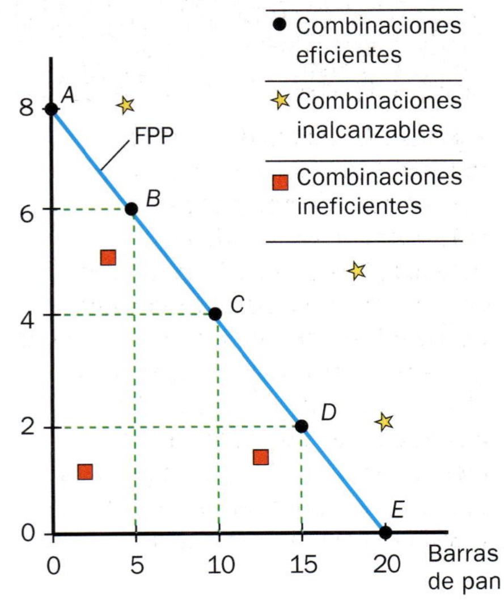

Fig. 2.3. Frontera de posibilidades de producción para las barras y las pizzas utilizando un horno y 60 minutos. En el horno caben cinco barras de pan o dos pizzas, las cuales se cuecen cada 15 minutos.

Caso práctico 1

Ana es una estudiante de bachillerato que reparte las 20 horas de las que dispone a la semana entre estudiar y ayudar a sus padres en el pequeño negocio familiar que tienen. Según la experiencia que ha ido adquiriendo, Ana ha reflejado en la siguiente tabla las distintas combinaciones posibles, medidas en términos de resultados; por un lado, la nota media académica, y por el otro, el dinero que consigue como remuneración por su trabajo.

Combinación	A		B		C		D		E	
Reparto*	(e)	(t)	(e)	(t)	(e)	(t)	(e)	(t)	(e)	(t)
20 horas	20	0	15	5	10	10	5	15	0	20
Nota media	8		7		5		3		0	
Euros	0		20		30		45		60	

1. Representa gráficamente la FPP de Ana.
2. ¿En qué puntos de la gráfica alcanza Ana su potencial, es decir, es eficiente?
3. Señala algún punto ineficiente en la gráfica y comenta a qué se debe que Ana no alcance su producción potencial.
4. ¿Cuál es el coste de oportunidad para Ana de obtener un notable?

Solución

1. La FPP de Ana para 20 horas semanales de tiempo se recoge en la Fig. 2.4.
2. Ana es eficiente, es decir, alcanza su producción potencial en cualquiera de las combinaciones que muestra la FPP (A, B, C, D y E).
3. Por debajo de la FPP, en las combinaciones V, H o Z, Ana es ineficiente. Existen muchos factores que pueden explicar su bajo rendimiento. Por ejemplo, sus malas notas podrían deberse a una mala concentración, a distracciones, o a no estudiar en un lugar adecuado.
4. Para obtener un notable, Ana debe renunciar a trabajar en el negocio familiar y estudiar durante las 20 horas de que dispone a la semana.

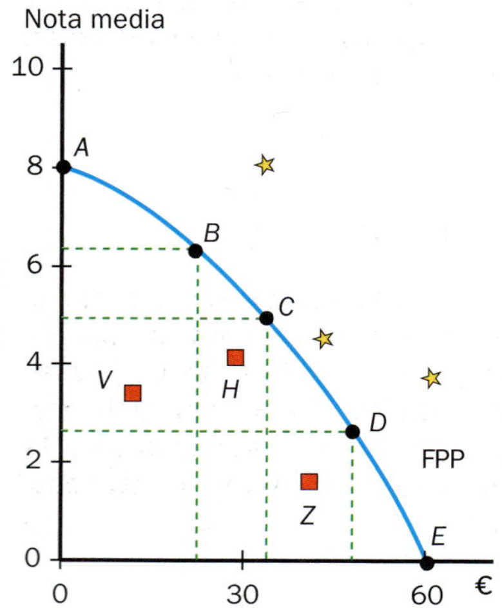

Fig. 2.4. Fronteras de posibilidades de producción de Ana.

En la vida real, y por diversas razones que estudiaremos en próximas unidades, es casi imposible que los países alcancen su eficiencia, de modo que su nivel de producción estará siempre por debajo de la FPP, es decir, siempre habrá recursos ociosos (trabajadores, fábricas, tierras...) que no participen en la producción de bienes y servicios, a pesar de que estén disponibles.

Actividades

3> ¿Qué relación existe entre los conceptos de producción potencial y eficiencia?

4> ¿Por qué el modelo de la frontera de posibilidades de producción (FPP) presenta limitaciones?

Diferencia producción y productividad

3. El crecimiento económico

Con unos recursos productivos y una tecnología dados, las sociedades alcanzan unas determinadas posibilidades de producción de bienes y servicios. Pero, lógicamente, si aumenta la cantidad de recursos productivos disponibles o mejora la tecnología (los métodos de producción), también pueden aumentar las posibilidades de producción. Cuando esto sucede se habla de crecimiento de la economía o se dice que el país crece económicamente.

Fig. 2.5. Tractores en una feria de exposición inglesa de principios del siglo XX. La mecanización de las tareas agrícolas ha sido decisiva para el logro del bienestar del que disfrutan hoy en día las sociedades occidentales. No solo se liberó mucha mano de obra para la industria, sino que, además, gracias a la productividad de las máquinas, se abasteció de alimentos a una población que, desde entonces, no ha cesado de crecer.

El **crecimiento económico** es el incremento del valor de la producción de bienes y servicios de una sociedad en un periodo de tiempo determinado.

Hay dos maneras de crecer económicamente:

- **Aumentando los recursos productivos.** Para incrementar la producción de bienes hacen falta más recursos, más trabajadores, más instalaciones, más dinero, etc.
- **Mejorando la productividad.** Con los mismos medios, es decir, con el mismo número de recursos productivos, pueden producirse más unidades. En el ejemplo anterior podían hacerse ocho *pizzas* cada hora utilizando los mismos recursos, sin embargo, se podría lograr una mayor producción aumentando la potencia del horno para que las *pizzas* y las barras de pan se cocieran antes. Entonces seríamos más eficientes y, en consecuencia, más productivos.

La **productividad** es la relación entre la cantidad de bienes y servicios producidos y los recursos empleados en su producción.

No deben confundirse los términos *productividad* y *producción*. Son conceptos íntimamente ligados, pero no sinónimos. La productividad será mayor cuantas más unidades se produzcan, pero para una misma producción puede haber más o menos productividad en función de los medios utilizados. La producción es una medida absoluta (km, m, €...) y la productividad es una medida que relaciona dos magnitudes distintas (km/h, m/s, €/unidad...).

Así, para aumentar su productividad un país puede formar mejor a sus trabajadores o implantar nuevos avances tecnológicos que mejoren la combinación de recursos productivos.

!! *Atención*

Igual que hay factores que contribuyen a aumentar la productividad de los países, hay factores que hacen que disminuya. Por ejemplo, la antigüedad de las instalaciones o la inadecuada formación de los trabajadores.

Caso práctico 2

Dos alumnos tienen la siguiente capacidad de estudio:

— Juan: en 4 horas estudia 8 folios.

— Flora: en 2 horas estudia 6 folios.

Compara los resultados de estos dos estudiantes en términos de producción y productividad.

Solución

En la Tabla 2.2 puedes ver que la producción de Juan (8 folios) es superior a la de Flora (6 folios), pero en términos de productividad, Flora aprovecha mejor su tiempo de estudio (3 folios/hora) que Juan (2 folios/hora).

Diciembre			
	Horas de estudio (recurso productivo trabajo)	Folios estudiados (producción)	Productividad (folios/hora)
Juan	4 horas	8 folios	8/4 = 2 folios/h
Flora	2 horas	6 folios	6/2 = 3 folios/h

Tabla 2.2. Capacidad de estudio de Juan y Flora.

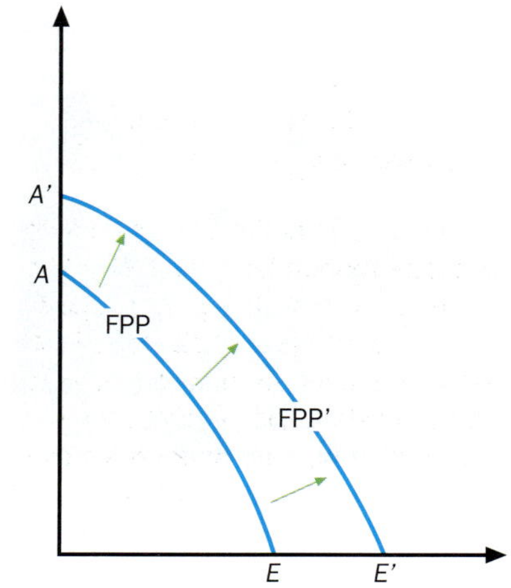

Fig. 2.6. El crecimiento económico. Un incremento de los recursos productivos o una mayor productividad implica un desplazamiento de la FPP hacia la derecha.

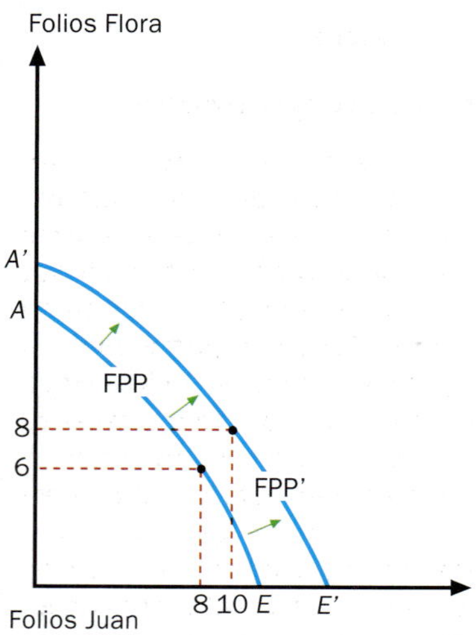

Fig. 2.7. Crecimiento económico de la producción de Flora y Juan.

El crecimiento económico se consigue mejorando la calidad, a través de una mejora de la productividad (esto es, sacarle mayor rendimiento a los recursos productivos ya existentes) y/o aumentando la cantidad de recursos productivos (Fig. 2.6).

Caso práctico 3

Juan y Flora, los estudiantes del Caso práctico 2, finalizaron el curso con la siguiente capacidad de estudio:

Junio			
	Horas de estudio (recurso productivo trabajo)	Folios estudiados (producción)	Productividad (folios/hora)
Juan	5 horas	10 folios	10/5 = 2 folios/h
Flora	2 horas	8 folios	8/2 = 4 folios/h

Compara esta tabla con la del Caso práctico 2 y contesta a las siguientes preguntas:

1. ¿Qué han hecho los estudiantes para mejorar su capacidad de estudio?
2. ¿Qué sucede con la FPP de ambos estudiantes?
3. Representa gráficamente la FPP de los Casos prácticos 2 y 3.

Solución

1. Juan y Flora han estudiado más y mejor. Juan ha incrementado sus horas de estudio y su capacidad ha aumentado en la misma medida. En cambio, Flora le ha sacado mayor partido a las dos horas que ya utilizaba para estudiar. Juan ha aumentado la cantidad aplicada del factor productivo trabajo, mientras que Flora, por su parte, ha mejorado su productividad.
2. Lógicamente, si la FPP mide las posibilidades de producción y estas aumentan debido al incremento del número de horas de estudio o al mejor aprovechamiento de las ya disponibles, la FPP se desplazará hacia la derecha.
3. Como consecuencia del aumento en el número de horas de estudio de Juan y el mayor aprovechamiento de Flora, las posibilidades de producción de ambos estudiantes aumentan y la FPP se desplaza hacia la derecha (Fig. 2.7).

Actividades

5> ¿Cuál es la diferencia entre los términos producción y productividad? Pon un ejemplo.

6> ¿Cómo mejoran las posibilidades de producción de los países?

7> ¿Qué papel crees que jugó la mecanización del campo en el desarrollo de las sociedades modernas?

8> ¿Qué factores explican el crecimiento del valor de la producción de una economía?

9> Dibuja una FPP con los datos de la siguiente tabla y, ayudándote del ejemplo, sal a la pizarra y explica a tus compañeros qué tres conceptos económicos ilustran dicho modelo económico:

	A	B	C	D	E
Tanques	0	1	2	3	4
Tractores	2000	1500	1000	500	0

4. Los sistemas económicos

Hasta ahora hemos estudiado que:

- Las necesidades humanas se satisfacen mediante bienes y servicios.
- Los recursos productivos (recursos naturales, trabajo y capital) son escasos.
- Los agentes económicos (familias, empresas y sector público) toman decisiones (de consumo, producción y distribución) para satisfacer sus necesidades.
- Las posibilidades de producción están determinadas por la cantidad de recursos productivos y la tecnología disponible.

Lo que tienen en común estas afirmaciones es la **producción,** lo cual resulta lógico, puesto que mediante la producción nacen los bienes y servicios que, posteriormente, serán distribuidos y consumidos. La producción de bienes y servicios es la actividad básica pero, ¿qué bienes y servicios producir y en qué cantidad? ¿Cómo producirlos y distribuirlos? ¿Para quién producir? Como estudiaremos más adelante, la forma en la que las sociedades, a través de sus agentes económicos, responden a estas preguntas da lugar a los distintos sistemas de reparto.

- **¿Qué producir y en qué cantidad?** Dependerá de las necesidades de los miembros de cada sociedad y de sus recursos disponibles. Debido a que estos son escasos y susceptibles de muchas utilizaciones, la sociedad tendrá que administrarlos y asignarlos. Por ejemplo, ¿producirá automóviles o alimentos? ¿Automóviles de gama alta o baratos? ¿Más productos agrícolas o más productos industriales?
- **¿Cómo producir y distribuir tales bienes y servicios?** Si los recursos son escasos, no se deben derrochar, por lo que la selección de recursos y técnicas para producir puede ser fundamental. ¿Se utilizarán máquinas o trabajadores? ¿Cuál será la fuente de energía elegida para generar electricidad? ¿Se optará por un sistema productivo contaminante o por otro más ecológico pero más caro?
- **¿Para quién producir?** No es una pregunta fácil de contestar, ya que «no siempre recogen los frutos quienes los siembran». ¿Tendrá todo el mundo acceso a los bienes? ¿O únicamente quienes puedan pagarlos? ¿Se facilitará un consumo mínimo a los más necesitados?

Al contestar a estas preguntas de una manera u otra, las sociedades satisfacen sus necesidades al tiempo que establecen fórmulas de reparto de los distintos recursos (recursos productivos, bienes y servicios) entre la población.

Un **sistema económico** es la forma en la que se organiza una sociedad para satisfacer sus necesidades con recursos escasos, al tiempo que establece fórmulas de reparto para la población.

Si se relacionaran los sistemas económicos con el ajedrez, estos serían los planteamientos estratégicos adoptados por un jugador de ajedrez para ganar la partida (por ejemplo, salir de peón de dama o de peón de rey), pero llevados al ámbito económico.

A lo largo de la historia han sido tres los sistemas económicos o formas de organización económica que, debido a su eficiencia productiva, se han impuesto sobre los demás. Estos son el sistema de economía de mercado, el sistema de economía de planificación centralizada y el de economía mixta, que veremos en los siguientes apartados.

Sabías que

Al redactar una noticia, un periodista tiene que responder a las 5W: *what, who, when, where & why* (qué, quién, cuándo, dónde y por qué). Del mismo modo, cualquier sistema económico debe contestar a las preguntas: ¿qué, cuánto, cómo y para quién producir?

Reflexiona

¿Es ética nuestra economía?

Las cifras de la economía suelen estar claras, pero no tanto las motivaciones que subyacen detrás de las decisiones económicas, como es por ejemplo el consumo de carne. Desde un punto de vista económico, es totalmente lógico que destinemos un 40 % de los cereales y la tercera parte de las capturas pesqueras mundiales para alimentar nuestra cabaña ganadera. Nos gusta la carne, y asignamos muchos recursos para alimentar al ganado. Posteriormente vendemos la carne al mejor postor, de forma que la consumimos mayoritariamente en los países ricos. Sin embargo, y según la Organización de las Naciones Unidas (ONU), se podría erradicar el hambre dedicando a la alimentación humana solo entre el 10 y el 15 % del grano destinado al ganado. Con la cantidad de cereal y soja empleada para alimentar a los animales cuya carne consumirá una sola persona podrían nutrirse veinte personas.

Comerse el Mundo
Sobre Ecología, Ética y Dieta.
Ediciones del Genal, 2005.

4.1. El sistema de economía de mercado

> ***Sabías que***
>
> La llamada economía de mercado nunca ha sido implantada en su estado puro, exceptuando una determinada etapa en la Inglaterra del siglo XIX conocida con el nombre de «capitalismo salvaje». Actualmente, las economías que más se aproximan a este modelo son las de Estados Unidos y Gran Bretaña.

Llegada de la mano de la Revolución Industrial, la economía de mercado o capitalista fue el sistema económico dominante desde finales del siglo XVIII hasta el primer cuarto del siglo XX, aunque nunca llegó a implantarse en estado puro. En este sistema, las **familias** y las **empresas toman las decisiones** (qué y en qué cantidad, cómo y para quién producir), apoyándose en dos herramientas que facilitan las transacciones: por un lado, un medio de pago universal: el **dinero,** y por otro, un lugar donde compradores y vendedores se ponen de acuerdo: el **mercado.**

El capitalismo responde a las preguntas planteadas en el apartado anterior del siguiente modo:

- **¿Qué bienes y servicios producir y en qué cantidad?** Las empresas producen aquellos bienes y servicios que las familias demandan, siempre que les sea rentable. La cantidad dependerá del precio, medido en dinero, que estén dispuestas a pagar las familias así como de las expectativas de las empresas.
- **¿Cómo producir y distribuir dichos bienes y servicios?** Tanto los recursos productivos como la tecnología empleada son seleccionados por las empresas y elegirán aquellas combinaciones de recursos productivos que les sean rentables, es decir, que les posibiliten producir lo que se les demanda, obteniendo, a cambio, algún beneficio que les permita seguir en el mercado ofreciendo sus productos.

  Mientras tanto, el sector público es el encargado de regular y supervisar los procesos de producción y distribución para que el sistema funcione sin que nadie se vea perjudicado.
- **¿Para quién producir?** Para aquel que pueda pagar el precio de los correspondientes bienes y servicios.

Fig. 2.8. La «mano invisible» es un célebre concepto acuñado por Adam Smith en el siglo XVIII para explicar el funcionamiento de los mercados en las economías capitalistas. Explicamos su funcionamiento en el Observatorio 1 de la página siguiente.

En la economía de mercado, las ventas y los precios son la clave del buen funcionamiento del sistema. Estos funcionan como un sistema de señales que informan a los distintos agentes económicos sobre el éxito o el fracaso de sus decisiones. Si las empresas ponen un precio demasiado alto a sus productos, se arriesgan a que estos no se vendan, pero un precio más bajo puede hacer que se agoten las existencias o que no haya beneficios.

Por otra parte, las empresas tratarán de incrementar la producción de los bienes o servicios cuya venta esté asegurada o pueda hacerse a un precio alto, y desecharán o disminuirán la producción de bienes y servicios poco aceptados entre los consumidores o poco rentables. En cualquier caso, no es necesaria en ningún momento una comunicación directa entre consumidores y empresas; los precios y las ventas «hablan» por sí solos y dirigen el mercado satisfaciendo a las familias, las empresas o el sector público, de igual forma que lo haría una «mano invisible».

Es importante resaltar que en este sistema económico la intervención del Estado o sector público se reduce a la mínima expresión: se limita a asegurar un marco de leyes e instituciones que permita a la sociedad organizarse para que funcione el libre mercado entre empresas y particulares.

La gran ventaja del sistema de economía de mercado es que las personas consumen y producen según sus preferencias y disponibilidades. Pero todo sistema presenta ventajas e inconvenientes y este no es una excepción. Así, sus **limitaciones** son las siguientes:

- **Inestabilidad cíclica.** Puesto que la economía de mercado está en manos de la iniciativa privada, y esta tiende a ser variable, cada cierto tiempo el sistema entra en crisis.
- **Escasez de bienes no rentables.** Dada su escasez o su importancia estratégica, el suministro y la gestión de ciertos bienes y servicios deben ser asumidos por el sector público, aceptando en muchas ocasiones grandes pérdidas o poca eficiencia productiva.
- **Deterioro del medioambiente.** Como resultado de la producción de bienes y servicios, hay ciertos efectos negativos que no son contemplados por el mercado, como es el caso de la contaminación y el deterioro del entorno.
- **Abusos de ciertas empresas.** Algunas empresas desequilibran el mercado desde su posición dominante. Esto sucede cuando tienen el poder suficiente para fijar el precio o las condiciones de venta. Además, las campañas publicitarias de las empresas crean necesidades en los consumidores de forma artificial, con lo que el mercado no funciona libremente, ya que son las empresas las que crean demanda y no los consumidores.
- **Distribución desigual de la renta.** Todo el mundo elige según sus preferencias, pero no siempre según sus disponibilidades. Con independencia de las preferencias o gustos, en el mercado solo expresan su opinión aquellos cuyo nivel de ingresos les permite pagar los precios de los bienes y servicios que ofrecen las empresas.

De todos los problemas citados, la distribución desigual de la renta es el más relevante. Fuente de graves problemas sociales, este inconveniente fue el que centró las principales críticas al sistema de economía de mercado desde su nacimiento en el siglo XVIII, y todavía en la actualidad sigue siendo objeto de fuerte controversia. Los principales instigadores de estas críticas fueron Marx y sus seguidores durante el siglo XIX, así como los países que adoptaron el sistema de economía de planificación centralizada en el siglo XX.

Más datos

Sobre las limitaciones o fallos de la economía de mercado hablaremos más detalladamente en la Unidad 6.

Sabías que

Marx describió el sistema de economía de mercado como una lucha de clases entre los propietarios de los medios de producción (o capitalistas) y los trabajadores (o proletarios). Este conflicto, en el que la clase obrera siempre llevaría las de perder, se conoce con el nombre de «lucha del proletariado».

Observatorio 1

¿Cómo promueven los individuos el bienestar del conjunto de la sociedad?

El funcionamiento del sistema de mercado fue reconocido por primera vez por Adam Smith en su obra clásica *La riqueza de las naciones,* donde proclamó el principio de la «mano invisible», según el cual todo individuo, al buscar egoístamente su propio interés, es conducido, como si fuera dirigido por una mano invisible, a lograr lo mejor para el conjunto de la sociedad. Smith también afirma que la interferencia del Estado en el mercado es perjudicial con casi total seguridad. Ya en 1776, Smith lo expresaba de esta forma tan elocuente:

«No es la benevolencia del carnicero, del cervecero o del panadero la que nos procura el alimento, sino la consideración de sus propios intereses (...). Todo individuo trata de emplear su capital de tal forma que su producto tenga el mayor valor posible.

Generalmente, ni pretende promover el interés público ni sabe cuánto lo está promoviendo. Lo único que busca es su propia seguridad, solo su propio provecho. Y, al hacerlo, una mano invisible le lleva a promover un fin que no estaba en sus intenciones. Al buscar su propio interés, a menudo promueve el de la sociedad más eficazmente que si realmente pretendiera promoverlo».

Actividades

10> ¿Cómo obtienen las empresas información fiable del mercado? Razona tu respuesta.

11> ¿Por qué la publicidad puede llegar a ser un problema en las economías de mercado?

4.2. El sistema de economía de planificación centralizada

Fig. 2.9. Manifestante bloqueando tanques en la plaza china de Tiananmen (1989). Los planteamientos teóricos del comunismo son incuestionables desde el punto de vista humano, pero su aplicación práctica ha resultado ser utópica. La mayoría de los países que durante el siglo XX adoptaron esta fórmula de sistema económico han acabado por funcionar como dictaduras encubiertas.

Este sistema, inspirado en la teoría marxista, nació en la Unión Soviética después de la primera guerra mundial; posteriormente, se expandió al este de Europa y acabó por hundirse a finales del siglo XX. A diferencia del sistema de economía de mercado, donde la toma de decisiones recae sobre las familias y las empresas, en este el único agente económico relevante es el **sector público,** y su principal objetivo es conseguir un reparto igualitario de la renta. En él, el Estado no solo es el propietario de los recursos de producción, sino que, además, rige el funcionamiento de la economía en general, de forma que pierde razón de ser el mercado como mecanismo «asignador» de recursos.

En cuanto a la ordenación de la actividad económica, se realiza a través de un órgano de planificación centralizada que establece una serie de planes económicos plurianuales donde, sin dejar margen alguno a empresas o familias, se especifican detalladamente las distintas variables de la actividad económica: los suministros de recursos, los métodos de producción de las empresas, los salarios de los trabajadores, etc. Aunque en un principio los países que aplicaron este sistema lograron cubrir con éxito sus necesidades básicas en materia de empleo, sanidad o educación, el sistema se desmoronó a finales del siglo XX. Veamos algunos de los factores que condicionaron esta **caída:**

- **Errores de previsión.** Ante la ausencia de señales económicas reales –como sucede con los precios o las ventas en el sistema de economía de mercado– los planificadores carecían de información fiable sobre la marcha de la economía, con lo cual, no siempre acertaban en sus previsiones y asignaciones de recursos. Esto se tradujo en una falta de adaptación a la realidad y en una escasa capacidad de reacción.
- **Falta de incentivos.** Con los precios y salarios fijados por el Estado, las empresas no se esforzaban por ser competitivas entre ellas y la desmotivación de los trabajadores acabó siendo la tónica general. En la práctica, el sistema convirtió a empresas y personas en «funcionarios»: sin estímulos, no se esforzaban en realizar mejor su trabajo y no importaba si lo hacían bien o mal, ya que a final de mes iban a cobrar lo mismo. Esta falta de competitividad es una de las principales diferencias entre las empresas de las economías de planificación centralizada y las de las economías de mercado.
- **Excesiva burocracia.** El gran aparato administrativo necesario para controlar el sistema económico se convirtió en un «gigante con pies de barro», presidido por la lentitud y la ineficacia.

El fracaso de la planificación centralizada ha dejado pocas alternativas a los países que lo adoptaron: los del este de Europa evolucionan hacia una economía de mercado, China busca un punto de equilibrio entre la economía de mercado y la de planificación centralizada, y Cuba trata de defender el sistema socialista hasta el final aplicando algunas reformas.

Observatorio 2

¿Por qué China es un gigante económico?

Con un crecimiento espectacular en los últimos años –un 7 % anual cuando en el mundo occidental se considera que el 3 % es una buena media– China es una de las economías más fuertes del mundo a pesar de que hace treinta años era una cenicienta asiática que dependía de la agricultura. A partir de 1979, y consciente de su atraso, China atrajo inversiones extranjeras mediante sustanciosos incentivos fiscales y sin reparar en costes ambientales o laborales. Las multinacionales occidentales se instalaron y los chinos aprendieron de ellas. Primero las suministraron con empresas auxiliares y después las imitaron con notable éxito. Aunque los salarios son bajos en comparación con el primer mundo y funciona como una dictadura encubierta, China sigue avanzando hacia la economía de mercado: en el 2007 legalizó la propiedad privada –incentivando así la obtención de beneficios por parte de los particulares– y muchas multinacionales chinas han reemplazado a las occidentales.

4.3. El sistema de economía mixta

Tal como veíamos en su apartado, uno de los inconvenientes de la economía de mercado era que entraba periódicamente en crisis, pero este defecto aún no se hizo evidente hasta la Gran Depresión que siguió a la crisis de 1929. Hasta ese momento, los distintos Estados que aplicaban el sistema de economía de mercado se habían limitado a regular y a supervisar los procesos de producción y distribución del mercado, interviniendo lo menos posible y proporcionando una serie de servicios públicos mínimos. En lo sucesivo, el mercado seguiría siendo el principal «asignador» de recursos, pero el Estado intervendría más activamente para corregir sus desajustes.

El grado de intervención del sector público en la economía fue siempre objeto de muchas controversias. Hoy, las funciones fundamentales del Estado en un sistema de economía mixta superan las que tenía asignadas en el de economía de mercado:

- **Establecer el marco jurídico-institucional.** Sin la existencia de unas leyes y normativas básicas –un salario mínimo, la jornada de ocho horas, la protección del medioambiente, las medidas de prestación social, etc., impuestas por una autoridad superior– no sería posible que las familias y las empresas pudieran desarrollar sus actividades sin que nadie se viera perjudicado.
- **Suministrar bienes públicos.** Hay una serie de bienes que la sociedad cree que deben ser disfrutados por todos, como la educación, la sanidad o las carreteras, de tal forma que son ofrecidos por el Estado, ya que la empresa privada no los podría suministrar o lo haría a precios demasiado altos. Otros servicios, dada su importancia estratégica en el buen funcionamiento de una democracia, deben ser gestionados por el sector público, como, por ejemplo, el ejército, la policía o la justicia. Los gastos públicos son financiados por las empresas y las familias, principalmente a través de los impuestos.
- **Redistribuir la renta.** Como no todas las personas nacen con las mismas oportunidades o capacidades, el sector público trata de corregir las diferencias socioeconómicas con el fin de lograr un nivel mínimo de bienestar para todos. Algunos ejemplos de esta actuación son las pensiones de jubilación, las subvenciones a empresas por creación de empleos o las ayudas a las familias numerosas.
- **Suavizar la inestabilidad cíclica.** Sujeto a la iniciativa privada, el sistema de economía de mercado alterna fases de expansión y fases de recesión, por lo que es responsabilidad del Estado que las transiciones entre ambos tipos de ciclo sean lo más suaves posible.

Sabías que

Una de las causas del *crack* del 29 (la Gran Depresión) fue la adquisición desmesurada de títulos en bolsa con ánimo especulativo. Muchos inversores adquirieron acciones a precios excesivos con dinero prestado por los bancos, confiando en que venderían rápidamente y con ganancias. El valor de las acciones aumentó tanto que dejó de corresponderse con el valor de las empresas cuyo capital representaban. Cuando la gente reparó en ello era demasiado tarde: las acciones se desplomaron y nadie quería comprar. En solo seis meses, dos millones de personas perdieron su trabajo en Estados Unidos.

! Importante

Sobre los impuestos hablaremos detalladamente en la Unidad 10.

Observatorio 3

¿Cómo se organizaba la humanidad antes de la aparición del capitalismo o la dirección centralizada?

Los diferentes sistemas económicos descritos (el sistema de mercado, el sistema de planificación centralizada y el sistema de economía mixta) son relativamente recientes, pues solo tienen unos siglos de vida; el de mercado, por ejemplo, que es el más antiguo, nació en el siglo XVIII. ¿Y antes de este siglo? ¿No existían los sistemas económicos? Por supuesto que sí, lo que ocurre es que, en general, su capacidad para producir y distribuir bienes y servicios no era tan eficiente como con los sistemas económicos estudiados en la presente unidad. (El Ejercicio 15 al final de esta unidad contiene un ejemplo de un sistema económico antiguo.) Antes del siglo XVI, el comercio apenas existía en Europa (los países tendían a autoabastecerse), los mercados estaban muy poco desarrollados –solo se intercambiaban bienes básicos, mayoritariamente alimentos y ropas– y apenas existía un medio de pago-cobro universal (situación que cambió con la afluencia masiva de metales preciosos tras el descubrimiento de América), de forma que casi todas las transacciones se hacían mediante trueque, entendiendo por tal el intercambio de bienes por bienes sin que medie el dinero.

	Esclavismo	Feudalismo	Mercantilismo	Capitalismo industrial	Comunismo
Cuándo	Hasta el siglo V	Siglos X al XV	Siglos XVI y XVII	Siglos XVIII y XIX	Siglo XX
Qué se producía	Bienes agrícolas y pequeña artesanía. Algo de comercio		Crecen el comercio y las manufacturas	Según la oferta y la demanda	Lo mejor para el pueblo decidido por la autoridad central
Cómo se producía	Esclavos	Vasallos	Agricultores, comerciantes y burgueses	Asalariados	Planes de producción
Para quién se producía	Clases dominantes		Nobleza, clero y burguesía	Para quien pueda pagar	Para todos
Rasgos	Las clases dominantes son las propietarias		Primeras acumulaciones de capital. Primeros bancos	Propiedad privada. El mercado manda	Propiedad pública. Burocracia

Tabla 2.3. Los sistemas económicos a lo largo de la historia. Con todos sus defectos, el sistema de mercado, que ha alcanzado su máxima expresión con el Estado de bienestar, ha demostrado ser el sistema más eficiente en la producción de bienes y servicios, así como el que más ha hecho crecer la tarta de la riqueza mundial, aunque esto último de una forma muy desigual.

La economía mixta se sitúa a medio camino entre los sistemas de economía de mercado y de planificación centralizada, tratando de aprovechar las ventajas de ambos sistemas, si bien en la práctica ha sido inevitable heredar sus defectos. Las sociedades de los países ricos, España entre ellos, impulsaron durante el siglo xx el denominado Estado de bienestar, un caso particular de sistema de economía mixta caracterizado por un alto grado de intervencionismo del Estado en la economía y un elevado gasto social.

Por último, veamos las ventajas e inconvenientes de los tres sistemas económicos:

Economía de mercado	Economía mixta	Planificación centralizada	
Familias y empresas consumen y producen según sus preferencias y disponibilidades.		Necesidades básicas satisfechas en materias como educación, sanidad o empleo.	VENTAJAS
Intervención mínima del sector público.	El sector público interviene para corregir los desajustes del mercado.		
• Inestabilidad cíclica. • Escasez de bienes no rentables. • Deterioro del medioambiente. • Abusos de ciertas empresas. • Distribución desigual de la renta.	Serán los de la economía de mercado o los de la planificación centralizada, dependiendo del grado de intervención del sector público.	• Errores de previsión. • Falta de incentivos. • Excesiva burocracia.	INCONVENIENTES

Tabla 2.4. Ventajas e inconvenientes de los sistemas económicos.

Actividades

12> ¿Qué ventajas e inconvenientes se derivan de que sea el Estado el que tome todas las decisiones en un sistema de economía de planificación centralizada? Justifica tu respuesta.

13> ¿De qué depende que los inconvenientes del sistema de economía mixta sean más o menos acentuados?

14> ¿En qué se diferencia la intervención del sector público en los sistemas de economía de mercado y de economía mixta?

15> ¿Por qué la economía de planificación centralizada no está sujeta a la inestabilidad cíclica de la economía de mercado? Razona tu respuesta.

5. El flujo circular de la renta

En las economías que se apoyan en el mercado para repartir los recursos, se establecen una serie de relaciones y corrientes entre las familias, las empresas y el sector público en torno a dos mercados complementarios:

- **El mercado de bienes y servicios.** Las empresas, a cambio de un precio, proporcionan a las familias los bienes y servicios que estas demandan.
- **El mercado de recursos productivos.** Las familias, a cambio de unas remuneraciones o rentas (alquileres, salarios o intereses), aportan los recursos productivos que las empresas demandan (recursos naturales, trabajo y capital).

La relación que se establece entre familias y empresas puede describirse como una corriente circular en la que unos venden lo que los otros compran y viceversa. El dinero que los consumidores entregan a los empresarios por comprar bienes y servicios retorna a estos después, cuando cobran el salario por el trabajo que realizan.

> El **flujo circular de la renta** es el conjunto de relaciones de los agentes económicos caracterizado por el pago de rentas de las empresas a las familias a cambio de trabajo y otros recursos productivos, y el pago del precio de las familias a las empresas a cambio de los bienes y servicios producidos por estas.

FLUJO CIRCULAR DE LA RENTA

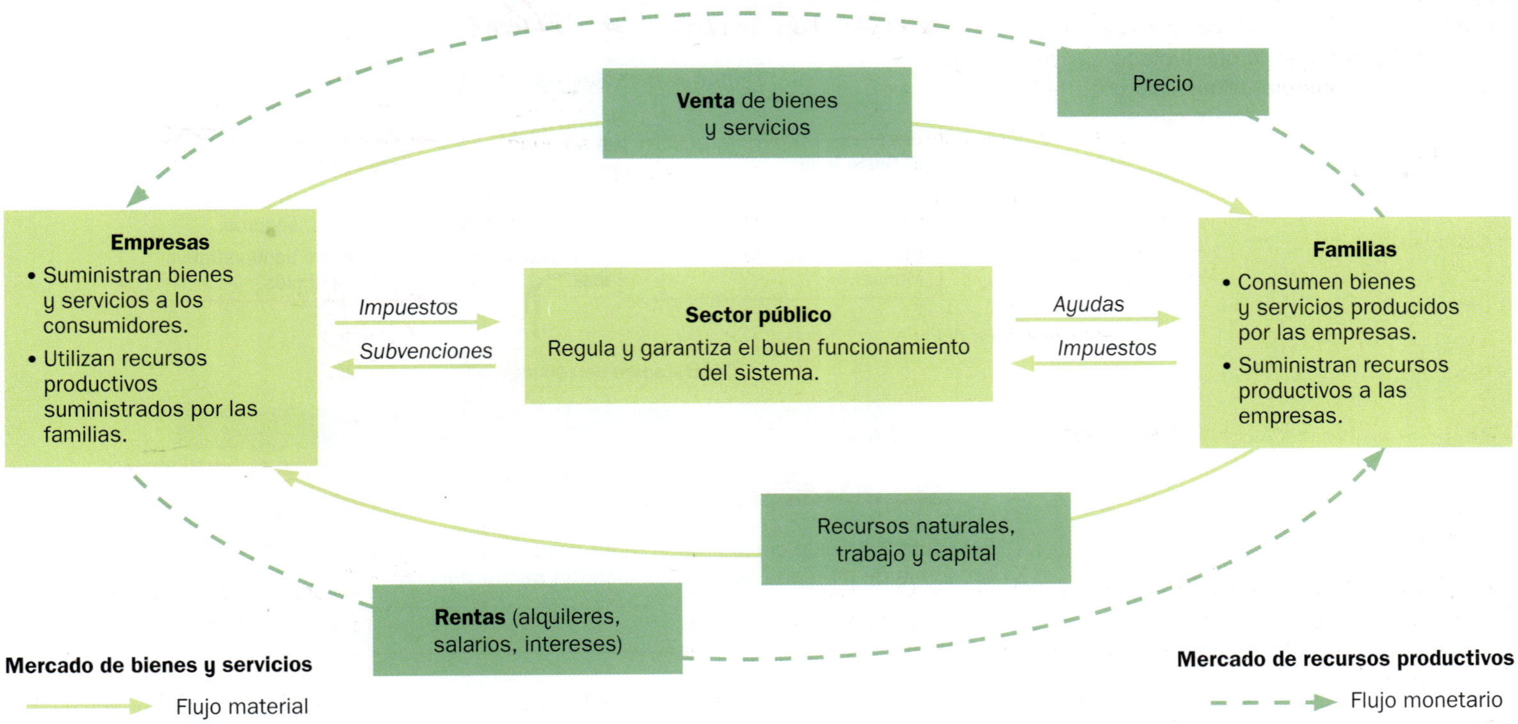

Esquema 2.2. El flujo circular de la renta en una economía mixta. Las rentas reciben su nombre en función del recurso productivo que las genera (recursos naturales-alquileres, trabajo-salarios, capital-intereses).

Observatorio 4

¿Por qué unos Gobiernos favorecen a los estudiantes y otros a los conductores?

Por presupuesto y funciones atribuidas, la Administración Central es la más importante de las Administraciones Públicas. Anualmente decide sobre el destino de miles de millones de euros que previamente cobra vía impuestos. Policía, justicia, educación, sanidad..., son muchas las áreas dependientes de la financiación estatal o autonómica.

Ahora bien, ¿qué es lo que hace que un Gobierno aumente el número de becas para estudiar mientras otro prefiera construir más carreteras? Ambas cuestiones son importantes, pero depende del criterio de los gobernantes el impulsar una u otra área cuando los recursos son limitados. En los países democráticos, los Gobiernos se deben a sus electores y a sus programas políticos.

Es cierto que pueden y deben impulsar aquellas áreas que entiendan oportunas, pero la adopción de medidas impopulares puede restarles votos en las siguientes elecciones. Por tradición y hablando en general, los llamados partidos de izquierdas suelen favorecer las políticas sociales y los de derechas, la desregularización de los mercados.

Reflexiona

¿Cuál debe ser el grado de intervención del sector público?

Se trata de uno de los debates económicos más antiguos y polémicos. Frente a quienes opinan que el Estado debería meterse lo menos posible en los asuntos de los particulares (empresas y familias), están quienes creen que el Estado debe intervenir para corregir los abusos o desigualdades. Un buen ejemplo es la existencia de la prestación de desempleo. Es una medida que protege a quienes pierden su trabajo, pero hay también quien entiende que su percepción desincentiva la búsqueda real de trabajo.

Caso práctico 4

Imagina que don Manuel Pérez y El Corte Inglés son, respectivamente, el único consumidor y la única empresa de una economía. Don Manuel trabaja como administrativo en El Corte Inglés a cambio de un salario y El Corte Inglés le suministra a don Manuel todos los bienes y servicios que este demanda: alimentos, ropa, libros, viajes, seguros... El único recurso productivo que existe es el trabajo y no existe el sector público.

Representa el flujo circular de la renta para este caso concreto.

Solución

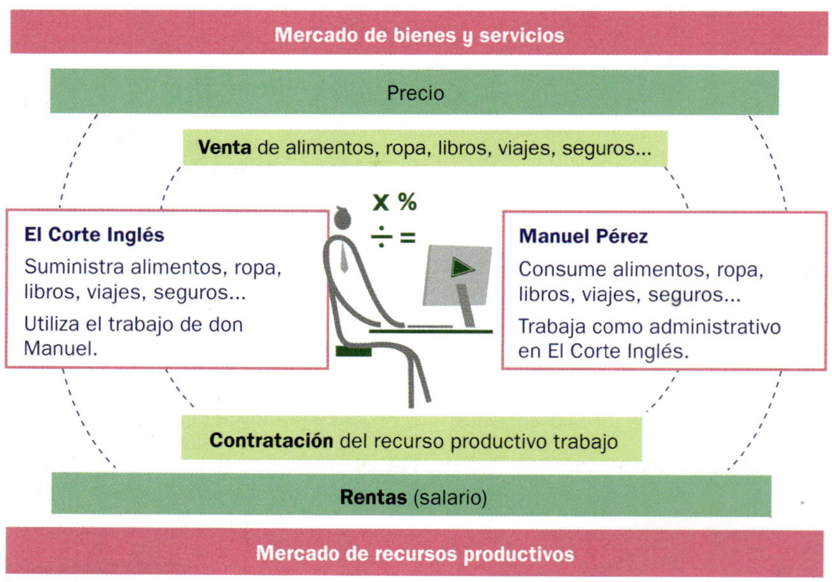

Esquema 2.3. Flujo circular de la renta entre El Corte Inglés y Manuel Pérez en una economía de mercado sin intervención del sector público.

Actividades

16> Razona por qué se dice que la renta sigue un flujo circular entre familias y empresas.

17> ¿Qué funciones le asignarías al sector público en el Esquema 2.3?

Textos de apoyo

Sombras y luces de la economía marxista

Según Marx, el motor de los cambios sociales de la historia han sido los métodos de producción y el intercambio de productos. Respalda esta afirmación en el hecho de que la división de clases de toda sociedad ha estado determinada por la forma en que se ha respondido a tres preguntas fundamentales: qué se produce, cómo se produce y la forma en que se intercambia la producción. Cuando la contestación a estas preguntas es siempre la misma, surge un sistema, y concretamente en este caso, un sistema económico, una forma de organización económica de la sociedad en cuestión.

En este sentido, el objetivo de la obra de Marx era descubrir la clave del funcionamiento del motor o sistema capitalista. Sus investigaciones determinaron que el capitalismo solamente es posible explotando a la clase trabajadora, aspecto que acabaría por convertirse en su talón de Aquiles: los trabajadores oprimidos acabarían por verse forzados a levantarse contra sus patronos y destruirían el capitalismo.

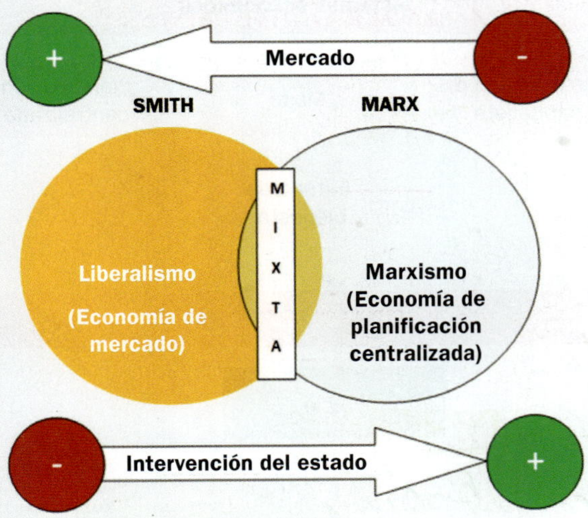

Esquema 2.4. Pensamiento y sistemas económicos. Las ideas de Smith, partidarias de un mercado fuerte y un Estado poco intervencionista, se conocen con el nombre de liberalismo. En el otro extremo se sitúa la ausencia de mercado y el Estado todopoderoso auspiciado por los seguidores de Marx. Hoy día, a los seguidores de las ideas de Smith se les denomina neoliberales.

En todo caso, el proceso de opresión comienza cuando el capitalista adquiere una mercancía a la que puede añadir un valor mayor que el de la propia fuerza de trabajo aplicada para su obtención. Razona Marx que el beneficio así obtenido es injusto en la medida en que el salario que recibe el trabajador es inferior al valor del producto obtenido con su trabajo, diferencia que recibe el nombre de **plusvalía** y de la que el empresario se apropia cuando en realidad corresponde al trabajador. Esta apropiación indebida –que Marx llamó «explotación del proletariado»– es una de sus principales críticas al sistema de economía de mercado o capitalista.

No obstante, hay que resaltar que la denominada economía marxista, socialista o de planificación centralizada tiene su origen en las críticas al sistema capitalista. No fue definida por Marx como un sistema propiamente dicho, aunque la historia se encargó de demostrar que el experimento era posible, aunque inviable a largo plazo. Acertó Marx en que se produciría el levantamiento de los trabajadores contra los patronos, pero el remedio resultó ser peor que la enfermedad: los países donde los medios de producción se han colectivizado han acabado por funcionar como dictaduras encubiertas. Y es que cualquier sistema que trata de imponer por la fuerza las «buenas ideas» no deja de ser un método de opresión.

El «socialismo voluntario» sí que ha demostrado ser posible, y dentro de estos sistemas ninguno de ellos ha desempeñado un papel tan importante para la creación del Estado como los *kibutzim*. Los primeros *kibutzim* ('agrupaciones' en hebreo) eran comunas fundadas por judíos rusos socialistas a principios del siglo XX, muy influidos por las ideas de Marx. En los primeros años de vida del Estado de Israel, los *kibutzim* abastecían al país llegando incluso a exportar. También ayudaron en la colonización de la tierra y en la defensa de las fronteras, y fueron centros de absorción y adaptación para muchos inmigrantes. Sus postulados básicos son: propiedad colectiva, trabajo propio, salarios igualitarios, rotación de los puestos, toma de decisiones democráticas y judaísmo laico. De los *kibutzim* ha salido un gran número de líderes israelíes, aunque la población en estas comunas nunca supuso más del 4 % del total de la población israelí.

1> Según Marx, ¿cuál es la causa de los cambios sociales en una sociedad?

2> Explica de forma concisa cuál era el objetivo de la obra de Marx.

3> Pon un ejemplo en el que quede claro el concepto de plusvalía.

4> ¿Qué quiere decir el texto cuando habla de un experimento factible aunque inviable a largo plazo?

Mapa conceptual

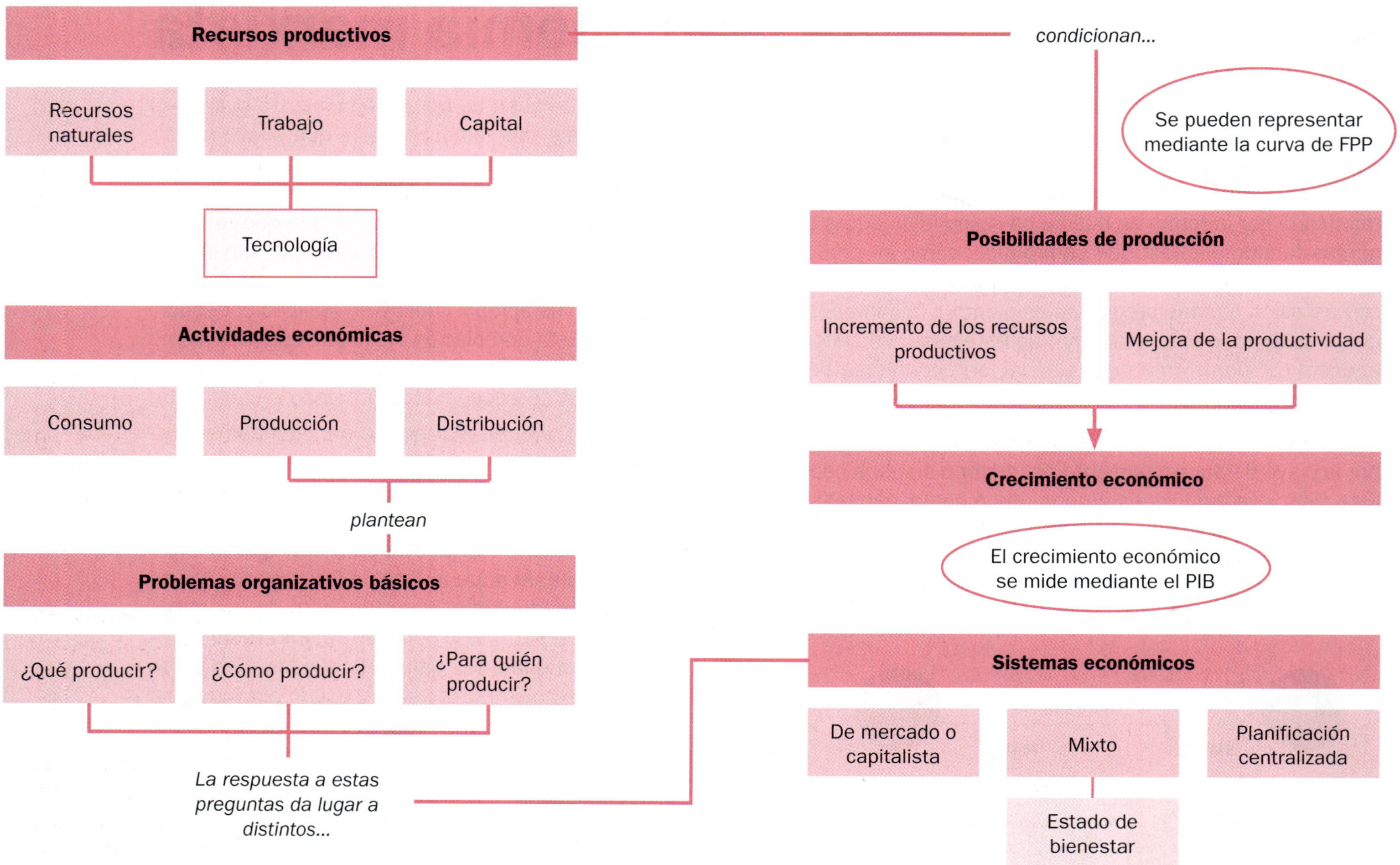

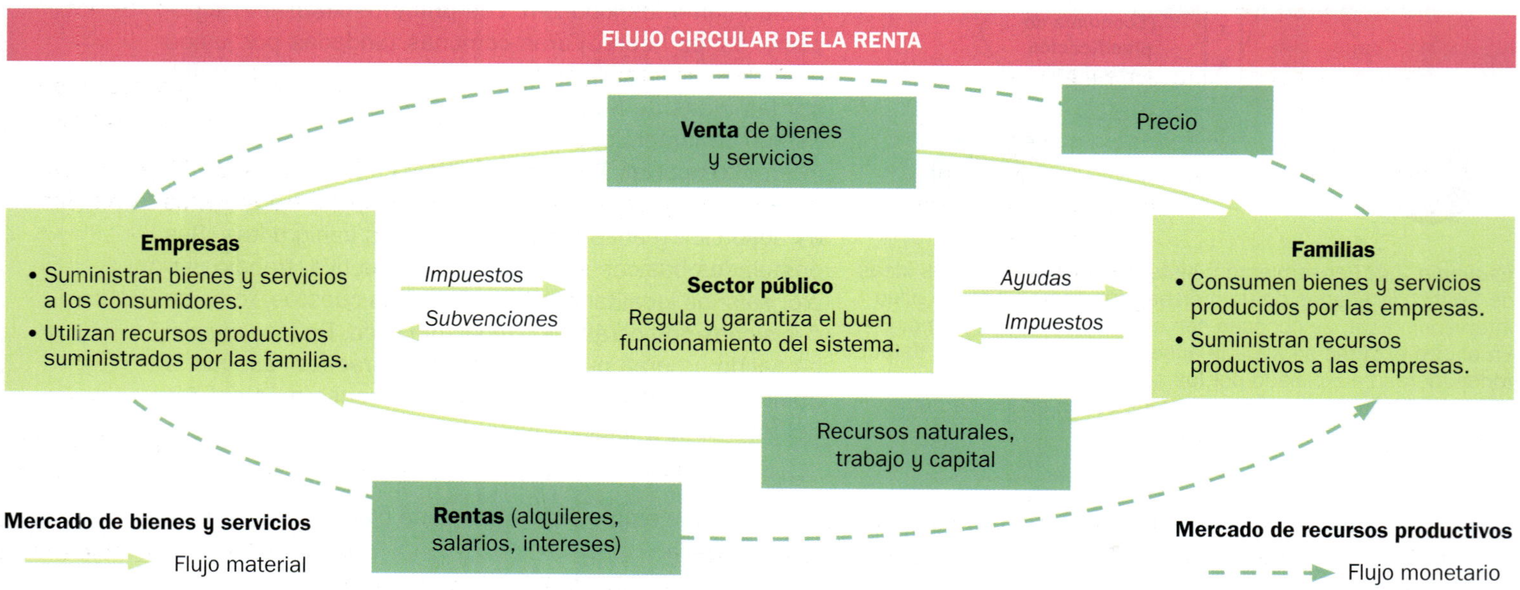

N.º 2. Diario independiente de información económica **Economicus**

«Nada es suficiente para el que no se conforma con poco».
Epicuro, filósofo griego (siglos iv-iii a. de C.).

El capital humano es el secreto

Los estudios demuestran que la porción de la población mundial que vive con ingresos de 1 o 2 dólares diarios –el umbral de la pobreza según los organismos internacionales- se ha reducido considerablemente en los últimos 25 años. Igualmente, las estadísticas de ingresos muestran que la desigualdad de ingresos ha disminuido notablemente desde 1980. Esto se debe, principalmente, al enriquecimiento de dos naciones anteriormente pobres, China y la India, que representan a más de un tercio de la población mundial.

*GARY S. BECKER

¿De qué depende que unos países sean ricos y otros no? Son los sueldos, y no las ganancias sobre el capital invertido, el factor determinante de los ingresos de la gran mayoría de la gente, tanto en las naciones ricas como en las pobres. En otras palabras, la riqueza depende del capital humano y no del valor de tierras, acciones o cuentas corrientes. Tal como dijo J.K. Galbraith: «En el mundo no hay pueblos educados pobres ni pueblos analfabetos ricos. La cultura es determinante para el desarrollo de los pueblos».

El capital humano viene determinado por la educación, el entrenamiento, la nutrición y otras inversiones en la salud. Los ingresos que tienen su origen en el capital humano son tres veces mayores que los procedentes de inversiones de todo tipo. Y aunque los países desarrollados tienen ventaja sobre los demás, esto no quiere decir que no queden cosas por hacer. Por ejemplo, EE. UU. debiera lograr que más jóvenes de familias pobres terminen el bachillerato y vayan a la universidad. En EE. UU. los últimos 25 años han sido devastadores para la gente sin educación, pero no es un problema fácil de solucionar. Una posible solución sería legalizar las drogas para eliminar la tentación de los jóvenes en las barriadas pobres de las grandes ciudades de abandonar los estudios para vender drogas.

También debería aumentar la competitividad entre las escuelas. En cuanto a las naciones pobres, deberían seguir el ejemplo de China y la India, abriendo sus economías a la competencia y al comercio internacional para lograr un rápido crecimiento. Hace años y en estos países las multinacionales se instalaron aprovechando los costes laborales bajos o las legislaciones permisivas, pero hoy día muchas de ellas ya han sido sustituidas por empresas nacionales. Las naciones ricas, por su parte, deben reducir sus barreras a la importación de productos de los países en vías de desarrollo.

Pero en todo caso solo estamos hablando de desigualdad de ingresos. Es un error concentrar la atención en la igualdad de bienes, que son un componente de la desigualdad, pero no su principal determinante, ni tampoco del bienestar.

Hay otros campos en los que las desigualdades se han reducido notablemente, como es el caso de la salud, medida por ejemplo a través de la expectativa de vida, las tasas de alfabetización y escolarización o la igualdad de géneros.

(Basado en opiniones y artículos de Gary S. Becker)

*Premio nobel en 1992 por aplicar la economía a los comportamientos humanos fuera del mercado. Becker es profesor de Economía en la prestigiosa Universidad de Chicago.

Reflexiona

1> ¿En qué recursos productivos crees que se encuadra el capital humano?

2> ¿Cuál es la responsabilidad del sector público en lo que se refiere al capital humano? ¿Sabes cómo se afronta este tema en España?

3> ¿Qué opinión te merecen las medidas propuestas por Becker para mejorar la formación del capital humano en EE. UU.?

4> ¿Qué importancia juegan los indicadores que miden las desigualdades no materiales?

La fábula de las abejas

«Hubo una vez un gran panal que, a pesar de estar lleno de abejas amantes del lujo y el despilfarro, gozaba de gran fama por sus leyes y sus numerosos enjambres de emprendedores... Tantas eran las abejas que muchas se aprovechaban para trepar a cualquier precio. Así pues, cada parte del Estado estaba llena de vicios, pero en conjunto era un paraíso... Nada parecía estar fuera de lugar ni nadie interfería en los negocios públicos... y las abejas se permitían exclamar, descaradas: "¡Dios mío, si tuviéramos un poco de honradez...!". Mercurio sonreía, pero Júpiter, indignado, concedió lo que se pedía. Los corazones se colmaron de honestidad y, al instante, todo cambió... Los tribunales quedaron en silencio, porque ya muy a gusto pagaban los deudores, aun lo que sus acreedores habían olvidado, y estos absolvían a quienes no podían pagar... Todos los abogados se marcharon de aquel panal honrado... El clero no pasaba ya su carga a abejas jornaleras, sino que se abastecía a sí mismo, exento de vicios. Todos los ineptos, o quienes sabían que sus servicios no eran indispensables, se marcharon, pues no había ya ocupación para tantos...»

Bernard Mandeville

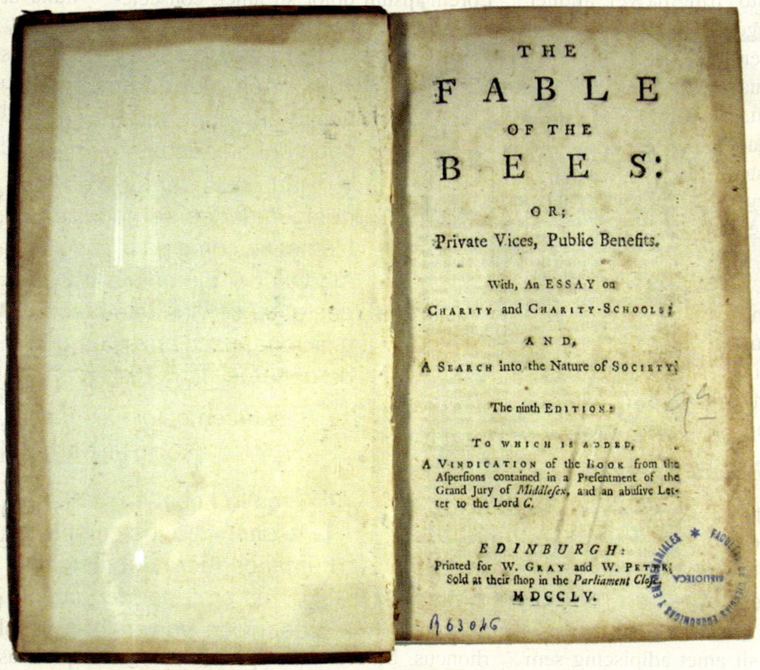
THE

FABLE

OF THE

BEES:

OR,

Private Vices, Public Benefits.

With, An ESSAY on

CHARITY and CHARITY-SCHOOLS;

AND,

A SEARCH into the Nature of SOCIETY.

The ninth EDITION.

TO WHICH IS ADDED,

A VINDICATION of the BOOK from the Aspersions contained in a Presentment of the Grand Jury of *Middlesex*, and an abusive Letter to the Lord C.

EDINBURGH:

Printed for W. GRAY and W. PETER; Sold at their Shop in the *Parliament Close*.

MDCCLV.

Hoy en día existe consenso sobre la necesidad de intervención del sector público, que corrija los desequilibrios sociales y económicos. Sobre lo que cuesta ponerse de acuerdo es sobre el grado de intervención del sector público.

Hemeroteca

4000 años a. de C.

El trueque se intensifica con el desarrollo de los primeros grandes imperios en torno a ríos como el Eúfrates, el Tigris, el Ganges, el Nilo y el Yangtsé; la mejora de los sistemas de riego permite el cultivo de nuevas tierras; y nace la escritura.

N.º 2. Diario independiente de información económica **Economicus**

Lectura recomendada:
GROUCHO Y YO

Groucho Marx
Barcelona, Tusquets, 1995

Se trata de una biografía del célebre humorista de principios del siglo xx, pero merece ocupar un espacio dentro de la literatura económica por la brillante descripción que realiza Groucho en uno de sus capítulos a propósito de su participación en la crisis de 1929. Este capítulo debería ser de lectura obligatoria para quienes invierten en bolsa con la intención de obtener beneficios rápidamente, porque Marx perdió 240 000 dólares en solo una semana, o lo que es lo mismo, perdió en solo unos días ciento veinte semanas de trabajo.

«Muy pronto, un negocio mucho más atractivo que el teatral atrajo mi atención y la de mi país. Era un asuntillo llamado mercado de valores [...]. Mi sueldo semanal en Cocoteros era de unos dos mil (dólares), pero esto era calderilla en comparación con la pasta que se ganaba teóricamente en Wall Street [...]. Corrí hacia la habitación de Harpo. Le informé inmediatamente acerca de esta mina de oro en potencia [...]. "Harpo", dije, "¿estás loco? ¡Si esperamos hasta que te hayas vestido, estas acciones pueden subir diez enteros!" De modo que con mis ropas de calle y Harpo con su batín, corrimos hacia el vestíbulo, entramos en el despacho del agente y en un santiamén compramos acciones de la *United Corporation* por valor de ciento sesenta mil dólares, con un margen del veinticinco por ciento [...]. Si uno compraba ochenta mil dólares de acciones, solo tenía que pagar en efectivo veinte mil. El resto se le dejaba a deber al agente. Era como robar dinero [...]. El mercado siguió subiendo y subiendo [...]. Lo más sorprendente del mercado, en 1929, era que nadie vendía una sola acción. La gente compraba sin cesar [...]. El fontanero, el carnicero, el panadero, el hombre del hielo, todos anhelantes de hacerse ricos, arrojaban sus mezquinos salarios —y en muchos casos, sus ahorros de toda la vida— en Wall Street [...]. Un día concreto, el mercado empezó a vacilar. Unos cuantos de los clientes más nerviosos fueron presa del pánico y empezaron a descargarse [...]. Luego el pánico alcanzó a los agentes de bolsa, quienes empezaron a chillar reclamando los márgenes adicionales [...] y los agentes empezaron a vender acciones a cualquier precio [...]. Luego, un martes espectacular, Wall Street tiró la toalla. Eso de la toalla es una frase adecuada, porque por entonces todo el país estaba llorando [...]. El día del hundimiento final, mi amigo Max Gordon me telefoneó desde Nueva York [...]. Todo lo que dijo fue: "Marx, la broma ha terminado"».

Extractado de las páginas 169-177.

Hoy recordamos a...

KARL MARX

(Alemania, 1818 – Reino Unido, 1883)

Filósofo y articulista.

Sus críticas al capitalismo inspiraron el sistema socialista o comunista caracterizado por la propiedad pública de los medios de producción. Testigo y víctima de la primera gran crisis del capitalismo y de las revoluciones de 1848, fue perseguido políticamente por sus ideas y expulsado de Alemania y Francia antes de acabar en Inglaterra, donde publicaría, con su protector y amigo Engels, su obra más importante: *El capital*.

Cine Europa
Próximamente
Good bye, Lenin!

Director: Wolfang Becker.

Reparto: Daniel Brühl, Katrin Sass, Chulpan Khamatova y Alexander Beyer.

Sinopsis. Una fervorosa comunista entra en coma poco antes de la caída del Muro de Berlín, en 1989. Cuando despierta, ocho meses después, su hijo pone todos los medios posibles para evitarle el trauma que le podría suponer conocer la verdad.

Comentario. En tono de humor y muchas veces de ironía, la película plantea críticas tanto al socialismo como al capitalismo. Para ello se vale de la mirada juvenil e ingenua del hijo de la protagonista. La originalidad del argumento le valió el premio a la mejor película europea en el año 2003.

Claves de reflexión. Economía de mercado, de dirección centralizada, burocracia, consumismo y militarismo.

Ejercicios

1. Señala qué recursos productivos serían necesarios para desarrollar las siguientes actividades empresariales: una academia privada de inglés, una agencia de seguros, una empresa de transporte de mercancías y un establecimiento de venta de pan al por menor. Por ejemplo, un locutorio de Internet precisa de los siguientes recursos productivos para ejercer su actividad económica: local, ordenadores, dinero (capital), luz, agua (recursos naturales) y personal con conocimientos informáticos (trabajo).

2. ¿Qué son las posibilidades de producción?

3. ¿Por qué se dice que la FPP ilustra el concepto de coste de oportunidad en una economía?

4. Ecolandia es un país que emplea todos sus recursos disponibles para producir dos bienes: automóviles y ordenadores. Las combinaciones de producción, medidas en unidades producidas, son las que muestra la siguiente tabla:

	A	B	C	D	E
Automóviles	0	10	20	30	40
Ordenadores	1 000	750	500	250	0

a) ¿Cuál es el coste de oportunidad de producir un automóvil?

b) Representa gráficamente la FPP de esta economía.

c) ¿En qué puntos de la gráfica alcanza Ecolandia su producción potencial?

d) Señala algún punto ineficiente en la gráfica y comenta a qué factores puede obedecer el que no alcance su producción potencial.

5. Un panadero trabaja seis días a la semana y necesita ocho horas al día para elaborar 48 tartas. ¿Cuál es su producción semanal? ¿Cuál es su productividad por cada hora de trabajo?

6. La siguiente tabla refleja el trabajo desarrollado por dos trabajadores en un taller artesanal de cerámica. Su jornada laboral en el mes de octubre era de cuatro horas al día:

	Octubre	
	Piezas fabricadas al día	Productividad
Nora	24 piezas	=
Pablo	20 piezas	=

a) ¿A cuántas unidades asciende la producción diaria de este taller?

b) Calcula la productividad por hora de cada uno de los trabajadores.

c) En noviembre, la empresa amplió el contrato a Nora, con lo que pasó a trabajar ocho horas diarias, mientras que Pablo continuó con la misma jornada de trabajo. Ese mes, Nora elaboró 32 piezas de cerámica al día, y Pablo, 24. Confecciona una tabla similar a la anterior y calcula la producción y la productividad del mes de noviembre.

d) La producción del mes de noviembre creció respecto a la del mes de octubre. ¿Qué factores explican este crecimiento?

e) Representa gráficamente el crecimiento económico de la producción de este taller con los datos de los apartados *a)* y *c)*.

7. ¿Qué es el crecimiento económico? ¿De qué factores depende que un país crezca económicamente? Explícalos.

8. Ordena de mayor a menor importancia, siguiendo tu criterio personal, las siguientes medidas para impulsar el crecimiento económico.

a) Impartir cursillos de formación a los trabajadores.

b) Fomentar inversiones que permitan la obtención o la implantación de avances tecnológicos.

c) Suscribir acuerdos con otros países para explotar sus recursos naturales.

d) Favorecer la inmigración de mano de obra cualificada.

e) Atraer a inversores extranjeros con la posibilidad de obtener altos beneficios.

Contrasta tu respuesta con la de varios compañeros y después saca tus propias conclusiones sobre los problemas a los que se enfrenta cualquier Gobierno para impulsar el crecimiento económico en su país.

9. Imagina que, para tu estudio diario, tomaras las siguientes medidas: estudiar sin música, redactar esquemas, descansar más horas, prestar mayor atención en clase, pasar a limpio los ejercicios, cambiar de lugar de estudio y estudiar más horas. ¿Cuál es tu objetivo para cada una de ellas: incrementar los recursos o mejorar la productividad?

10. ¿Qué mecanismos favorecieron el desarrollo de las economías que utilizan el mercado como principal asignador de recursos a partir del siglo XV? Razona tu respuesta.

Ejercicios

11. Dividid la clase en tres grupos. Uno de los grupos defenderá los principios del sistema de economía de mercado, al tiempo que criticará el sistema de planificación centralizada; el segundo grupo hará lo contrario. Un tercer grupo actuará como observador, tomando nota de lo afirmado por unos y otros, y establecerá sus propias conclusiones. Al final de la clase, el tercer grupo comentará estas conclusiones con los otros dos grupos y redactará un único modelo de economía que satisfaga a unos y a otros.

12. Lee con atención el Observatorio 1 de esta unidad y contesta a las siguientes preguntas:

a) Para Adam Smith, ¿cuáles son las verdaderas motivaciones que mueven a las personas a la hora de tomar decisiones?

b) Según Adam Smith, ¿cómo se armonizarían el interés público y el privado?

c) ¿En qué consiste el concepto de «mano invisible» que describe este autor?

d) Uno de los grandes inconvenientes del sistema de economía de mercado es el abuso de poder de ciertas empresas. ¿Crees que la «mano invisible» también actuaría en estos supuestos?

13. ¿Por qué el sector público debe afrontar el suministro de bienes poco rentables, asumiendo incluso grandes pérdidas?

14. En el flujo circular de la renta, ¿por qué decimos que es complementaria la actuación de empresas y familias?

15. El siguiente texto ilustra la forma de vida de las tribus germanas en los tiempos de Julio César, en el siglo I a.C.:

«Randolfo dejó de trabajar y se apoyó en el arado mientras contemplaba los campos que le rodeaban. Un año más, la tierra había sido generosa pero quizá este año no tendría tanta suerte en el sorteo. Y es que cada año desde tiempos inmemoriales, la tribu de Randolfo hacía un sorteo de las tierras comunales entre todos los miembros de su comunidad y él ya llevaba tres años de buena suerte. Randolfo era cumplidor, nunca dejaba de hacer las ofrendas en el árbol sagrado, y por eso los dioses le premiaban guiando sabiamente su mano a la hora de sacar la bola correcta del saco mágico de Taumaturgo, el brujo. Todos los miembros de la tribu hacían un poco de todo, pero al igual que a otros se les daba bien cuidar rebaños, cazar o pescar, a Randolfo se le daba muy bien el campo: era muy hábil en el manejo del arado, tal y como le había enseñado su padre y él enseñaría a sus hijos. Pero este año podía ser distinto. Randolfo sabía que otros integrantes de la tribu miraban sus tierras con envidia y que habían cumplido sus obligaciones en el árbol sagrado tanto o más que él. Si le tocaban malas tierras tendría que depender de su habilidad con la jabalina, el arco y la honda, y Randolfo sabía que no era tan diestro como otros. Disponer de pocas mercancías limitaba mucho las posibilidades de trueque con otros miembros de la tribu, y además siempre había que contar con que uno podía no tener lo que al otro le hacía falta y viceversa. Aun así, en el peor de los casos siempre podría acudir al fondo común de la tribu, pero esa era una opción arriesgada: el reparto de la cosecha común se hacía en función de las necesidades y había familias con más hijos que la suya. Comerciar tampoco era una opción, puesto que la mayoría de tribus amigas producían lo mismo que ellos».

Texto: *Sistemas económicos antiguos*

a) Las tribus germanas a las que se refiere el texto, ¿qué producían y en qué cantidad? ¿Cómo producían? ¿Para quién?

b) Según el texto, ¿qué problemas plantea el trueque? ¿Se te ocurre algún otro inconveniente no descrito en el texto?

c) ¿En qué difiere la organización descrita en el texto con la actual donde tú vives?

16. Temas de debate:

a) ¿Habría triunfado en la extinta Unión Soviética el sistema de planificación centralizada con otros gestores?

b) ¿Qué opinión te merece el gasto en el ejército y en armamento?

c) Dado que afrontan grandes pérdidas, ¿consideras que habría que privatizar sectores como la sanidad?

3

Producción y distribución

A medida que las sociedades se fueron desarrollando, las necesidades humanas crecieron y se diversificaron, dando lugar a la creación de entidades especializadas en la producción de bienes y servicios. Así surgió lo que hoy en día conocemos con el nombre de empresa y que podemos definir como la unión de recursos naturales, trabajo y capital con el objetivo de producir y distribuir los bienes y servicios que la sociedad demanda, obteniendo un beneficio a cambio.

Gracias a la invención y desarrollo de máquinas aplicadas a la producción de bienes y servicios, las empresas son hoy día el motor de riqueza y bienestar de las sociedades modernas. Pero no basta con producir, sino que hay que hacerlo lo más eficientemente posible. Hay que ser productivo, esto es, aplicar medios de la forma más eficiente posible para que la relación entre los recursos utilizados y la cantidad de producto obtenida sea óptima. Desgraciadamente en algunas áreas la búsqueda de la productividad ha llevado a muchas empresas a comprometer la sostenibilidad de los recursos.

1. División del trabajo y coordinación

La división del trabajo en múltiples tareas y funciones propició la especialización de los trabajadores, que se hicieron progresivamente más productivos. Con el tiempo, las personas se percataron de que la unión hacía la fuerza: bajo un mismo objetivo, más operarios y recursos generaban mayor y mejor producción de bienes y servicios, aunque también precisaban de organización. Ese instrumento organizador que coordinó las múltiples tareas y funciones en las que se ha dividido la producción de bienes y servicios es lo que se denominó *empresa*. Pero con la especialización surgió la interdependencia. Como no producimos todo nosotros mismos, nos vemos obligados a realizar intercambios con los demás. No basta con que una persona o empresa produzcan bien y en cantidad, sino que después hay que efectuar intercambios favorables con otras personas y empresas. Además, hay que ponerse de acuerdo sobre:

- La cantidad y calidad de lo que se intercambia con otros.
- El lugar de intercambio.
- La forma de llevar lo que se produce al lugar de intercambio, actividad que recibe el nombre de distribución.

Hoy en día estamos tan acostumbrados a los instrumentos que favorecen el intercambio que obviamos su importancia: por un lado el dinero, que resuelve el problema de ajustar lo que quieren las personas implicadas y, por otro, los mercados, esos lugares donde compradores y vendedores efectúan los intercambios. En cuanto a la distribución, se trata de una actividad casi tan importante como la producción: de nada vale el mejor producto del mundo si después no se vende porque no está en el momento y el lugar adecuados.

La **empresa** es una entidad especializada que coordina la producción y distribución de bienes y servicios.

En la presente unidad analizaremos cómo cumplen las empresas con su función de producir y distribuir bienes y servicios, mientras que en la unidad siguiente estudiaremos los instrumentos favorecedores del intercambio: el mercado y el dinero.

Observatorio 1

¿Por qué son pobres los nepalíes?

En la zona del Himalaya la mayoría de los nepalíes son diestros en multitud de tareas: cocinar, techar una vivienda, cazar, coser, enlucir paredes, reparar zapatos, preparar remedios caseros, etc., tareas para las cuales los occidentales necesitamos contratar a otras personas. ¿A qué se debe esta diferencia entre el nivel de estudios (el sistema educativo de Nepal es muy deficiente, con una tasa de alfabetización del 66 %) y el de capacidades? Sería tentador responder que los nepalíes son demasiado pobres como para contratar a otras personas. En efecto, se trata de un país muy pobre en el que son pocos los nepalíes que tienen suficiente dinero para contratar a otros. Pero por razonable que parezca esta explicación, en realidad ocurre justamente lo contrario: no es que los nepalíes lo hagan todo ellos mismos porque sean pobres, sino que son pobres porque, en gran medida, lo hacen todo ellos mismos.

Fig. 3.1. Instrumentos de coordinación que resuelven la especialización de las sociedades.

Fig. 3.2. Fotograma de la película *Tiempos modernos*. Por su eficacia y productividad, las cadenas de montaje o líneas de producción son la expresión por antonomasia de la división del trabajo. En cambio, son muy cuestionables los efectos que para la salud de los trabajadores tienen los trabajos manuales monótonos y repetitivos.

Actividades

1> ¿Por qué se dice que somos interdependientes?

2> ¿Cómo surgen las empresas, el mercado y el dinero?

2. Perspectivas sobre la producción

Recuerda

El principal objetivo de las empresas suele ser obtener el máximo beneficio posible.

Hasta ahora hemos explicado la producción como un proceso cuyo objetivo consiste en satisfacer las necesidades de las familias (unidades básicas de consumo) mediante la elaboración de productos (bienes y servicios) a partir de unos recursos productivos (recursos naturales, trabajo, capital) coordinados por las empresas (Esquema 3.1).

Esta primera visión sobre la producción, denominada **perspectiva económica,** describe cuál es la finalidad de la producción dentro del flujo circular de la renta, pero no informa sobre sus beneficios (perspectiva funcional-utilitaria) ni en qué consiste dicho proceso (perspectiva técnica).

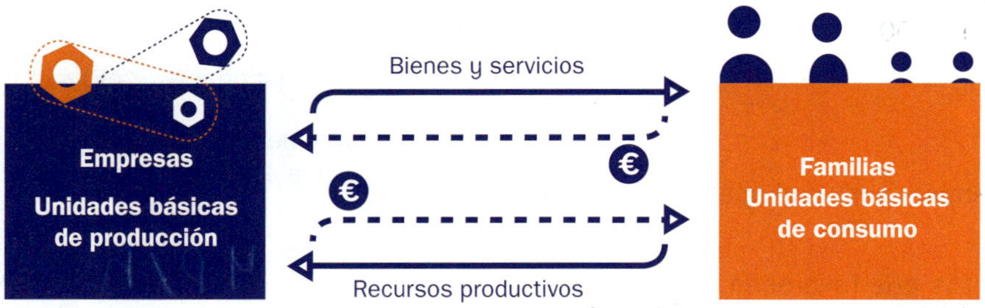

Esquema 3.1. Flujo circular de la renta (abreviado).

- **Perspectiva funcional-utilitaria.** Desde una perspectiva práctica, la producción es un proceso que añade valor a las cosas, otorgándoles mayor utilidad de la que tenían antes de ser sometidas a dicho proceso.

  Tomemos como ejemplo la fabricación de una camisa. Básicamente, las materias primas que la componen son tela e hilo, pero para convertir estos materiales en una camisa es necesario que exista una actividad productiva que, utilizando un determinado proceso, mano de obra y maquinaria, le otorgue esta utilidad. Mediante la producción se le añade a la tela, al hilo y a los botones una utilidad adicional a la que tienen por separado; esta aportación es el valor añadido.

El **valor añadido** es la utilidad suplementaria que la producción aporta a las cosas, otorgándoles mayor valor que el que tenían antes de ser sometidas a dicho proceso.

Atención

El IVA es el impuesto que grava el valor añadido que las empresas otorgan a los bienes y servicios. Este impuesto recae sobre quien disfruta el bien o servicio en cuestión: el consumidor final. Sobre este y otros impuestos hablaremos con más detenimiento en la Unidad 10.

- **Perspectiva técnica.** Producir consiste en combinar recursos productivos como la mano de obra, las materias primas, las máquinas, la energía o la dirección técnica, poniendo en práctica una determinada tecnología con la finalidad de obtener un producto (bienes o servicios). Por ejemplo, una tecnología artesanal utiliza principalmente mano de obra, mientras que una robotizada utiliza máquinas automatizadas.

La **tecnología** consiste en un conjunto de procedimientos, equipos productivos y máquinas que, en un momento dado, combinan recursos materiales, humanos y organizativos con el fin de producir un bien o un servicio.

Dada la importancia de la tecnología en la producción, las empresas destinan una parte de sus recursos a mejorar sus métodos de fabricación para obtener más unidades o para ahorrar costes en la utilización de los recursos productivos. Esta inversión en investigación, desarrollo e innovación, denominada inversión en I+D+i, es la verdadera artífice de la evolución de las tecnologías, que se concreta en la utilización de nuevos procesos de producción y en la creación de nuevos productos.

Más datos

El resultado de las inversiones en investigación, desarrollo e innovación (I+D+i) es patentable, es decir, es posible registrar las características y utilidades de un invento en un organismo público para reservarse los derechos económicos de su explotación. Sobre las patentes hablaremos con más detalle en la Unidad 5.

La perspectiva técnica es la que utilizaremos en esta unidad para comprender mejor cuáles son las decisiones que tienen que tomar las empresas a la hora de producir.

Esquema 3.2. La empresa es un sistema que suministra bienes y servicios utilizando unas tecnologías y unos recursos productivos dados.

Caso práctico 1

Un carpintero fabrica sillas artesanalmente y las vende a 200 € cada una. Para elaborar cada unidad, emplea diversos útiles de carpintería y materias primas (en concreto: madera, tela y clavos) cuyo valor asciende a 20 € y trabaja 10 horas diarias, cuyo coste estima en 10 €/hora.

Vamos a definir la producción de este carpintero desde las perspectivas **económica, funcional-utilitaria** y **técnica.**

Solución

- **Perspectiva económica.** Dentro del flujo circular de la renta, la función de este carpintero es producir un bien (la silla) a cambio de un precio. Para ello utiliza una serie de recursos productivos con los que satisface la demanda de este producto de las familias o de otras empresas.
- **Perspectiva funcional-utilitaria.** Por sí solas, las materias primas (la madera, los clavos y la tela) no sirven para sentarse. Es necesario que exista la actividad productiva del carpintero para darles esa utilidad. Así, mediante la producción, a dichos bienes se les añade un valor adicional al que tenían por separado. La actividad productiva es el valor añadido, y resulta cuantificable económicamente. Al vender cada silla por un precio de 200 €, el carpintero está añadiendo 180 € de valor en cada una, a unas materias primas que le habían costado 20 €.
- **Perspectiva técnica.** El carpintero combina mano de obra, materias primas y útiles de carpintería aplicando diferentes procedimientos y técnicas. Básicamente se trata de una tecnología artesanal.

Fig. 3.3. Los procedimientos y técnicas de los que se valen las personas para producir conforman la tecnología de un proceso de producción, en este caso artesanal.

Observatorio 2

¿Por qué las empresas utilizan una u otra tecnología?

La pesca de atún blanco puede hacerse por medio de dos tecnologías diferentes; por un lado, aplicando la técnica tradicional del curricán o de la cacea, que no supone mecanización alguna: consiste en que una embarcación a motor en marcha arrastre uno o varios cebos que atraen al bonito. Los pescadores, desde el barco, lo capturan a mano unidad por unidad. También puede emplearse el palangre; se trata de una línea principal a la que se amarran muchos ramales dotados de un anzuelo cebado en el extremo libre. El palangre se dispone durante varias horas en el mar y, posteriormente, se localiza gracias a unas boyas que señalan su posición. Estas dos formas de producir un mismo bien se basan en dos tecnologías distintas, y se usará una u otra en función de las necesidades y de las posibilidades presupuestarias de la empresa. Profundizaremos sobre esto último en el apartado 2.

Actividades

3> ¿Cómo contribuye la investigación al progreso empresarial?

4> Explica cómo un oficio artesanal puede ser una tecnología.

3. ¿Cómo producir?

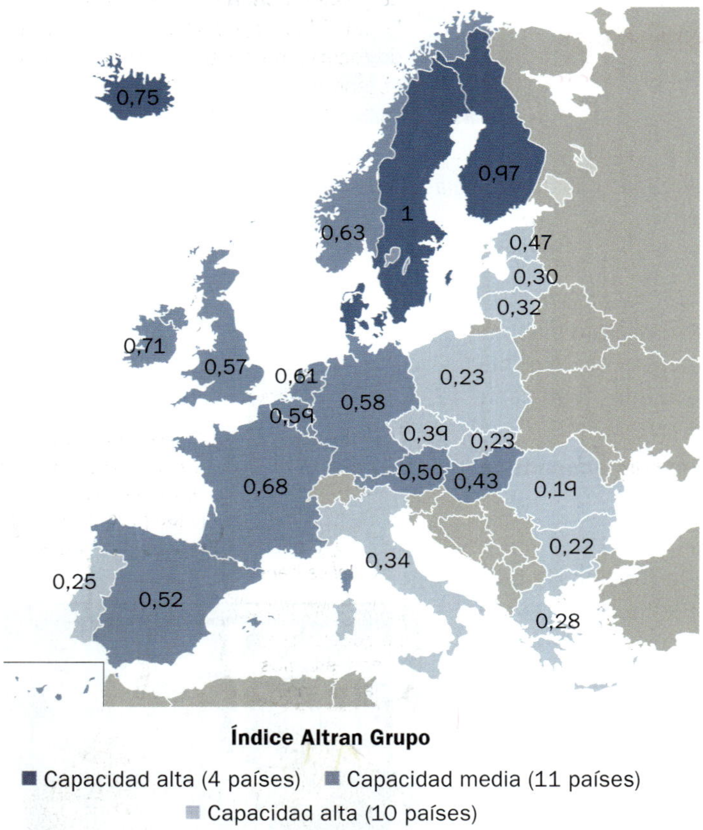

Fig. 3.4. Índice Altran de Potencial Innovador a principios de 2015. Este índice, al igual que otros similares, relaciona la inversión de cada país en I+D+i con otros cuatro componentes decisivos a la hora de innovar con vistas a desarrollar una nueva tecnología. Esos cuatro componentes son la población activa con educación superior, los puestos de trabajo en alta tecnología, el número de investigadores en las empresas y las empresas con acceso de banda ancha.

Las empresas deciden qué producir y las familias qué consumir. Cuando las empresas han elegido qué bien o servicio desean lanzar al mercado, deben determinar cómo producirlo y en qué cantidad.

De acuerdo con la **perspectiva técnica** estudiada en el apartado anterior, cualquier empresa antes de producir debe plantearse dos preguntas: qué tecnología emplear y qué combinación de recursos productivos seleccionar.

3.1. ¿Qué tecnología emplear?

Por **eficiencia** entendemos la utilización óptima, con una tecnología determinada, de los recursos disponibles. Desde un punto de vista racional, si existen varias tecnologías para producir un determinado bien, las empresas optarán por la más **eficiente,** es decir, por aquella que emplee menos recursos.

Una tecnología A es técnicamente más **eficiente** que otra tecnología B cuando utiliza el menor número posible de recursos productivos para obtener la mayor producción posible.

Por ejemplo, no será eficiente una empresa que para fabricar 100 relojes utilice una tecnología que precise de dos máquinas y de 50 horas de trabajo, si puede fabricar esos 100 relojes con dos máquinas y 40 horas de trabajo.

3.2. ¿Qué combinación de recursos seleccionar?

Por regla general, es posible utilizar varias tecnologías o combinaciones de recursos técnicamente eficientes. En el ejemplo anterior, la empresa que utilizaba la tecnología más eficiente podía producir 100 relojes utilizando dos máquinas y 40 horas de trabajo, pero podría ser igualmente eficiente si fabricara 100 relojes empleando únicamente una máquina y 80 horas de trabajo.

Ambas son tecnologías eficientes porque alcanzan la producción deseada, pero varía la combinación de recursos empleada: la primera utiliza más maquinaria, mientras que la segunda emplea más horas de trabajo. La elección de tecnologías eficientes con distinta combinación de recursos dependerá del precio de los recursos productivos utilizados. Lógicamente, la tecnología escogida será la más económica de las posibles.

La **eficiencia económica** consiste en seleccionar la más barata de todas las tecnologías técnicamente eficientes o, en todo caso, de las disponibles.

En la actualidad se suele asociar tecnología con máquinas, cuando estas últimas son solo una de las alternativas productivas. Esta confusión se debe a que las máquinas suelen ser la opción más eficiente y económica.

Caso práctico 2

Una empresa que produce sombreros dispone de las siguientes tecnologías:

Tecnología	Trabajo (horas)	Capital (máquinas)	Sombreros
A	8	2	100
B	2	8	100

1. Calcula la productividad del recurso trabajo y la del recurso capital de la tecnología A.
2. Halla el coste total para cada una de las tecnologías, sabiendo que el coste del trabajo y el de las máquinas asciende a 1 000 €/hora y a 800 €/máquina.
3. Indica cuál es la tecnología más eficiente y también la más económica.

Solución

1. Como estudiamos en la Unidad 2, la productividad de un factor de producción indica su rendimiento en relación con la producción obtenida.

— **Productividad del trabajo** $(P_K) = \dfrac{\text{producción } (Q)}{\text{unidades de trabajo } (K)}$

$P_L = \dfrac{Q}{L}$ (medido en unidades físicas por hora trabajada).

$P_L = \dfrac{100}{8} = 12,5$ sombreros por hora trabajada.

— **Productividad del capital** $(P_K) = \dfrac{\text{producción } (Q)}{\text{unidades de trabajo } (K)}$

$P_K = \dfrac{Q}{K}$ (medido en unidades físicas por máquina).

$P_K = \dfrac{100}{2} = 50$ sombreros por máquina.

2.

Tecnología	Trabajo (horas)	Capital (máquinas)	Sombreros (unidades)	Coste trabajo (1 000 € / hora)	Coste capital (800 € / máq.)	Coste total (€)
A	8	2	100	8 000	1 600	9 600
B	2	8	100	2 000	6 400	8 400

3. Desde el punto de vista técnico, las tecnologías A y B alcanzan la eficiencia técnica, pues obtienen el mismo nivel de producción. En cambio, desde el punto de vista económico, la tecnología seleccionada sería la B, pues consigue el mismo nivel de producción que la tecnología A pero a un coste menor.

Recuerda

La **productividad** es la relación entre la cantidad producida y la cantidad de recurso productivo empleado para obtenerla.

Actividades

5> ¿Qué decisiones debe adoptar la empresa en materia de producción?

6> ¿En qué se diferencia la eficiencia técnica de la económica? Pon un ejemplo.

4. Costes de la producción

Fig. 3.5. Cadena de montaje de coches. Las máquinas son tan eficientes que han desplazado a los hombres de las tareas más pesadas y repetitivas. La especialización y robotización de las empresas, en aras de una mayor productividad, parecen no tener techo.

Producir implica emplear una serie de recursos productivos que tienen un valor económico cuantificable.

El **coste de la producción** es el valor de los recursos utilizados para producir un bien o un servicio.

En relación con la cantidad que se produzca, los costes se pueden clasificar en: fijos, variables, totales, medios o unitarios y marginales.

- **Costes fijos *(CF)*.** Son aquellos que no varían si cambia la cantidad producida. Se corresponden con el valor de los recursos que son fijos para la empresa, como el alquiler del local o los gastos de mantenimiento de las instalaciones productivas.
- **Costes variables *(CV)*.** Son aquellos costes proporcionales al número de unidades que se producen. Por ejemplo, las materias primas o el consumo de energía.
- **Costes totales *(CT)*.** Son la suma de los costes fijos y de los costes variables:

$$CT = CF + CV$$

El **beneficio empresarial total** se obtiene mediante la diferencia entre los **ingresos totales *(IT)*,** obtenidos por la venta de sus productos, y los **costes totales *(CT)*.**

$$Bf = IT - CT$$

Caso práctico 3

Costes fijos, variables y totales: las tartas del repostero Gómez.

Por cada tarta que elabora, el repostero Gómez emplea 0,5 kg de harina a 0,80 €/kg y media hora de trabajo asalariado, que paga a 6 €/hora. Durante el mes de julio, elaboró 100 tartas a un precio de venta al público de 16 €. En el mes de agosto, con motivo del descenso de la demanda debido a las vacaciones estivales, el repostero bajó el precio a 14 € y la producción a 80 tartas. En el mes de septiembre, al ponerse de moda sus tartas, el repostero subió al precio a 20 € y la producción a 120 tartas.

Calcula los beneficios de Gómez para cada uno de los periodos suponiendo que vende el total de su producción y sabiendo que, aparte de los costes citados, el repostero paga un alquiler mensual de 800 €.

Solución

		Julio			Agosto			Septiembre		
Costes		c/u	prod.	total	c/u	prod.	total	c/u	prod.	total
Variables	Harina	1 · 0,5 · 0,80	100	40 €	1 · 0,5 · 0,80	80	32 €	1 · 0,5 · 0,80	120	48 €
	Salario	1 · 0,5 · 6,00	100	300 €	1 · 0,5 · 6,00	80	240 €	1 · 0,5 · 6,00	120	360 €
Fijos	Alquiler			800 €			800 €			800 €
Costes totales (CT):				1140 €			1072 €			1208 €
Ingresos totales (IT):				100 · 16,00 = 1600 €			80 · 14,00 = 1120 €			120 · 20,00 = 2400 €
Beneficios (B.º = IT – CT)				460 €			48 €			1192 €

- **Costes medios o unitarios (C_{me}).** Son el coste por unidad de producto. Se obtienen dividiendo el coste total por la cantidad producida:

$$C_{me} = \frac{CT}{\text{número de unidades producidas}}$$

Y el **beneficio empresarial por unidad** de producto o beneficio medio **(B_{me})** es la diferencia entre el **precio de venta unitario (p)** y el **coste unitario (C_{me}).**

$$B_{me} = p - C_{me}$$

- **Costes marginales.** Las empresas intentan alcanzar aquellas cantidades que les permitan maximizar el beneficio. Por tanto, a las empresas les interesa incrementar la producción siempre que la última unidad producida tenga un coste adicional inferior al ingreso que se obtiene con su venta. Por el contrario, si el coste de producir una unidad adicional es superior al ingreso que se obtiene con su venta, a las empresas les conviene disminuir la producción. El coste de producir una unidad adicional se conoce con el nombre de **coste marginal;** el ingreso obtenido con la venta de una unidad adicional se denomina **ingreso marginal.** La diferencia entre ambas magnitudes, ingreso y coste marginal, es el **rendimiento marginal.**

$$C_{ma} = \frac{\Delta CT}{\Delta Q} \qquad R_{ma} = I_{ma} - C_{ma} \qquad I_{ma} = \frac{\Delta IT}{\Delta Q}$$

donde C_{ma} = costes marginales; Δ = incremento; CT = costes totales; Q = cantidad; I_{ma} = ingresos marginales e IT = ingresos totales y R_{ma} = rendimientos marginales.

En un principio, el rendimiento marginal siempre será positivo si se incrementa alguno de los recursos productivos, pero con el tiempo comenzará a declinar, e incluso disminuirá.

En una explotación agrícola, con una cantidad de tierra y maquinaria determinada y en la que solo es posible contratar mano de o bra para incrementar la producción, a medida que aumenta el número de agricultores, la producción se incrementará, pero llegará un momento en el que los nuevos trabajadores no tendrán tierra ni maquinaria para trabajar y la producción no aumentará, e incluso podría disminuir si los trabajadores se «estorban» unos a otros. Este fenómeno se conoce con el nombre de **ley de los rendimientos decrecientes.**

La **ley de los rendimientos decrecientes** afirma que si se aumenta la cantidad de uno de los recursos, pero el resto se mantiene constante, la producción total aumentará de forma cada vez más lenta hasta dejar de crecer, pudiendo incluso disminuir.

Sabías que

Durante buena parte del siglo XIX, los economistas pensaban que la ley de los rendimientos decrecientes llevaría a la ruina al sistema capitalista. Su lógica era que, siendo constante el número de tierras –y por tanto la producción agrícola– pero creciente el número de trabajadores, estos se verían obligados a bajar constantemente su salario para poder trabajar. En consecuencia, y ante una situación de alimentos escasos (y caros) y salarios bajos, los trabajadores se verían abocados a la pobreza y, ante la imposiblidad de bajar más sus salarios o conseguir trabajo, habría desórdenes e incluso guerras. Se equivocaron, ya que no fueron capaces de prever la gran producción de alimentos que el uso de máquinas y fertilizantes lograría.

Caso práctico 4

Las ventas de libros de la editorial Asimov, así como sus gastos en concepto de pagos de comisiones, dietas y material de promoción, aumentan a medida que contrata a más comerciales según el ritmo que figura en la tabla siguiente:

Libros vendidos (Q)	0	500	1 000	1 500	2 000
Costes variables		9 500	19 000	41 400	65 600

Tabla 3.1. Relación entre el número de libros vendidos y los costes variables.

Si el precio de venta de cada libro es de 40 € y los gastos fijos de la empresa ascienden a 600 €, representa en una tabla los costes de producción e indica si se cumple la ley de los rendimientos decrecientes. *(Continúa)*

Caso práctico 4 *(Continuación)*

Solución

Tabla de costes de la editorial Asimov (Q = libros vendidos):

Q	CF	CV	CT	C_{me}	IT	I_{me}	BT	B_{me}	I_{ma}	C_{ma}	R_{ma}
			$CT + CV$	CT/Q	$(p \cdot Q)$	IT/Q	$(IT - CT)$	$I_{me} - C_{me}$			$I_{ma} - C_{ma}$
0	600	0	600		0		-600				
500	600	9500	10100	20,20	20000	40,00	9900	19,80	20000	9500	10500
1000	600	19000	19600	19,60	40000	40,00	20400	21,40	20000	9500	10500
1500	600	41400	42000	28,00	60000	40,00	18000	12,00	20000	22400	-2400
2000	600	65600	66200	33,10	80000	40,00	13800	6,90	20000	24200	-4200

Tabla 3.2. El número de libros vendidos aumenta proporcionalmente, pero no así los rendimientos de la empresa, tal como puedes apreciar en la última columna: estos son decrecientes. Los motivos suelen ser diversos y en este caso, por ejemplo, podrían ser el pago de mayores comisiones a los comerciales por volumen de venta o el mayor gasto en material de promoción y gasolina.

Las economías de escala

Se considera que, a largo plazo, en las empresas no hay costes fijos, ya que pueden adaptar todas sus instalaciones y su tamaño a sus necesidades productivas. Además, hay algunos procesos productivos cuyas peculiaridades tecnológicas permiten que, conforme aumenta el tamaño de la empresa, disminuyan los costes medios a largo plazo. Así, es posible repartir el coste fijo que tiene la empresa entre más unidades de producto y la producción se abarata. A este fenómeno se le denomina *economías de escala.*

Economía de escala es el nombre con el que se conoce el proceso que permite a las grandes empresas reducir sus costes unitarios al aumentar su producción.

Las economías de escala no contradicen la ley de los rendimientos decrecientes, ya que en ellas aumenta la cantidad de todos los recursos simultáneamente y no solo de uno. Un ejemplo claro de economía de escala es la producción de electricidad: una nueva empresa tendrá que construir sus centrales generadoras y trazar el tendido para la distribución de electricidad. Al principio, con un número de abonados reducido, el coste de cada kilovatio (kW) resultará muy elevado. Pero conforme vaya aumentando el tamaño de la empresa, el número de abonados y la cantidad de kW producidos, el coste de producción de cada kW será menor y se alcanzarán las economías de escala, pues la inversión principal se hizo al principio.

Actividades

7> Explica con tus propias palabras la ley de los rendimientos decrecientes.

8> ¿Qué relación guardan los costes con las economías de escala?

5. Distribución

Como hemos comentado en el primer apartado, hace tiempo que las personas descubrieron las ventajas de la **especialización** en la producción de excedentes para después intercambiar aquello que poseían en abundancia, y así, beneficiarse mutuamente. No obstante, la especialización de las personas ha sido tan grande que la producción y el consumo se revelan insuficientes para satisfacer las necesidades humanas, porque es necesario distribuir los bienes y servicios entre las distintas personas que participan en el sistema. Actualmente, la distribución es el complemento perfecto del consumo y de la producción de bienes y servicios.

5.1. Función de la distribución

La mayoría de las empresas que nos rodean no transforman, sino que únicamente distribuyen lo que producen otras empresas. Es el caso de los quioscos, las farmacias, los supermercados, las ópticas, los bares, las joyerías, etc.

La distribución permite que los bienes y servicios producidos y ofrecidos por las empresas se encuentren en el lugar y en el momento adecuados para poder ser adquiridos o utilizados por los consumidores. Al poner los productos a disposición de los consumidores, la distribución crea **utilidad de lugar, de forma** y **de tiempo.** La distribución se realiza a través de los **canales de distribución.**

Se denomina **canal de distribución** a cualquiera de los medios utilizados para conseguir que los productos recorran el camino desde el productor hasta el consumidor.

Se distinguen dos **tipos de canales de distribución,** dependiendo de si estos son propiedad o no de la empresa:

Canal propio	Es propiedad de la empresa y se utiliza cuando la información y el asesoramiento al cliente son importantes. En este canal, la empresa productora llega directamente al cliente, sin intermediarios.
Canal externo	No pertenece a la empresa productora. Hay empresas cuyo negocio consiste en distribuir los productos de otras empresas. En este caso, la planificación, la organización y la gestión de la empresa están pensadas específicamente para realizar adecuadamente la distribución.

En la distribución de un mismo producto puede intervenir más de una empresa distribuidora. La longitud del canal externo dependerá entonces del número de **intermediarios** que participen en la distribución; estos pueden ser mayoristas y/o minoristas.

- Los **mayoristas** son intermediarios que no venden el producto al consumidor final. Compran los productos directamente a los fabricantes o a otros mayoristas y los venden a otros intermediarios, que pueden ser mayoristas o minoristas. La venta se realiza en grandes cantidades, por lo que se denomina venta al por mayor. En un canal de distribución externo puede haber más de un mayorista. Cuantos más intermediarios haya más caro resultará el producto.
- Los **minoristas** son los intermediarios que venden el producto al consumidor final en pequeñas cantidades; por eso, este tipo de venta se llama venta al detalle. Son minoristas las tiendas, los supermercados, los centros comerciales, etc.

Reflexiona

¿Los negocios son los negocios?

En sentido afirmativo, esta frase suele justificar comportamientos alejados de cualquier ética. La necesidad de sobrevivir en el competitivo mundo empresarial, donde la falta de ventas puede ocasionar el cierre de la empresa y la pérdida de puestos de trabajo, explica la vigencia de la frase, comprensible pero no justificable. Con el tiempo, y apremiados por una sociedad que cada vez los demanda más, las empresas han incorporado valores éticos y medioambientales a sus manuales de procedimiento.

Actividades

9> Explica las utilidades que se logran mediante la distribución.

10> ¿En qué se diferencia un mayorista de un minorista?

FICHA TÉCNICA DE FRANQUICIA

EMPRESA FRANQUICIADORA: Infusiones, S.L.

ACTIVIDAD: Venta al detalle de tés e infusiones.

DIRECCIÓN: Avenida de África, 11. 28003 Madrid.

Teléfono: 91 533 20 00

Web: www.infusiones.net

Responsable de expansión: Jaime Álvarez.

Fecha inicio de actividad: 01/01/2011

Inversión inicial: 12 000 €

Canon de entrada: 6 000 €

Royalty mensual: 0 €

Publicidad trimestral: 300 €

Duración del contrato: 10 años

Zona: alto movimiento peatonal

Centro comercial: Sí

Dimensión del local: 20 · 60 m^2

Población mínima: 50 000 hab.

Fig. 3.6. Elementos de un contrato de franquicia. No siempre son los mismos pero los de esta empresa de venta detallista de té e infusiones –inversión, canon, duración, características de la zona y el local, así como publicidad– son típicos en la inmensa mayoría de este tipo de contratos.

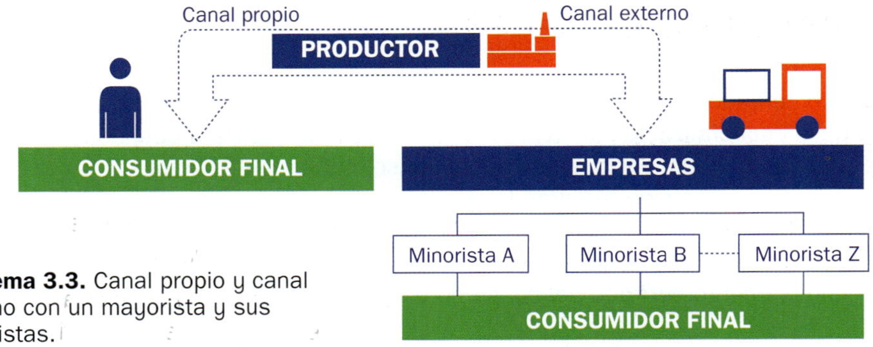

Esquema 3.3. Canal propio y canal externo con un mayorista y sus minoristas.

5.2. Otros sistemas de distribución

En los últimos años han ganado peso otras formas de llegar hasta los consumidores. Algunas de las más comunes son:

- **Franquicia.** Una misma marca puede ser distribuida por establecimientos especializados repartidos por todo un país o por varios, pero estos establecimientos no son propiedad de una única empresa, sino que actúan en régimen de franquicia, esto es, son dependientes del propietario del producto y de la marca (franquiciador), que es quien autoriza la venta de sus productos a una serie de minoristas (franquiciados), a los cuales instruye sobre la manera de dirigir el negocio. Normalmente, el franquiciado ofrece un local comercial con las características exigidas y se hace cargo de la publicidad local. El franquiciador suministra el producto y realiza la publicidad general. Son ejemplos de este tipo de distribución: Pull & Bear, Mango, Pans & Company, Jump Informática, Fujifilm, Pronovias, etc.
- **Teletienda.** Como su nombre indica, la acción publicitaria se realiza a través de la televisión, a menudo en franjas de emisión nocturnas. El pedido suele realizarse por teléfono y el cobro se hace mediante tarjeta de crédito o contra reembolso.
- **Venta por Internet.** La publicidad se realiza a través de un ordenador personal conectado a Internet y el cobro también se efectúa mediante tarjeta de crédito o contra reembolso.
- **Venta mediante máquinas automáticas.** Las máquinas expendedoras son muy utilizadas para la venta de bebidas refrescantes, el alquiler de películas, etc. Las entradas para algunos espectáculos también se venden a través de cajeros automáticos.

Fig. 3.7. Batería de expendedoras en comedor. La ubicación de estas máquinas no es caprichosa: su coste de mantenimiento es muy elevado, por lo que es necesario vender un alto número de productos para que compense su instalación.

Esquema 3.4 Elementos del contrato de franquicia. Amparado por una marca conocida, el franquiciado minimiza el riesgo del negocio y se beneficia de la experiencia del franquiciador. Para el franquiciado, el gran inconveniente suele ser la falta de autonomía, y es que cualquier cambio suele precisar de la aprobación del franquiciador.

6. Clases de empresas

Las empresas se clasifican atendiendo a unos criterios objetivos:

a) **La actividad a la que se dedican.** Tal como vimos en la Unidad 1, la actividad económica puede desarrollarse en uno de estos tres sectores:

- **Sector primario.** Formado por las empresas que se dedican a la explotación de los recursos naturales, como una mina de carbón o una empresa ganadera.
- **Sector secundario.** Incluye a las empresas que se dedican a actividades transformadoras o industriales, por ejemplo, una fábrica textil o metalúrgica. Se caracterizan por llevar a la práctica procesos productivos como los que hemos estudiado en esta unidad.
- **Sector terciario o de servicios.** Engloba a dos grupos de empresas: las comerciales, que se dedican a la venta de artículos sin transformarlos, como un hipermercado o un quiosco, y las de servicios, por ejemplo un banco o una clínica.

b) **La propiedad de los recursos productivos.** Dependiendo de quiénes sean los propietarios de los recursos productivos, se establecen dos tipos de empresas:

- **Empresas privadas.** Son propiedad de personas particulares o de otras empresas. Por ejemplo, Seat, Mercadona, o cualquier tienda de comestibles.
- **Empresas públicas.** Son propiedad del Estado o de cualquier entidad de carácter público, por ejemplo, Renfe o Correos.

c) **La estructura jurídica.** Atendiendo a su estructura jurídica, las empresas se clasifican en dos bloques:

- **Empresas individuales.** Pertenecen a una persona física que las dirige como lo hacían los empresarios tradicionales y que hace frente a las deudas incluso con sus bienes personales. Un ejemplo es un pequeño colmado de alimentos en el que el empresario es la misma persona que ha aportado los recursos productivos.
- **Empresas de socios o sociedades.** Tienen uno o varios propietarios que aportan los recursos productivos necesarios para su explotación. La responsabilidad de los socios se limita a lo aportado (salvo excepciones), estableciéndose unas aportaciones mínimas para garantizar su solvencia. Las empresas más comunes son:
  - **Sociedad Anónima (S.A.).** La aportación mínima para constituirla es de 60 000 €. Las aportaciones de los socios, que no siempre son en dinero, se dividen en acciones, que representan fracciones de propiedad de la sociedad y otorgan derechos de gestión y económicos a quien las posea, pues son de libre transmisión. La responsabilidad se limita al capital aportado y las decisiones deben ser adoptadas por la mayoría de los socios.
  - **Sociedad de Responsabilidad Limitada (S.L. o S.R.L.).** La aportación mínima para constituirla es de 3 000 €. La responsabilidad de los socios se limita a las suscripciones (o participaciones) realizadas pero, a diferencia de las acciones, hace falta el consentimiento de los demás socios para transferirlas.

Actividades

11> Clasifica empresas de tu localidad conforme al criterio de los sectores económicos.

12> Define con tus palabras lo que crees que es un accionista.

Recuerda

En el texto de apoyo de la Unidad 1 ya hablamos sobre la clasificación de las empresas en sectores económicos atendiendo a su actividad.

Sabías que

En las sociedades occidentales el sector más importante es el de servicios, donde además se concentra la mayor parte de la población. Por esta razón se dice que las sociedades occidentales están «terciarizadas».

Atención

A diferencia de las empresas individuales, en las que el empresario responde incluso con su patrimonio personal a las deudas empresariales, en las sociedades, la responsabilidad del empresario se limita a la aportación que haya realizado.

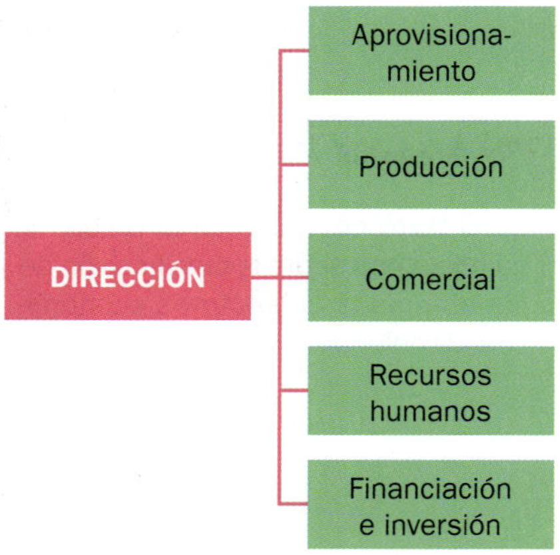

Esquema 3.5. Organigrama de una empresa: representación gráfica, de forma sintética y simplicada, de la organización empresarial.

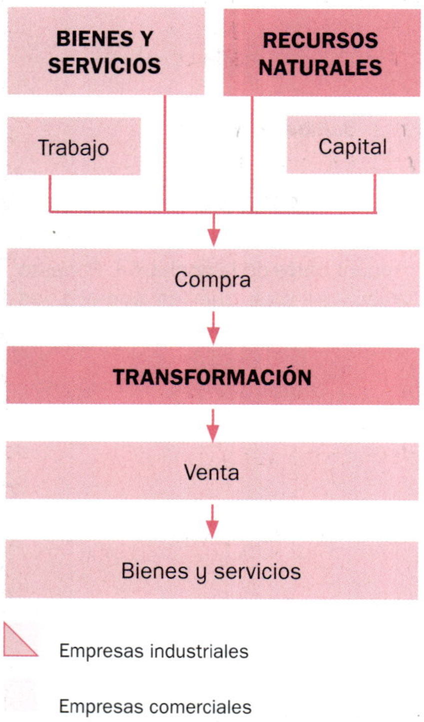

Esquema 3.6. Ciclo de compra y venta de las empresas industriales y comerciales.

7. Componentes de la empresa

Toda empresa que produzca bienes y servicios debe contar con una serie de elementos para funcionar correctamente. Podemos clasificarlos en cuatro grupos:

a) **El elemento humano.** Son todas las personas directamente vinculadas con la empresa: propietarios, trabajadores, directivos, administrativos, etc.

b) **Los bienes de capital o producción.** Son los bienes económicos que posee la empresa. Estos, a su vez, pueden formar parte de:

- el **activo no corriente,** formado por los bienes o equipos destinados a contribuir en la actividad productiva de forma duradera (máquinas, mobiliario de oficina, etc.);
- el **activo corriente,** formado por los bienes que se renuevan cada cierto tiempo (materias primas, material de oficina) y los que están en constante circulación, como el dinero.

c) **La organización.** El empresario habitualmente define el conjunto de relaciones de autoridad, coordinación y comunicación que ordenan la actividad de los miembros de la empresa mediante un organigrama (ver Esquema 3.5). En lo que se refiere a la organización interna, en la empresa moderna es habitual distinguir una serie de áreas con funciones especializadas:

- **Aprovisionamiento.** Controla la compra de materiales (como materias primas, envases, mercaderías) y su almacenaje.
- **Producción.** Elabora y/o distribuye el bien o servicio que demanda la sociedad.
- **Comercial.** Comercializa y distribuye el producto en el mercado.
- **Recursos humanos.** Organiza y gestiona el personal de la empresa.
- **Financiación e inversión.** Capta los fondos necesarios para el buen funcionamiento de la empresa y gestiona la política de inversiones.
- **Dirección.** Organiza y coordina las restantes áreas para alcanzar los objetivos fijados.

Este reparto de funciones es típico de una empresa industrial. En las empresas comerciales o de servicios, el área de producción no existe, ya que no transforman productos, sino que los distribuyen, en el primer caso, o prestan un servicio, en el segundo (ver Esquema 3.6).

d) **El entorno.** La empresa no es un ente aislado sino que se desenvuelve en un mundo cada vez más globalizado, en el que las fronteras entre naciones se difuminan. Forma parte de su entorno cualquier factor externo capaz de condicionar la actuación de la empresa. Según su grado de influencia, podemos distinguir:

- **Entorno general.** Es el grupo de factores que afectan por igual a cualquier tipo de empresa: factores culturales, económicos, políticos, legales, etc. Por ejemplo: un cambio de Gobierno, la subida del precio de la energía o una huelga general.
- **Entorno específico.** Comprende aquellos factores que influyen en el funcionamiento de una empresa en concreto. Por ejemplo, para un supermercado, una huelga de transportistas, una subida del precio de las hortalizas o una campaña publicitaria agresiva de otro supermercado de la misma localidad.

Actividades

13> ¿Cuál es la forma más habitual de organizar una empresa?

14> ¿Qué área de la organización no caracteriza a las empresas comerciales?

15> ¿En qué se diferencia el entorno general del específico? Pon ejemplos que dejen clara la diferencia entre ambos tipos de entorno.

Textos de apoyo

El umbral de rentabilidad o punto muerto

Dado un determinado precio de venta para un producto, a una empresa le es posible calcular la cifra mínima de ventas que compensa todos sus costes, es decir, le permite no tener pérdidas. Dicha cantidad se conoce con el nombre de **punto muerto o umbral de rentabilidad.** Matemáticamente es posible calcularlo igualando ingresos y costes:

$$IT = CT$$
$$p \cdot Q = CF + C_{VU} \cdot Q$$

donde: p = precio; Q = cantidad producida; CF = costes fijos; C_{VU} = coste variable por unidad

Despejando esta igualdad, obtenemos la fórmula del punto muerto.

$$\text{Punto muerto } (Q^*) = \frac{CF}{p - C_{vu}}$$

El **punto muerto (Q^*)** conjuga costes, ingresos, cantidades producidas y precios, de tal forma que es muy habitual su representación para así tener una visión global de estas magnitudes. El procedimiento es el siguiente, y el resultado puedes verlo en la Figura 3.10.

1. **Construcción de un diagrama de ejes.** En el eje vertical se representan los costes (*C*) e ingresos (*I*), y en el horizontal la cantidad de producción (*Q*).
2. **Trazado de las rectas de costes.** Los costes fijos (*CF*) se representan mediante una recta horizontal al tratarse de una cantidad invariable. En cambio, la recta de costes variables se representa en diagonal porque estos crecen a medida que aumenta la producción. Para obtener los costes totales *(CT)* hay que acumular costes fijos y variables.
3. **Trazado de la recta de ingresos.** Como el nivel de ingresos depende de la cantidad vendida, la recta que lo representa también crece en diagonal, pero desde la intersección de los ejes, porque en un principio los ingresos son cero.
4. **Obtención del punto muerto.** Se alcanza donde se cruzan la recta de costes totales con la recta de ingresos, y se representa con Q^*. Por debajo del punto Q^* hay pérdidas y a partir del mismo hay beneficios.

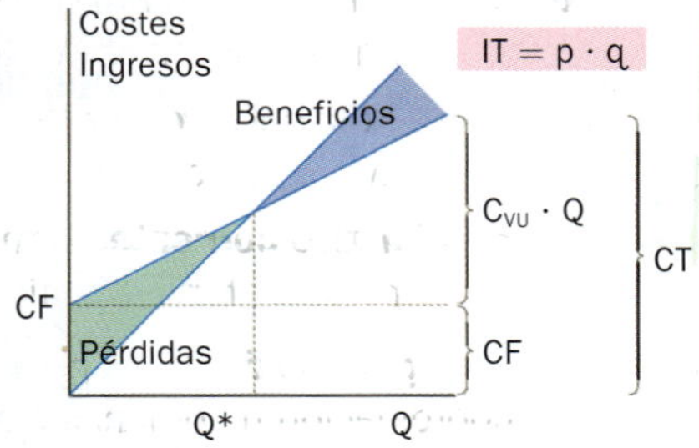

Fig. 3.8. Representación del punto muerto.

Por ejemplo, Arroba, S.A. es una empresa que monta y vende ordenadores. Sus costes fijos mensuales en concepto de alquiler ascienden a 1 000 €, mientras que los costes variables mensuales totalizan 500 € por cada ordenador que vende a 700 €.

a) ¿Cuál es el número de ordenadores que debe vender como mínimo para empezar a obtener beneficios?

b) Representa gráficamente el punto muerto del negocio de Arroba, S.A.

Solución

a) Número mínimo de ordenadores:

$Q^* = \dfrac{CF}{p - C_{vu}}$	$Q^* = \dfrac{1000}{700 - 500} = 5$ ordenadores

Por encima de 5 ordenadores o unidades vendidas, Arroba, S.A. obtendrá beneficios.

b) Representación gráfica del punto muerto de Arroba, S.A.:

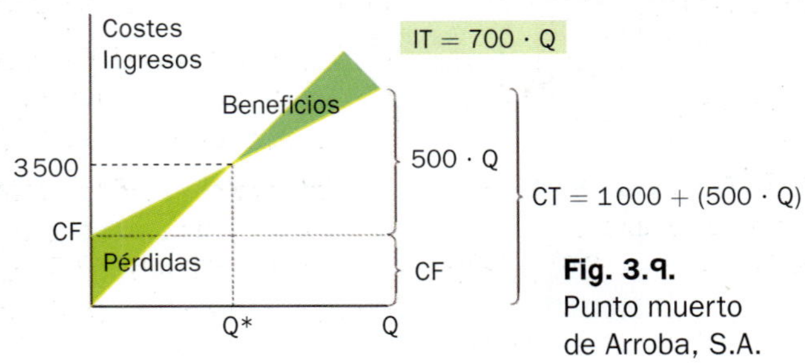

Fig. 3.9. Punto muerto de Arroba, S.A.

1> ¿Por qué la fórmula del punto muerto iguala ingresos y gastos?

2> En la representación del punto muerto, ¿por qué la recta de los ingresos y la de los costes variables se representan en diagonal y la de los costes fijos en horizontal?

3> Si una empresa tiene unos costes fijos de 2 000 € y vende su producto a 250 €:

a) ¿Cuál es su punto muerto si sus costes variables son de 50 €?

b) ¿Cuántos productos debería vender si quiere obtener un beneficio de 6 000 €?

Mapa conceptual

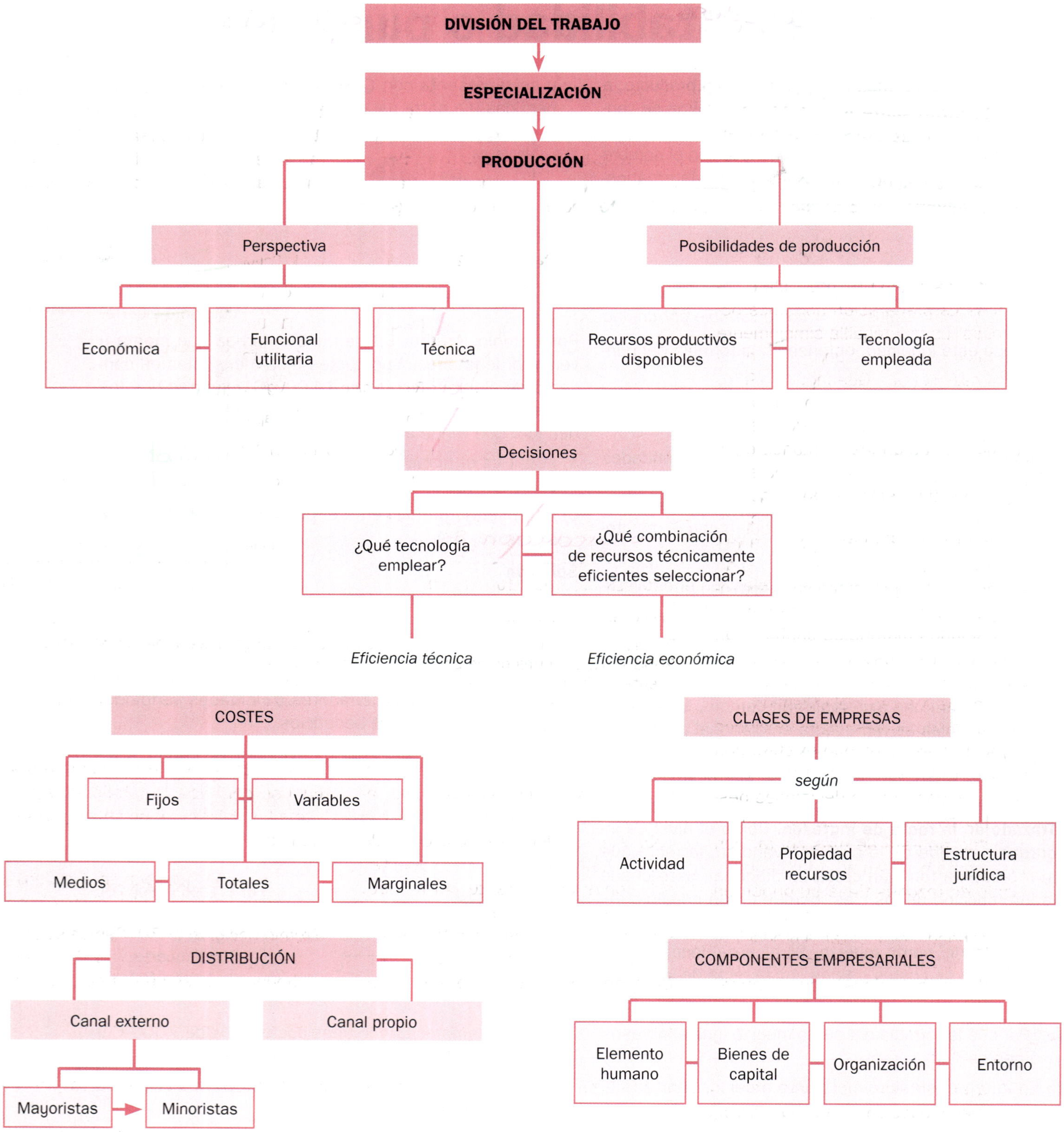

N.º 3. Diario independiente de información económica — Economicus

«Bajo el capitalismo, el hombre explota al hombre. Bajo el comunismo, es justo al contrario».
John Kenneth Galbraith, economista estadounidense (1908-2006).

¿Cañones o mantequilla?

Hay un tipo de bien cuya polivalencia lo hace especialmente interesante y rentable: los cañones, apelativo genérico que se utiliza en referencia a cualquier equipamiento bélico. Moralidad aparte, es indiferente fabricar cañones que mantequilla. Quien produzca lo primero podrá intercambiarlo por lo segundo en el mercado internacional, y viceversa. No obstante, la elección de estos dos bienes para representar el dilema entre los beneficios que reportan el gasto militar y el civil no es aleatoria: hay una tercera opción políticamente incorrecta: el país guerrero puede utilizar sus cañones para apropiarse de la mantequilla del país gordo.

***PAUL SAMUELSON**

«¿Preferiríais tener mantequilla o cañones? La preparación nos hace poderosos. La mantequilla simplemente nos hace gordos», es una cita atribuida al nazi Herman Goering, en 1936, a propósito del esfuerzo en gasto militar que estaba protagonizando Alemania. Las armas en manos equivocadas son sin duda un problema, pero se vaya a entrar o no en guerra hay muchas razones para producirlas o comprarlas. Empecemos con las motivaciones de los países en vías de desarrollo. ¿A que parece sorprendente que naciones pobres con grandes necesidades materiales gasten gran parte de sus presupuestos en cañones? Lo explica, en primer lugar, la necesidad de mantener el orden interno. En los países pobres las instituciones democráticas, si es que existen, son mucho más frágiles; en la medida en que la imposición de decisiones desde el poder central puede resultar impopular, no está de más contar con un ejército bien armado. Un segundo grupo de razones tiene su origen en el exterior del país. Si se logra cierta prosperidad y comienzan a producirse cantidades razonables de mantequilla, el incipiente Estado puede atraer la envidia de sus vecinos y acabar invadido. Los países ricos también fabrican armas pero, a diferencia de los pobres, no suelen tener problemas de orden interno y mantienen excelentes relaciones con el resto del mundo. Como no necesitan apropiarse de la mantequilla, pueden vender los excedentes de cañones a otros países. De hecho, el comercio de materiales bélicos es un lucrativo negocio del cual se beneficia la totalidad de los llamados países democráticos y desarrollados.

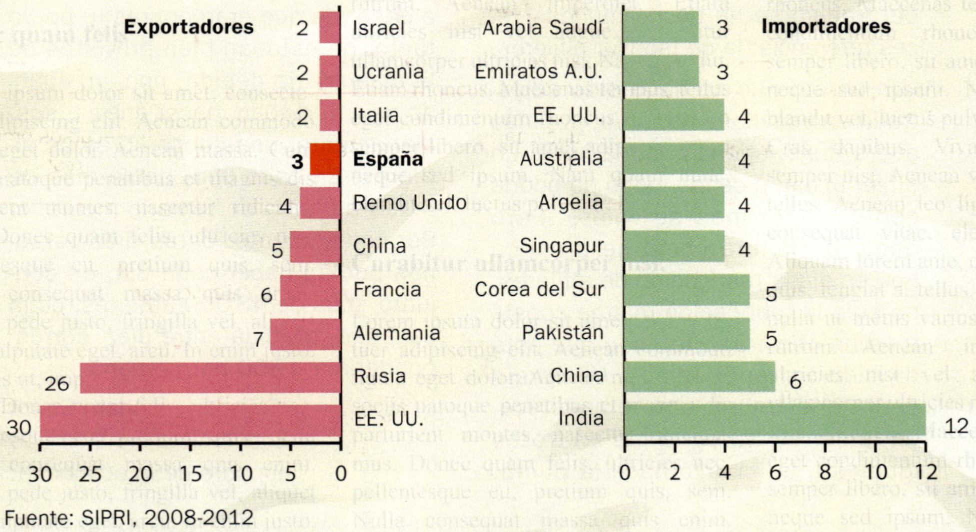

Principales exportadores e importadores mundiales de grandes armas en el periodo 2008-2012 en términos de porcentaje sobre el total mundial.
Fuente: elaboración propia a partir de datos del Stockholm International Peace Research Institute, un instituto internacional independiente que recaba información sobre conflictos y armas (www.sipri.org).

**(Basado en el ejemplo de Paul Samuelson)*

Premio nobel en 1970, Samuelson se distinguió por conjugar las ideas de Keynes con las de sus seguidores.

Reflexiona

1> Explica el concepto del coste de oportunidad utilizando como ejemplo los cañones y la mantequilla.

2> ¿Por qué, en términos de comercio internacional, es indiferente que un país decida producir cañones?

3> ¿Qué razones podría tener un país en paz para producir armas?

4> ¿Qué opinión te merece que los países desarrollados sean los principales exportadores de armas?

El taller de alfileres

«El progreso más importante en las facultades productivas del trabajo, y gran parte de la aptitud, destreza y sensatez con que esta se aplica o dirige por doquier parecen ser consecuencia de la división del trabajo [...]. Tomemos como ejemplo una manufactura de poca importancia, pero a cuya división del trabajo se ha hecho muchas veces referencia: la de fabricar alfileres. «Un obrero que no haya sido adiestrado en esa clase de tarea, por más que trabaje, apenas podría hacer un alfiler al día, y desde luego no podría confeccionar más de veinte. Pero dada la manera como se practica hoy en día la fabricación de alfileres, no solo la fabricación misma constituye un oficio aparte, sino que está dividida en varios ramos. Un obrero estira el alambre, otro lo endereza, un tercero lo va cortando en trozos iguales y un cuarto hace la punta. En fin, el importante trabajo de hacer un alfiler queda dividido de esta manera en unas 18 operaciones distintas. He visto una pequeña fábrica de esta especie que no empleaba más de diez obreros, donde, por consiguiente, algunos tenían a su cargo dos o tres operaciones. Pero a pesar de que eran pobres y, por lo tanto, no estaban bien provistos de la maquinaria debida, podían, cuando se esforzaban, hacer entre todos, diariamente, unas doce libras de alfileres. En cada libra había más de 4000 alfileres de tamaño mediano. Por consiguiente, estas diez personas podían hacer cada día, en conjunto, más de 48000 alfileres, cuya cantidad, dividida entre diez, correspondería a 4800 por persona».

Adam Smith
Economista considerado el padre de la economía.

En todo proceso productivo llega un momento en el que la producción empieza a disminuir, por mucho que aumente la cantidad de uno de los recursos productivos.

Hemeroteca

2000 años a. de C.

El Imperio babilónico. El Código de Hammurabi revela la situación del comercio, la industria, la contabilidad y la organización monetaria del Imperio. La escritura cuneiforme sustituye a los pictogramas, y las tablas de arcilla y los papiros a las tablas de piedra. Se registran tributos y todo tipo de transacciones, contratos incluidos.

Lectura recomendada:
50 TEORÍAS ECONÓMICAS

Donald Marron
Editorial Blume, 2011

Compendio de teorías económicas, explicadas cada una en tres versiones distintas: una de 3 segundos, otra de 30 segundos y la última de 3 minutos, todas ellas complementadas con citas y una mención de los economistas más relevantes en relación con las teorías en cuestión. Estas se encuentran agrupadas en bloques en torno a los grandes conceptos económicos, desde el ciclo económico y el crecimiento hasta los mercados o la globalización, pasando por las escuelas de pensamiento económico, las políticas fiscales y presupuestarias, y la elección. Todo ello acompañado de un glosario de términos, teorías relacionadas y principales economistas. Gracias a que está muy bien compartimentado, resulta una lectura ligera y amena para familiarizarse con las grandes líneas del pensamiento económico, así como con las tendencias más actuales.

«Los productos nuevos reemplazan constantemente a los antiguos. Polaroid® ejerció un monopolio sobre la fotografía instantánea hasta que apareció la cámara digital. De repente los beneficios de Polaroid® cayeron porque otras empresas estaban produciendo alternativas más baratas. Ahora que han llegado los DVD, las cintas de vídeo valen céntimos. Ya nadie las fabrica y las empresas que lo hacían se han visto obligadas a producir algo nuevo para sobrevivir. A este proceso se le llama destrucción creativa: cuando una nueva empresa crea un producto, mejora la tecnología, descubre una mejor fuente de suministros, es la primera en introducir un modo de producción más eficiente o halla un mejor modelo de organización industrial, puede destruir a su competencia. A diferencia de la teoría económica tradicional, que se centra en la competencia por precio, esta teoría lo hace en la [competencia] que surge a raíz de la aparición de nuevos productos o tecnologías. La destrucción creativa es impulsada por los emprendedores que ponen nuevas ideas en práctica. En este sentido, la innovación es el motor del crecimiento económico a largo plazo, el "hecho fundamental del capitalismo". Las empresas que quiebran y las industrias que desaparecen forman parte del juego, doloroso pero inevitable e incluso necesario, a medida que surgen nuevas empresas y se generan nuevos puestos de trabajo, creando así el marco necesario para que las economías crezcan. Según esta teoría, las empresas deben quebrar cuando aparece alguna mejor. El Gobierno no debería ayudar a Polaroid ® cuando lo digital tome el relevo, ni proteger a las pequeñas tiendas familiares cuando los hipermercados lleguen a la ciudad».

Extractado y adaptado del capítulo «La destrucción creativa»

Hoy recordamos a...

GARY BECKER

(Estados Unidos, 1930-)

Profesor y nobel de economía.

Sus trabajos combinan sociología y economía. Considerado extravagante al principio de su carrera, hoy en día su enfoque pedagógico y llano es muy popular. Aplicó el análisis microeconómico a comportamientos humanos fuera del mercado. Sus principales áreas de trabajo han sido el capital humano, la criminalidad, las discriminaciones por sexo o raza y el comportamiento de personas y familias.

Cine Europa
Próximamente
Granujas de medio pelo

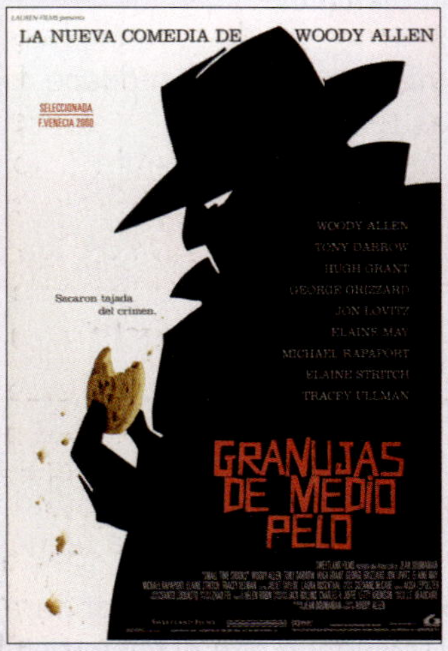

Director: Woody Allen.
Reparto: Woody Allen, Tracey Ullman, Hugh Grant, y Michael Rapaport.

Sinopsis. Un timador de poca monta se hace rico con un negocio de galletas que utiliza como tapadera para atracar un banco.

Comentario. Divertida hasta el absurdo, la película critica la cultura del éxito basada en un enriquecimiento rápido y a cualquier precio. Tras describir un círculo completo en torno a la riqueza, el poder social o la cultura, la moraleja es que la felicidad resulta estar en el afecto de los que nos rodean y en lo cotidiano.

Claves de reflexión. Emprendedurismo, clases de empresas, componentes de la empresa y franquicia.

Ejercicios

1. ¿Por qué es tan importante la división del trabajo?

2. Describe la ley de los rendimientos decrecientes mediante un ejemplo.

3. Una empresa que produce tornillos dispone de las siguientes tecnologías:

Tecnología	Trabajo (horas)	Capital (máquinas)	Tornillos
A	6	4	10 500
B	4	6	10 500

a) Calcula la productividad del recurso trabajo y la del recurso capital de la tecnología A.

b) Calcula el coste total para cada una de las tecnologías, sabiendo que el coste del trabajo asciende a 500 €/hora y el de las máquinas a 800 €/máquina.

c) Indica cuál es la tecnología más eficiente y también la más económica.

4. Rosa vende flores naturales en la feria mensual de Aranjuez. Paga 100 € por alquilar el puesto y los recursos que utiliza son agua, abono y mano de obra, cuyo coste varía en función del número de flores producidas, conforme a la siguiente tabla:

Ramos de flores (*Q*)	Costes variables (€)
1	5
2	10
3	16
4	23
5	31
6	40
7	50
8	61
9	72

Si Rosa vende el ramo de flores a 70 €:

a) Representa en una tabla los costes fijos *(CF)*, los costes variables *(CV)*, los costes totales *(CT)* y los costes medios (C_{me}), así como los ingresos totales *(IT)*, los ingresos medios (I_{me}), el beneficio total *(BT)*, el beneficio medio o beneficio por unidad vendida (B_{me}), el ingreso marginal (I_{ma}), el coste marginal (C_{ma}) y el rendimiento marginal (R_{ma}).

b) Empleando este ejemplo, explica en qué consiste la ley de los rendimientos decrecientes. ¿Cuál es el número óptimo de ramos de flores con los que Rosa maximiza su beneficio?

5. Por cada 10 vasijas que elabora, un ceramista emplea 2 kg de arcilla a 0,40 €/kg y 2 horas de trabajo asalariado que paga a 5 €/hora. Durante el mes de enero fabricó 300 vasijas a un precio de venta al público de 12 € y vendió 100. En el mes de febrero bajó el precio a 11 € y la producción a 210 vasijas, aunque solo vendió 80. En el mes de marzo, al ganar un certamen artístico, el ceramista subió el precio a 15 € y vendió 120 unidades, aunque produjo 400. Construye una tabla como la del Caso práctico 3 para calcular los beneficios del ceramista para cada uno de los periodos citados sabiendo que, además de los costes citados, el ceramista paga un alquiler mensual de 600 €.

6. Contesta a las preguntas indicadas posteriormente, dado el siguiente texto:

A finales de los sesenta, Freixenet había hecho fuertes inversiones para mejorar la producción de su cava (depósitos refrigerados para controlar la fermentación del mosto y contenedores de decantación que removían las botellas de una sola vez) y tenía que conseguir vender más cava para acceder a las economías de escala. Sin embargo, el mercado español estaba consolidado y se hacía realmente difícil conseguir incrementos significativos de clientela en un mercado nacional en el que competía con otros cavas espumosos. El gran mercado estaba en el exterior y, en los años setenta, Freixenet intensificó las gestiones para llegar a los mercados internacionales. En 1974, la botella de vidrio negro esmerilado bajo la que embotella el cava Cordón Negro ya era líder de explotación. En el 2000, Freixenet vendió unos 48 millones de botellas, en torno al 80 % del cava que se consume en el mundo. Hoy día, el grupo Freixenet exporta a más de 130 países del mundo y es la marca de vino espumoso de calidad de cualquier origen más grande del mundo, champán incluido.

a) ¿Por qué Freixenet necesitaba vender más cava para conseguir las economías de escala?

Ejercicios

b) ¿Por qué no se cumple la ley de los rendimientos decrecientes en este tipo de empresas?

c) La diferenciación de sus productos ha sido un factor decisivo para el éxito de la marca Freixenet, ¿a qué nos estamos refiriendo?

d) En el pasado, los cavas españoles etiquetaban su producto bajo la denominación champán, ¿sabes por qué dejaron de hacerlo?

7. Respecto a las economías de escala:

a) ¿En qué consisten?

b) ¿Pueden alcanzarlas todas las empresas?

c) ¿Qué relación existe entre la internacionalización de las empresas y dichas economías?

8. En lo que se refiere a la distribución de bienes y servicios:

a) ¿De qué depende que un canal de distribución sea más o menos largo?

b) ¿Qué ventaja presenta para el minorista el hecho de que el mayorista no le cobre la mercancía hasta que el primero la haya vendido?

c) Para el franquiciado, ¿cuáles son las ventajas e inconvenientes del sistema de franquicia?

9. Desde el punto de vista de la responsabilidad, ¿cuál es la ventaja de las sociedades sobre las empresas individuales?

10. ¿Son lo mismo las acciones de las sociedades anónimas que las participaciones de las sociedades limitadas? Razona la respuesta.

11. Razona si las siguientes afirmaciones son verdaderas o falsas.

a) Una empresa será técnicamente más eficiente que otra si utiliza una tecnología más barata.

b) El coste total varía en relación directa con el volumen de producción.

c) El nivel de producción con el que la empresa maximiza beneficios coincide con sus posibilidades de producción.

d) El coste marginal representa la unidad adicional con la que las empresas obtienen beneficios.

e) El empresario individual y las sociedades unipersonales deberán responder de las deudas empresariales incluso con su patrimonio personal.

12. Clasifica las siguientes actividades empresariales dentro de su sector productivo:

— un locutorio de teléfonos,
— la construcción de viviendas,
— la enseñanza,
— la recolección de naranjas,
— la fabricación de cerámica,
— la pesca.

13. Di si los siguientes acontecimientos que afectan a una superficie comercial pertenecen a un entorno general o específico.

a) Una campaña de publicidad que promueve el consumo de productos ecológicos.

b) Una huelga del transporte de mercancías por carretera.

c) La apertura de un nuevo supermercado en una calle paralela.

d) La moda por el consumo de productos franceses.

e) Una crisis política en el golfo Pérsico.

f) Una subida de los precios en el mes de mayo de un 2 % respecto al periodo anterior.

14. Tu instituto es una empresa que suministra un servicio: la enseñanza. Identifica sus componentes empresariales conforme a los cuatro criterios establecidos: *a)* elemento humano, *b)* bienes de capital, *c)* organización, *d)* entorno.

15. Relaciona los siguientes titulares extraídos de la prensa económica con conceptos económicos estudiados a lo largo de esta unidad.

a) «Las economías de escala abren nuevas posibilidades de mercado».

b) «Los empresarios piden más ayudas en I+D+i».

c) «Las ventas por Internet crecen pero no se disparan».

16. Temas de debate:

a) ¿Premiamos a las empresas éticas a la hora de comprar?

b) Reúne ejemplos de empresas cuyas actuaciones, desde un punto de vista social o medioambiental, sean beneficiosas para la comunidad.

c) ¿Deberían las multinacionales dejar de instalarse en los países pobres porque se aprovechan de la situación?

4

El funcionamiento del mercado

Cada decisor o agente económico tiene un papel especializado: las empresas producen, las familias consumen y el sector público regula y controla. De hecho, la especialización ha llegado a tal punto que, en la actualidad, las personas no producimos casi nada de lo que necesitamos, de tal forma que precisamos un medio de cobro-pago aceptado por todos –el dinero– y de lugares especializados donde realizar intercambios –los mercados–.

1. El mercado y el dinero

Tradicionalmente, el mercado era el lugar físico donde se vendían y compraban productos. En la actualidad, el desarrollo de tecnologías como el correo, el telégrafo, el teléfono o Internet han hecho nuestra vida más fácil, ya que a veces no tenemos que desplazarnos a un lugar físico para comprar o vender productos.

En consecuencia, el término *mercado* ha asumido nuevas acepciones, pero sea un lugar físico o no, hoy en día en todo mercado identificamos tres elementos: un producto (bien o servicio) objeto de intercambio; un vendedor (normalmente, una empresa) que fabrique el producto; y un comprador que satisfaga sus necesidades con la adquisición del producto. Cada mercado recibe el nombre del producto que se intercambia en él, por ejemplo, el mercado de electrodomésticos, el mercado de la vivienda, el mercado de la música, etc.

Se entiende por **mercado** el conjunto de actividades de compraventa de un determinado producto realizadas entre oferentes (vendedores) y demandantes (compradores).

No obstante, para que exista intercambio tiene que haber un posicionamiento previo sobre lo que quieren y ofrecen ambas partes. Por ejemplo, cuando buscamos un puesto de trabajo ofertamos trabajar un cierto número de horas a cambio de un salario en el mercado de recursos productivos. De igual forma, cuando tenemos sed y queremos tomar un refresco demandamos un producto a cambio de dinero en el mercado de bienes y servicios.

Desde el punto de vista económico, existe **demanda** cuando se desea comprar un bien o servicio determinado y **oferta** cuando se desea vender. Son la cara y la cruz de la misma moneda: el mercado. Representan visiones opuestas: la demanda analiza el mercado desde el punto de vista de los compradores, y la oferta, desde la perspectiva de los vendedores. Tanto compradores como vendedores confluyen en el mercado dispuestos a lograr un acuerdo que satisfaga a ambas partes.

Antes de estudiar cómo se produce dicho intercambio es necesario analizar cuáles son las causas que influyen en la demanda y en la oferta de un determinado bien o servicio. Los factores que dan lugar a la oferta y a la demanda los vamos a ver en los apartados 2 y 3, respectivamente.

Fig. 4.1. Venta de flores en Ámsterdam. Para que exista un mercado solo hacen falta tres cosas: un vendedor, un producto y un comprador. Los mercados tradicionales mantienen su encanto porque, además de tratar personalmente con el vendedor, podemos probar y tocar aquello que vamos a comprar.

Actividades

1> ¿Qué tres elementos necesita un mercado para funcionar como tal?

2> ¿Cuál es la gran diferencia entre los mercados tradicionales y el mercado de Internet?

Sabías que

A nuestras generaciones les ha tocado asistir al auge de Internet como mercado, es decir, como lugar en el que se vende y se compra. A través de páginas web, las empresas ofrecen sus productos a los consumidores *(Business to Consumers* o B2C) o a otras empresas (el llamado *Business to Business* o B2B). También los consumidores, en otras páginas web, ofrecen sus productos a otros consumidores mediante diversos sistemas, entre ellos el de subastas.

Recuerda

La oferta y la demanda son los vientos que mueven la vela de cualquier mercado.

2. La demanda

Recuerda

El precio mide el valor de los bienes y servicios en términos dinerarios.

Los demandantes o compradores acudimos al mercado con la intención de adquirir el producto que nos interesa a cambio de dinero. Las disponibilidades monetarias son uno de los factores determinantes para realizar el intercambio, por lo que una primera definición de la demanda podría ser la siguiente:

La **demanda** es la cantidad de un bien que están dispuestos a adquirir los demandantes a un precio determinado.

2.1. Los factores que condicionan la demanda

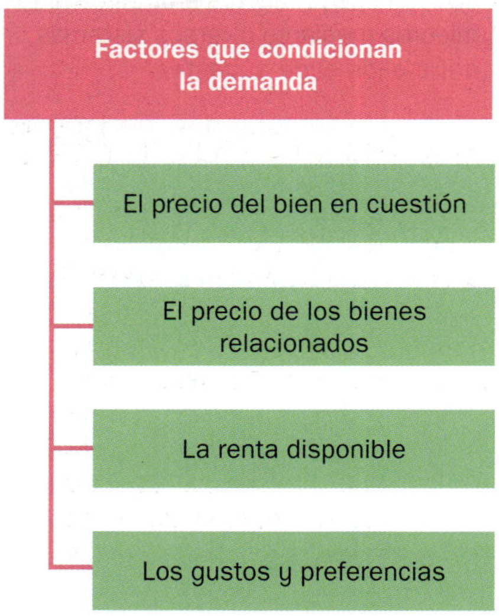

Esquema 4.1. La demanda expresa la cantidad de producto que desean adquirir los compradores.

Esta primera definición de demanda presenta el precio como el factor que determina las cantidades del producto demandadas por los compradores (Esquema 4.1), pero, aunque el precio es un factor muy importante, no es el único. En definitiva, la demanda de un bien o servicio por parte de los compradores depende de los siguientes factores:

A. El precio del bien en cuestión

Cuanto más caro sea un producto, menor cantidad estará dispuesto a adquirir el demandante, y cuánto más barato sea, más comprará.

B. El precio de los bienes relacionados

Atendiendo a la relación que guardan entre sí las funciones de unos bienes con respecto a otros es posible distinguir dos categorías:

- **Bienes complementarios.** Son los bienes que van siempre en pareja, es decir, los que se consumen conjuntamente. Por ejemplo, impresora y tinta, zapatos y cordones, lámparas y bombillas, etc. No es posible consumir uno sin consumir también el otro. En consecuencia, la subida y la bajada de precios de alguno de los integrantes de estas «parejas» de bienes implican respectivamente una disminución o un incremento de la cantidad demandada, tanto del bien en cuestión como del de sus complementarios.
- **Bienes sustitutivos.** Son aquellos cuya utilización o consumo excluye a los que satisfacen la misma necesidad que ellos. Por ejemplo, peras y manzanas, té y café, sacarina y azúcar... Si el precio de un bien sustitutivo aumenta, disminuirá su demanda a favor de otro bien sustitutivo. Así, el azúcar y la sacarina son bienes sustitutivos porque son excluyentes, ya que si consumimos uno no consumimos el otro. Una subida del precio del azúcar propiciará un incremento de la cantidad demandada de sacarina (que sigue al mismo precio), y una subida del precio de la sacarina favorecerá un mayor consumo de azúcar.

C. La renta disponible

La capacidad adquisitiva condiciona la cantidad de dinero destinada a comprar y, por tanto, la cantidad de producto que un consumidor demanda. Sin embargo, no todo aumento de la renta implica un incremento de la cantidad demandada de todos los bienes y servicios, sino que dicho incremento dependerá del tipo de bien. La relación que guarda la cantidad demandada de un bien con el incremento de la renta permite clasificar los bienes en tres grupos:

- **Bienes inferiores.** Son aquellos bienes que se demandan menos cuando aumenta la renta de los demandantes. Por ejemplo, al aumentar la renta, el vino de mesa o el transporte público se suelen sustituir por otros bienes y servicios de mayor calidad como un vino con denominación de origen o el taxi, respectivamente.
- **Bienes normales.** En este tipo de bienes, la cantidad demandada aumenta en la misma proporción que la renta de los demandantes. La mayoría de los bienes y servicios entran en esta categoría, por ejemplo, la vivienda, los electrodomésticos o el coche.
- **Bienes de lujo.** Son bienes que no se consumían cuando la renta era baja o bien se hacía en pequeñas cantidades, pero su uso o consumo aumenta sustancialmente al producirse un incremento de la renta. La cantidad demandada aumenta en mayor proporción que lo hace la renta de los demandantes. En general, dan prestigio social a quien los consume, por ejemplo, las joyas o los coches deportivos.

Sabías que

Muchas veces, el origen de una moda está en las campañas publicitarias de las grandes empresas, que desean moldear nuestros gustos para que demandemos sus productos.

D. Las preferencias del consumidor

Los gustos, las preferencias y la moda determinan el comportamiento de los demandantes, con independencia de los precios o de la renta. Así, tras analizar todos los factores que influyen en la demanda, podemos ahora definirla de forma más completa:

La **demanda** es la cantidad de un bien que están dispuestos a adquirir los consumidores a un cierto precio, teniendo presentes los precios de los bienes relacionados, la renta (dinero) disponible y los gustos o preferencias.

Fig. 4.2. Fotograma de una película de Bob Esponja. Ciertos bienes o servicios no solo no pasan de moda, sino que además pasan a formar parte de nuestras vidas. Desde su lanzamiento en 1999, los dibujos de Bob Esponja constituyeron uno de los éxitos más inesperados y sorprendentes en el mercado de los dibujos para niños, teniendo en cuenta además el bajo presupuesto con el que se produjo.

2.2. La curva de la demanda

La función de la demanda refleja la variación que experimenta la cantidad demandada de un bien en función de los cuatro factores estudiados en el apartado anterior. Si todos los factores permanecen constantes salvo el precio, la función de la demanda se denomina función de la demanda-precio, y se puede expresar con una fórmula más sencilla, que llamaremos *función de la demanda-precio.*

La **función de la demanda-precio** es la más utilizada en los análisis económicos. Sería muy complejo estudiar esta función si todos los factores considerados variaran al mismo tiempo, de tal forma que, en la práctica y al igual que en otros modelos económicos, se considera que solo varía uno de los factores y que los demás permanecen constantes (criterio *ceteris paribus*).

El factor que se suele usar como variable al estudiar la función de la demanda es el precio del bien en cuestión *(P)*; en lo sucesivo, cuando nos refiramos a la función de la demanda o a su representación gráfica (curva de la demanda) nos estaremos refiriendo a la función de la demanda-precio.

La función de la demanda-precio se representa gráficamente como sigue (Fig. 4.3):

a) Dibujamos un diagrama de ejes. En el eje vertical representamos los precios (P) y en el horizontal, las cantidades demandadas (Q_d).

b) Situamos las distintas cantidades (Q_1, Q_2, Q_3...) que los consumidores demandan para cada uno de los precios considerados (P_1, P_2, P_3...), y en las intersecciones obtenemos una serie de puntos (A, B, C...). Debemos tener en cuenta que la demanda de un bien varía en relación inversa a su precio, es decir, el consumidor actúa racionalmente, de forma que consumirá mayor cantidad cuanto menor sea el precio y viceversa.

Sabías que

Ceteris paribus es una expresión latina que significa que «todo lo demás es igual». En economía, se suele referir a la invariabilidad de todos los factores menos uno, que es el que varía.

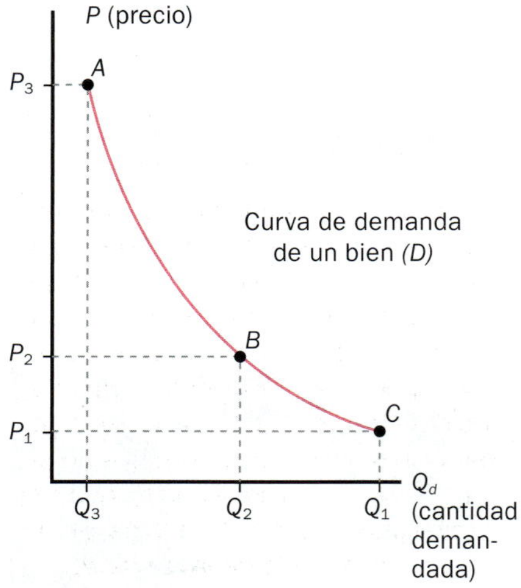

Fig. 4.3. Representación gráfica de la función de la demanda.

c) Uniendo los puntos así obtenidos, trazamos la curva de la demanda.

La **curva de la demanda** de un bien es la representación gráfica de la función de la demanda, la cual muestra las distintas cantidades de ese bien que los compradores están dispuestos a adquirir a cada precio.

Caso práctico 1

Andrea tiene 20 € y desea comprarse dos CD de sus compositores preferidos, Bach y Beethoven. Va a una tienda de discos y comprueba desolada que valen 15 y 10 €, respectivamente, por lo que no puede comprarse los dos. Mientras decide cuál de los dos prefiere, comprueba que el DVD con imágenes y música de Mozart está rebajado a 5 €. Finalmente, Andrea decide comprar el CD de Bach y el DVD de Mozart. Cuando se dirige a la caja registradora ve un billete de 10 € en el suelo y sin pensarlo dos veces, se lo guarda y vuelve a por el CD de Beethoven. Muy satisfecha, Andrea se fue con los dos CD y el DVD en su mochila después de abonar por ellos 30 €. Ya en casa reflexiona sobre sus próximas compras de CD, y dibuja una tabla donde relaciona las cantidades que desearía adquirir y los distintos precios.

Precio en euros *(P)*	Cantidad demandada *(Q_d)*
5	4
10	2
20	1

1. En lo que respecta a los CD que pensaba llevarse, ¿de qué factores dependía la decisión de Andrea antes de fijarse en que estaba rebajado el DVD de Mozart? ¿Y después de darse cuenta?
2. ¿Se te ocurre algún tipo de bien complementario de los discos? ¿Qué factor hizo posible que Andrea se pudiera llevar los dos CD y el DVD?
3. Representa la curva de la demanda de CD conforme a la tabla confeccionada por Andrea.

Solución

1. Antes de fijarse en que estaba rebajado el DVD de Mozart, la decisión de Andrea dependía de su disponibilidad económica (20 €), del precio de los bienes considerados y de sus preferencias (Bach y Beethoven). Después, entró en juego un nuevo factor: el DVD o, dicho en términos económicos, un bien sustitutivo.
2. El reproductor musical es un bien complementario. El factor que hizo posible que Andrea pudiera comprarse las tres cosas fue el incremento de su nivel de renta.
3. La Figura 4.4 representa la curva de la demanda.

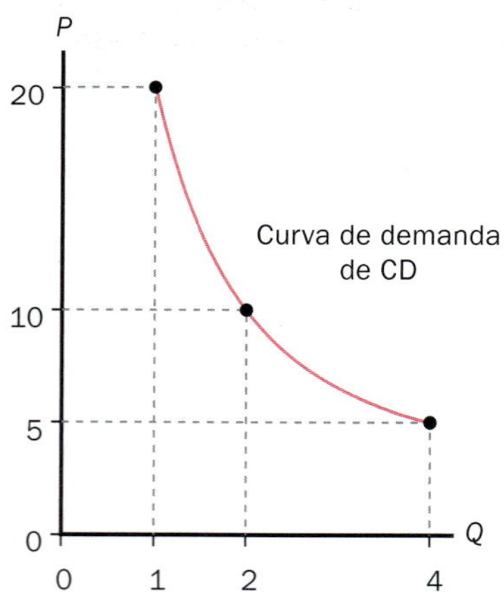

Fig. 4.4. Curva de la demanda de los CD de Andrea.

Actividades

3> Indica un bien complementario y otro sustitutivo para cada uno de los siguientes bienes: una consola de videojuegos, un reproductor de DVD, unas lentillas, unas cuchillas de afeitar y una lámpara.

4> Cita tres ejemplos para cada una de las siguientes categorías de bienes: inferiores, normales y de lujo.

5> En la curva de la demanda, ¿por qué precio y cantidad se comportan de forma inversa?

3. La oferta

Veamos ahora el comportamiento de los oferentes, es decir, el funcionamiento del mercado desde el punto de vista de los vendedores, normalmente, las empresas.

Las empresas ofrecen sus productos en el mercado a cambio de dinero. Obtener el máximo beneficio es uno de los principales objetivos de las empresas; el precio que puedan cobrar por sus productos será un factor determinante para decidir qué cantidad producirán, de tal forma que una primera definición de la oferta podría ser la siguiente:

> La **oferta** es la cantidad de un bien que las empresas están dispuestas a producir a un precio determinado.

Recuerda

Gasto es cualquier tipo de desembolso que ha de afrontar la empresa para obtener beneficios y que no se traduce en nada tangible. Los gastos relacionados con el proceso productivo se denominan «costes». Cuando los desembolsos se traducen en algo tangible que permanece en la empresa, como es el caso de los bienes de capital (máquinas, ordenadores, etc.), entonces se habla de **inversiones.**

3.1. Los factores que condicionan la oferta

Al igual que sucedía con la primera definición de la demanda, aunque el precio sea el factor decisivo para determinar la cantidad que desean ofertar las empresas, no es el único. Además del precio, la oferta de un bien depende también de otros factores:

A. El precio del bien en cuestión

Cuanto mayor sea el precio que pueden cobrar por sus productos en el mercado, mayor será la cantidad que estarán dispuestas a producir las empresas (siempre que los costes permanezcan constantes), ya que sus expectativas de beneficios serán mayores. Si los precios de los productos suben, pero también lo hacen los costes de las empresas, el empresario obtendría los mismos beneficios o incluso menores, de tal forma que no le compensaría ofertar más cantidad al mercado.

Recuerda

En las Unidades 2 y 3 hemos hablado sobre las posibilidades de producción de un país o de una empresa.

B. Los costes de los recursos productivos

Anteriormente veíamos que las posibilidades de producción de un país o de una empresa dependen de la cantidad y calidad de sus recursos productivos, así como que el beneficio empresarial se calcula por la diferencia entre los ingresos y los gastos. Al aumentar el coste de los recursos, disminuyen los beneficios y, en consecuencia, la empresa podría verse obligada a reducir su oferta para gastar menos. Entre las variables que influyen sobre los costes de producción figuran los salarios de los trabajadores, los impuestos, las máquinas, etc. Lógicamente, la tecnología o combinación de recursos empleada condiciona el coste, puesto que unas tecnologías son más intensivas en mano de obra y otras en máquinas. Las empresas también pueden trasladar el coste de esa subida de los recursos productivos a sus clientes subiendo el precio de los bienes y servicios que producen, pero esta opción no es siempre posible y se arriesgan a perder clientes.

Esquema 4.2. La oferta expresa las cantidades de producto que desean vender las empresas.

C. Los objetivos empresariales

El número de unidades que una empresa oferta en el mercado también puede depender de las expectativas, lo que condiciona los objetivos empresariales. No es lo mismo producir para un mercado emergente, en el que las expectativas empresariales son grandísimas, como es el caso de las telecomunicaciones, que para un mercado tradicional con expectativas limitadas como el cuero o el calzado.

En los mercados emergentes, un primer objetivo suele ser maximizar la producción y el número de ventas, puesto que tiempo habrá de maximizar beneficios cuando la empresa se consolide en el mercado. Esto es lo que sucede actualmente en España con los teléfonos móviles. Las expectativas de beneficio en este mercado son tan grandes gracias a Internet y el GPS –juegos, redes sociales, e-mail, localización, mapas, etc.– que muchas veces las empresas del sector regalan el terminal para conseguir clientes y así desbancar a la competencia. En el futuro, una vez que parte de la competencia quede «fuera de juego», probablemente, las empresas vencedoras reconsiderarán sus precios de venta y sus volúmenes de producción.

Y, de igual forma que hablamos de mercados, podemos hablar de países. Muchas multinacionales entran con pérdidas en un país emergente, como China, pero se trata del mercado más grande del mundo y con mayor potencial de crecimiento.

Una vez analizados todos los factores que influyen en la oferta, podemos redactar una definición más completa que la formulada anteriormente:

La **oferta** es la cantidad de un bien que están dispuestas a producir las empresas a un determinado precio de venta, teniendo en cuenta sus costes de producción –los cuales dependen de los costes de los recursos productivos y de la tecnología empleada–, y los objetivos empresariales.

Observatorio 1

¿Por qué a veces prima la calidad sobre la cantidad?

No siempre es bueno producir en exceso. En el año 1970, la firma estadounidense Harley-Davidson apostó por la cantidad en vez de hacerlo por la calidad. Como consecuencia, las Harley se ganaron mala fama y sus ventas descendieron cada año, hasta que en 1985 la empresa casi desapareció, acosada por la «invasión» del mercado americano de motos japonesas. En aquel momento, un grupo de directivos, ayudados por la Administración americana, asumió el control de la empresa.

En solo catorce años, y después de haber copiado los métodos de producción japoneses, Harley-Davidson pasó a liderar, por primera vez en treinta años, las ventas de grandes motos, por delante de las marcas japonesas.

Actualmente, el mayor reto de esta empresa americana no es conseguir clientes, sino cubrir la creciente demanda que existe de sus productos. Si alguien estuviera dispuesto a pagar los 17 000 € que, por término medio, cuesta una de sus motocicletas, tendría que esperar un plazo de, al menos, seis meses (se trata del sistema JIT, *just-in-time* –justo a tiempo–, es decir, empezar a producir cuando se efectúe el pedido –y no antes– y adaptar la moto al gusto del consumidor); aunque también podría comprarla en el mercado de segunda mano por un precio entre un 20 % y un 30 % superior al de recién salida de fábrica (al contrario de lo que suele suceder con otros productos) y es que todas y cada una acaban por ser piezas únicas. Sus propietarios las personalizan hasta la extenuación.

Cada año, Harley-Davidson vende 330 000 motos y aunque desearía vender más, debe incrementar el número de ventas paulatinamente, ya que lo que hace de estas motos un artículo muy demandado y apreciado por los motoristas es precisamente su escasez en las carreteras.

3.2. La curva de la oferta

La **función de la oferta** muestra la variación que experimenta la cantidad ofertada de un bien en función de los factores que influyen sobre la misma.

La función de la oferta puede expresarse matemáticamente. Si todos los factores permanecen constantes a excepción del precio, la función se denomina función de la oferta-precio, y se expresa con una fórmula más sencilla. La función de la oferta-precio es la más utilizada en los análisis económicos.

Al igual que en la función de la demanda y, puesto que la función de la oferta-precio es también un modelo económico, en la función de la oferta se analiza únicamente la relación entre la cantidad ofertada del bien y uno de los factores, considerando que los restantes factores no varían (criterio *ceteris paribus*).

El factor que suele utilizarse como variable en el análisis de la función de la oferta es el precio *(P)*, de tal forma que cuando nos refiramos a la función de la oferta o a su representación gráfica (curva de la oferta), nos estaremos refiriendo a la función de la oferta-precio, mientras que los demás factores –el coste de los recursos productivos y las expectativas empresariales– permanecen constantes.

El procedimiento para representar gráficamente la función de la oferta es similar al empleado en el apartado anterior para representar la curva de la demanda.

La **curva de la oferta** de un bien es la representación gráfica de la función de la oferta, la cual muestra las distintas cantidades de ese bien que las empresas están dispuestas a producir a cada precio.

Recuerda

La representación gráfica de la función de la oferta origina la llamada «curva de oferta».

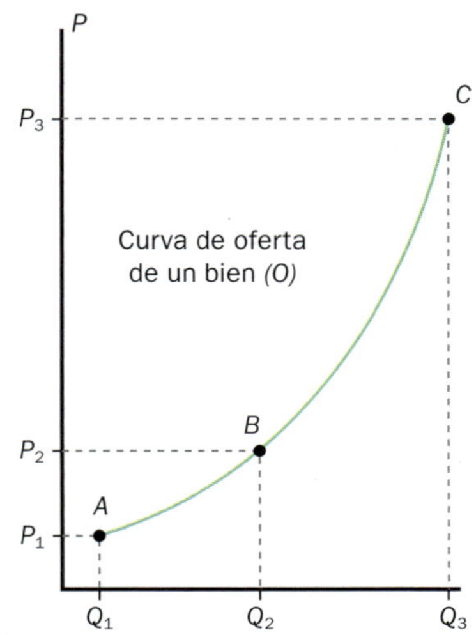

Fig. 4.5. Representación gráfica de la función de la oferta. Cuanto más alto es el precio que pueden obtener en el mercado, mayor cantidad ofertan las empresas.

Caso práctico 2

Durante el mes de julio, el repostero Gómez elaboró 100 tartas a un precio de venta al público de 16 €. En el mes de agosto bajó el precio a 14 € y la producción a 80 tartas para adaptarla al bajón de la demanda propio de las vacaciones estivales. En el mes de septiembre sus tartas se pusieron de moda, así que subió el precio a 20 € y la producción a 120 tartas.

1. Representa gráficamente la curva de la oferta del repostero en los periodos de tiempo considerados.

Solución

1. La Figura 4.6 muestra la representación gráfica de la curva.

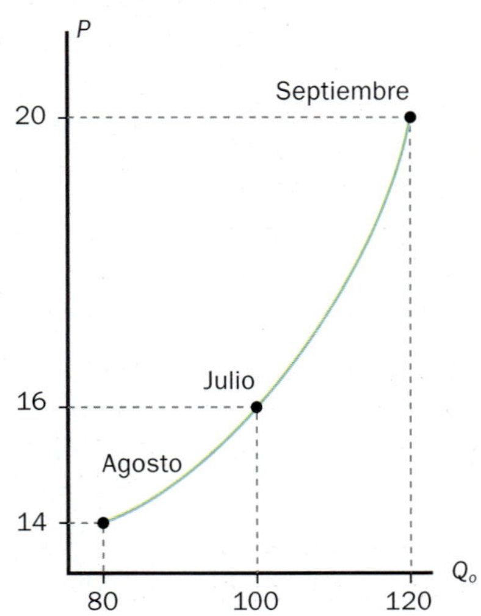

Fig. 4.6. Representación gráfica de la función de la oferta de tartas del repostero.

Actividades

6> En la curva de la oferta, ¿no es contradictorio que la cantidad aumente cuanto mayor es el precio? Pon un ejemplo.

7> Explica de qué forma influyen los objetivos empresariales a la hora de ofertar un producto al mercado y pon un ejemplo extraído de la actualidad económica.

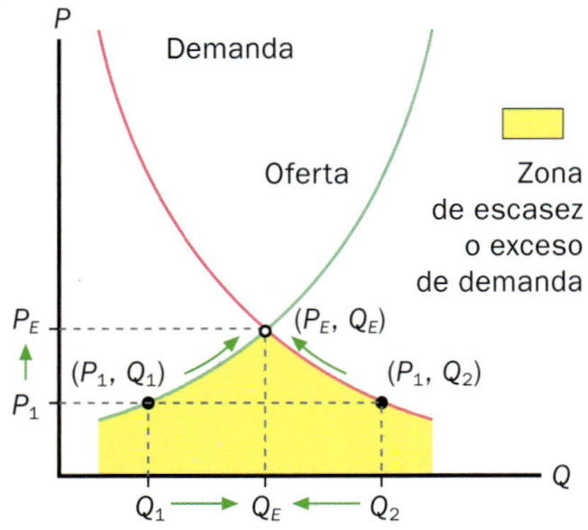

Fig. 4.7. Escasez o exceso de demanda.

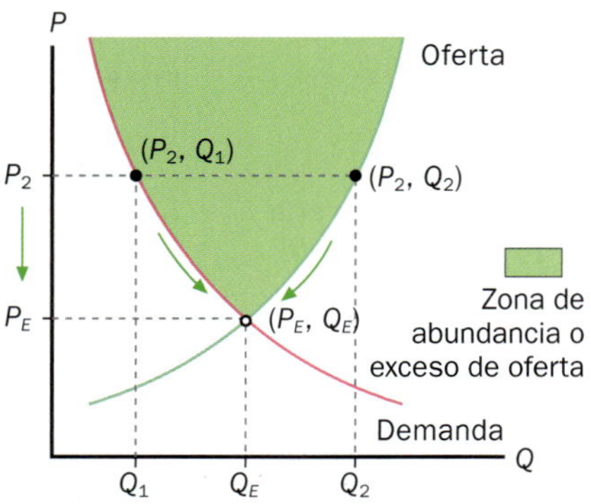

Fig. 4.8. Abundancia o exceso de oferta.

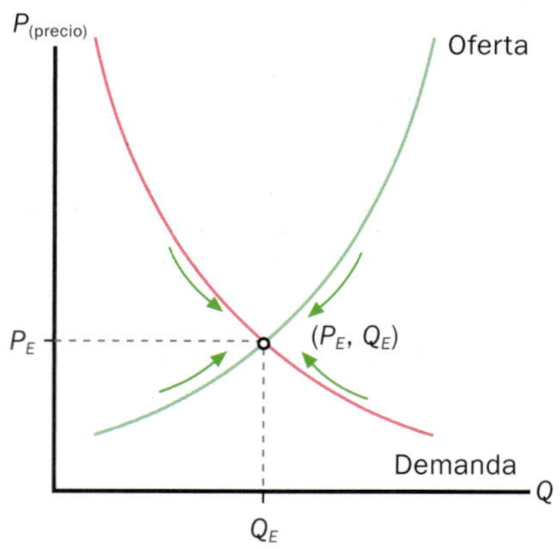

Fig. 4.9. Equilibrio del mercado.

4. El equilibrio del mercado

En el mercado coinciden compradores y vendedores con sus respectivos planes de consumo y producción, y con sus correspondientes curvas de demanda y de oferta. Para que se produzca el intercambio de bienes y servicios, ambos **agentes económicos,** que a partir de ahora denominaremos **consumidores y empresas,** han de acordar un precio. De este modo, el equilibrio del mercado puede conseguirse de dos formas:

- **Exceso de demanda** (Fig. 4.7). A un determinado precio *(P_1)* la cantidad de producto que demandan los consumidores *(Q_2)* es superior a la que ofrecen las empresas *(Q_1)*, de tal forma que quedan muchos consumidores sin satisfacer, algunos de los cuales estarán dispuestos a pagar un mayor precio por el bien en cuestión.

  En esta situación, al haber escasez, las empresas, atraídas por las expectativas de beneficio, ofertan mayor cantidad de producto (ofertan una cantidad superior a Q_1) y suben el precio (ofertan a un precio superior a P_1), porque los consumidores insatisfechos estarán dispuestos a comprar a un precio mayor (demandan a un precio superior a P_1). Como no todos los consumidores insatisfechos aceptarán la subida del precio, disminuye la cantidad demandada (demandan una cantidad inferior a Q_2).

  Llegará un momento en el que ambas curvas se cruzarán en un punto, llamado **punto de equilibrio** *(P_E, Q_E)*, en el que tanto demandantes como oferentes estarán satisfechos con el precio y con la cantidad intercambiada.

- **Exceso de oferta** (Fig. 4.8). A un determinado precio *(P_2)*, la cantidad de producto que demandan los consumidores *(Q_1)* es inferior a la que ofrecen las empresas *(Q_2)*, y muchos consumidores no compran.

  En esta situación hay abundancia de productos, por lo que las empresas, al no vender la producción, optan por bajar el precio (ofertan a un precio inferior a P_2). Pero no todas las empresas pueden o quieren afrontar esta bajada y abandonan el mercado (la cantidad ofertada es menor que Q_2). Ante la bajada de precios, los consumidores reaccionan demandando más cantidad (la cantidad demandada es superior a Q_1). Habrá un momento en el que ambas curvas se cruzarán en un punto, el punto de equilibrio *(P_E, Q_E)*, en el cual demandantes y oferentes estarán conformes con el precio y la cantidad intercambiada (Fig. 4.9).

> El **equilibrio del mercado** es aquel punto en el que coinciden los planes de los consumidores y las empresas, de forma que el intercambio satisface a ambos.

El precio y la cantidad donde coinciden los planes de los oferentes y de los demandantes se denominarán, respectivamente, **precio de equilibrio** *(P_E)* y **cantidad de equilibrio** *(Q_E)*. En este punto, no hay abundancia de productos, ni existe demanda insatisfecha, con lo que el intercambio en el mercado es total.

Observatorio 2

¿Por qué ciertos bienes escasos son tan apreciados?

Normalmente, cuanto más escaso es un bien, más valioso resulta. El mercado de obras de arte es un buen ejemplo de ello. Así, cuando muere un artista como, por ejemplo, un pintor, sus cuadros se revalorizan, y no necesariamente por su calidad artística, la cual ya suele estar contrastada. Con la muerte del artista, sus cuadros adquieren un mayor valor por ser únicos e irrepetibles. El mercado del arte es un caso excepcional de escasez y, por tanto, de exceso de demanda, en el que el productor (en nuestro ejemplo, el pintor fallecido) nunca podrá incrementar la producción para abastecer a los compradores y alcanzar de este modo el precio de equilibrio.

Caso práctico 3

En el mercado de sandías de Villaconejos, los planes de los consumidores y de las empresas agrícolas son los que puedes observar en la tabla:

Precio de la sandía (€)	Cantidad demandada de sandías por día	Cantidad ofertada de sandías por día
5	80	200
4	100	150
3	130	130
2	180	80
1	250	0

Tabla 4.1. Cantidades que compradores y vendedores desean intercambiar en el mercado.

1. Indica, para cada precio, la situación del mercado y la respuesta de los precios.
2. Representa gráficamente el mercado de las sandías con los datos de la tabla.

Solución

1. La situación del mercado y la respuesta de los precios es la siguiente:

Precio de la sandía (€)	Cantidad demandada de sandías por día	Cantidad ofertada de sandías por día	Situación del mercado	Respuesta de los precios
5	80	200	Exceso de oferta	Descenso
4	100	150		
3	130	130	Equilibrio	Neutra
2	180	80	Exceso de demanda	Ascenso
1	250	0		

Tabla 4.2. Situación del mercado de sandías y respuesta de los precios.

2. Puedes ver la representación gráfica del mercado de sandías en la Fig. 4.10.

A 5 €, la cantidad ofertada (200) supera a la demandada (80), de tal forma que los vendedores bajan los precios a 3 €, atrayendo así a nuevos compradores. A 2 €, la cantidad demandada (180) supera a la ofertada (80), así que los vendedores suben el precio y ofertan mayor cantidad de producto. En el precio de equilibrio (3) coinciden los planes de compradores y vendedores acerca de qué cantidad debe ser intercambiada, concretamente 130 en este caso. Si los vendedores tratan de vender sandías por encima de esa cantidad, volvería a producirse un exceso de oferta y los vendedores se verían obligados a bajar el precio si quieren vender sus excedentes.

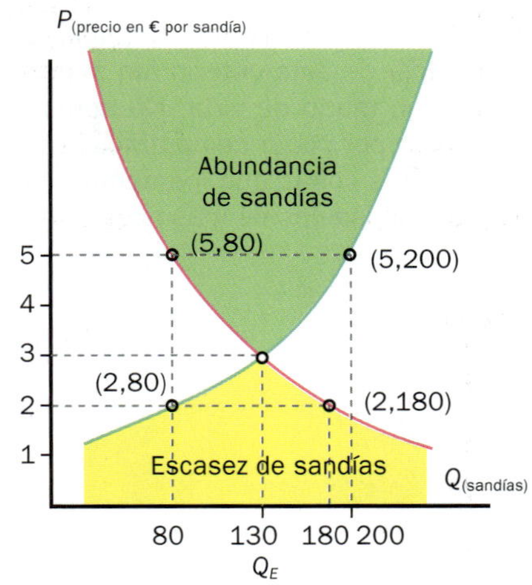

Fig. 4.10. Mercado de sandías de Villaconejos en equilibrio.

Actividades

8> Explica con tus palabras cuándo se dice que el mercado está en equilibrio.

9> ¿Cómo reaccionan los productores ante un exceso de oferta de un determinado producto?

10> ¿Por qué desaparecen los artículos sobrantes en un mercado en el que la ley de la oferta y la demanda funciona libremente? Relaciona la respuesta con los periodos de rebajas.

5. Los cambios en las condiciones de mercado

> **Reflexiona**
>
> **¿Somos lo que tenemos?**
>
> Lejos quedan los tiempos en que las marcas identificaban al fabricante de un producto. Hoy en día se han convertido en un signo de estatus –prestigio social– para quien las adquiere. Comprar determinadas marcas revela poder adquisitivo o, por lo menos, mayor capacidad de elección. En principio, tampoco es cuestionable hacerse una primera impresión por el coche que conduce o la camisa que lleva un desconocido. Somos humanos y, a falta de mayor información, los signos externos revelan detalles sobre las personas. Lo preocupante es hacer de este criterio tan superficial un modo de vida. No somos mejores por poder comprarnos más o mejores cosas que los demás, lo único que somos es más ricos.

Hemos estudiado cómo se ajustaban la demanda y la oferta de un determinado bien para alcanzar el equilibrio. En todos los casos, el precio del bien en cuestión era el único factor que variaba y los demás factores permanecían constantes (criterio *ceteris paribus).* De este modo, se producían movimientos en la curva de la demanda o de la oferta, según correspondiera.

- **Movimientos sobre la curva de la demanda.** Cuanto mayor es el precio, menor es la cantidad demandada; y cuanto menor es el precio, mayor es la cantidad demandada (Fig. 4.11).
- **Movimientos sobre la curva de la oferta.** Cuanto mayor es el precio, mayor es la cantidad que están dispuestos a ofertar los productores; y cuanto menor es el precio, menor cantidad ofertarán los productores (Fig. 4.12).

En ambos casos y debido a las variaciones del precio del bien en cuestión, los movimientos que reflejan las distintas posibilidades se producen sobre la curva, la cual permanece invariable. A continuación estudiaremos cómo cambian las curvas de la demanda o de la oferta cuando varía alguno de los restantes factores que influyen en su comportamiento.

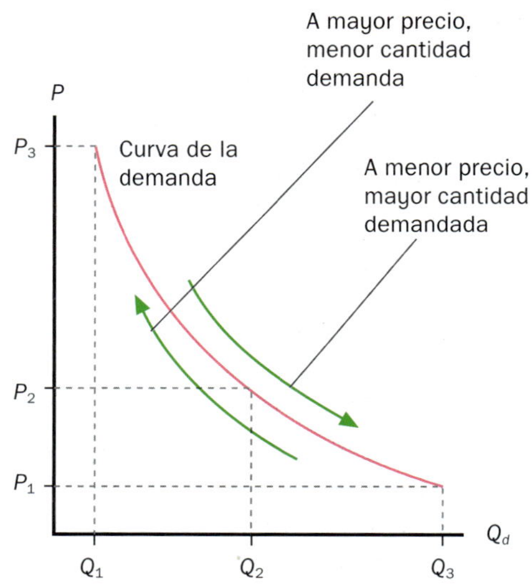

Fig. 4.11. Movimientos a lo largo de la curva de la demanda debidos a cambios en el precio del bien.

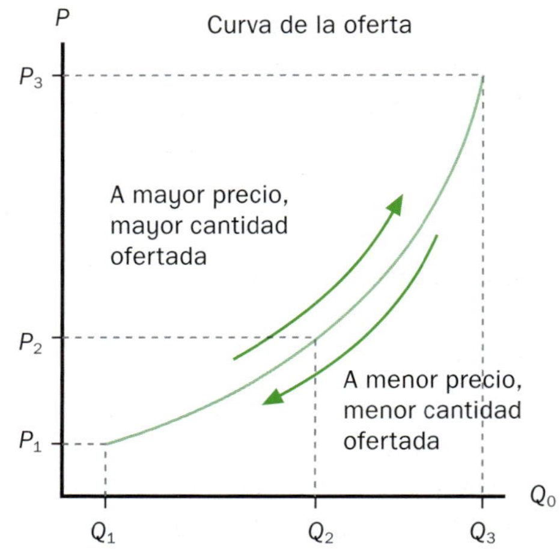

Fig. 4.12. Movimientos a lo largo de la curva de la oferta debidos a cambios en el precio del bien.

5.1. Cambios en otros factores que afectan a la demanda

Si varía alguno de los restantes factores que influyen sobre la demanda (el precio de los bienes relacionados, la renta disponible o los gustos) y el precio permanece constante, pueden suceder dos cosas: que aumente la cantidad demandada, o que disminuya. Veamos cada caso detenidamente.

A. Aumento de la cantidad demandada

El aumento de la cantidad demandada motiva un desplazamiento de la curva de la demanda hacia la derecha, desde *D* hasta *D'* (Fig. 4.13). Este desplazamiento tiene su origen en las siguientes variaciones:

- **Una subida del precio de los bienes sustitutivos.** Consideremos por ejemplo la demanda de azúcar. Si aumentara el precio de la sacarina y no lo hiciera el del azúcar, las personas consumirían más azúcar por el mismo precio, dado que el azúcar y la sacarina son bienes sustitutivos.
- **Una disminución del precio de los bienes complementarios.** Si el precio del azúcar no varía y disminuye el precio de un bien complementario como el café, habrá más demanda de café y, por tanto, la demanda de azúcar se vería beneficiada indirectamente.
- **Un aumento de la renta disponible.** Al aumentar su capacidad adquisitiva, los demandantes consumirán más cantidad de producto al mismo precio.
- **Un cambio (a favor) en las preferencias.** Si un producto se pone de moda, las personas adquirirán mayores cantidades del producto al mismo precio. Los productos más sujetos a la temporalidad de las modas son la ropa, las películas de cine premiadas o las canciones del verano.

Fig. 4.14. En la tradición sueca, Santa Claus siempre vestía de azul, hasta que los publicitarios de Coca-Cola diseñaron y promocionaron en la década de los años treinta un Santa Claus con sus colores corporativos, esto es, en blanco y rojo.

De ahí viene la imagen más conocida en la actualidad de este personaje de ficción navideño. Hoy en día la preferencia por este color es tal que no concebimos ver a Santa Claus con otros colores.

B. Disminución de la cantidad demandada

La disminución de la cantidad demandada desplaza la curva de la demanda hacia la izquierda, desde *D* hasta *D''* (Fig. 4.13). Este cambio puede deberse a varios motivos:

- **Una bajada del precio de los bienes sustitutivos.** Consideremos la demanda de los automóviles de gasolina. Si bajara el precio de los automóviles diésel y no lo hiciera el de los automóviles de gasolina, las personas comprarían más automóviles diésel, ya que ambos tipos de automóvil son sustitutivos.
- **Una subida del precio de los bienes complementarios.** En el mismo ejemplo, si no cambiara el precio de los coches, pero subiera la gasolina, también disminuiría la cantidad demandada de estos vehículos y se vería beneficiada la de los coches diésel.
- **Una disminución de la renta disponible.** Al disminuir la capacidad adquisitiva, se reducen las posibilidades de consumo de los demandantes y, lógicamente, aunque los bienes tuvieran el mismo precio, la cantidad que se podría adquirir de cualquier producto sería menor: la expresión «ajustarse el cinturón» ilustra perfectamente la necesidad de adaptar el consumo a las disponibilidades.
- **Un cambio (en contra) de las preferencias.** Cuando un producto pierde el favor de los consumidores, la cantidad que se demanda será menor, aunque el precio no varíe, de forma que, probablemente, los productores lo rebajen de precio para estimular las ventas y dar salida a los *stocks* almacenados. Esto sucede, por ejemplo, con las colecciones de ropa de otras temporadas o con los CD de música pasados de moda: es frecuente encontrar prendas de ropa o discos que valían el doble pocos meses atrás.

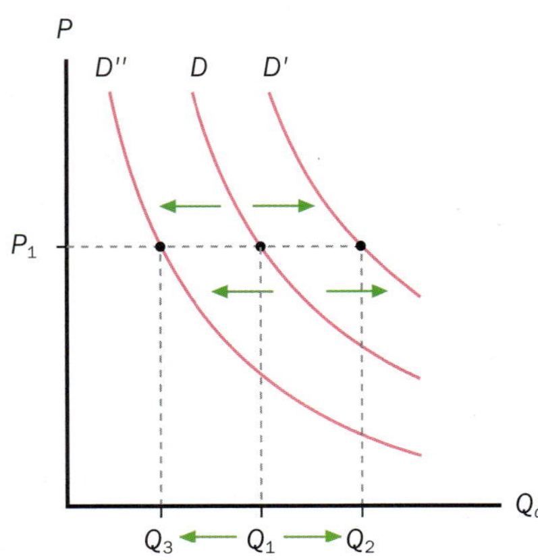

Fig. 4.13. Desplazamiento de la curva de la demanda hacia la izquierda o la derecha como consecuencia de las variaciones de la cantidad demandada.

La demanda			
Factores influyentes	Cambios en las condiciones del mercado		
	Aumento de la cantidad demandada	Disminución de la cantidad demandada	
Precio del bien en cuestión	Bajadas de precio	Subidas de precio	Movimiento sobre la curva
Precio de los bienes relacionados	• Aumento del precio de los bienes sustitutivos • Disminución del precio de los bienes complementarios	• Disminución del precio de los bienes sustitutivos • Aumento del precio de los bienes complementarios	Desplazamiento de la curva hacia la derecha o la izquierda
Renta disponible	Aumento de la renta	Disminución de la renta	
Gustos o preferencias	Ponerse de moda	Pasar de moda	

Tabla 4.3. Factores que influyen sobre la demanda y respuestas a los cambios en las condiciones del mercado.

Fig. 4.16. Cuando aumentan los costes de las empresas o bajan los ingresos por ventas, lo normal es que las empresas reduzcan su producción y contraten menores cantidades de factores.

5.2. Cambios en otros factores que afectan a la oferta

Si varía alguno de los restantes factores que influyen sobre la oferta (los costes de producción y los objetivos empresariales) pero no el precio, las empresas podrán producir mayor o menor número de productos al mismo precio. Así:

A. Aumento de la cantidad ofertada

El aumento de la cantidad ofertada desplaza la curva de la oferta hacia la derecha, desde *O* hasta *O'* (Fig. 4.15). Este cambio puede deberse a una bajada del precio de los recursos productivos, a las mejoras de la tecnología empleada que abaratan la producción y a las expectativas empresariales de captación de mercado.

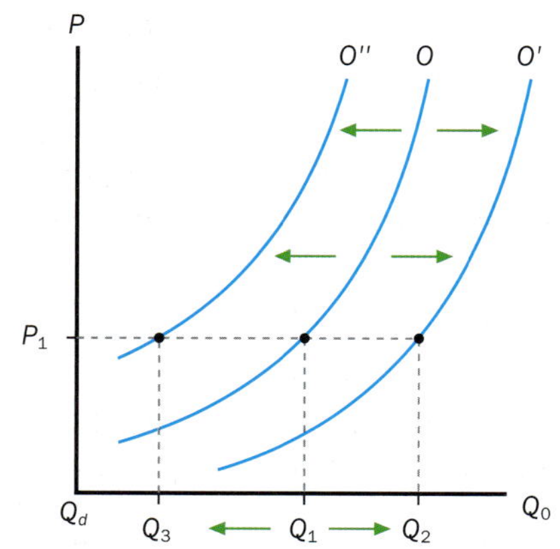

Fig. 4.15. Desplazamientos de la curva de la oferta hacia derecha o izquierda como consecuencia del aumento o la disminución de la cantidad ofertada.

B. Disminución de la cantidad ofertada

La disminución de la cantidad ofertada desplaza la curva de la oferta hacia la izquierda, desde O hasta O'' (Fig. 4.15). Las causas son: un aumento del precio de los recursos productivos, unos mayores costes en la tecnología empleada y los objetivos empresariales asociados a estrategias a medio o largo plazo, como por ejemplo introducirse en un mercado o las perspectivas de negocio futuro.

	La oferta		
	Factores influyentes	Cambios en las condiciones del mercado	
		Aumento de la cantidad ofertada	Disminución de la cantidad ofertada
Movimiento sobre la curva	Precio del bien en cuestión	Subidas de precio	Bajadas de precio
Desplazamiento de la curva	Costes de producción	Disminución del coste de los recursos productivos	Aumento del coste de los recursos productivos
	Objetivos empresariales	Captar mercado	Maximizar beneficios

Tabla 4.4. Factores que influyen sobre la oferta y respuestas a los cambios en las condiciones del mercado.

Observatorio 3

¿Por qué a veces interesa ganar menos?

La teoría básica de la oferta dice que los empresarios ofertan mayor cantidad al mercado cuantos más beneficios pueden obtener. Puede parecer entonces un contrasentido que una de las fórmulas para lograr mayores beneficios sea bajar los precios, pero es muy lógico si una empresa decide convertirse en la líder en costes, esto es, en la empresa más barata de su sector a la hora de producir.

A medida que una empresa acumula experiencia en la producción de un producto o servicio adquiere la oportunidad de reducir los costes, puesto que cuanto más produce, más aprende a producir de forma eficiente.

Todo muy lógico, pero convertirse en el líder en costes tiene sus riesgos. No solo debe superar con éxito la etapa de aprendizaje, acumulando la experiencia necesaria, sino que, además, debe hacerlo, por lo menos, con tanta rapidez como sus competidoras. Si no lo hace no sobrevivirá: sus costes serán más altos que los precios del sector y acabará sucumbiendo ante la competencia.

La empresa Casio hizo algo parecido a lo antes descrito en el mercado de las calculadoras de bolsillo durante la fase de alto crecimiento del mercado. Llevó a cabo inversiones multimillonarias orientadas a la reducción de costes en la confianza de que el mercado siguiera creciendo lo bastante como para que pudiera recuperar su inversión en el futuro.

El tiempo le dio la razón a la marca japonesa: aunque consiguió menores beneficios al principio, a largo plazo la curva de experiencia le confirió mayor ventaja en costes y acabó por hacerse con el mercado de las calculadoras de bolsillo.

Actividades

11> En las curvas de oferta y demanda, ¿qué diferencia los movimientos sobre la curva de los desplazamientos que se producen hacia la derecha o la izquierda?

12> Indica cómo se ve afectada la curva de la demanda de los plátanos cuando sube su precio. ¿Y cuando sube o baja notablemente el precio de las bananas?

Textos de apoyo

La elasticidad de la demanda

Si una empresa decide bajar los precios de sus productos, aumentará la demanda de los mismos y, en consecuencia, el número de ventas, pero ¿serán sus ingresos superiores? ¿Aumentarán sus beneficios al vender más? ¿Le compensará haber bajado los precios? Por otra parte, ¿obtendría mayores beneficios la empresa subiendo el precio de sus productos? ¿O por el contrario se resentirían demasiado las ventas?

Para dar respuesta a estas y a otras cuestiones, en economía se utiliza el concepto de *elasticidad.* La elasticidad mide cuánto varía la cantidad demandada ante variaciones en los factores que influyen en ella, aunque aquí vamos a centrarnos en el precio. De esta forma, en lo sucesivo, cuando nos refiramos a la elasticidad estaremos hablando de la elasticidad respecto al precio *(E_P).*

La **elasticidad-precio de la demanda** mide la sensibilidad de la cantidad demandada ante las variaciones en el precio del bien en cuestión.

El cálculo de la elasticidad-precio *(E_P)* se hace mediante la siguiente expresión:

$$E_p = \frac{\text{Variación porcentual de la cantidad demandada}}{\text{Variación porcentual del precio}}$$

$$E_p = \frac{\dfrac{Q_d - Q'_d}{Q'_d} \cdot 100}{\dfrac{P - P'}{P'} \cdot 100}$$

Dado que el precio y la cantidad demandada son inversamente proporcionales (a medida que disminuye el precio aumenta la cantidad demandada y viceversa), la elasticidad *(E_P)* siempre es negativa. De ahí que se analice en términos absolutos, prescindiendo del signo matemático.

Los resultados posibles son tres:

a) **Elasticidad-precio igual a uno ($E_P = 1$).** Si la cantidad demandada y los precios varían en la misma proporción, el ingreso total de la empresa no varía. En la vida real es prácticamente imposible encontrar bienes con este tipo de elasticidad.

$E_P < 1$	$E_P = 1$	$E_P > 1$
Inelásticos		*Elásticos*
Variación de la Q_d < Variación del precio	Variación de la Q_d = Variación del precio	Variación de la Q_d > Variación del precio

Tabla 4.5. Elasticidad-precio de la demanda.

b) **Elasticidad-precio mayor que uno ($E_P > 1$).** En este caso el porcentaje de variación de la cantidad demandada es superior al porcentaje de variación de los precios, de tal forma que si la demanda varía en mayor proporción que los precios, los ingresos aumentan cuando bajan los precios, y viceversa si suben. Se dice que los productos con este tipo de elasticidad son muy sensibles a la variación de los precios o de **demanda elástica.** A esta categoría de productos pertenecen los bienes de lujo, de los cuales los consumidores podemos prescindir con facilidad en caso de una subida de precios.

c) **Elasticidad-precio menor que uno ($E_p < 1$).** El porcentaje de variación de la cantidad demandada es inferior al porcentaje de variación de los precios. En consecuencia, si la demanda varía en menor proporción que los precios, los ingresos disminuyen cuando bajan los precios, y viceversa si suben. Por ejemplo, suponiendo que lo normal sea consumir 200 g de pan al día. Subiera o bajara el precio del pan, la cantidad demandada sería más o menos la misma. Los productos con este tipo de elasticidad se dice que tienen **demanda inelástica.**

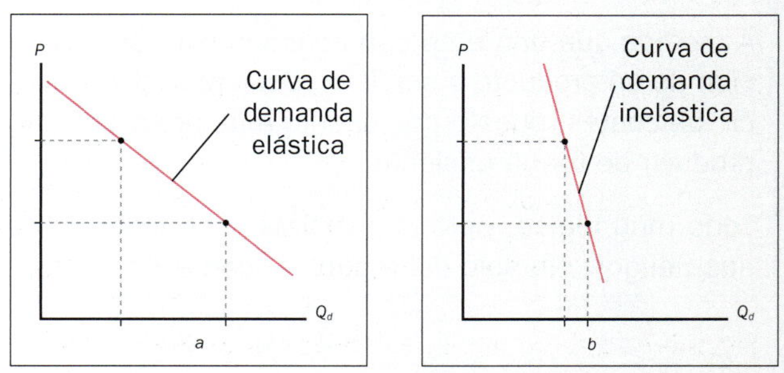

Fig. 4.17. Representación gráfica de bienes perfectamente elásticos (a) e inelásticos (b). En el primer caso, la demanda solo se produce a unos determinados precios, mientras que en el segundo, la cantidad demandada siempre es similar, aunque varíe mucho el precio.

Textos de apoyo

Práctica

Cada semana un comerciante vende 300 pasteles a 2 €/ud. y 100 litros de aceite a 3 €/litro.

1. Calcula la variación porcentual de los precios y de las cantidades demandadas, así como la elasticidad-precio y los ingresos que le reportan al comerciante las siguientes opciones:
   a) Al bajar el precio de los pasteles a 1,8 €/unidad, se venden 360 pasteles. Si reduce el precio del litro de aceite a 2,7 €/litro, se venden 105 litros.
   b) Al subir el precio de los pasteles a 2,2 €/unidad, se venden 260 pasteles. Si sube el precio del litro de aceite a 3,3 €/litro, se venden 95 litros.
2. ¿Qué interpretaciones sobre la venta de pasteles se pueden hacer con los datos obtenidos de la tabla? ¿Y sobre el aceite?
3. Si tuvieras que representar gráficamente la curva de la demanda de los pasteles y el aceite, ¿cómo sería la pendiente resultante en cada uno de los casos?

Solución

1. La solución a ambas opciones la vemos en la tabla.
2. Los pasteles son un producto de demanda elástica, puesto que la proporción de variación de la cantidad demandada (13,33 %) es superior a la que experimenta el precio (10 %). Por ello, al comerciante le interesa rebajar el precio de cada pastel, para aumentar sus ingresos. Sin embargo, el aceite es un producto de primera necesidad poco sensible a las variaciones del precio y, por tanto, es un bien de demanda inelástica, puesto que la proporción de variación de la cantidad demandada (5 %) es inferior a la experimentada por el precio (10 %). Lo que le interesa al comerciante para aumentar sus ingresos es, si está en condiciones de hacerlo, subir el precio del litro del aceite.
3. En el caso de los pasteles, la curva de la demanda se asemeja a la estudiada a lo largo de la unidad: existirá mayor demanda cuanto menor sea el precio. En cambio, en el caso del aceite, y al ser más horizontal la curva, la cantidad demandada es similar con independencia del precio.

	Cantidad original	Cantidad nueva	Variación	%	E_P	Cantidad original	Cantidad nueva	Variación	%	E_P
Pasteles										
Q_d	300	360	+ 60	+ 20 %*	– 2**	300	260	– 40	–13,33 %	– 1,33
P	2,00	1,80	– 0,20	– 10 %		2,00	2,20	+ 0,20	+ 10 %	
Ingresos	600,00 €	648,00 €				600,00 €	572,00 €			
Aceite										
Q_d	100	105	+ 5	+ 5 %	– 0,5	100	95	– 5	– 5 %	– 0,5
P	3,00	2,70	– 0,30	– 10 %		3,00	3,30	+ 0,30	+ 10 %	
Ingresos	300,00 €	283,50 €				300,00 €	313,50 €			

Tabla 4.6. Estudio de la elasticidad de los pasteles y el aceite.
(*): para calcular la variación porcentual utilizamos la siguiente fórmula: ([360 – 300] / 300) · 100 = 20 %.
(**): la elasticidad relaciona las variaciones porcentuales de cantidad y precio y se calcula así: (0,20 / 0,10) = 2.

1> Por qué es importante para un empresario el estudio de la elasticidad-precio de la demanda?

2> ¿Cómo relacionarías los bienes de lujo con los bienes elásticos? Pon un ejemplo.

Mapa conceptual

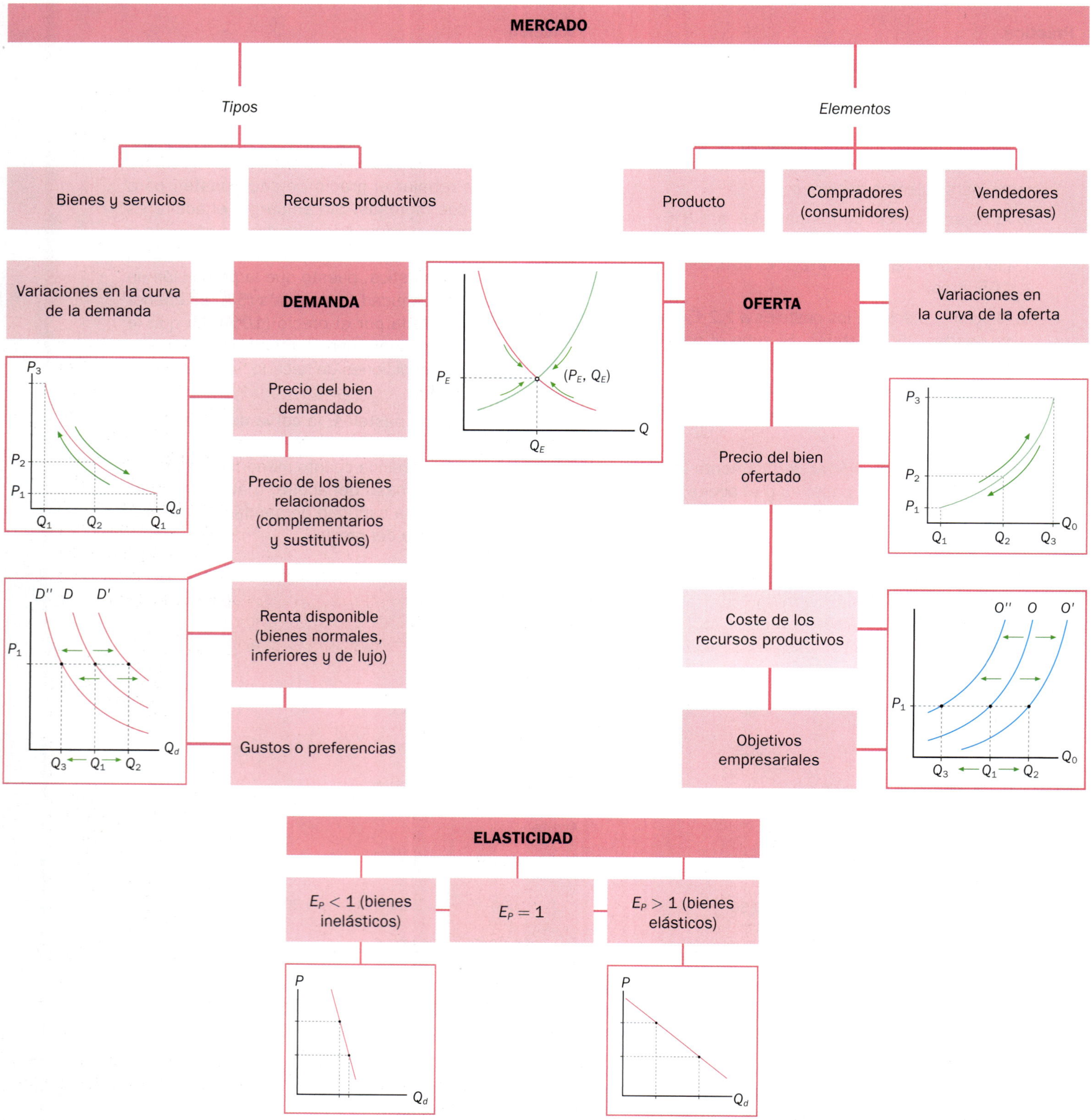

«Lo que poco cuesta aún se estima menos».
Miguel de Cervantes, escritor español (1547-1616).

El «ciclo infernal» de la patata

Los precios de la patata han caído nuevamente por debajo de su coste de producción. El último ejercicio ha sido muy malo: un 60% de la cosecha fue vendida por debajo del coste de producción y cerca de un 20% ni siquiera fue recolectada. Las asociaciones agrarias denuncian pérdidas por un valor total de veinte millones de euros y algunas de ellas ya han empezado a regalar parte de sus cosechas, a sabiendas de que podrán vender el resto a mayor precio. Así logran mayores beneficios que si conservan todo el producto, pues habrían tenido que venderlo a un precio más bajo.

ANXO PENALONGA

Nîmes. La patata vuelve a experimentar el «ciclo infernal» en su producción y distribución ya conocido por los agricultores: los precios en origen están por debajo de los costes de producción y son muy inferiores a los que se registran en los mercados de destino.

Las características de la mayoría de los mercados de bienes agrícolas son paradójicas: si los agricultores hacen bien su trabajo y tienen una buena cosecha pueden perder dinero.

Estos bienes, a diferencia del petróleo, son perecederos, de tal forma que, con independencia de la cantidad producida, hay que darles salida en un plazo determinado de tiempo, si no se quiere perder toda la cosecha.

A veces los agricultores optan por no recolectarlas porque no les resulta rentable, o las almacenan en condiciones que no son las óptimas.

Para poder vivir, malvenden sus cosechas, y para hacer frente al exceso de oferta, pueden sembrar otras variedades, pero entonces tienen que vender un producto poco conocido y aceptado por el mercado. Todos estos factores contribuyen a que sean pocos los agricultores que se deciden a plantar patata, y en consecuencia, la siguiente cosecha es escasa y, por tanto, cotizada. Atraídos por los beneficios, todos plantan patata con vistas al siguiente año, nuevamente se satura la oferta y el «ciclo infernal» de la patata vuelve a empezar.

Sin embargo, todos estos problemas productivos apenas han afectado a la distribución comercial del producto. A pesar de la poca organización del sector, que provoca la distorsión de la oferta cuando el cultivo sufre la más mínima contingencia (por ejemplo, climática), los mercados están bien abastecidos de patatas.

Si la producción de la patata temprana se retrasa y se acumula con la tardía, el mercado se satura y se produce un exceso de oferta. Si se produce un exceso de demanda, los mercados no se resienten: se importan unos cientos de miles de toneladas desde otros países, como Francia o Portugal, y el problema está resuelto. En cualquier caso, los precios de la patata nunca son lo bastante altos como para que al agricultor le interese su producción.

Reflexiona

1> ¿Por qué los agricultores se ven obligados a bajar el precio de venta de la patata?

2> ¿Por qué crees que se describe el cultivo de la patata como un «ciclo infernal»? Razona tu respuesta detalladamente.

3> Aparte de la citada en el texto, ¿qué otras medidas crees que podrían tomar los agricultores para evitar las caídas de precios?

4> Desde el punto de vista de la elasticidad, ¿en qué se parecen los bienes agrícolas y el petróleo?

La cooperativa de canguros

«Una asociación de unas 150 parejas jóvenes se ahorraba el dinero de la atención infantil haciéndose cargo entre ellas de los niños de las demás parejas. ¿Cómo asegurarse de que todo el mundo cumplía con la parte que le correspondía como canguro? La asociación-cooperativa ideó un sistema de vales canjeables: las parejas que se unían a la cooperativa recibían 20 cupones, válido cada uno para media hora de canguro, y se esperaba que, al abandonar la cooperativa, entregasen el mismo número de vales. Cada vez que se prestaba un servicio de canguro, la pareja cuidadora recibía el número de vales correspondiente por parte de quienes dejaban a los niños. Con el tiempo, todas las parejas habrían hecho tantos servicios de canguro como ellas mismas habían solicitado, porque tendrían que recuperar los cupones entregados a cambio del servicio. La idea era buena pero estuvo al borde del fracaso. ¿Por qué? En general, las parejas trataban de disponer de reservas de cupones de servicios de canguro por si acaso tenían que salir varias veces seguidas. En consecuencia, se llegó a un punto en el que el número de cupones en circulación era notablemente inferior al número medio de cupones que las parejas querían tener como reserva. ¿Qué había sucedido? Las parejas, nerviosas porque tenían pocos cupones, salían poco hasta conseguir aumentar sus reservas haciendo de canguro para otros niños. Pero, precisamente porque las parejas salían poco, eran pocas las oportunidades de recibir cupones cuidando a los niños de los otros. Eso hacía que las parejas con menos cupones se mostrasen aún menos dispuestas a salir, y el volumen de canguros disponibles en la cooperativa fuera muy bajo. Al final, la cooperativa de canguros entró en una depresión de la que solo salió cuando se incrementó el suministro de cupones y las parejas se sintieron lo bastante "ricas" como para gastar sus cupones».

Muchos comerciantes aprovechan las rebajas para dar salida a productos que de otra forma no habría forma de vender.

Adaptado de Paul Krugman
Profesor y nobel de economía

Hemeroteca

1500 a. de C.-400 d. de C.

El eje *Mare Nostrum.* Fenicios, griegos, cartagineses y romanos convierten el Mediterráneo en la referencia comercial de la época. Las primeras monedas agilizan el comercio. El periodo de máxima prosperidad, gracias a la *pax romana,* se alcanza en los dos primeros siglos de nuestra era. El mérito de los romanos radica en saber conservar y administrar lo que conquistaban, en esto ayudó enormemente el derecho romano.

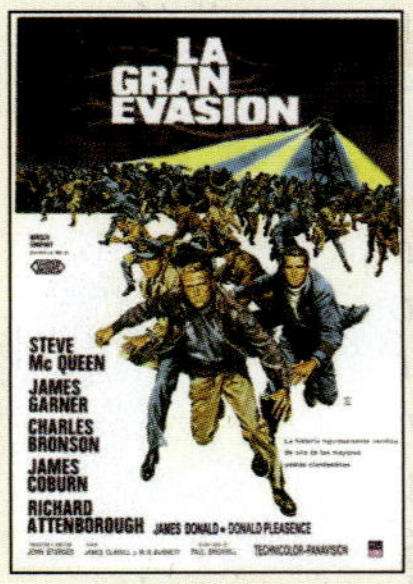

Lectura recomendada:
THE ECONOMIC ORGANIZATION OF A P.O.W. CAMP

R.A. Radford
Económica, 1945,
Vol. 12, págs. 180-201

No se trata de una publicación, sino de un artículo que es un clásico de la enseñanza de la economía. Ilustra que cualquier sociedad puede organizarse espontáneamente con cierta eficiencia a través de los mercados y el dinero, sean cigarrillos, vales o euros. Fue muy leído en los años cincuenta y sesenta, época en la que los cines pusieron de moda las aventuras de prisioneros de guerra que se fugaban de campos de concentración. Por esta última razón, elegimos como imagen para acompañar este artículo la carátula de uno de estos filmes (concretamente, de la película La Gran Evasión, de 1962, protagonizada por Steve McQueen y dirigida por John Sturges) cuando lo cierto es que su distribución es libre en Internet.

«Se sabe que una lata de salmón llegó a variar de precio entre dos cigarrillos y veinte en uno y otro extremo de un barracón. En este campo, (Stalag VII A en Moosburg, Bavaria) había unos 50 000 prisioneros de todas las nacionalidades. Todos tenían libertad de movimientos excepto ingleses y norteamericanos, aunque unos cuantos cigarrillos bastaban siempre para obtener de los guardianes un permiso para que uno o dos hombres visitaran otros recintos. Los ingleses que visitaron el centro comercial francés, con sus tenderetes y precios conocidos, encontraron que el extracto de café, relativamente barato entre los ingleses que prefieren el té, tenía un precio fantástico en galletas o cigarrillos, y algunos con espíritu empresarial, hicieron pequeñas fortunas gracias a esto. Con el tiempo, la opinión pública se mostró hostil a estos beneficios monopolistas porque no todo el mundo podía entrar en contacto con los franceses de tal forma que se reguló el comercio con ellos. Se adjudicó a cada grupo de camas una cuota de artículos que podían ofrecer y la transacción la llevaban a cabo por representantes acreditados del recinto inglés, con derechos de monopolio. Se utilizaba el mismo método para comerciar con los centinelas del campo, pues en todo esto, el secreto comercial y el conseguir precios razonables tenía una importancia fundamental».

Extractado y adaptado del capítulo «El desarrollo y organización del mercado».

Hoy recordamos a...
ALFRED MARSHALL

(Reino Unido, 1842–1924)

Profesor y economista.

A pesar de su enorme potencial, no pudo desarrollarlo del todo debido a su excesivo perfeccionismo, que rayaba la obsesión. Aun así, su papel fue decisivo para que la economía fuera reconocida como una disciplina independiente. La dotó de base científica y logró hacerla comprensible para el profano. En su obra cumbre, *Principios de economía,* de 1890, estableció los conceptos de principios de la oferta y la demanda, utilidad marginal o costes de producción. A pesar de ser muy respetado, vivía distanciado de la comunidad científica debido a su difícil carácter, maniático e inflexible.

Cine Europa
Próximamente
Tienes un e-m@il

Director: Nora Ephron.
Reparto: Tom Hanks, Meg Ryan y Greg Kinnear.

Sinopsis. Historia de amor entre dos empresarios que se odian y compiten con sus respectivos negocios de libros en la vida real pero mantienen una relación idílica a través de Internet.

Comentario. Con el pretexto de la lucha empresarial entre una pyme y una multinacional se presenta esta comedia romántica, apoyada en el buen quehacer de sus protagonistas, uno de ellos el doblemente «oscarizado» Tom Hanks. Como temas de análisis subyacen la forma de entender los negocios y el funcionamiento de los mercados.

Claves de reflexión. Oferta, demanda, mercado, ética en los negocios y competencia.

Ejercicios

1. ¿Recuerdas los tipos de mercados que vimos en la Unidad 2 y cómo se interrelacionan? Esquematízalo.

2. Enumera en dos columnas cuáles son los factores que influyen en la oferta y la demanda.

3. ¿Por qué se dice que las magnitudes son inversamente proporcionales en la función de la demanda?

4. Consulta la Tabla 4.3 e indica qué tipo de movimiento o desplazamiento experimenta la curva de la demanda del café como consecuencia de las siguientes variaciones:

	Movimiento		Desplazamiento	
Variaciones	Arriba	Abajo	Izq.	Der.
Aumenta el precio del café				
Disminuye el precio del té				
Aumenta el precio de la leche				
Una campaña publicitaria a favor del café				
Una campaña publicitaria a favor del té				
Disminución de la renta disponible				
Disminución del precio del café				

5. ¿Qué relación guarda la curva de la oferta con las posibilidades productivas de la empresa?

6. Construye una tabla como la del ejercicio 4 e indica qué tipo de movimiento o desplazamiento experimenta la curva de la oferta de los fabricantes de bolígrafos como consecuencia de las siguientes variaciones: disminución del precio de la tinta, aumento de los salarios, mejora de la tecnología productiva, disminución del precio de los bolígrafos, estrategia para captar el máximo de mercado posible, y disminución del precio del plástico.

7. Lee atentamente este texto y contesta a las siguientes preguntas:

«A Pedro Canal Eto siempre le había impresionado el precio al que se vendían en el mercado del arte las obras de grandes maestros como Van Gogh o Picasso, así que un buen día decidió convertirse en un pintor de brocha fina. Durante los dos primeros años de su vida como artista solo consiguió vender un par de cuadros a su hermano, pero su fortuna cambió cuando sus obras abstractas empezaron a ser utilizadas en la decoración de ascensores. Esta sorprendente moda le permitió cambiar su nivel de vida y le llevó a ingresar hasta veinte doblones por cada obra, frente a los cinco o menos que cobraba al principio. Incluso la revista *Hola* le dedicó su portada y le anunció como el precursor de una nueva corriente artística: el 'abstrascensor'. Entregado al pincel, eran días felices para Pedro Canal Eto, a quien su nueva situación económica le permitía vivir holgadamente: se desplazaba en taxi cuando antes lo hacía en metro y asistía todas las semanas al cine en lugar de una vez al mes.

Con el fin de incrementar su producción artística, Pedro se encerró durante varios meses en su buhardilla de la parte alta de la ciudad. Era visitado frecuentemente por clientes y agentes de arte y sus obras abstractas se seguían vendiendo fácilmente. Solo interrumpía su trabajo para comer y surtirse de pinceles, óleos y lienzos. No obstante, a medida que pasaba el tiempo se imponía el 'abstrascensor'; cada vez eran más los pintores que imitaban el estilo de las obras de Pedro, de tal forma que al cabo de un año tuvo que bajar el precio de sus obras para darles salida. Dado que parecían venir malos tiempos, Pedro optó por tomarse unas semanas de descanso para reflexionar sobre su futuro.

Tenía que sopesar que no solo había saturación del mercado de obras de 'abstrascensor' realizadas con pinceles, sino que además había nacido una nueva técnica de 'abstrascensor' que empleaba carboncillo en vez de pinceles. Las primeras obras de esta nueva corriente estaban alcanzando precios astronómicos y sin duda eran el futuro».

a) ¿Qué factor explica el incalculable valor económico de las obras de genios como Van Gogh o Picasso?

b) ¿Por qué subió el precio de los cuadros de Pedro Canal Eto?

Ejercicios

c) Desde el punto de vista del incremento de la renta, ¿qué tipo de bien es el metro? ¿Y el cine? Razona tus respuestas.

d) ¿Por qué descienden los precios de las obras de Pedro Canal Eto?

e) ¿Qué tipo de bien es el carboncillo respecto a los pinceles?

f) ¿En qué factor de los que producen cambios en la oferta estaría pensado Pedro Canal Eto si decidiera esforzarse con la técnica del carboncillo?

8. Representa gráficamente la curva de la oferta de cierto producto conforme a la siguiente tabla:

	Enero	Febrero	Marzo
Cantidad ofertada	300	210	400
Precio	10	8	12

9. En el mercado de la música, los planes de los consumidores y de las empresas discográficas son los que se recogen en la siguiente tabla:

Variaciones del precio en euros	20	15	10	5	3
Cantidad demandada de CD	100	200	300	400	550
Cantidad ofertada de CD	500	400	300	100	0

a) Construye una tabla como la 4.2 del Caso práctico 3 e indica, para cada precio, la situación del mercado y la respuesta de los precios.

b) Representa gráficamente el mercado de los CD con los datos de la tabla.

10. Todas las semanas un comerciante vende 15 cajas de bombones a 2 €/unidad y 100 litros de agua a 0,30 €/litro.

a) Construye una tabla como la de la práctica del Texto de apoyo y calcula la variación porcentual de los precios y de las cantidades demandadas, así como la elasticidad-precio y los ingresos que le reportan al comerciante las siguientes opciones:

– Al bajar el precio de los bombones a 1,8 €/unidad se venden 18 cajas. Si reduce el precio del litro de agua a 0,27 €/ litro se venden 104 litros.

– Al subir el precio de los bombones a 2,40 €/unidad se venden 11 cajas. Si sube el precio del litro de agua a 0,33 €/litro se venden 96 litros.

b) ¿Qué interpretaciones se pueden hacer sobre la elasticidad de las cajas de bombones y de los litros de agua con los datos obtenidos de la tabla?

11. Razona la veracidad o falsedad de las siguientes afirmaciones:

a) Los cambios en la renta influyen sobre la curva de la oferta.

b) Un aumento en el precio de los bienes relacionados motiva un desplazamiento de la curva de la demanda hacia la derecha.

c) Las expectativas de futuro son un factor que puede condicionar la oferta.

d) Una disminución de los costes de producción ocasiona un desplazamiento de la curva de la oferta hacia la derecha.

e) Al aumentar la renta disponible se incrementa la cantidad demandada de todo tipo de bienes.

f) El petróleo es un bien elástico.

g) Cuando el mercado está en equilibrio no hay abundancia ni escasez de producto.

12. Relaciona los siguientes titulares extraídos de la prensa económica con conceptos económicos estudiados a lo largo de esta unidad:

a) «La mala cosecha de trigo anticipa precios altos».

b) «Político pone de moda jersey a rayas».

c) «La bajada del precio de los tomates augura un descenso de la producción».

13. Temas de debate:

a) ¿Nos imponen las empresas las modas con sus campañas de publicidad?

b) ¿Compramos en rebajas más de lo necesario?

c) Enumera hasta tres tipos de mercados que funcionen de acuerdo con la ley de la oferta y la demanda descrita en esta unidad.

5

Tipos de mercado

Para darnos a conocer sus productos y persuadirnos sobre la bondad de su utilización, las empresas recurren a muchos métodos. De ellos, el más efectivo es la publicidad, pues es el que llega a más gente. Cereales con chocolate, ropa de marca, refrescos de cola, videoconsolas... Cuando nos acostamos por la noche no somos capaces de saber cuántos mensajes publicitarios hemos recibido —a través de radio, prensa, televisión o vallas publicitarias— ni hasta qué punto influyen en nuestra vida. La publicidad es la cara amable de las empresas y también la más recurrente. No obstante, para las empresas, tanta insistencia es una cuestión de supervivencia, puesto que en la mayoría de los mercados tienen que competir con otros productos con la misma utilidad o servicio.

1. El mercado y la competencia

En unidades anteriores hemos definido el **mercado** como un mecanismo que:

- **Agrupa** todas las actividades de compraventa de un determinado producto realizadas por las empresas (vendedores) y los demandantes (compradores). En lo sucesivo, llamaremos empresas a los vendedores.
- **Favorece** el intercambio gracias al libre funcionamiento de la oferta y la demanda.

El primer planteamiento es incuestionable, pero no sucede lo mismo con el segundo, ya que, aunque sería deseable que la oferta y la demanda se regularan siempre libremente, la realidad es casi siempre muy distinta. Por esta razón, se distingue entre mercados de competencia perfecta y mercados de competencia imperfecta.

Los mercados de competencia perfecta

Una economía de mercado ideal o «perfecta» es aquella en la que todos los bienes y servicios se intercambian voluntariamente por dinero al precio fijado por el mercado, como consecuencia del libre funcionamiento de las leyes de la oferta y la demanda. En esta situación, ninguna empresa tiene capacidad suficiente para influir sobre el precio, de manera que todas las empresas compiten en igualdad de condiciones. Así funcionan, por ejemplo, los mercadillos o las lonjas de pescado.

Los mercados de competencia imperfecta

Los mercados más habituales son los de competencia imperfecta. En estos mercados una o más empresas pueden influir sobre el precio en mayor o menor medida, de tal forma que cuanto menor sea el número de empresas existentes, mayor será su capacidad para influir sobre el precio. Por este motivo, los distintos modelos de mercado de competencia imperfecta se clasifican en función del número de empresas que participan en el mismo. De menor a mayor número de participantes, son:

- **Monopolio.** Es el caso extremo de competencia imperfecta, y se caracteriza por la ausencia de competencia. Una única empresa produce todo el bien u ofrece todo el servicio existente, por lo que tiene plena capacidad para influir sobre el precio o la cantidad que hay que producir. Por ejemplo, la empresa pública de ámbito estatal Altadis (antigua Tabacalera) controla la distribución de tabaco en España y fija su precio unilateralmente.
- **Oligopolio.** En este tipo de mercado operan pocas empresas, pero tienen el tamaño suficiente para incidir en el precio si alguna de ellas decide variar su oferta. Algunos ejemplos de oligopolios son el mercado del petróleo o el de la telefonía móvil.
- **Competencia monopolística.** En este tipo de mercado existen muchas empresas que ofrecen productos similares con la misma función o utilidad. A diferencia del mercado de competencia perfecta, en este caso las empresas confieren a sus productos una diferenciación específica que fideliza a su clientela, de ahí que dispongan de cierto margen de influencia sobre el precio. Por ejemplo, en el mercado del detergente, muchas empresas venden artículos similares, pero cada una de ellas diferencia su producto de los demás mediante la marca, el logotipo, el envase o las características de uso.

!! Atención

En cualquier economía de mercado existen tantos mercados como productos. A su vez, los mercados pueden ser perfectos o imperfectos, dependiendo de si la ley de la oferta y la demanda funciona libremente.

Recuerda

El libre funcionamiento de las leyes de la oferta y la demanda da lugar a la existencia de mercados de competencia perfecta, en los que ninguna empresa tiene poder para influir sobre el precio. Las características y el funcionamiento de este tipo de mercado fueron descritas por Adam Smith en el siglo xviii, aunque en la práctica muy pocos mercados funcionan según este modelo.

Sabías que

La marca es una denominación con la que los productores identifican sus productos. Para poder utilizar una marca en exclusiva es necesario registrarla legalmente, igual que ocurre con las patentes, los logotipos o los diseños. Cuando el símbolo ® o ™ (*Registered* o marca registrada y *Trade mark* o marca comercial) figuran junto al nombre de una marca, no es por capricho, sino para indicar que, legalmente, esa marca no puede ser empleada por ningún otro.

Actividades

1> ¿Por qué los economistas denominan como perfectos ciertos tipos de mercado si son tan escasos?

2> ¿Cuál es la diferencia fundamental entre los mercados de competencia perfecta y los de competencia imperfecta?

2. Los criterios para clasificar los mercados

Recuerda

La política comercial es el conjunto de actuaciones de la empresa dirigidas a incrementar el número de ventas.

Antes de estudiar en profundidad los modelos de mercado, es preciso hablar de los rasgos que diferencian unos mercados de otros.

Para establecer una primera clasificación de los tipos de mercado, utilizaremos los criterios mencionados anteriormente:

- **Grado de concentración.** Se trata del número de empresas que están presentes en el mercado. A mayor número de vendedores, menor grado de concentración. En los mercados de competencia imperfecta, cuanto mayor es la concentración de empresas, mayor será la influencia que estas puedan ejercer sobre el precio del bien que producen.
- **Influencia sobre el precio.** En la mayoría de los casos, los vendedores influyen significativamente sobre el precio, contradiciendo así el espíritu del libre mercado defendido por Adam Smith con su metáfora de la «mano invisible» y es que, según esta teoría, el mercado ideal es el de competencia perfecta.

	Competencia perfecta	Competencia imperfecta		
		Competencia monopolística	Oligopolio	Monopolio
Grado de concentración (número de empresas)	Muchas	Muchas	Pocas	Una
Influencia de las empresas sobre el precio	Ninguna	Alguna	Mucha	Total

Tabla 5.1. Tipos de mercado. En la competencia perfecta, las empresas no tienen influencia sobre el precio de venta al público. En cambio, en los modelos de competencia imperfecta, las empresas influyen, en mayor o menor medida, sobre el precio de venta, y esta influencia será mayor cuanto menor sea el número de vendedores o empresas participantes.

Otros criterios para clasificar los mercados son:

- **Grado de homogeneidad.** Un mercado es homogéneo cuando sus productos son intercambiables, es decir, cada uno de ellos puede sustituir al otro, ya que no hay diferencias en la calidad, el diseño o la función. Por ejemplo, el mercado de la gasolina es bastante homogéneo para el consumidor porque sin tener ningún tipo de información, ¿quién sería capaz de saber qué compañía petrolera ha producido una determinada gasolina? En cambio, cuando el producto posee alguna cualidad, tangible o no, que lo hace distinto a los ojos del consumidor, decimos que está diferenciado.
- **Intensidad de la competencia.** Hace referencia tanto a la tensión con la que luchan las distintas empresas dentro del mercado por vender más, como a las distintas políticas comerciales que estas adoptan. Las políticas comerciales, que normalmente consisten en costosas campañas publicitarias en los medios de comunicación, son de lo más variado: guerras de precios, imitar los anuncios de la competencia, resaltar las características del producto, etc.
- **Grado de transparencia.** Es la cantidad de información que tienen tanto vendedores como compradores sobre el precio al que se realizan todas las transacciones de un determinado producto.
- **Libertad de entrada y salida.** Entrar o salir de un mercado no es fácil. Los obstáculos con los que se encuentra una empresa para acceder o para salir de un mercado donde ya existen otras empresas se denominan **barreras.** Dada la importancia de este nuevo concepto, lo estudiaremos con más detenimiento en el siguiente apartado.

Fig. 5.1. Campaña publicitaria de un *scooter* de los años setenta. En la actualidad, una campaña así sería retirada por sexista y tendenciosa, pero debemos recordar que la publicidad suele reflejar los valores culturales y sociales de la época en la que se realiza.

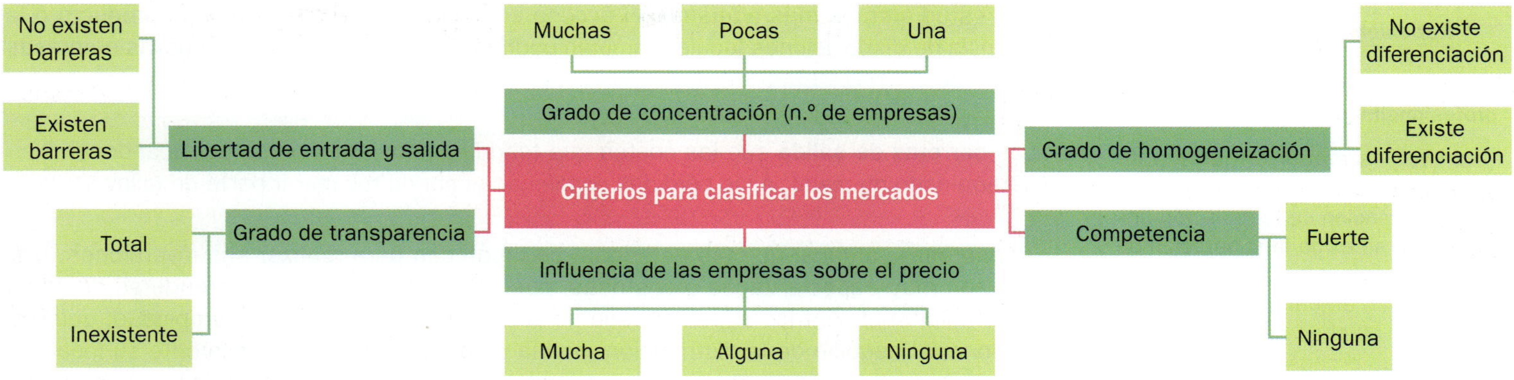

Esquema 5.1. Los criterios que utilizamos para clasificar los mercados nos ayudan a comprender mejor su funcionamiento.

2.1. Las barreras de un mercado

Las barreras del mercado son conocidas como barreras de entrada o barreras de salida en función de si impiden el acceso al mercado de nuevas empresas o la salida de aquellas que quieren abandonarlo. Estas barreras juegan un papel muy importante porque, por un lado, las de entrada limitan el número de competidores presentes en un mercado y, por otro, las de salida obligan a las empresas a continuar su actividad incluso cuando hay pérdidas.

Las empresas ya establecidas en el mercado tratan de evitar la entrada de nuevos competidores.

> Las **barreras de entrada** son factores que impiden o dificultan la entrada de nuevas empresas a un mercado.

Las barreras de entrada más habituales son las siguientes:

- **Ventajas en costes.** Si una empresa es capaz de producir más barato que cualquier otra de su sector, también podrá ofrecer un precio de venta al público más bajo. En consecuencia, si para los competidores de esta empresa la supervivencia es una tarea ardua porque no consiguen vender tan barato, aún será más difícil para las nuevas empresas que accedan por primera vez a ese mercado. Normalmente, esta ventaja de costes puede alcanzarse de dos formas distintas: utilizando una tecnología superior o alcanzando las economías de escala.
- **Diferenciación del producto.** Se produce cuando la calidad, el diseño o la función de los productos son tan significativos que fidelizan al consumidor. Entrar o posicionarse en un mercado en el que la diferenciación del producto es un factor relevante requiere fuertes inversiones en publicidad, porque es necesario que el consumidor aprecie esa diferencia y se convierta en cliente o usuario habitual del producto de una determinada empresa. Este fenómeno se conoce con el nombre de **fidelización del cliente.** Es un proceso largo, por lo que las empresas ya establecidas en el mercado aventajan a las recién llegadas. Por ejemplo, en el mercado de refrescos de cola, Coca-Cola® y Pepsi® realizan fuertes campañas de publicidad y diferencian sus productos de la competencia mediante la marca, el logotipo y el color del envase. Sus inversiones se centran, sobre todo, en mantener la fidelidad de sus clientes, puesto que ya son marcas muy conocidas.
- **Inversiones de capital.** Ciertos tipos de mercado necesitan inversiones tan importantes que constituyen, en sí mismas, una barrera de entrada muy difícil de salvar. Este es un rasgo típico de las empresas industriales, porque suelen utilizar maquinaria pesada o instalaciones especializadas en sus procesos productivos, como sucede en el sector de la automoción, en la construcción o en los astilleros.

> ***Recuerda***
>
> Las economías de escala se logran al repartir los costes fijos entre mayor cantidad de productos.

Reflexiona

¿Restricciones a la competencia o profesionalidad?

Cada vez es mayor el número de profesiones cualificadas en las que, tras la obtención de la titulación universitaria, se exige la superación de cursos de capacitación específicos, que también actúan como barreras laborales. Muchas de las organizaciones cuyo propósito aparenta ser el de proteger a los ciudadanos de profesionales que no son competentes, están utilizando pretextos para mantener altos los honorarios de los profesionales competentes activos. Y es que los profesores de estos cursos son los mismos profesionales competentes que ya ejercen y que obtienen importantes sobresueldos dando clases a sus futuros competidores. Es muy buen ejemplo el curso para obtener la licencia de piloto de aviación comercial: su coste es altísimo, existe la posibilidad de no aprobar y es impartido por los mismos pilotos con los que compiten los aspirantes para ponerse a los mandos de un avión.

Como estudiaremos más adelante, el acceso en exclusiva a un determinado producto o la existencia de disposiciones legales también podrían dificultar la entrada de nuevas empresas al mercado.

Las **barreras de salida** son los costes que tendría cualquier empresa por abandonar un determinado mercado, o las pérdidas ocasionadas por no recuperar parte de lo invertido.

Las empresas, al igual que las personas, se hipotecan para realizar sus inversiones, y si estas son muy especializadas o costosas, puede ser un problema desprenderse de ellas. Por ejemplo, si el céntrico supermercado de una ciudad, con el local en propiedad, quisiera abandonar el negocio de la distribución, podría reconvertir o vender fácilmente su local. En cambio, ¿qué otra cosa puede hacer una empresa con una línea industrial de montaje de chasis de camiones sino tratar de venderla a otra compañía rival que, seguramente, ya disponga de dicha instalación?

Para una empresa que, en su día, haya asumido un elevado coste para adquirirla, las opciones son más limitadas y, probablemente, no podrá revender una instalación tan especializada y recuperar al menos una parte de lo invertido; quizá se vea obligada a continuar con la producción de camiones ante la imposibilidad de reciclar una adquisición tan específica y costosa.

Observatorio 1

¿Por qué es más importante la cuota de mercado que el número de ventas?

La cuota de mercado de una empresa se obtiene dividiendo las ventas de un determinado producto entre las ventas totales de ese mismo producto en todo el mercado. Cuanto mayor sea la cuota de mercado de una empresa, mayor control ejercerá esta sobre ese mercado.

En cambio, el número de ventas, por alto que parezca, no deja de ser una medida relativa que necesita ser comparada con el total.

$$\text{Cuota de mercado} = \frac{\text{Ventas de una empresa}}{\text{Ventas totales}} \cdot 100$$

Por ejemplo, la editorial A produce y distribuye libros de texto. La suma de las unidades vendidas de su libro de Economía de 1.° de Bachillerato para el curso académico 2004-2005 ha sido de 90 000 unidades, mientras que todas las editoriales (A incluida) han vendido 450 000 unidades de sus libros de Economía. ¿Cuál es la cuota de mercado de la editorial A?

$$\text{Cuota de mercado de la editorial A} = \frac{90\,000}{450\,000} \cdot 100 = 20\,\%$$

La editorial A tiene una cuota de mercado del 20 %, lo que indica que 20 de cada 100 libros de Economía de 1.° de Bachillerato que se venden en el mercado son de esta editorial.

Actividades

3> ¿Qué quiere decir que una empresa que produce y distribuye pan tiene una cuota de mercado del 16 %?

4> ¿En qué consiste la diferenciación de un producto? Cita y explica tres ejemplos.

3. El mercado de competencia perfecta

Lo más relevante de este mercado es su facilidad de acceso. Sus características son:

- **Libertad de entrada y salida.** No existen restricciones legales para ejercer la actividad, y las inversiones en bienes de producción (máquinas, ordenadores, terrenos, locales o dinero) son pequeñas. Del mismo modo, también son reducidos los costes de abandonar o reconducir la actividad.
- **Muchas empresas.** La libertad de entrada hace que muchos productores o empresas entren en el mercado cuando hay beneficios, pero son tan pequeños que captan una cuota muy reducida en relación con el total.
- **Mercado homogéneo.** No hay diferencias en la calidad, el diseño o las prestaciones de los productos de las distintas empresas. La marca o la garantía del fabricante no son relevantes y, a veces, ni siquiera figuran en el embalaje. Al no existir fidelidad a una marca, es bastante sencillo para un nuevo productor hacerse rápidamente con una pequeña cuota de mercado.
- **Empresas precio-aceptantes.** Como las empresas son tan pequeñas, ninguna puede influir significativamente en los precios (estos se establecen según el libre funcionamiento de la oferta y la demanda). Estas empresas solo pueden decidir qué cantidad producir en función del precio que los consumidores están dispuestos a pagar. Por esta razón se denominan empresas precio-aceptantes.
- **Fuerte competencia.** Como el producto no está diferenciado, es fácil entrar en el mercado y hacerse con una cuota, pero también es fácil perderla. Como la publicidad no es demasiado efectiva (¿qué anunciar si la marca o la garantía no son importantes?), las empresas suelen competir en precio y tratan de reducir costes.
- **Transparencia de precios.** En este tipo de mercado tanto vendedores como compradores manejan toda la información sobre los precios a los que se venden los productos. Quien trate de vender sus productos a un precio demasiado alto se arriesga a no venderlos.

Caso práctico 1

Ilustra las características del mercado de competencia perfecta utilizando como ejemplo el mercado de tomates.

Solución

a) **Libertad de entrada y salida.** Cualquier agricultor puede producir tomates sin realizar grandes inversiones ni incurrir en demasiados gastos, así como cambiar de cultivo sin dificultad.

b) **Muchas empresas.** Como se trata de un cultivo fácil de bajo coste son muchos los agricultores que producen tomates.

c) **Mercado homogéneo.** Los consumidores distinguen color, tamaño, frescura y poco más. No importa que los tomates sean españoles o extranjeros, de Valencia o de Almería.

d) **Empresas precio-aceptantes.** Como los tomates de un agricultor son iguales a los de los demás, nadie puede exigir un precio mayor que el que ofrecen otros.

e) **Fuerte competencia.** Además, dada la ausencia de diferencias significativas entre un producto y otro, los agricultores suelen competir en precio: el factor más relevante para los consumidores a la hora de comprar.

f) **Transparencia de precios.** Todos los agricultores saben a qué precio y en qué condiciones se están vendiendo los tomates en los mercados.

3.1. La evolución del mercado de competencia perfecta

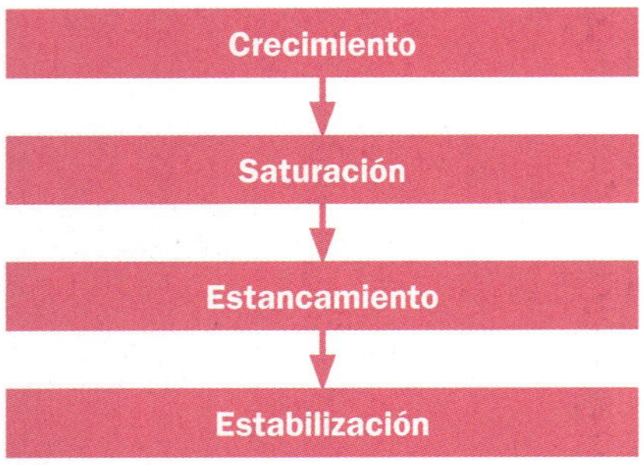

Esquema 5.2. Evolución de un mercado de competencia perfecta.

En la evolución de este tipo de mercado, es posible identificar las siguientes **fases:**

- **Crecimiento.** Cuando los vendedores obtienen beneficios extraordinarios (superiores a los normales), entran en el mercado nuevos productores o vendedores que imitan a las empresas ya establecidas.
- **Saturación.** Con la entrada de nuevos vendedores, aumenta la oferta del bien. Al tratarse de productos no diferenciados, se produce un exceso de oferta y los vendedores bajan sus precios para dar salida a los excedentes. En consecuencia, los beneficios iniciales se reducen.
- **Estancamiento.** Debido al exceso de oferta, los beneficios extraordinarios desaparecen y algunas empresas abandonan el mercado para dedicarse a otras actividades más rentables. Las demás readaptan sus procesos productivos o buscan nuevas fórmulas que les permitan continuar en el mercado. Una vez más, las empresas se imitan unas a otras y los precios vuelven a bajar.
- **Estabilización.** De nuevo hay más empresas que abandonan el mercado y las pocas supervivientes recuperan la clientela y los beneficios, debido a la reducción de la oferta y al final de las guerras de precios. Se habla entonces de ingresos normales, pues permiten un beneficio mínimo al empresario.

Puesto que se trata de un mercado homogéneo en el que los productos son muy parecidos, **no tiene sentido invertir en publicidad,** puesto que al consumidor suele serle indiferente la marca y, sencillamente, compra la más barata. En estos casos, los fabricantes se asocian para costear una campaña publicitaria común, dirigida a incrementar el consumo de su producto. Por ejemplo, los productores de azúcar podrían unirse para promocionar su producto con el eslogan: «Endulce su vida, consuma azúcar».

!! *Atención*

En la vida real, es poco frecuente encontrar mercados perfectamente competitivos como los descritos en este apartado. No obstante, el mercado de competencia perfecta por excelencia es el mercado de los **productos agrícolas.**

Observatorio 2

¿Por qué las empresas no quieren ser perfectas?

Una estrategia factible para influir en el precio de un producto es tratar de diferenciar este para que el consumidor acepte que le compensa pagar más por un producto diferenciado que por otro que no lo está. Por ejemplo, para lograr la diferenciación de su producto, los productores de patatas las envasan según distintas categorías en función de sus características o de las zonas geográficas de procedencia (patata para freír, patata para cocer, patata gallega...). No todas las estrategias de diferenciación tienen éxito, pero si se logra, el resultado compensará sobradamente al vendedor, que entonces tendrá margen para variar el precio. Y cuando un producto de la competencia perfecta logra esa diferenciación, pasa a engrosar el selecto club de la competencia monopolística. Dicha diferenciación puede tener su origen en razones objetivas –por ejemplo, el vino de La Rioja es más caro que un vino de mesa cualquiera porque es de mayor calidad, y además, esa calidad está reconocida en Europa mediante la Denominación de Origen, distintivo de calidad alimentaria–, o por razones subjetivas –por ejemplo, la diferenciación entre marcas de agua mineral se debe, principalmente, a razones publicitarias.

Actividades

5> ¿Cómo relacionarías la formación de precios del mercado de competencia perfecta con los conceptos estudiados en la unidad anterior?

6> ¿Por qué la marca no es importante en la competencia perfecta?

7> ¿Por qué se dice que, en un mercado de competencia perfecta, las empresas son precio-aceptantes?

8> En el mercado de competencia perfecta, ¿qué alternativas hay cuando bajan los beneficios?

4. La competencia monopolística

Las **características** de la competencia monopolística son:

- **Muchas empresas.** Aunque la cuota de mercado de cada empresa es relativamente pequeña comparada con el mercado total, es superior a la que tienen las empresas de competencia perfecta. Una empresa en el mercado de competencia monopolística tiene cierto margen para subir el precio sin por ello perder cuota de mercado con respecto a las demás. Otras modificaciones, siempre que sean ligeras como, por ejemplo, del logotipo o del envase, tampoco suelen acarrear pérdida de clientes. El mercado del vino, donde los caldos protegidos por denominación de origen como Rioja, Ribera o Rías Baixas, son más caros que el vino de mesa, es un buen ejemplo de ello.
- **Diferenciación del producto (barrera de entrada).** Los productos satisfacen la misma necesidad pero no son sustitutivos perfectos los unos de los otros, puesto que hay diferentes calidades, diseños, marcas, etc. Cuando el producto no es homogéneo y tiene alguna característica que lo distingue de otros, se habla de **diferenciación del producto.** Por ejemplo, los plátanos canarios, que se venden a un precio superior al resto de plátanos, tienen unas pequeñas manchas marrones en su cáscara. Esta característica fue utilizada por los productores, en diversas campañas publicitarias, para diferenciar su producto de los plátanos de otras regiones o países, y de las bananas, su principal competidor.

Fig. 5.2. El mercado de zapatillas de deporte es un ejemplo de competencia monopolística. Las empresas cuidan mucho la imagen de marca, de modo que los clientes aprecien las diferencias de sus productos con respecto a los de la competencia.

4.1. El funcionamiento de los mercados de competencia monopolística

El funcionamiento de este tipo de mercados es sencillo: a través de la publicidad, las empresas intentan diferenciar sus productos para que el consumidor pague más de lo que pagaría por los otros productos.

Una vez que el consumidor distingue los productos, los esfuerzos publicitarios se dirigen a mantener su fidelidad y a captar nuevos clientes. Al gozar de la fidelidad del consumidor, estas empresas pueden variar ligeramente las condiciones del producto o de los precios. Por este motivo, se dice que son pequeños monopolistas que actúan dentro de un mercado de competencia. De ahí la denominación de competencia monopolista.

En este sentido, E. H. Chamberlin afirma que la existencia de ciertos elementos monopolistas como los derechos de autor, las marcas registradas, las ventajas en costes, etc., permite a los vendedores modificar los precios de sus productos gracias a la fidelidad de su clientela. El mercado de los electrodomésticos o el de los productos agrícolas con denominación de origen son ejemplos de mercados de competencia monopolística.

El tipo de publicidad que se utiliza en este mercado no tiene nada que ver con el de la competencia perfecta, donde si se realiza es de forma conjunta y anónima. Al contrario, en este caso es muy creativa y rompedora porque tiene que conseguir la fidelidad de los usuarios.

Pero también hay quien se puede permitir no hacer publicidad, concretamente las empresas de la competencia monopolística de ámbito local. Por ejemplo, los dentistas o las estaciones de servicio ofrecen el mismo servicio o producto al mismo grupo de clientes. Principalmente consiguen la diferenciación en su sector gracias a su habilidad, en el primer caso, y a su ubicación, en el segundo. Mientras que la mejor publicidad para un dentista es el boca a boca de sus clientes, la estación de servicio lo tiene casi todo hecho con dar servicio, valga la redundancia, en una carretera con buenos accesos y suficiente tráfico. Sencillamente, está donde hace falta.

Sabías que

E.H. Chamberlin fue un prestigioso economista y profesor estadounidense que se distinguió por su análisis del mercado de competencia monopolística ya en el año 1933.

Fig. 5.3. Panfletos emitidos por el bando republicano (izquierda) y por el sublevado o franquista (derecha) durante la guerra civil española. Una variante de la publicidad es la propaganda o publicidad política, cuyo mensaje busca influir en el sistema de valores del ciudadano y en su conducta.

Observatorio 3

¿Hasta qué punto es necesaria la diferenciación?

En 1978, Casa Tarradellas era una masía catalana famosa por sus embutidos. Su distribución era limitada y tenía que competir con otras masías de la zona que también ofrecían productos artesanales procedentes de la matanza del cerdo. Para diferenciarse en este competitivo mercado, su fundador, Josep Tarradellas, sabía que necesitaba un producto exclusivo que no tuvieran el resto de las masías catalanas. En palabras del propio Tarradellas, «el objetivo era aportar algo distinto de lo que ya existía en las tiendas». Aunque Casademont, una empresa cárnica de Girona, lideraba el mercado del fuet, Tarradellas fabricó un tipo especial de fuet con una parte diferente de las tripas del cerdo, que al doblarlo se partía produciendo un sonido único que denominó *Espetec* ('chasquido' en catalán). Patentó el nombre para que nadie más pudiera utilizarlo y se lanzó a venderlo en un pequeño camión. En seguida, el Espetec se convirtió en el producto distintivo de Casa Tarradellas.

Este y otros aciertos empresariales han llevado a esta compañía a facturar en torno a 800 millones de euros en el año 2015, mientras que hace solo 35 años era una pequeña masía a 80 km de Barcelona donde se podía comer y comprar algún producto típico de la zona.

Actividades

9> ¿Cuál es la diferencia entre la competencia monopolística y la competencia perfecta? Pon un ejemplo.

10> ¿En qué casos las empresas de la competencia monopolista no realizan publicidad?

5. El oligopolio

Los rasgos propios de este tipo de mercado son los siguientes:

- **Pocas empresas.** Unas pocas empresas se reparten la cuota total del mercado. Por ello, la política comercial que adopte una de ellas influirá significativamente en las decisiones de las demás.
- **Mercado homogéneo.** Los productos de este tipo de mercado no solo satisfacen la misma necesidad sino que además son intercambiables entre sí (son productos sustitutivos perfectos).
- **Fuertes inversiones de capital (barrera de entrada).** La producción de bienes y servicios en los mercados oligopolistas requieren inversiones y tecnologías que solo están al alcance de las grandes empresas.

Fig. 5.4. Conocido torero promocionando camisas de la firma Olimpo. La publicidad con famosos es efectiva pero cara, de tal forma que el aumento de las ventas debe compensar la utilización de este recurso. El anunciante pretende la asociación de la buena imagen del famoso a la de su producto.

5.1. El funcionamiento de los oligopolios

La actuación de cualquier oligopolista influye sobre los beneficios de sus competidores, ya que los esfuerzos comerciales por mejorar los resultados propios provocan el deterioro de los resultados ajenos. Dado este alto grado de interdependencia, las empresas oligopolistas pueden competir, o no, entre sí para hacerse con el mercado. En el primer caso, actúan sin colusión, y en el segundo con colusión.

En el ámbito de los mercados oligopolistas, se entiende por **colusión** cualquier acuerdo que menoscabe la libre competencia entre empresas.

A. Sin colusión

Las empresas tratan de determinar los precios en función de lo que esperan vender y de las posibles reacciones de sus competidores. Hay tres estrategias posibles:

- **Políticas comerciales de anticipación.** Cada empresa trata de adivinar las acciones de sus competidoras para actuar en consecuencia.
- **Guerras de precios.** Si una empresa oligopolística reduce su precio de venta y las demás empresas no lo hacen, su cuota de mercado y sus ingresos aumentarán a costa de las otras. En cambio, si todas las empresas bajan su precio en la misma proporción, los únicos favorecidos por esta situación serían los consumidores.

  Por ejemplo y desde que se liberalizaron las comunicaciones en España, las empresas de telefonía móvil mantienen una guerra de precios, regalos y promociones para captar clientes, sobre todo de la competencia.
- **Liderazgo de precios.** Con esta estrategia, la empresa líder del mercado fija el precio y las demás condiciones de la oferta; estas son aceptadas sin necesidad de negociación por las restantes empresas del mercado oligopolista.

  Por ejemplo, en España, el mercado de la gasolina es un mercado oligopolista: aunque hay alrededor de 30 empresas, Repsol disfruta de una posición dominante al tener un mayor número de estaciones de servicio, por lo que suele marcar la pauta a las demás. Actúa casi como un monopolio porque sabe que las otras imitarán su política comercial, pero puede ser sancionada por las autoridades si utiliza su posición dominante en perjuicio del consumidor, por ejemplo, manteniendo los precios artificialmente altos.

Sabías que

Ya en el año 1776, Adam Smith comentó el funcionamiento del mercado de oligopolio. De su obra *La riqueza de las naciones* son estas palabras: «Las gentes de la misma industria rara vez se reúnen, aunque solo sea con fines de celebraciones y fiestas, sin que la conversación acabe en una conspiración contra el público o en alguna maquinación para elevar los precios. Es realmente imposible impedir esas reuniones mediante una ley que pueda ser aplicable y que sea compatible con la libertad y la justicia. Pero si la ley no puede impedir que las gentes de la misma industria se reúnan a veces, al menos no debería hacer nada para facilitar esas asambleas y mucho menos hacerlas necesarias».

> ***Sabías que***
>
> Con el tiempo, el concepto de cártel ha traspasado el ámbito empresarial y hoy día también lo aplicamos para referirnos al comportamiento de ciertas organizaciones ilegales –como la mafia italiana o los cárteles latinoamericanos de la droga– que acuerdan el reparto de las zonas de influencia y eliminan a la competencia.

Estas soluciones no son las ideales para la empresa. La política comercial de anticipación lleva a las empresas a un clima de constante incertidumbre; la guerra de precios puede provocar el hundimiento de los beneficios y, por último, no siempre existe una empresa oligopolista con posición dominante para ejercer un liderazgo de precios (además, esta actuación raya la ilegalidad).

B. Con colusión

Cuando las empresas cooperan en vez de competir entre ellas se dice que forman un cártel. Al proceder de esta forma, las empresas actúan como un monopolio de varias cabezas, donde el perjudicado es el consumidor. Por esta razón, los Gobiernos defienden la libre competencia estableciendo leyes que combaten este tipo de acuerdos.

> El **cártel** es una agrupación informal de empresas que, aunque conservan su independencia, se asocian para disminuir o eliminar la competencia del mercado.

El cártel o acuerdo colusivo suele adoptar dos **formas:**

- **Competencia sin precios.** Las empresas compiten en diseño, calidad o cualquier otro factor, pero respetando un precio acordado conjuntamente.
- **Reparto de mercado.** El mercado puede dividirse en partes iguales o por zonas geográficas. También pueden pactarse cuotas de producción para cada empresa.

En la práctica, es muy difícil probar la existencia de un cártel, pero no tanto la existencia de ciertos acuerdos puntuales irregulares, los cuales se suelen castigar con la imposición de multas económicas a las empresas infractoras.

Desde hace unos pocos años y con el nombre de «clemencia para el chivato» se conoce la práctica que exime de multa a quienes, participando en un cártel, denuncien a las autoridades su existencia.

> ***Atención***
>
> El eterno dilema de las empresas oligopolítiscas es si deben cooperar o no.

Observatorio 4

¿Cuándo es posible la publicidad comparativa?

En España, la publicidad comparativa con otras empresas está permitida, siempre que responda a criterios objetivos. Sin embargo, ninguna empresa puede diseñar una campaña publicitaria en la que se mencione a los productos rivales de otras empresas basándose en criterios subjetivos de comparación como «sabe mejor que» o «es más útil que». La marca de zumos SimonLife, del grupo Don Simón, realizó en el año 2001 una campaña de publicidad comparativa en la que afirmaba que su producto, SimonLife, tenía un 10% de zumo natural, mientras que uno de sus rivales, Sunny Delight, de Procter & Gamble, solo tenía un 5%.

Estos datos se podían obtener con una simple lectura de los envases de ambas marcas, es decir, son datos objetivos, de manera que este tipo de publicidad se ajusta a la normativa española y es legal.

A pesar de que la publicidad comparativa es poco utilizada en España, el sector de los zumos de naranja parece haberse convertido en la referencia. En otra sonada campaña, el grupo Pascual se sumó a la guerra de las comparaciones utilizando el transporte del zumo como eje central de su campaña publicitaria. En ella se afirmaba que el transporte de su producto, zumo Pascual, se realizaba en camiones refrigerados, mientras que el de su competidor, SimonLife, se efectuaba a temperatura ambiente.

Actividades

11> En el oligopolio, ¿qué problema presenta la política comercial de anticipación?

12> ¿A qué dilema se enfrentan las empresas del mercado oligopolístico?

6. El monopolio

En un mercado monopolista, una única empresa cubre toda la demanda y goza de plena capacidad para decidir cuánto produce y a qué precio. El origen de este mercado son sus peculiares **barreras de entrada:**

- **Acceso en exclusiva a un recurso.** La empresa que controle un factor de producción imprescindible para obtener un bien o servicio será la única capaz de ofertarlo. Por ejemplo, en Almadén (Ciudad Real) existe uno de los pocos yacimientos de mercurio del mundo, el cual fue explotado en exclusividad por el Estado español desde el año 1918 hasta 2007.
- **Existencia de derechos legales.** Según tengan un origen privado o público, los derechos legales se clasifican en:
  - **Patentes.** Son una forma de protección legal por la que se reconoce a quien haya realizado un nuevo invento aplicable a la industria, el derecho a su explotación en exclusiva durante un tiempo determinado. Este derecho pertenece al inventor, que podrá vender, donar o legar libremente su invento. Si una empresa goza en exclusiva del uso de una patente, actuará en régimen de monopolio. Algunos ejemplos de patentes universales españolas son los caramelos Chupa-Chups® o la fregona.
  - **Concesiones administrativas.** El sector público tiene muchas veces en exclusiva el derecho a producir un determinado bien o a prestar un servicio. Una concesión administrativa consiste en que, a cambio de un pago y de que se cumplan una serie de condiciones que garanticen el buen funcionamiento de una actividad, el sector público cede temporalmente la explotación de ese derecho a una empresa privada. Por ejemplo, cada comunidad autónoma concede licencias a las empresas de transporte de viajeros por carretera para que exploten determinadas líneas. Si la concesión recae en una única empresa, se produce una situación de monopolio. Otro ejemplo es el de los servicios de bar y restauración en los institutos públicos. A cambio de un pago y la prestación de servicios a determinados precios, las empresas que mejores condiciones presenten operan como pequeños monopolios durante el tiempo que dura la concesión por parte de la comunidad autónoma.
- **Naturaleza del servicio prestado.** A veces, las características de algunos servicios desaconsejan la presencia de varias empresas en un mismo mercado. Por ejemplo, el suministro de agua o luz es más eficiente si una única empresa presta el servicio, puesto que la existencia de más compañías supondría un despilfarro de recursos. ¿Te imaginas que a una casa llegaran dos tendidos eléctricos de compañías diferentes? ¿O que hubiera tres grupos de tuberías con sus correspondientes grifos para cada toma de agua, uno por cada compañía? No, por supuesto. La existencia de una única empresa reduce los costes del suministro, y a ese monopolio se le denomina **monopolio natural.** Por ejemplo, la red ferroviaria española, que pertenece a RENFE.
- **Ventaja en costes.** Si una empresa produce a un coste inferior que sus competidoras, dominará el mercado. Por ejemplo, Intel, que vende el 80% de los microprocesadores de los ordenadores personales, funciona en la práctica como un monopolio gracias a sus bajos costes. La inversión necesaria para desarrollar un nuevo microprocesador de tecnología avanzada como el Intel Core se estima en torno a los 10000 millones de euros, pero una vez desarrollado el microprocesador y construida la fábrica, el coste de producir cada unidad es solo de unos céntimos de euro. La ventaja en costes se logra gracias a las economías de escala. Intel podría expulsar del mercado a sus competidores para que su dominio fuera absoluto, pero entonces tendría que enfrentarse a las leyes antimonopolio.

Fig. 5.5. Saltamontes sobre una lata. ¿Qué puede anunciar una empresa líder en el mercado mundial que no sepan ya los consumidores?
El objetivo de este tipo de publicidad, que resalta más por su originalidad que por el realce de las características o ventajas del producto, es típico de empresas líderes a las que interesa destacar que siguen siendo las número uno.

Recuerda

En determinados mercados, la existencia de una única empresa se debe a que las inversiones que es necesario realizar para entrar a competir en él son muy elevadas.

6.1. El funcionamiento del monopolio

> **Recuerda**
>
> Tal como estudiamos en la unidad anterior, cuanto más inelástico es un producto menos «flexible» es, o menos fácil es sustituirlo por otro, de tal forma que a los productores les compensa subir el precio.

Con la oferta en manos de una única empresa, los ingresos dependen de la demanda, de tal forma que para vender más hay que bajar el precio. Pero puede ser que interese vender pocas unidades a un precio alto en vez de muchas unidades a un precio bajo. Dependerá de lo inelástica o elástica que sea la demanda del bien en cuestión:

a) **Bienes con demanda muy inelástica**. Se corresponden con bienes que tienen muy pocos o ningún sustitutivo y son de primera necesidad para el consumidor. A la empresa le compensa aumentar los precios. Un ejemplo es el caso del tabaco; a pesar de la prohibición de fumar en lugares públicos y los cigarrillos de vapor o parches de nicotina, muchos fumadores aceptan las subidas porque para ellos no es posible prescindir de su necesidad de fumar ni sustituirla.

b) **Bienes con demanda elástica**. Se trata de bienes prescindibles para el consumidor o que admiten sustituciones. En consecuencia, la empresa necesita bajar los precios para vender más productos, pero nunca lo hace tanto como las empresas que compiten en otros tipos de mercados, y es que incluso puede restringir la oferta para mantener los precios artificialmente altos. No obstante, hay que insistir en que el precio debe ser lo suficientemente atractivo para los consumidores, porque en caso contrario prescindirán del producto o lo sustituirán por otros que les reporten la misma función. Por ejemplo, los sellos postales son un monopolio público; si sus precios no fueran lo suficientemente asequibles, la gente dejaría de enviar cartas y postales, ya que los consumidores pueden sustituir las comunicaciones postales por mensajes de texto, llamadas telefónicas o fotos a través del teléfono móvil.

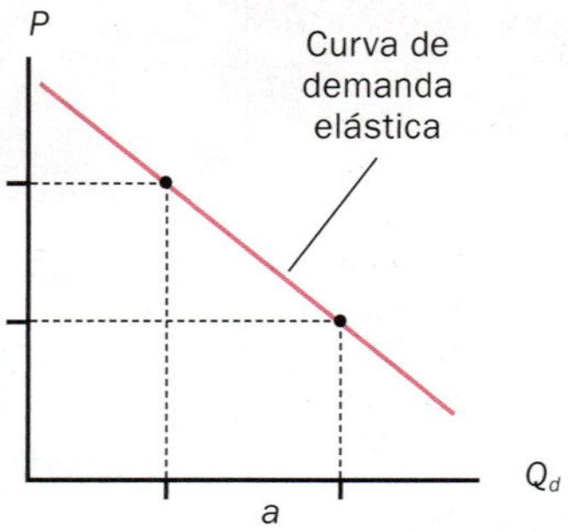

Fig. 5.6. Función de demanda elástica. En el caso de este bien, el monopolista produce aquellas cantidades que le permiten maximizar su beneficio, e incluso puede retener producción para incrementar artificialmente el precio. Pero debe tener en cuenta que los consumidores son muy sensibles a las variaciones de precio en este caso.

> **Observatorio 5**
>
> **¿Por qué los monopolios tienen su club de admiradores?**
>
> En general, los monopolios tienen mala prensa, pues son frecuentes las noticias que dan cuenta de sus abusos, así como de sus pleitos con Gobiernos o asociaciones de consumidores, pero, por sorprendente que parezca, tienen su club de admiradores. Entre ellos cabe citar a Joseph A. Schumpeter, ilustre economista del siglo xx, quien estaba convencido de que la noción clásica, según la cual las empresas para dar sus mejores frutos debían competir según la ley de la oferta y la demanda, era esencialmente incorrecta. Sus argumentos eran los siguientes: «Las empresas monopolistas disponen de métodos superiores que no están al alcance de una masa de competidores, como gozar de un gran prestigio financiero que permite acceder a importantes recursos, la protección temporal que proporciona una patente o una estrategia monopolista, o poder planificar acciones de desarrollo e investigación con tiempo. En este sentido, el desarrollo económico y el progreso tecnológico de los países son el producto de la acción de las grandes empresas, las cuales no pueden evitar protegerse de la introducción de nuevos productos sino destruyendo deliberadamente a la competencia, para de esta forma poder centrarse en la innovación».

> **Actividades**
>
> **13>** Pon ejemplos que dejen claro cómo nacen un monopolio natural y un monopolio legal.
>
> **14>** ¿Cómo influye el tipo de demanda de un bien sobre el precio de los productos de los mercados monopolistas?

Textos de apoyo

El dilema del prisionero

Se llama *dilema del prisionero* a la situación en la cual, al elegir racionalmente, las personas toman la opción que no es la óptima. Imaginemos que a Bonnie y Clyde, dos sospechosos de haber atracado un banco, se les interroga por separado y la policía les informa de su situación: no hay pruebas materiales, así que, si no se consigue una confesión, solo podrán acusarles de tenencia de armas e irán un año a la cárcel (casilla A de la Tabla 5.2). Si uno delata al otro, se asegura de que él queda libre y al otro le caerán diez años (casillas B o C). En cambio, si ambos señalan que el otro es el autor, las autoridades les prometen una pena de solo cinco años a cada uno (casilla D). Las alternativas son las que muestra la tabla:

		Bonnie			
		Calla		Delata a Clyde	
Clyde	Calla	A	1 año – Bonnie 1 año – Clyde	B	Libre – Bonnie 10 años – Clyde
	Delata a Bonnie	C	Libre – Clyde 10 años – Bonnie	D	5 años – Bonnie 5 años – Clyde

Tabla 5.2. Dilema del prisionero (versión policial).
Fuente: *elaboración propia.*

Bonnie piensa: «Si Clyde calla, me conviene delatarle porque salgo libre; si me acusa, mi mejor opción es, de nuevo, delatarle para quedarme en cinco años en lugar de que me caigan los diez». Ambos sospechosos actúan de forma perfectamente racional y, sin embargo, pasan cinco años en la cárcel en lugar de uno solo. Es decir, que el juego comienza en la casilla A, luego Bonnie y Clyde maniobran hacia las opciones B o C para tratar de mejorar sus opciones, y todo acaba con ambos en la casilla D.

Así se comportan las grandes empresas. Supongamos que Winston y Marlboro fueran dos tabaqueras que controlan el mercado. De acuerdo con la Tabla 5.3, si estas empresas acuerdan vender sus productos sin alterar el gasto publicitario, ambas tendrían un beneficio de, por ejemplo, 5 millones (casilla A). Sin embargo, si cualquiera de las dos empresas rompiera el acuerdo y emprendiese una campaña de publicidad sin que lo hiciese la otra, su beneficio subiría hasta los 8 millones y el de su competidora se reduciría a 1 millón (casillas B o C). Si ambas empresas rompen el acuerdo y aumentan su gasto publicitario, sus beneficios se reducirán a 2 millones para cada una (casilla D). Las alternativas posibles serán:

Esto último sucede porque las empresas imitan las campañas de los demás oligopolistas, de tal forma que el gasto publicitario aumenta, no así los ingresos: como las campañas se neutralizan, nadie gana usuarios a costa de la competencia.

		Gasto publicitario de Marlboro			
		No altera		Aumenta	
Gasto publicitario de Winston	No altera	A	5 millones – Marlboro 5 millones – Winston	B	8 millones – Marlboro 1 millón – Winston
	Aumenta	C	1 millón – Marlboro 8 millones – Winston	D	2 millones – Marlboro 2 millones – Winston

Tabla 5.3. Dilema del prisionero (versión empresarial).
Fuente: *elaboración propia. Datos en USD.*

Pero, por ilógico que parezca, a menudo son los propios oligopolistas quienes sabotean el cártel. Si una empresa acierta con una buena campaña de publicidad que la competencia no puede imitar, sabe que incrementará notablemente sus beneficios a costa de sus competidoras. La campaña del hombre Marlboro, un vaquero enfrentado a la naturaleza sin más compañía que sus cigarrillos, se utilizó en Estados Unidos entre 1954 y 1999. Se trata de una de las estrategias publicitarias más brillantes de todos los tiempos, hasta el punto de que hay quienes consideran al hombre Marlboro uno de los personajes de ficción más influyentes del siglo XX, a pesar de las dificultades que tuvo que sortear, como que algunos de los actores que representaron al vaquero murieran de cáncer pulmonar. En cualquier caso, es curiosa la paradoja que se produjo en Estados Unidos cuando el Gobierno prohibió la publicidad de cigarrillos: Winston, Marlboro y otras compañías que habían apostado por la solución más competitiva aunque menos rentable, la casilla D, se encontraron con que sus beneficios aumentaron notablemente con la prohibición. En esta ocasión, una ley diseñada para impedir el aumento del consumo de un producto nocivo para la salud reforzó a las empresas que lo producen y distribuyen.

1> Si fueras Bonnie o Clyde, ¿confesarías o no?

2> En los mercados oligopolistas, ¿qué lleva a las empresas a copiarse las campañas publicitarias?

3> Busca en los medios de comunicación tres artículos que tengan unas campañas publicitarias similares y coméntalas.

Mapa conceptual

Tipos de mercado

Características de los mercados	Competencia perfecta	Competencia monopolística	Oligopolio	Monopolio
Grado de concentración (n.º de empresas)	Muchas empresas	Muchas empresas	Pocas empresas	Una única empresa
Influencia de las empresas sobre el precio	Ninguna	Alguna	Mucha	Total
Grado de diferenciación	Venta de productos homogéneos	Venta de productos diferenciados	Venta de productos homogéneos	Indiferente
Intensidad de la competencia	Muy fuerte	Muy fuerte. La política comercial trata de diferenciar su producto del de sus competidores	Muy fuerte	No hay competencia
Transparencia	Total	Inexistente	Inexistente	Inexistente
Libertad de entrada y salida	No hay barreras de entrada o salida	Hay libertad de entrada (con diferenciación del producto) y salida	Hay fuertes barreras de entrada (inversión en bienes de capital) y salida	Hay fuertes barreras de entrada y salida

Características de los mercados

\+ **Número de empresas** → –

Competencia perfecta
Funcionamiento según las leyes de la oferta y la demanda

Competencia monopolista
Las empresas tienen cierto poder para influir en las condiciones o precios gracias a la fidelidad del consumidor

Oligopolio
La actuación de las empresas está condicionada por las políticas comerciales de los demás oligopolistas

Monopolio
Una única empresa tiene capacidad para fijar precio, cantidad y condiciones

«Un monopolio es una cosa terrible hasta que lo tienes».
Rupert Murdoch, empresario australiano (1931-).

El monopolista filántropo

«No entiendo que Bill Gates piense que lo que él ha logrado puede haber sido bueno para él y los accionistas de Microsoft, pero que no ha sido una gran contribución a la sociedad en general y es por ello por lo que ahora dedica sus esfuerzos a la filantropía como por ejemplo en la lucha contra la pobreza mundial. Encuentro esta perspectiva difícil de entender. Desde cualquier punto de vista, Microsoft ha sido una bendición para la sociedad y el valor de su *software* sobrepasa los 90 000 millones de dólares que Gates ha invertido en sus esfuerzos filantrópicos».

ROBERT BARRO

En primer lugar quiero hacer hincapié en cuál podría ser el resultado del esfuerzo filantrópico de la Fundación Gates. Mientras que entre 1970 y el 2000 en China e India disminuyó el número de personas bajo la línea de pobreza en 250 y 140 millones respectivamente, en el África subsahariana se incrementó en 200 millones. Y a todos nos gustaría que África creciera como China y la India. ¿Cómo? La clave de los triunfos en China y la India fueron la mejora en la gobernabilidad derivada de la apertura a los mercados y al capitalismo. Asimismo, la tragedia de África proviene principalmente de la mala gobernabilidad. Como la ayuda externa es administrada a través de los Gobiernos tiende a promoverse un sector público grande, corrupto e insensible a las leyes del mercado. Todo ello sin contar con que la ayuda externa no ha tenido nada que ver con las historias de éxito de China y la India y no ha evitado la tragedia de África. Por otra parte, no se puede dudar del valor social de Microsoft. Con ganancias de 13 000 millones de dólares, el valor comercial de las acciones de la compañía recientemente llegó a 287 000 millones de dólares, esto es, 22 veces el valor de las ganancias. Este dinero se generó creando algo que los consumidores valoran. Supongamos que una copia de una nueva versión de Windows se vende a 50 dólares incluidos en el precio de un ordenador personal. Los ingresos de Microsoft por ventas de Windows serían entonces 50 dólares multiplicado por el número de copias que los consumidores compren, y eso se va hasta los 44 000 millones de dólares que constituye el beneficio social. Es cierto que en el beneficio empresarial hay que restar los costes de producción y desarrollo, pero no sucede lo mismo en el social, cuyo valor proviene del incremento en productividad creado cuando compañías y hogares usan el *software*. El beneficio social es igual al valor de la producción que obtiene el usuario de Windows menos el total pagado por el *software*, pero eso debemos estimarlo, como mínimo, en 50 dólares. De otra manera, ¿por qué el consumidor estaría dispuesto a pagar este importe por una copia de Windows? Por tanto, y al capitalizar en la misma medida el valor social de Microsoft por el valor que le asigna el mercado a las ganancias (22 veces), este flujo corresponde a una valoración de 970 000 millones de dólares. De esta manera, a través de las operaciones futuras de Microsoft, Gates está creando un beneficio de alrededor de un billón de dólares para el resto de la sociedad, o más de 10 veces lo que planea donar. Y esto solo toma en cuenta los beneficios futuros probables, sin asignarle ningún valor al pasado.

(Basado en las ideas y artículos de Robert Barro)

Influyente economista especializado en macroeconomía, Barro ha investigado la influencia de la religión y la cultura popular en la política económica.

Reflexiona

1> Para Barro, ¿cuál es la clave que explica el éxito económico de China y la India, y el fracaso del África subsahariana?

2> ¿Por qué crees que Barro entiende que puede ser un problema el que la ayuda externa sea administrada por los Estados?

3> ¿Por qué razona Barro que cada copia de Microsoft reporta a su comprador 50 dólares en términos de productividad?

4> ¿Cómo llega Barro a la conclusión de que el beneficio social de Microsoft llega hasta los 970 000 millones de dólares?

Limones y naranjas

«En un mercado existe información asimétrica cuando una de las partes posee mucha más información que la otra sobre el producto que se intercambia. Esto resulta más que obvio en el mercado norteamericano de coches usados: a la venta hay unos pocos coches que valgan la pena –las naranjas– y bastantes coches malos –los limones–. Como cualquier comprador sabe que tiene muchas probabilidades de acabar comprando un limón cuando lo que realmente busca es una naranja, ofrece por sistema menos de lo que el vendedor pide por el vehículo. Cuando el comprador puja por un coche que realmente vale la pena, el vendedor –que sí sabe qué coches son naranjas y cuáles son limones– se niega a venderlo al precio ofrecido por el cliente, de tal forma que los buenos coches acaban por no venderse. Solo se venderán los de peor calidad porque con los coches limón el vendedor sí aceptará regateos. Como el comprador también sabe esto, ve reafirmadas sus impresiones iniciales de que le van a timar, y ofrece menos dinero incluso cuando el vendedor acepta su oferta. Si comprador y vendedor practicaran este juego hasta el final, también se dejarían de vender limones, pero al final hay trato porque, a fin de cuentas, el comprador necesita un coche; y es que si no, ¿a qué fue al concesionario?»

George Akerlov
(Premio Nobel de Economía)

Hemeroteca

Desde el siglo v hasta el siglo xv

La Edad Media. Al inicio de la Alta Edad Media, los fuertes impuestos y la inflación hunden el Imperio romano y, tras las invasiones bárbaras, Europa vuelve a la economía de subsistencia en forma de señoríos feudales. Mientras Europa languidece, el Imperio musulmán, China, la India y el Imperio romano de Oriente se lanzan a desarrollar todo tipo de intercambios con sus vecinos, principalmente a través de la Ruta de la Seda.

En el siglo x comienza la Baja Edad Media: en los burgos la economía se vuelve urbana y aumenta notablemente la población. Cobran importancia los gremios de artesanos y los cambistas de monedas. Nacen los primeros bancos y las sociedades comerciales.

Las barreras pueden dificultar el acceso de las nuevas empresas o impedir la salida de las ya establecidas.

N.º 5. Diario independiente de información económica — **Economicus**

Lectura recomendada: *HOMO ECONOMICUS*

Anxo Penalonga
Gestión 2000, 2011

Con un enfoque claro, ameno y sencillo, el autor revela la utilidad de la economía en temas tan dispares como la política, las relaciones entre padres e hijos o la búsqueda de trabajo. En sus páginas se rebaten ideas muy establecidas, pero no por ello ciertas, y se explican cuestiones que ayudan a entender los temas de actualidad y los mecanismos económicos que rigen nuestro sistema, como por ejemplo por qué no vemos como emigrantes a futbolistas de élite como Messi o Kaká, qué tienen en común las compañías de telefonía móvil y los traficantes de drogas o por qué es más fácil que nos toque la lotería que resultar muertos corriendo los sanfermines.

«El sistema operativo Windows de Microsoft está protegido por una patente. Con ser legítimo el derecho del inventor a explotar comercialmente lo que ha descubierto, el sistema de patentes restringe temporalmente el uso social del conocimiento. Y no es lo mismo un software que un medicamento: el software es una herramienta de ocio o trabajo, mientras que el medicamento proporciona salud. En una sociedad que trata de ser más justa e igualitaria, el sistema de patentes puede ser adecuado en general, pero no en particular. El poder monopolístico temporal que otorgan las patentes farmacéuticas hace que en los países pobres haya gente que no tenga acceso a ciertas medicinas que suponen la diferencia entre la vida o la muerte. A pesar de que las farmacéuticas justifican la protección temporal de las patentes en atención a sus elevados gastos en programas de investigación y desarrollo, resulta que quienes financian dichas iniciativas son las bonificaciones fiscales que reciben por investigar y los beneficios que obtienen gracias a las prescripciones de los sistemas sanitarios públicos. Hace años ya, el Nobel de Economía Joseph Stiglitz propuso superar el sistema de patentes. La solución que planteó para no menoscabar los derechos del inventor fue la creación de un gran fondo de premios médicos para quienes desarrollen tratamientos o prevenciones de enfermedades costosas que afecten a cientos de millones de personas. Este sistema no perjudica al inventor y al mismo tiempo permitiría que el nuevo conocimiento llegara a más gente. Si prosperara este modelo de incentivos, más centrado en el investigador que en las farmacéuticas intermediarias, la humanidad gozaría de mejor salud, y a mucho menor coste, pero mataría a la gallina de los medicamentos de oro.»

Extractado y adaptado del capítulo «Las ventanas más famosas del mundo»

Hoy recordamos a...

JOHN NASH

(Estados Unidos, 1928-)

Profesor y premio nobel de economía.

A los veintinueve años se le diagnosticó una esquizofrenia paranoide que lo dejó prácticamente marginado de la sociedad e inútil para el trabajo científico durante dos décadas. Sus aportaciones a la teoría de juegos han sido tan geniales y originales que muchas llevan su nombre. Su vida ha inspirado una biografía y una película de extraordinario éxito: *Una mente maravillosa*.

Cine Europa
Próximamente
El show de Truman

Director: Peter Weir.
Reparto: Jim Carrey, Ed Harris, Laura Linney y Noah Emmerich.

Sinopsis. Desde su nacimiento, una persona protagoniza un *reality show* único por sus características: no sabe que toda su vida se desarrolla en un plató de televisión gigante.

Comentario. Constituye una crítica a la manipulación a través de la televisión, ejercida tanto sobre el ignorante protagonista como sobre los millones de telespectadores que siguen el *reality show* (donde salen una y otra vez las marcas patrocinadoras del programa). La comicidad, la candidez y la franqueza del protagonista refuerzan el mensaje crítico.

Claves de reflexión. Publicidad, consumismo y marcas.

Ejercicios

1. ¿Qué relación existe entre el número de empresas de un mercado y los precios?

2. Busca en los medios de comunicación o en Internet un ejemplo real de empresa asociado a cada uno de los tipos de barrera de entrada de un mercado citados en la unidad.

3. ¿Por qué a largo plazo no es posible alcanzar grandes beneficios en un mercado de competencia perfecta?

4. ¿Puede el vendedor de un mercado de competencia monopolística variar el precio de sus productos sin tener en cuenta cómo va a influir en la cantidad demandada por sus clientes? o ¿deberá tener presente el concepto de la elasticidad-precio de la demanda estudiado en la unidad anterior?

5. ¿Qué entendemos por colusión? ¿Qué relación guarda este concepto con el mercado oligopolista?

6. ¿Cómo tiene que estar configurado un mercado oligopolista para que las empresas participantes sigan una estrategia de liderazgo de precios?

7. En Econolandia, el sector del transporte aéreo de pasajeros está formado por tres empresas que ofrecen billetes de avión con condiciones y precios similares. Desde hace años, existe entre ellas un acuerdo tácito por el cual la empresa Averia es la que marca la pauta al mercado, mientras que las otras dos imitan sus decisiones. Una de estas empresas, Airspan, ha decidido bajar por sorpresa el precio de sus billetes de avión para la campaña de Semana Santa del presente año. Después de haber leído atentamente este texto, contesta las siguientes preguntas:

a) ¿Cómo definirías el mercado del transporte aéreo de pasajeros de Econolandia? Razona tu respuesta.

b) ¿Es legal el acuerdo tácito que mantenían estas empresas? ¿Cómo se denomina?

c) Ante el cambio de estrategia de Airspan, ¿cómo crees que actuarán las demás empresas?

d) ¿Cuál crees que sería la respuesta del resto de las empresas si hubiera sido la empresa Averia la que rompiera el pacto?

e) ¿Crees que sería legal un acuerdo en el que la empresa Averia y las demás aerolíneas pactaran una bajada conjunta de precios? ¿Por qué?

f) Si Airspan, en lugar de bajar los precios, decidiera competir mediante publicidad, ¿podría mencionar a su rival Averia?

8. ¿Por qué las empresas protegen las marcas con las que operan en el mercado?

9. ¿Qué es una patente? ¿En qué se parece y en qué se diferencia de una concesión administrativa?

10. ¿A qué modelo de mercado crees que pertenecen los siguientes productos en España?

- Los automóviles.
- Las naranjas.
- Los teléfonos móviles.
- La distribución del tabaco.
- El vino con denominación de origen Ribera del Duero.
- El transporte aéreo de viajeros.
- Los refrescos de tónica.
- Los sistemas operativos para ordenadores.
- Los libros de texto.
- El petróleo.
- El juguete.
- La televisión digital.

11. Razona si las siguientes afirmaciones son verdaderas o falsas:

a) Si son muchos los vendedores en un determinado tipo de mercado, ninguno de ellos es capaz de ejercer una influencia significativa sobre el precio.

b) En el mercado oligopolista las empresas tratan de anticiparse a las reacciones de los consumidores.

c) Los derechos de autor de los que goza el escritor de un libro le confieren una situación de monopolio.

d) Todos los productos diferenciados por el consumidor son no homogéneos, pero no todos los productos no homogéneos son diferenciados por el consumidor.

e) En el mercado de competencia perfecta son los consumidores los que fijan el precio.

f) Cuanto más elástica sea la demanda de un producto, más prescindible resulta para el consumidor.

Ejercicios

12. Forma frases coherentes uniendo los elementos de la primera columna con los de la segunda.

a) Un monopolio natural...	1. compiten a través de la publicidad.
b) En la competencia perfecta...	2. permite a los vendedores modificar los precios de sus productos.
c) La publicidad...	3. solo se cumple en los mercados de competencia perfecta.
d) Un producto diferenciado...	4. puede moldear los gustos y preferencias de los consumidores.
e) Los oligopolios...	5. son el dinero y los mercados.
f) El libre funcionamiento de la ley de la oferta y la demanda...	6. nace debido a las características del mercado en sí.
g) Mecanismos favorecedores de la especialización ...	7. ninguna empresa influye significativamente sobre el precio.
h) La existencia de elementos monopolistas...	8. es típico de un mercado de competencia monopolística.

13. Lee el siguiente texto y responde a las preguntas que se hacen a continuación:

«En los años ochenta, se popularizó un sistema de venta minorista totalmente novedoso. A diferencia de los establecimientos tradicionales especializados en la venta de un determinado tipo de artículos con una amplia diversidad de precios, los «Todo a cien» adoptaron el planteamiento contrario: vender muchos tipos de artículos a un único precio. La oferta era variada y sorprendente: material escolar, cubiertos, artículos de regalo, herramientas, casetes o bisutería. Casi todo se vendía a cien pesetas. El éxito fue arrollador y, sin duda, los primeros empresarios que se arriesgaron con una oferta tan original consiguieron grandes beneficios. Como es lógico, la competencia comenzó enseguida; atraídos por las ganancias y los escasos costes en comparación con los necesarios para emprender otros negocios, entraron nuevos vendedores en el mercado para satisfacer la demanda de este tipo de establecimientos y productos. La afluencia de nuevas empresas fue enorme, y en una misma calle podía haber dos o tres «Todo a cien». Ante el incremento de la competencia y, por tanto, de la oferta de este tipo de productos, los demás vendedores tuvieron que bajar aún más los precios. Posteriormente, se adoptaron fórmulas similares ampliando la banda de los precios («Todo a quinientas», «Todo a mil», etc.) u ofreciendo más variedad de productos (juguetes, material informático), pero también fueron imitadas. Finalmente, por saturación del mercado, los beneficios se convirtieron en pérdidas y numerosas empresas tuvieron que salir del mercado para dedicarse a otra actividad. Esto facilitó la supervivencia de las empresas que no habían abandonado el mercado, que recuperaron la clientela y los beneficios al disminuir la oferta y cesar las guerras de precios».

a) ¿Cuál fue la fórmula en la que se basó el éxito de los establecimientos «Todo a cien»?

b) ¿Por qué tuvieron los empresarios que bajar el precio cuando aumentó la competencia?

c) Identifica las distintas fases que marcaron la evolución de estas empresas.

d) En este caso concreto, ¿en qué consistió la libertad de entrada y salida?

e) Hoy día, ¿qué tipo de empresas han sustituido a la mayoría de las descritas en el texto?

14. Relaciona los siguientes titulares extraídos de la prensa económica con conceptos económicos estudiados a lo largo de esta unidad.

a) «Sigue aumentando la publicidad en horario infantil».

b) «Renfe anuncia una subida de precios en los billetes de tren».

c) Competencia investigará la actuación de las petroleras».

15. Temas de debate:

a) ¿Es justo que se penalice a los monopolios como el que tiene Microsoft con Windows?

b) Piensa en tres anuncios que actualmente se estén emitiendo en la televisión. Identifica el producto anunciado, el eslogan y los valores con los que se quiere asociar el producto. Haz una puesta en común con tus compañeros y reflexiona sobre los resultados.

6

Los fallos del mercado

Formulada en un tiempo en el que no se intuía el poder que llegarían a tener las empresas y los mercados, la metáfora de la mano invisible de Adam Smith sostiene que el interés o egoísmo personal conduce al bienestar común. Pero el hecho de que cada persona vele por su propio interés también tiene consecuencias negativas, como por ejemplo los abusos de las grandes empresas, el aumento de las diferencias entre ricos y pobres o la contaminación. A estas consecuencias negativas se las llama fallos del mercado porque a todos nos gustaría que las cosas funcionaran de manera distinta.

1. Las limitaciones del mercado

La mano invisible es una metáfora creada por Adam Smith para explicar y defender el libre funcionamiento del mercado. Se trata de una metáfora acertada en general, pero equivocada en particular. Y es que en algunos casos el mercado conduce a situaciones indeseables, como las desigualdades sociales, la posición dominante de ciertas empresas, la contaminación o los abusos que sufre la clase trabajadora. Estos efectos negativos del mercado, fruto de un funcionamiento incontrolado o ineficiente, se denominan **fallos del mercado.**

Un **fallo** es una consecuencia negativa del funcionamiento del mercado y se produce cuando este no es eficiente en la asignación de los recursos disponibles.

Y aunque el Estado interviene para tratar de corregir los efectos negativos del mercado, solo consigue mitigarlos. En definitiva, los principales **fallos del mercado** son la inestabilidad de los ciclos económicos, la existencia de bienes públicos, las externalidades, la competencia imperfecta y la distribución desigual de la renta.

En los siguientes apartados analizaremos en qué consiste cada uno de estos fallos y cómo interviene el sector público para tratar de corregirlos.

Fig. 6.1. En España, la producción, la venta y la distribución del tabaco siguen un funcionamiento monopolista, lo cual constituye un fallo de mercado, debido a la ausencia total de competencia. Casi el 80% del precio total del tabaco son impuestos –beneficios que ingresa el Estado– sin contar con los beneficios provenientes de la venta y la distribución. Es decir, el Estado obtiene beneficio de los fumadores por tres vías diferentes, aunque después les preste asistencia sanitaria –es decir, gastos que realiza el Estado– por los efectos perjudiciales que fumar tiene sobre su salud.

Observatorio 1

¿Por qué el sector público interviene activamente en los sistemas de mercado?

Un embajador de la extinta Unión Soviética –uno de los pocos países que durante el siglo XX ensayaron el sistema de dirección centralizada– preguntó una vez: «¿Quién se ocupa del suministro de pan de Londres?». La respuesta que lo dejó aterrorizado fue: «Nadie». Tal como dejó dicho Adam Smith en el siglo XVIII, es el interés del panadero en su propio provecho el que promueve el negocio del pan, y lo hace mucho mejor que cualquier institución pública, como es el caso de los sistemas de dirección centralizada. En los sistemas de mercado, el sector público interviene estableciendo unos mínimos, como por ejemplo licencias y horarios de apertura, normas sanitarias, salarios mínimos, etc. Pero no es suficiente: como el sector público no controla directamente el mercado del pan, podría suceder que los panaderos llevaran demasiado lejos la búsqueda de su propio provecho y se pusieran de acuerdo para cobrar precios abusivos o que contaminaran los ríos que suministran el agua potable a las ciudades. Por otra parte, y como el mercado está sujeto a rachas –periodos temporales de fortuna o adversidad– bien pudiera ser que una crisis económica obligara a las panaderías a despedir empleados e incluso a cerrar, con todos los problemas que ello supone. Por último, podría suceder que no todos los ciudadanos tuvieran dinero suficiente para poder comprar un alimento básico como el pan, y es que el mercado ha demostrado ser un mecanismo que reparte los recursos de manera muy desigual, favoreciendo a los que disponen de una renta más alta o mayores recursos.

Actividades

1> Describe qué es un fallo de mercado y cuándo se producen este tipo de fallos.

2> Explica de qué mecanismos crees que disponen las economías mixtas para actuar contra los fallos de mercado.

2. La inestabilidad de los ciclos económicos

> **Reflexiona**
>
> **¿Puestos de trabajo o beneficios?**
>
> La *flexibilidad laboral* define la facilidad que ofrece el mercado del empleo para adaptarse a las contingencias de la economía. Flexibilizar consiste, básicamente, en abaratar los despidos o facilitar la movilidad geográfica para reducir costes salariales. Se trata de una medida controvertida: mientras los empresarios sostienen que la reducción de costes hace aumentar la eficiencia y permite la creación a medio plazo de más puestos de los que en principio se destruyen, los trabajadores entienden que se trata de una medida que otorga demasiado poder a los empresarios, quienes la aprovecharán para aumentar sus beneficios y no para crear más empleo.

Como muchas otras cosas en la vida, la economía también está sujeta a ciclos. Que una actividad esté sujeta a un comportamiento cíclico no es un problema, siempre que cada fase sea mejor que la anterior, pero lo habitual es que a una fase buena le suceda una mala. Esto es, precisamente, lo que ocurre en las economías de mercado.

> Los **ciclos económicos** son fluctuaciones de la actividad económica en fases alternas de expansión y recesión.

A las fases o épocas de expansión, en las que la actividad económica y el empleo crecen considerablemente, les suceden otras de recesión y depresión en las que una gran parte de los recursos productivos disponibles (trabajadores, máquinas, capitales, etc.) permanecen ociosos. En épocas de recesión, la infrautilización de los recursos es especialmente preocupante porque el valor en la producción de bienes y servicios disminuye notablemente. Al final de la fase de recesión, sigue otra de expansión y así sucesivamente. En definitiva, la economía adopta un comportamiento cíclico con fases alternas de expansión y recesión. A este fenómeno se le conoce con el nombre de **inestabilidad cíclica.**

La inestabilidad cíclica es el más importante de los fallos del mercado porque afecta directamente al número y a las características de los puestos de trabajo de un país. El descenso de la actividad económica en las fases de recesión incide sobre el salario, principal –y, muchas veces, única– fuente de ingresos para la mayoría de las familias. Cuando llegan las «vacas flacas» y las empresas han de reducir sus costes debido a la disminución de las ventas, el trabajo o mano de obra es el primer recurso productivo que se sacrifica.

Los indicadores económicos como el PIB, que mide el valor de la producción de bienes y servicios, u otros, que estudiaremos en la Unidad 9, señalan el fin de una fase de expansión y, por lo tanto, el comienzo de una de recesión. En época de recesión, el **sector público** puede adoptar una de estas dos posturas:

- **No intervenir,** confiando en que el mercado salga por sí solo de la crisis y la actividad económica vuelva a expandirse.
- **Intervenir,** consumiendo o produciendo bienes y servicios. Por medio de este tipo de intervención, el Estado hace crecer artificialmente los niveles de actividad económica para compensar la falta de demanda privada de bienes y servicios y, a su vez, estimula con su actuación a empresarios y consumidores.

A quienes prefieren no intervenir (herederos de las ideas de Adam Smith) se les denomina neoliberales, mientras que los que prefieren la segunda opción se conocen como neokeynesianos, en honor a John Maynard Keynes, el primer economista que defendió la intervención del Estado para corregir el mecanismo natural del mercado.

Fig. 6.2. Las fases del ciclo económico son cuatro: *depresión* o fondo, *expansión* o recuperación, *auge* o cima y *recesión.* En todo caso, la experiencia histórica demuestra que la tendencia de la producción de bienes y servicios sigue una línea ascendente. O, dicho de otro modo, que los periodos de recuperación o de «vacas gordas» son de mayor intensidad que los de crisis o «vacas flacas».

2.1. La intervención del sector público: política macroeconómica (función estabilizadora)

Desde la primera y más famosa crisis del sistema de economía de mercado, la Gran Depresión de 1929, se considera responsabilidad del sector público, y por lo tanto de los distintos Gobiernos, adoptar medidas que favorezcan un desarrollo sostenible (Observatorio 5) que, entre otros objetivos, suavice las fluctuaciones de los ciclos económicos o las minimice. Esta y otras funciones que veremos más adelante configuran lo que se denomina *política macroeconómica*.

El conjunto de medidas e instrumentos que utiliza el Estado para intervenir en la actividad económica y tratar de favorecer la marcha del país se denomina **política macroeconómica.**

Sobre ella hablaremos en la Unidad 10, cuando estudiemos con mayor profundidad los distintos medios de los que se vale un Gobierno para intervenir en la economía de un país, pero en el Observatorio 1 tienes un buen ejemplo de hasta qué punto es importante enfocar acertadamente la intervención del sector público mediante la política macroeconómica a la hora de dinamizar una economía sumida en una fase de recesión.

Fig. 6.3. Fábrica de cascos alemana. Cada Estado se define por aquello en lo que invierte sus haciendas.

Observatorio 2

¿Cómo puede reactivar la economía el sector público?

La Gran Depresión de 1929 nació en Estados Unidos, pero sus efectos se sintieron en todo el mundo durante la década de los treinta. Siguiendo las ideas intervencionistas de J. M. Keynes, el sector público estadounidense abordó, en la década de los años treinta, el desarrollo de un ambicioso plan de construcción de grandes obras públicas civiles denominado *New Deal.*

Embalses, carreteras, desecación de pantanos, puentes... son muchas las obras que datan de esa época. El Estado asumió la contratación de trabajadores y el pago a las empresas constructoras para realizar numerosas obras que, aunque no eran «estrictamente necesarias», sentaron las bases para la recuperación económica del país que llegaría varios años después.

Otro ejemplo histórico de cómo la intervención del sector público puede dinamizar una economía fue el de Alemania. En este país, derrotado y humillado tras la primera guerra mundial, también intervino el sector público, pero a diferencia de Estados Unidos, que concentró dicha intervención en la construcción de obras civiles, el Estado alemán, ya bajo el régimen nazi, concentró los gastos gubernamentales en la producción de armamento.

La construcción de armas y equipos militares a gran escala propició el auge de las fuerzas armadas y la elaboración de proyectos destinados a una guerra de conquista. El sistema fascista de «economía armamentística» llevó a Alemania a lograr el pleno empleo y a conseguir niveles de prosperidad desconocidos desde antes de la primera guerra mundial pero, lógica e inevitablemente, también la llevó a una nueva guerra mundial.

Actividades

3> ¿Qué son los ciclos económicos? ¿Por qué se considera la inestabilidad económica uno de los principales fallos del mercado?

4> En una época de recesión económica, ¿qué alternativas tiene el sector público?

3. La existencia de bienes públicos

	Rival en consumo	No rival en consumo
Excluible	• Bienes privados • Alimento • Ropa • Vivienda	• Monopolios naturales • Patentes • TV por cable
No excluible	• Recursos comunes • Pesca • Montes vecinales • Bienes públicos no puros	• Faro • Embalse • Policía • Bienes públicos puros

Un bien es **excluible** si quien lo ofrece puede evitar a los consumidores parásitos.

Un bien es **no excluible** si quien lo ofrece no puede evitar a los consumidores parásitos.

Un bien es **rival en el consumo** si no puede consumirse por más de una persona al mismo tiempo.

Un bien es **no rival en consumo** si puede ser disfrutado por más de una persona al mismo tiempo.

Tabla 6.1. Relación entre la rivalidad por consumir y la posibilidad de excluir a los consumidores parásitos o «gorrones», de los cuales hablamos en el Observatorio 3. Sobre los bienes públicos puros e impuros tratamos en el Observatorio 4.

Aunque el mercado debería proveer en cantidad suficiente de todos los bienes y servicios que la sociedad demanda, no siempre sucede así. Hay situaciones en las que el mercado no es capaz de dar respuesta a ciertas demandas, como las de tipo social. Por ejemplo, si cada uno velara solo por su propio interés, ¿crees que existirían carreteras comarcales? ¿Qué inversor estaría dispuesto a costear una inversión que luego no podría recuperar? El mercado solo ofrecería las carreteras que fuesen rentables, por las que circulasen muchos vehículos, que permitiesen recuperar la inversión y obtener un beneficio.

Este tipo de bienes que no son rentables para un inversor particular, pero sí lo son para el país, se denominan **bienes no rentables.** Se caracterizan porque es prácticamente imposible impedir que las personas que no han pagado por ellos los utilicen. En todo caso, lo relevante es que la demanda que existe de ellos no se satisface adecuadamente, porque las empresas públicas no ofertan suficiente cantidad, como es por ejemplo el caso de las comarcales de la red viaria pública.

3.1. La intervención del sector público: suministro de bienes públicos

En estas situaciones en las que la iniciativa privada produce una cantidad inferior de bienes y servicios de la que demanda la sociedad, es el Estado, finalmente, el que suministra estos bienes y servicios por razones de interés público. Además, el Estado proporciona otro tipo de bienes y servicios que, dada su importancia estratégica para el buen funcionamiento de una democracia, han de ser gestionados directamente por la Administración Pública, como el ejército o la justicia.

El suministro de bienes y servicios públicos se concreta de varias formas:

- mediante **producción propia** (justicia, policía, ejército, educación, etc.);
- adquiriéndolos a las **empresas privadas** para después distribuirlos gratuitamente entre la población (alumbrado, carreteras, puentes, etc.);
- o **subvencionando parcialmente su adquisición** (sanidad, viviendas sociales, etc.).

Observatorio 3

¿Por qué ciertos consumidores perjudican a todos?

A las personas que no están dispuestas a pagar por la utilización de bienes o servicios colectivos que les benefician se les denomina **consumidores parásitos.** La característica del consumidor parásito es que no paga el consumo de un bien porque, como no puede ser excluido del servicio, prefiere aprovecharse del pago que realizan los demás, los cuales, en consecuencia, resultan parasitados. Estos consumidores parásitos, o «gorrones», distorsionan el mercado porque logran que el Estado actúe en su beneficio, consumiendo la provisión de bienes colectivos.

Imaginemos un monte donde la mayoría de propietarios está de acuerdo en contribuir para financiar una pista asfaltada, pero dos de ellos, a los cuales no se les podría excluir en el caso de que fuera construida, se oponen. Como todos tienen que ceder terreno pero no se ponen de acuerdo, al final se presiona al sector público para que la construya con todo lo que ello supone: el dinero para la pista se podría haber utilizado en otros fines más necesarios, sin contar con el tiempo perdido.

Actividades

5> De acuerdo con la Tabla 6.1, clasifica una puesta de sol, la educación pública y el programa Windows de Microsoft.

6> ¿Por qué a cierto tipo de consumidores se los considera parásitos o «gorrones»?

4. Las externalidades

En la Unidad 3 vimos que, cuando una empresa fabrica un producto, genera unos costes asociados a la utilización de los recursos productivos (en forma de salarios, alquileres o intereses) que trata de recuperar con un cierto margen de beneficio mediante la venta de sus productos. Son **costes internos** que la empresa soporta al desarrollar su actividad económica, pero en muchos casos, la actividad productiva tiene unas consecuencias negativas cuyo coste no es soportado por la propia empresa, como el coste de regenerar un bosque talado.

En este último caso, se trata de **costes externos** o **externalidades negativas** soportados sin compensación por personas ajenas a la empresa como consecuencia de la actividad de esta. Por ejemplo, el humo de la chimenea de una fábrica empeora la calidad de vida de las personas que viven cerca; los residuos que una industria vierte al río, aunque esté lejos de una ciudad, afectan indirectamente a los ciudadanos, pues se pierde un espacio de ocio y además será necesario depurar el agua para su consumo; el agotamiento de los recursos no renovables perjudicará a futuras generaciones, etc.

Como todos estos efectos no son contemplados por las empresas, tampoco son trasladados a los precios de los productos que venden, de tal forma que el mercado no informa correctamente a los consumidores de cuáles son los costes reales de producción del bien en cuestión, pues solo se han tenido en cuenta los costes internos, prescindiendo de los externos.

Coste externo (o **externalidad negativa**) es el coste de una actividad económica que recae sobre personas distintas de las que realizan dicha actividad.

Por otra parte, también pueden existir **beneficios externos** o **externalidades positivas,** es decir, efectos beneficiosos para otras empresas o particulares gracias al desarrollo de la actividad económica.

El caso más ilustrativo de externalidad positiva es la generalización y abaratamiento de la tecnología y los descubrimientos. Aunque, al principio, algunos avances tecnológicos e inventos de la ciencia son descubiertos y comercializados por una sola empresa, finalmente son producidos a menor coste por otras empresas, de tal forma que benefician a toda la sociedad.

Observatorio 4

¿Por qué disfrutamos más de unos bienes públicos que de otros?

Se distinguen dos tipos de bienes públicos atendiendo a la rivalidad para disfrutar de ellos:

- **Bienes públicos puros.** Son los que, por sus características, solo pueden ser ofrecidos a todos o a nadie, puesto que no hay rivalidad para consumir el bien. La defensa nacional, un faro o el alumbrado público son bienes públicos puros. Todos disfrutamos por igual de ellos y es imposible excluir a nadie.
- **Bienes públicos no puros.** Puede haber cierta rivalidad para disfrutar de ellos, a diferencia de lo que ocurre con los bienes puros. Es lo que sucede con la educación: todos los alumnos se pueden beneficiar por igual de las becas de estudio que concede la Administración, pero si el número de solicitudes excede el cupo establecido, entonces entran en juego una serie de criterios selectivos que hacen que se concedan las becas a unos estudiantes en detrimento de otros.

Reflexiona

¿Realmente estamos dispuestos a ser ecológicos?

Todos sabemos que la adopción de procesos productivos respetuosos con el medioambiente supone elevar el coste de los productos y, por tanto, el precio de venta al público. ¿Estamos dispuestos a comprar los productos de las empresas ecológicas aunque sean más caros?

En Internet

Puedes consultar las páginas oficiales del Ministerio de Medioambiente en la dirección: www.magrama.gob.es, y las de la UE en http://www. eea.europa.eu/es. El sitio www.medioambienteonline.com está especializado en cuestiones medioambientales relacionadas con el mundo empresarial.

Fig. 6.4. Mineros instalando tuberías de ventilación. El carbón español de yacimientos subterráneos es un 25 % más caro que el importado, situación que el Gobierno corrige subvencionando a las centrales térmicas la diferencia de precio. Por otra parte y en general, las actividades mineras son contaminantes pero se mantienen por dos razones: el equilibrio territorial (familias y comarcas enteras viven del carbón en Aragón, León o Asturias) y la estrategia energética (para acceder a las reservas carboníferas en caso de crisis energética).

Por ejemplo, el ácido acetilsalicílico, conocido popularmente como *aspirina*, fue descubierto hace más de cien años por la farmacéutica Bayer, pero en la actualidad son muchas las empresas que venden el mismo compuesto y, en consecuencia, toda la sociedad se beneficia del descubrimiento a un precio muy asequible.

Beneficio externo (o **externalidad positiva**) es el beneficio de una actividad económica recibido por personas distintas de las que realizan la actividad en cuestión.

En todo caso, hoy en día muchos economistas sostienen que la contaminación y el deterioro del medioambiente es la factura que pagamos todos por los avances tecnológicos y el bienestar que disfrutan las sociedades modernas.

Las **externalidades** son consecuencias derivadas de la actividad económica que afectan a personas distintas de las que realizan la actividad en cuestión, y no tienen reflejo en los precios de los bienes y servicios producidos.

4.1. La intervención del sector público: política medioambiental

Un Gobierno puede utilizar varios instrumentos para reducir la contaminación, pero la implantación de cualquier medida exige que se realicen ciertos estudios previos, que consisten en:

a) Obtener información sobre el tipo de contaminación (atmosférica, acústica, etc.).

b) Identificar y clasificar los agentes que la causan. Por ejemplo, algunos de los contaminantes del aire son el dióxido de carbono o los metales pesados.

c) Medir el impacto de la contaminación sobre el medio natural y las personas.

Umbrales máximos	Consiste en determinar unos límites que marcan la máxima contaminación que una empresa está autorizada a causar, de tal forma que quienes los sobrepasen serán sancionados. Es el método más utilizado por los Gobiernos para combatir la contaminación, pero su inconveniente es el elevado coste que supone fijar esos umbrales y controlar a las empresas.
Impuestos unitarios	La cantidad que se paga está en relación directa con lo que se contamina: cuanto más se contamina, más se paga en concepto de impuestos. Por ejemplo, por cada kilo de dióxido de azufre emitido al aire se deben pagar 0,50 €. Muy atractivos por justos (los que más contaminan son los que más pagan), en la práctica estos impuestos son poco viables por costosos, y es que se precisa de personal especializado e independiente en cada empresa para medir las contaminaciones.
Licencias de contaminación	Para poder contaminar hay que obtener una licencia en la que se especifica el límite de emisión de las diversas sustancias contaminantes, el periodo de vigencia, el lugar, etc.

Tabla 6.2. Medidas para combatir la contaminación. La normativa medioambiental, y por tanto la imposición de los correspondientes impuestos, multas y licencias es de competencia autonómica.

Fig. 6.5. En España, los parques eólicos marítimos son muy costosos porque, en general, la plataforma litoral solo tiene 20 km. La energía eólica o la solar son rentables, pero aún queda mucho camino que recorrer. Las instalaciones y el mantenimiento son muy caros.

Ante el establecimiento de impuestos o sanciones, las empresas tienen dos opciones:

- Añadir el coste de los impuestos a sus costes internos sin subir el precio de sus productos (en cuyo caso la empresa reduciría sus beneficios).
- Trasladar el impuesto al precio de venta de los productos para que el consumidor decida si paga o no un mayor precio por consumir un bien producido mediante un proceso de fabricación respetuoso con el medioambiente.

Todas estas medidas de política medioambiental aceptan la contaminación como un mal menor, puesto que ninguna de ellas la previene, sino que se limitan a obtener una compensación económica por un daño que ya se ha producido.

La sociedad debe ser consciente de que es responsabilidad de todos evitar el deterioro medioambiental. Si, en la actualidad, las consecuencias de la degradación de nuestro entorno, como por ejemplo los cambios climáticos, la lluvia ácida o la polución del aire y el agua, ya pueden apreciarse, imagina qué tipo de planeta heredarán las futuras generaciones si no combatimos el origen del problema en vez de ponerle «parches» como hacemos actualmente.

Reflexiona

¿Más servicios públicos o menos impuestos?

Frecuentemente, la sociedad reclama la gratuidad o la mejora en los bienes y servicios públicos. Cuando, por ejemplo, pedimos que las entradas de los museos nacionales sean gratuitas o que suban las pensiones de los mayores, le estamos diciendo indirectamente al Estado que suba los impuestos para atender nuestras demandas o que redistribuya mejor el gasto existente.

Observatorio 5

¿Qué entendemos por desarrollo sostenible?

La contaminación es una de las externalidades negativas más preocupantes y constituye un fallo del mercado demasiado frecuente al que todos los ciudadanos contribuimos. Por ejemplo, cuando circulamos con nuestro coche por la carretera, a través del tubo de escape se expulsan gases que contribuyen al efecto invernadero y al calentamiento del planeta; del mismo modo, la construcción de las carreteras destruye gran cantidad de vida vegetal y animal; los muebles, los ordenadores, el papel, la electricidad, etc., todo lo que nos rodea tiene su coste social y medioambiental.

La preocupación que todos sentimos por el deterioro del medioambiente se refleja desde hace tiempo en los programas de todos los partidos políticos y, en consecuencia, en las normativas medioambientales de todos los países europeos, incluida España. El objetivo de estas normas no es solo proteger el medioambiente sino asegurar la posibilidad de mantener el crecimiento económico. Un desarrollo que arriesgue el futuro de los recursos naturales compromete asimismo el desarrollo futuro de la economía. Como dice el refrán, «pan para hoy y hambre para mañana».

El concepto de crecimiento económico sostenible hace referencia al incremento de la producción y del empleo de un país, lo que, normalmente, se traduce en riqueza y bienestar para sus habitantes, pero no a cualquier precio, sino siendo respetuoso con el medioambiente para no perjudicar el bienestar de las generaciones futuras. Según el Informe de la Comisión Mundial sobre el Medioambiente y el Desarrollo (Comisión Brundtland), que se titula «Nuestro futuro común», desarrollo sostenible es «aquel que satisface las necesidades actuales de las personas, sin comprometer la capacidad de las futuras generaciones para satisfacer las suyas».

Desarrollo sostenible

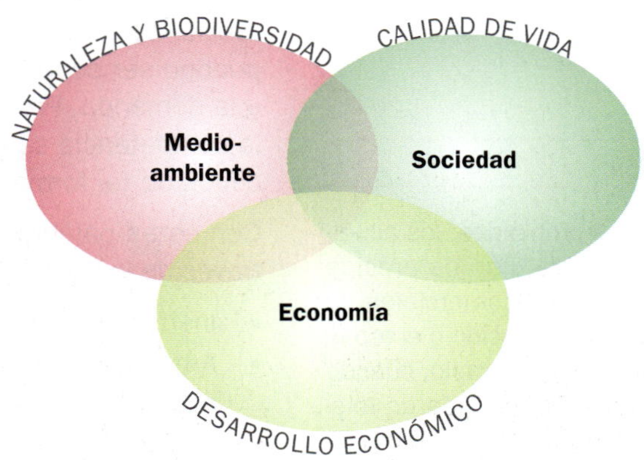

Actividades

7> Elabora, con tus propias palabras, una definición de externalidad.

8> Pon ejemplos de externalidades positivas distintos de los que aparecen en el texto.

9> ¿Qué inconvenientes presentan las medidas que luchan contra la contaminación?

10> Selecciona un titular de prensa relacionado con un desastre ecológico y comenta con tus compañeros qué medidas habrían podido evitarlo.

5. La competencia imperfecta

El entorno competitivo incentiva a las empresas a mejorar la calidad de sus productos y servicios y a ajustar sus precios (Tabla 6.3).

Ventajas de la libre competencia
• Estimula la innovación y el progreso tecnológico, como consecuencia de la búsqueda de medios más eficientes para producir.
• Permite el acceso del público en general a un mayor número de bienes y servicios, gracias a la reducción de los precios.
• Hace que aumenten los salarios reales de los trabajadores al bajar los precios de los bienes y servicios. Aunque los salarios permanecen iguales, los trabajadores disfrutan de mayor poder adquisitivo.
• Facilita el acceso al mercado a nuevas empresas y, por lo tanto, se crea empleo.

Tabla 6.3. Las virtudes de la libre competencia.

Como hemos estudiado, la falta de competencia o situación de competencia imperfecta conduce a prácticas abusivas por parte de las empresas en la fijación de precios o en las cantidades de producto que se ofrecen al mercado, de tal forma que la satisfacción de las necesidades de los consumidores pasa a un segundo plano.

5.1. La intervención del sector público: defensa de la libre competencia

«A pesar de los beneficios derivados para el conjunto de la sociedad del funcionamiento competitivo de los mercados, en determinadas ocasiones, los intereses particulares de algunos agentes económicos pueden no coincidir con los principios inspiradores de la libre competencia, de tal forma que los incentivos para llevar a cabo prácticas restrictivas de la misma pueden ser superiores a los que obtendrían con el libre funcionamiento de la ley de la oferta y la demanda. Por ello, en estas ocasiones la intervención de las autoridades de defensa de la competencia se hace necesaria para garantizar el funcionamiento competitivo de los mercados de tal forma que sus beneficios alcancen al conjunto de la sociedad.»

Con estas palabras se justifica la defensa de la competencia como una prioridad pública, a través de la **Comisión Nacional de la Competencia (CNC),** que tiene las siguientes **funciones:**

- Instrucción y resolución de los procedimientos en materia de defensa de la competencia.
- Arbitraje, competencias consultivas y labores de promoción de la competencia en los mercados.
- Fomento de la transparencia de sus actuaciones y responsabilidad frente a la sociedad.
- Elaboración de informes sobre la situación de competencia en los mercados y análisis y evaluación de los efectos de la concesión de ayudas públicas.

Sabías que

El sistema español de defensa de la competencia entronca directamente con las normas relativas a este tema del Tratado Constitutivo de la Comunidad Europea (TCE). De hecho, la defensa de la libre competencia juega un papel fundamental en el proyecto de integración europea y, en particular, en la constitución de un verdadero mercado único.

En Internet

En la web de la Comisión Nacional de la Competencia (CNC) (http://www.cncompetencia.es/), puedes recabar más datos sobre la defensa de la libre competencia que promueve la Administración del Estado.

Atención

Son conductas prohibidas: los acuerdos o pactos para fijar los precios u otras condiciones comerciales, la limitación de la producción o el reparto del mercado. Por ejemplo, cuando determinadas empresas de un mismo sector acuerdan subir conjuntamente el precio de venta al público de sus productos.

Actividades

11> ¿Por qué crees que la Unión Europea promovió la desaparición de los grandes monopolios públicos? ¿Crees que la medida es justa en todos los casos?

12> Selecciona un titular de prensa o Internet en el cual la CNC haya actuado en defensa de la libre competencia y comenta con tus compañeros en clase qué te ha llamado la atención.

6. La distribución desigual de la renta

La principal virtud del sistema de economía de mercado es que las familias y las empresas eligen según sus preferencias y disponibilidades, pero esta virtud se convierte también en su «talón de Aquiles». En el mercado solo expresan sus preferencias aquellos cuyo nivel de ingresos les permite pagar los precios de los bienes y servicios que ofrecen las empresas. Las personas con menor capacidad adquisitiva apenas pueden «comunicarse» con el mercado para hacerle saber sus necesidades.

Las personas con rentas altas representan un mínimo porcentaje en el conjunto de la sociedad, de tal forma que, si el sector público no interviniera, el mercado solo satisfaría las necesidades de los que más tienen y se acentuarían las desigualdades económicas. Desde siempre, la desigual distribución de la renta ha sido objeto de críticas por parte de los movimientos sociales, ya que los principios básicos que rigen la organización política de la mayoría de las sociedades modernas, los democráticos, hablan de igualdad, justicia y equidad.

6.1. La intervención del sector público: política macroeconómica (función redistribuidora de la renta)

La política macroeconómica no solo persigue estabilizar la economía para minimizar los efectos negativos de sus fluctuaciones. Otro de sus objetivos importantes es reducir las desigualdades en la distribución personal o geográfica de la renta, estableciendo leyes y medidas para redistribuirla. Este objetivo se articula, principalmente, a través de la política fiscal, que se expresa cada año en los Presupuestos Generales del Estado (PGE).

De acuerdo con el **principio de equidad,** el sostenimiento de los gastos que posibilitan la acción correctora del Estado debe ser financiado por todos sus ciudadanos según su capacidad económica.

Dicha financiación o captación de fondos (ingresos públicos) se produce, fundamentalmente, a través de los **impuestos** que pagamos todos los españoles, pero no todos pagamos lo mismo. En un sistema democrático que persigue un mejor reparto de la renta, la mayoría de los impuestos son progresivos, es decir, paga más impuestos quien más tiene. Una vez recaudados los fondos, el Estado decide cuál será su destino (gastos públicos) en función de una serie de prioridades; es decir, redistribuye los fondos que previamente el libre funcionamiento del mercado asignó a los distintos ciudadanos.

La **redistribución de la renta** es como se conoce el proceso mediante el cual el Estado vuelve a distribuir, de acuerdo con el principio de equidad, fondos que previamente fueron asignados por el mercado a ciudadanos con alta capacidad económica.

Así, cuando el Estado concede becas de estudio para los hijos de aquellas familias cuyos ingresos por ejemplo no superen los 15 000 € anuales, está redistribuyendo la renta del país. Otras medidas aplicadas por el sector público para distribuir mejor la renta son las leyes de salario mínimo, las subvenciones para la creación de empresas o la política social. Esta última partida es la más elevada dentro de los gastos públicos, como suele ocurrir en los sistemas de economía mixta y donde el grado de protección social es alto; así sucede en España y en los demás países europeos. En el capítulo social de los PGE, se detallan las cantidades asignadas a la Seguridad Social, la actualización de las pensiones, los subsidios de desempleo, las medidas para favorecer la contratación de trabajadores, las becas de estudio, etc.

Reflexiona

¿Por qué solo se ha alcanzado un pacto político de consenso en lo que respecta a las pensiones?

A propósito del sistema de pensiones, mecanismo fundamental para reducir las desigualdades, se suscribió en España en 1995 el «Pacto de Toledo», nombre con el que se conoce el compromiso de todos los grupos políticos con representación parlamentaria en el mantenimiento y consolidación del sistema de protección social más allá de ideologías y confrontaciones políticas, garantizando su viabilidad futura a través de la adopción de medidas que permitan su adaptación constante a las nuevas realidades y retos que puedan plantearse. Debido a que fue consensuado por todos los partidos políticos, se trata de un pacto único en la historia de la democracia española pero, sin restarle importancia y mérito, llama la atención que los partidos políticos no hayan llevado a otras áreas este tipo de acuerdos. Y es que casi sistemáticamente y con motivo de los cambios al frente de las instituciones públicas, el partido político entrante deshace lo que hace el saliente en materias tan importantes como son por ejemplo la educación o la sanidad.

Fig. 6.6. Desde el punto de vista económico, una persona es pobre o está bajo el umbral de la pobreza cuando sus ingresos son inferiores al 60 % de la renta disponible en los hogares de la sociedad en la que vive. En España a diciembre de 2014 este umbral se situaba en 8 100 € anuales para un hogar de un adulto (la mitad para un niño).

Fallo de mercado	Intervención del Estado
• Inestabilidad de los ciclos económicos	• Política macroeconómica (función estabilizadora)
• Escasez de bienes no rentables	• Suministro de bienes públicos
• Externalidades negativas	• Política medioambiental
• Competencia imperfecta	• Leyes antimonopolio para la defensa de la libre competencia
• Distribución desigual de la renta	• Política macroeconómica (función redistribuidora de la renta)

Tabla 6.4. Intervención del sector público para corregir los fallos del mercado.

A lo largo de la unidad hemos hablado sobre la forma en que el Estado, en virtud de un valor básico en las sociedades democráticas como es la **equidad,** trata de corregir los fallos del mercado. Con la equidad se pretende la **igualdad de oportunidades** para empresas y familias, así como que todos se beneficien de los logros económicos o sociales. Pero todo eso pasa a un segundo plano si los recursos son escasos o se aprovechan mal.

La **eficiencia económica** de cualquier Estado se mide por su capacidad para aumentar la cantidad de recursos o de optimizar los existentes mediante el incremento del crecimiento y el empleo, así como de la estabilización de los precios.

Sobre estos objetivos, que constituyen el núcleo central de la macroeconomía, hablaremos detalladamente en las siguientes unidades, y es que con esta unidad damos por finalizado el estudio de la microeconomía.

Observatorio 6

¿Cómo contribuye la Seguridad Social a la igualdad entre todos los españoles?

La Seguridad Social (SS) es como un fondo que proporciona prestaciones a toda la población. Los principales cotizantes obligatorios de este «bote» son las empresas y trabajadores, pero no solo se benefician ellos. La SS funciona como un sistema compensatorio de las desigualdades entre ciudadanos y es que muchas de sus prestaciones son accesibles a todos con independencia de que se haya cotizado o no. Unas personas aportan más y otras menos o nada, pero lo importante es que los que no reciben las prestaciones ayudan a otros que sí las necesitan. Asistencia sanitaria, servicios sociales, bajas laborales, maternidad, paro, etc. Son muy variadas las formas en las que la SS actúa como un paraguas frente a la adversidad o las circunstancias. Entre el total de prestaciones destacan, por su importante función social y por su cuantía (representan más de dos tercios del gasto total) las **pensiones.** Además de garantizar una vida digna a sus receptores, las pensiones públicas mejoran el reparto de la renta en la medida en que cada año se actualizan de acuerdo con el coste de la vida, al tiempo que se procura la revalorización de las más bajas.

Actividades

13> Explica cómo justifica el sector público su intervención para tratar de corregir la distribución desigual de la renta.

14> En el sostenimiento del sector público, ¿en virtud de qué tipo de impuestos unos pagan más que otros?, ¿qué principio está detrás de la financiación desigual?

15> ¿Qué relación guarda la función redistribuidora de la renta con los PGE?

16> ¿En qué consiste la eficiencia de cualquier Estado?

Textos de apoyo

El Estado de bienestar

Muchas de las medidas sociales de las que disfrutamos hoy día son parte de una variante de la economía mixta que tiene su origen en las turbulentas décadas de los años treinta y cuarenta. El conocido revés experimentado por el sistema de economía de mercado en la Gran Depresión del 29 y las penurias sufridas por la población mundial tras la Segunda Guerra Mundial impulsaron una creciente intervención de los distintos Estados en sus respectivas economías para garantizar el bienestar de sus ciudadanos. Es entonces cuando se empieza a hablar del **Estado de bienestar,** un caso particular de sistema de economía mixta caracterizado por el reconocimiento de una serie de derechos básicos para toda la población.

El concepto de Estado de bienestar es muy relativo. En lo que se refiere al caso español, el Estado de bienestar centra sus ofertas en la salud, la educación y la vivienda:

— **Salud.** Con independencia de su nivel de ingresos, cualquier persona en España tiene derecho a recibir asistencia sanitaria.

— **Educación.** La democracia no sería viable si no transmitiera los valores que la caracterizan (tolerancia, respeto a las normas, juicio crítico, convivencia, etc.), de ahí que en España la educación en valores y conocimientos, además de un derecho, sea obligatoria hasta los dieciséis años.

— **Vivienda.** Según la Constitución, todo el mundo tiene derecho a una vivienda digna. Para garantizar este derecho, se pueden adoptar varias medidas: rebajas de impuestos para la adquisición de la primera vivienda, construcción de viviendas de protección oficial, subvenciones según el nivel de ingresos, etc.

Atendiendo a quiénes son los beneficiarios, el Estado de bienestar de nuestro país distingue entre tres grupos de prestaciones:

— Las **prestaciones universales** se ofertan a toda la población gratuitamente, con lo que solo es necesario que el beneficiario las solicite. Es el caso, por ejemplo, de la sanidad o la educación.

— Las **prestaciones contributivas** son disfrutadas por aquellos que han cotizado (aportado) una serie de cuotas a la Seguridad Social durante un determinado periodo de tiempo. Para percibir estas prestaciones, la ley establece un periodo de cotización mínimo. Por ejemplo, para cobrar la pensión de jubilación es necesario cotizar al menos durante veinticinco años.

— Las **prestaciones sociales** son las más solidarias, puesto que sus beneficiarios son colectivos que tienen escasos o nulos recursos para los que se destinan ayudas como comedores sociales, viviendas de protección social, salarios sociales, etc.

La financiación para todas estas prestaciones es mixta: por un lado, de las cotizaciones de los trabajadores, y por otro, de los impuestos que pagamos todos los españoles.

Con el tiempo se ha demostrado que el nivel de protección social que asume el sector público puede perjudicar el crecimiento económico. Si el Estado destina buena parte de su presupuesto a gastos sociales, no puede utilizar esos mismos recursos para favorecer el crecimiento con medidas tales como ayudar al autoempleo o invertir en infraestructuras. Por ello, en los últimos años la mayoría de los Gobiernos europeos han impulsado medidas para «desandar» el camino que hace décadas les llevó a intervenir activamente en materia de protección social. Estas medidas, cuyo fin último es reducir los gastos públicos, tienen su origen en las políticas establecidas por la Comisión Europea para lograr la convergencia de los países miembros de la UE. Son, entre otras, mayor control del gasto público, flexibilización del mercado laboral, control de la inflación y privatización de las empresas públicas.

Prestaciones	Beneficiarios
Universales →	Toda la población
Contributivas →	Cotizantes
Sociales →	Pobres

Tabla 6.5. Prestaciones y beneficiarios del Estado de bienestar español. Los cotizantes (trabajadores) se benefician de las prestaciones contributivas siempre que la aportación de cuotas a la Seguridad Social alcance un periodo mínimo de tiempo.

1> ¿Por qué el concepto de Estado de bienestar varía de un país a otro?

2> ¿Por qué se dice que la financiación de la Seguridad Social es mixta?

3> ¿Qué es una pensión contributiva y cuál es el criterio básico para otorgarla? Pon algún ejemplo.

4> En el Estado de bienestar, ¿cuál es el coste de oportunidad del elevado gasto social?

Mapa conceptual

FALLOS DEL MERCADO

Inestabilidad de los ciclos económicos	*Existencia de bienes públicos*	*Externalidades*	*Competencia imperfecta*	*Distribución desigual de la renta*
Política macroeconómica (función estabilizadora)	Suministro de bienes públicos	Política medioambiental	Leyes antimonopolio para la defensa de la libre competencia	Política macroeconómica (función redistribuidora de la renta)

INTERVENCIÓN DEL SECTOR PÚBLICO PARA TRATAR DE CORREGIR LOS FALLOS DEL MERCADO

Umbrales máximos

Impuestos unitarios

Licencias de contaminación

Ventajas de la libre competencia

- Estimula la innovación y el progreso tecnológico, como consecuencia de la búsqueda de medios más eficientes para producir.
- Permite el acceso del público en general a un mayor número de bienes y servicios, gracias a la reducción de los precios.
- Hace que aumenten los salarios reales de los trabajadores al bajar los precios de los bienes y servicios. Aunque los salarios permanecen iguales, los trabajadores disfrutan de mayor poder adquisitivo.
- Facilita el acceso al mercado a nuevas empresas y, por lo tanto, se crea empleo.

Unidad 10

POLÍTICA FISCAL EXPRESADA MEDIANTE LOS PRESUPUESTOS GENERALES DEL ESTADO

Gastos públicos — Capítulo social:
- Seguridad Social
- Pensiones
- Becas
- Subvención
- Subsidios
- Ayudas...

Ingresos públicos — Impuestos

ESTADO DE BIENESTAR ESPAÑOL

Aspectos básicos	Tipos de prestaciones	Financiación
Salud	Universales	Cotizaciones
Educación	Contributivas	Presupuestos Generales del Estado
Vivienda	Sociales	

N.º 6. Diario independiente de información económica **Economicus**

«Si no se comparten e implantan unos valores y unas obligaciones morales, ni la ley, ni un gobierno democrático, ni una economía de mercado funcionarán correctamente».
Václav Havel, escritor, dramaturgo y político checo (1936-).

¿La tragedia de los comunes?

«Imaginemos un pastizal en un monte comunal. Ante la ausencia de costes, los pastores añaden cada vez más animales a sus rebaños. La decisión de los pastores es totalmente lógica, pero acaban por sobreexplotar el prado. La libertad individual lleva a la ruina de la comunidad. Las únicas alternativas parecen ser privatizar el pastizal o restringir el derecho de entrada, medidas que solo puede imponer la Administración Pública».

***ELINOR OSTROM**

La sobreexplotación de recursos, con sus indeseadas consecuencias, ha sido la coartada para privatizar –total o parcialmente– los recursos públicos, pero una tercera vía es posible. Tras estudiar docenas de casos, he encontrado ejemplos de propiedad comunal que funcionaban –no se llegaba a la sobreexplotación– así como otros que no funcionaban. ¿Había diferencias? Sí: los que funcionaban tenían una especie de sistema de derechos de propiedad, pero no de propiedad privada.

Ante todo, debe haber claridad sobre lo que obtienen las partes implicadas al administrar los recursos comunales. Al mismo tiempo deben existir métodos efectivos de resolución de conflictos, como la obligación de que la manutención del recurso debería ser proporcional a los beneficios que las personas obtienen de su uso, que el monitoreo y castigo sea realizado por otros usuarios o por alguien que esté sujeto a una rendición de cuentas para con estos, y que a los usuarios se les permita participar en el diseño y la modificación de las reglas. Todas estas reglas se cumplían por ejemplo, en el Tribunal de Aguas de Valencia, que gestiona con éxito los recursos hídricos de la zona desde la Edad Media. En ninguna de estas reglas es necesaria una intervención gubernamental desde arriba, son los propios implicados quienes gestionan el sistema. Y es que esta última es una de las grandes peculiaridades puestas de relieve: que las soluciones impuestas desde arriba hacia abajo no ayudan, como es el caso de la férrea disciplina que los organismos internacionales imponen a los países pobres a cambio de la concesión de préstamos y ayudas.

Las fórmulas sencillas acerca de la propiedad formal, particularmente aquella basada enteramente en la propiedad pública de las tierras forestales, no resuelven el problema del uso del recurso; es necesaria una implicación real y efectiva de los usuarios. Un buen ejemplo es lo que pasó con los elefantes africanos. Los países que, como Kenia, optaron únicamente por la protección tuvieron mucho menos éxito que los que, como Namibia, aseguraron a los habitantes locales beneficios financieros compartidos del turismo y de la caza de trofeos. Si los locales se benefician teniendo una población de elefantes, es mucho menos probable que los maten y mucho más probable que eviten que otros lo hagan.

**(Basado en las ideas y artículos de Elinor Ostrom)*

Premio nobel de Economía en el 2009 por su análisis de los recursos compartidos. Ostrom enfatiza la naturaleza multivariada entre seres humanos y sistemas ecológicos.

Reflexiona

1> ¿Por qué es habitual invocar la intervención gubernamental para gestionar los recursos comunes? ¿Estás de acuerdo con dicha intervención? Justifícalo.

2> ¿Qué tipo de sistema identificó Ostrom como alternativa a la privatización de los recursos?

3> ¿Qué sostiene Ostrom a propósito de la gestión de los sistemas comunales?

4> ¿Cuál fue el incentivo que propició una mejor recuperación de la población de elefantes en Namibia que en Kenia?

Los pescadores responsables

«En la década de los sesenta la comunidad de pescadores de langosta de Port Lincoln, al sur de Australia, estableció un límite al número de capturas y vendió licencias por ese número. Desde entonces, cualquier recién llegado podría entrar en el negocio simplemente comprando una licencia a otro pescador de langostas. La población de langostas ha prosperado hasta tal punto que los pescadores de Port Lincoln trabajan menos aunque ganan mucho más que los de otros lugares. Y no solo eso: una licencia comprada por 2 000 dólares en 1984 vale hoy día unos 35 000 dólares. Daryl Spencer, un pescador de Port Lincoln, dijo al *Times:* "¿Para qué voy a perjudicar a la pesca? Es mi fondo de jubilación. Nadie me pagará 35 000 dólares al contado si no quedan langostas para pescar. Si me dedico a esquilmar la pesca ahora, dentro de diez años mi licencia no valdrá nada". El Sr. Spencer no es más listo ni más altruista que sus colegas pescadores del resto del mundo, lo único que ocurre es que tiene los incentivos adecuados para pescar de forma responsable. Sorprendentemente, algunos grupos ecologistas se oponen a este tipo de cuotas de licencias porque entienden que se privatiza un recurso público. También temen que grandes corporaciones acaben comprando las licencias y expulsen a los pequeños pescadores del negocio».

Charles Wheelan
Profesor y economista

La preocupación por el medioambiente, en los términos en los que la conocemos ahora, empezó a desarrollarse en la segunda mitad del siglo XX, cuando se hicieron patentes los graves efectos indirectos de las actividades empresariales en la naturaleza.

Hemeroteca

Siglo XV

El descubrimiento de América. La pérdida de cosechas, la falta de abastecimiento en las ciudades, los impuestos, las guerras y los enfrentamientos paralizan la transformación de la economía. Europa vive una de sus peores crisis, de la que no logrará salir hasta el descubrimiento de América.

Lectura recomendada: *SUPERFREAKONOMICS*

Steven Levitt y Stephen Dubner
Ediciones B, 2010

A través de ejemplos prácticos y de una sarcástica perspicacia, los autores demuestran que la economía, en el fondo, representa el estudio de los incentivos: el modo en que las personas obtienen lo que desean o necesitan, especialmente cuando otras personas desean o necesitan lo mismo. Este libro, *best-seller* desde su lanzamiento al igual que su predecesor *Freakonomics*, acerca la economía a las personas a través de temas controvertidos. Las conclusiones de este libro ponen patas arriba la sabiduría convencional con datos objetivos y científicos. Y es que, aunque tememos más a los tiburones, los realmente peligrosos son los elefantes o los hipopótamos. Comprendemos que los beneficios de la prostitución han bajado con el tiempo porque a principios del siglo xx solo era posible tener sexo después del matrimonio y relacionamos médicos de urgencias con terroristas suicidas porque en ambos casos utilizamos datos, aunque sea para mejorar el rendimiento de los primeros y capturar a los segundos.

«La economía trata sobre la inflación, los tipos de interés y la bolsa. *Superfreakonomics* es un libro de economía que habla de prostitutas, traficantes de droga y luchadores de sumo fracasados. Para los autores, célebres por su éxito anterior, han sido cuatro años buscando no solo las preguntas más difíciles, sino las más sorprendentes: ¿es más peligroso conducir borracho o caminar borracho? ¿Por qué se receta la quimioterapia tan a menudo si es tan poco eficaz? ¿Puede un cambio de sexo elevar tu salario?

Superfreakonomics desafía nuestra manera de pensar, y explora el lado oculto de las cosas con preguntas como: ¿en qué se parece una prostituta al Papá Noel de unos grandes almacenes? ¿Por qué los médicos se lavan tan poco las manos? ¿Cuán útiles son los cinturones de seguridad? ¿Cuál es la mejor manera de atrapar a un terrorista? ¿Provocó la televisión un incremento del crimen? ¿Qué tienen en común los huracanes, los ataques al corazón y las muertes en carretera? Para el ser humano, ¿es innato el altruismo o el egoísmo? ¿Podemos salvar el planeta comiendo canguro? ¿Qué genera más valor añadido, un proxeneta o un agente inmobiliario? Levitt y Dubner al analizar cómo la gente responde a los incentivos, muestran el mundo tal cual es: bueno, malo, feo, y, finalmente, *superfreaky*».

Reseña de la crítica de Juan Manuel Ibeas Delgado sobre el libro *Superfreakonomics*

Hoy recordamos a...

THOMAS MALTHUS

(Reino Unido, 1766–1834)

Profesor y pastor anglicano.

Sus ideas sobre el control de la población para evitarle sufrimientos a la sociedad provocaron gran rechazo, pero Darwin o Keynes admiten su influencia e incluso Marx lo cita. Su padre, amigo de los pensadores Hume y Rosseau, alentó su vena discursiva. Felizmente casado y con tres hijas, sus postulados sobre el crecimiento de la población siguen siendo objeto de debate, debido a la preocupación existente por la sostenibilidad del planeta.

Cine Europa
Próximamente
La hora 11

Directoras. Leila Conners y Nadia Conners.

Reparto. Leonardo DiCaprio, Kenny Ausubel, Thom Hartmann.

Sinopsis. Este documental dirige una mirada al estado del medioambiente mundial y propone soluciones visionarias pero prácticas para restaurar los ecosistemas del planeta.

Comentario. Reflexión constructiva sobre la crisis ecológica actual a través de problemas como la sequía, el hambre, las inundaciones o la lluvia ácida. Expertos de todo el mundo dialogan con más de cincuenta científicos, pensadores y líderes políticos, presentando los hechos de la forma más objetiva posible y hablando sobre los aspectos más urgentes a los que se enfrentan nuestro planeta y la humanidad.

Claves de reflexión. Externalidades, eficiencia económica, responsabilidad y fallos del mercado.

Ejercicios

1. ¿Qué problema presenta la economía con el paso del tiempo?

2. ¿Por qué es tan importante la política macroeconómica en las economías mixtas? Razona tu respuesta.

3. Explica las funciones que realiza el Estado cuando lleva a cabo cada una de las siguientes medidas:

— Construcción de una autovía.

— Concesión de una subvención por la contratación de trabajadores.

— Modificación de las leyes del salario mínimo, estableciendo una subida del mismo.

— Enseñanza universitaria gratuita.

— Rebaja de impuestos.

— Jornada laboral de 35 horas para todos los trabajadores.

— Regulación mediante decreto del funcionamiento de las televisiones privadas.

— Sanción económica a empresas por prácticas monopolísticas.

4. ¿Cómo podemos determinar si un Estado es más o menos intervencionista? ¿Qué opinión te merece en este sentido el Estado español?

5. ¿Por qué a ciertos bienes públicos también se les denomina «no rentables»?

6. Haz una lista con, al menos, cinco servicios públicos y razona cuáles son puros y cuáles no.

7. ¿Por qué se dice que la Tierra no es una herencia de nuestros padres sino un préstamo a nuestros hijos?

8. Pon un ejemplo en el que quede claro el concepto de «consumidor parásito».

9. Determina si las siguientes afirmaciones son verdaderas o falsas:

a) A pesar de la eficiencia del mercado, este puede proveer una cantidad de bienes inferior a la que demanda el mercado.

b) El precio de venta siempre informa del coste real de la producción de un bien o servicio, dejando un margen razonable de beneficio para la empresa.

c) El derecho a percibir las prestaciones contributivas tiene su origen en las aportaciones realizadas por los trabajadores a la Seguridad Social, con independencia del tiempo de cotización.

d) Un gasto elevado en protección social es un factor favorecedor del crecimiento económico porque incentiva a los trabajadores a incrementar su productividad.

10. En relación con la nota de reflexión de la página 114, ¿cómo se adapta el mercado laboral a las contingencias de la economía? ¿Por qué la flexibilización laboral es objeto de polémica?

11. De los siguientes pares de afirmaciones, razona cuál de las dos te parece más correcta. A continuación, defiende tu postura ante un compañero que opine lo contrario:

a.1) El Estado debe intervenir en la actividad económica regulando el comportamiento de los ciclos económicos.

a.2) El Estado debe limitar al máximo sus funciones dejando que sea el mercado quien resuelva los problemas derivados del desarrollo de las actividades económicas.

b.1) Los impuestos contribuyen a la redistribución de la renta.

b.2) Los impuestos limitan el crecimiento económico, puesto que el pago de los mismos desincentiva a los agentes económicos más competitivos.

12. Tras leer con atención la nota de reflexión de la página 121 y el Observatorio 6, así como recabar información en Internet sobre el sistema de pensiones y el Pacto de Toledo, contesta a las siguientes preguntas:

a) ¿Qué tipo de prestaciones de la Seguridad Social se pueden recibir en España? Explica en qué consiste cada una de ellas.

b) ¿Sabes a cuánto ascienden en la actualidad las pensiones de jubilación o viudedad? ¿Cuál crees que debería ser la cuantía de la pensión mínima?

c) ¿Cuál crees que fue la causa que llevó a todos los partidos políticos a suscribir este acuerdo? ¿Debería el sistema asumir nuevas prestaciones o incrementar la cuantía de las existentes? ¿Sabes de otras materias en las que los partidos políticos hayan conseguido el mismo consenso que con el Pacto de Toledo?

Ejercicios

d) ¿Qué relación crees que guarda este pacto con el espectacular incremento en los últimos años de la contratación de planes de pensiones privados?

e) ¿Por qué el envejecimiento de la población y la disminución de la población activa anticipan un negro futuro al actual sistema de pensiones? ¿Qué soluciones propondrías para solventar este problema?

13. Une con flechas las frases de ambos bloques, formando oraciones coherentes:

a) No todas las externalidades...	1. supone la intervención del Estado en la economía.
b) La política macroeconómica...	2. es uno de los pilares sobre los que descansa el Estado de bienestar español.
c) Los impuestos son parte...	3. son negativas.
d) Una de las funciones básicas del sector público...	4. incentiva a las empresas a innovar.
e) La competencia...	5. de la política fiscal.
f) La Seguridad Social...	6. es regular la actividad económica.

14. Lee este texto y contesta a las preguntas que se formulan a continuación:

«A lo largo de la historia, las etapas por las que ha atravesado la intervención del Estado en la economía han sido las siguientes:

- El Estado proteccionista. A lo largo del siglo XVIII fue preponderante la política proteccionista, el llamado mercantilismo. En esta época, se asociaba el poderío económico a la acumulación de metales preciosos. No obstante, las trabas que se imponían al libre comercio reducían la eficiencia y la creación de riqueza.
- El Estado no protagonista. Básicamente, consiste en dejar plena autonomía al mercado para que este se regule solo. El Estado permanece en un papel secundario, cubriendo algunas necesidades colectivas básicas que el mercado no satisface (sanidad, educación, justicia, regulación de empleo, orden cívico, etc.), o aquellas que requieren grandes inversiones (ferrocarril, energía eléctrica, suministro de agua, etc.).
- El Estado protagonista. Después de la crisis que sobrevino durante la Gran Depresión de los años treinta del siglo XX, y de la mano de las teorías del economista Keynes, el Estado interviene para evitar las crisis cíclicas de la economía de libre mercado. En momentos de crisis, el Estado se ocupa de que haya suficiente gasto como para compensar la falta de demanda privada de bienes y servicios.
- La economía mixta. En la actualidad, los sistemas económicos predominantes son los de economía mixta. Este sistema trata de combinar las ventajas del mercado como asignador de recursos con el equilibrio y bienestar que aporta la intervención del Estado. Los fallos del mercado son los factores que condicionan el grado de intervención del sector público, pero en general los planteamientos son dos: el neoliberal, que defiende una intervención del Estado lo más reducida posible, y el neokeynesiano, que abunda precisamente en lo contrario».

a) ¿Qué nueva función otorgó el keynesianismo al sector público?

b) ¿Cómo se concreta la intervención del Estado en las épocas de crisis económica?

c) ¿En qué se diferencia el sistema de economía mixta del de planificación centralizada, estudiado en la Unidad 2?

15. Relaciona los siguientes titulares extraídos de la prensa económica con conceptos económicos estudiados a lo largo de esta unidad.

a) «El Gobierno obligará a los desempleados que cobren el paro a aceptar un trabajo situado a menos de 50 km».

b) «Las pensiones se revalorizan en el mismo porcentaje que la inflación anual».

a) «Aumenta el número de acuíferos contaminados».

16. Temas de debate:

a) ¿Coches eléctricos a un precio alto o coches convencionales a precio bajo?

b) ¿Fomentan las prestaciones sociales el acomodamiento de quienes las reciben?

c) ¿Debería retrasarse la edad de jubilación?

7

Indicadores económicos: la producción

Hasta ahora hemos estudiado el comportamiento individual de familias, empresas y sector público, así como sus interrelaciones. En las siguientes unidades, analizaremos el comportamiento global de la economía, que resulta de la interacción de dichos agentes, y que se conoce como macroeconomía, una ciencia cuyas variables es posible analizar mediante indicadores económicos.

Estos indicadores son los termómetros de la economía, pues cumplen una función semejante a la de un termómetro a la hora de determinar nuestro estado de salud. Si los signos vitales del cuerpo humano son el pulso, la temperatura o la respiración, los de la macroeconomía son la producción, el empleo y los precios.

Cuando la economía de un país va bien, se habla de crecimiento económico (mayor producción), incremento de las tasas de ocupación (menos paro) y estabilidad en los precios (poca inflación), y sus respectivos termómetros: el PIB, las tasas de empleo y el Índice de Precios de Consumo (IPC).

1. La perspectiva macroeconómica

La macroeconomía estudia el comportamiento de toda la economía en general, y permite comprender por qué unos países prosperan y alcanzan altos niveles de calidad de vida, mientras que otros padecen un bajo crecimiento económico y elevadas tasas de paro. Volviendo al símil que establecíamos en la Unidad 1 a propósito de la macro y la microeconomía, donde comparábamos la economía con un cuerpo humano, la microeconomía estudiaría las partes del cuerpo y la relación entre ellas; la macroeconomía, por su parte, se ocuparía de los signos vitales de ese mismo cuerpo, es decir, analizaría variables tales como el pulso, el ritmo cardíaco o la tensión sanguínea.

!! Atención

Indicadores económicos como el PIB, el IPC o las tasas de empleo son los que nos permiten determinar cuál es la situación de la economía en su conjunto, esto es, la situación macroeconómica.

La **macroeconomía** se ocupa de la economía en su conjunto, mientras que la **microeconomía** estudia el comportamiento de partes de ese conjunto.

1.1. Variables críticas de la economía

Recuerda

Uno de los mayores problemas de la economía es el de la **inestabilidad** de sus ciclos económicos, es decir, estar sujeta periódicamente a fases de recesión con altas tasas de desempleo y bajo crecimiento económico.

Todo análisis macroeconómico debe comenzar hablando de John Maynard Keynes, el gran economista de la primera mitad del siglo XX. En su libro *Teoría general de la ocupación, el interés y el dinero* (1936), sentó las bases de la macroeconomía moderna y también defendía la necesidad de que el Estado intervenga en la economía. El libro fue publicado durante la Gran Depresión de los años treinta, un periodo histórico que constituyó la primera crisis grave del sistema de economía de mercado. En este contexto, el autor identificó las tres cuestiones fundamentales a las que se debe responder para tratar de reducir al máximo las consecuencias negativas de las fluctuaciones cíclicas de la economía. Esas cuestiones fundamentales son las siguientes:

a) **¿Por qué disminuyen a veces la producción y el empleo y cómo puede reducirse el desempleo?**

Todas las economías están sujetas a la alternancia de fases expansivas y contractivas que se conocen con el nombre de ciclos económicos. En las grandes recesiones económicas mundiales, la producción de bienes y servicios disminuye significativamente y se pierden millones de puestos de trabajo.

b) **¿Cuáles son las causas de la subida generalizada de los precios (inflación) y cómo puede mantenerse bajo control?**

En las economías de mercado, el precio, junto con las ventas, es uno de los indicadores que envían señales al mercado. Gracias a estas señales, las familias y, sobre todo, las empresas saben del éxito o fracaso de sus propuestas al mercado. Cuando los precios suben rápidamente, los agentes económicos pierden la referencia: las empresas no saben si su gestión es acertada y las familias pierden capacidad adquisitiva. En consecuencia, se cometen errores que originan la pérdida del ya de por sí poco eficiente mercado. Por ejemplo, en ciertos países en vías de desarrollo, los precios se multiplican por dos de un año para otro. ¿Qué previsiones o inversiones crees que se pueden hacer?

c) **¿Cómo puede aumentar un país su tasa de crecimiento económico?**

Uno de los objetivos clave de cualquier política macroeconómica es alcanzar la prosperidad del país a largo plazo. ¿Qué es lo que hace que suba o baje el nivel de vida? En los últimos veinte años, algunos países, como los del Sureste Asiático, han incrementado espectacularmente su nivel de vida. En cambio, en el mismo periodo de tiempo, la mayoría de las economías africanas han visto cómo se reducía a la mitad su renta por habitante.

Fig. 7.1. Obrero de la construcción contempla las torres Petronas en Kuala Lumpur, Malasia. En los últimos cincuenta años, y partiendo de niveles de renta similares, las economías del Sureste Asiático han crecido espectacularmente mientras que el África subsahariana se ha empobrecido a pesar de que los países de esta última zona geográfica han recibido más subvenciones y ayudas por parte de la comunidad internacional.

+ *Más datos*

Sobre las medidas e instrumentos que utiliza un Gobierno para alcanzar sus objetivos económicos hablaremos en la Unidad 10.

Para cualquier Administración Pública, comprender el funcionamiento de la economía de un país implica tener la capacidad de proporcionar calidad de vida y prosperidad a sus ciudadanos.

En virtud de lo expuesto, los objetivos básicos que debe tener presente cualquier política macroeconómica giran principalmente en torno a la producción, los precios y el empleo. Aunque es cierto que existen otros asuntos relevantes para los Estados y para los ciudadanos como, por ejemplo, el control de las cuentas públicas (es decir, procurar que el Estado no gaste más de lo que ingresa), el equilibrio exterior (esto es, tratar de ingresar mediante las exportaciones más de lo que se gasta en importaciones) o la reducción de la pobreza. Pero antes de aplicar remedios, todo doctor debe diagnosticar la enfermedad mediante exámenes, como tomar al paciente la temperatura, el pulso o la tensión sanguínea. Los termómetros o **indicadores** que utiliza la economía para comprobar su estado de salud son:

- el **Producto Interior Bruto (PIB),** que mide la producción;
- las **tasas de actividad, paro y ocupación,** que indican el nivel de empleo de un país;
- y el **Índice de Precios al Consumo (IPC),** que señala la evolución de los precios y, por tanto, si existe o no inflación.

En los siguientes apartados de esta unidad estudiaremos qué son y en qué consiste el PIB y el IPC, mientras que de las tasas que analizan el mercado laboral ya tratamos en la unidad siguiente.

NIVEL IDH	Puesto IDH 2013		IDH 2013	Esperanza de vida al nacer (años)	Promedio de formación (años)	Variación de puesto entre 2008/2013
MUY ALTO	1	Noruega	0,944	81,5	12,6	=
	2	Australia	0,933	82,5	12,8	=
	6	Alemania	0,911	80,7	13,0	−1
	27	España	0,869	82,1	9,6	+1
ALTO	51	Bahamas	0,789	75,1	11,1	−3
	82	Perú	0,737	74,9	9,0	+8
MEDIO	111	Paraguay	0,676	72,3	7,7	−3
	135	India	0,586	66,5	4,4	+1
BAJO	145	Nepal	0,540	68,4	3,3	+4
	187	Nigeria	0,337	58,4	1,4	−1

Tabla 7.1. No todo es PIB. El PIB no mide la calidad de vida, razón por la que existen índices alternativos que incorporan variables como la educación o la esperanza de vida. Precisamente estas variables, además de un PIB homogeneizado en función del poder adquisitivo, son las que integran el Índice de Desarrollo Humano (IDH), un indicador alternativo elaborado por el Programa de Naciones Unidas para el Desarrollo (PNUD).

Observatorio 1

¿Por qué no son exportables las recetas económicas?

Si los termómetros y los objetivos económicos están claros, ¿por qué no es posible aplicar en los países pobres las medidas económicas que han funcionado en los países ricos? A diferencia de la medicina, no hay recetas universales y lo normal es que lo que funciona en un país no funcione en otro. En la práctica, son muchos los factores no económicos de toda índole (culturales, religiosos, políticos...) que condicionan el crecimiento económico. Por ejemplo, considerar el trabajo como fuente de autorrealización personal ha llevado a Japón, un país con escasos recursos naturales, a ser una de las economías más poderosas del mundo. Esta dedicación al trabajo de los japoneses deriva de la religión que profesa la mayoría, el sintoísmo, en la cual el trabajo constituye un pilar básico. Por ello, no es problema para los japoneses trabajar de sol a sol, hasta el punto de que muchas empresas tienen que obligar a sus trabajadores a tomarse vacaciones. ¿Ocurriría lo mismo en países donde la población profesa mayoritariamente otras religiones? Sin ir más lejos, ¿sucede igual en España? Con solo responder a estas preguntas, comprobarás que las recetas económicas no son universales y que cada país precisa de una fórmula ajustada a sus características y necesidades.

1.2. Importancia de los indicadores económicos

Para quienes deben tomar decisiones que afectan a la economía, los indicadores económicos representan lo mismo que un faro para un barco en medio de una tormenta. Permiten que los Gobiernos, las empresas y la población en general sepan cómo evoluciona la economía, si hay recuperación, si la inflación está controlada, si baja el desempleo, etc. Quizá los indicadores económicos te parezcan conceptos propios de las altas esferas, pero contienen mucha información que también resulta útil para que los ciudadanos de a pie tomemos decisiones. Por citar algún ejemplo:

A. Si la inflación está controlada:

- las pensiones de jubilación que cobran nuestros abuelos no perderán poder adquisitivo;
- las familias llegarán más fácilmente a fin de mes;
- las empresas no tendrán por qué andar preocupadas por oscilaciones continuas en el precio de las materias primas u otros recursos productivos.

B. Si las tasas de desempleo bajan:

- crecerán los ingresos de las familias;
- aumentará el consumo, lo que hace que se incremente la demanda sobre las empresas y, por lo tanto, estas contraten más trabajadores o creen más empleos indefinidos;
- el Gobierno tendrá que pagar menos subsidios de desempleo y podrá asignar ese dinero a otros asuntos como, por ejemplo, sanidad o educación.

C. Si hay crecimiento económico:

- aumentará la producción de bienes y servicios y, por lo tanto, los beneficios de las empresas, de tal forma que quizá sea el momento de invertir en bolsa;
- los Gobiernos cobrarán más impuestos y tendrán más dinero para poder destinar a infraestructuras o a medidas de protección social;
- las familias tendrán más dinero para gastar, por lo que ganan en calidad de vida y bienestar.

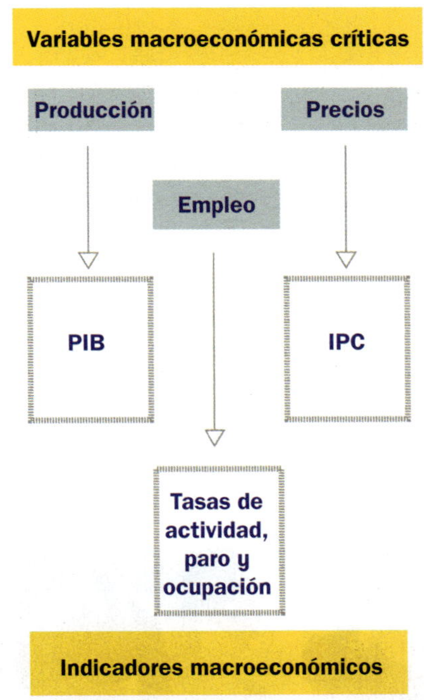

Esquema 7.1. Los indicadores chequean la salud de la economía midiendo la evolución de sus variables críticas: la producción, el empleo y los precios.

Observatorio 2

¿Por qué Keynes es uno de los economistas más influyentes del siglo XX?

Actualmente, la intervención del Estado en la economía se acepta como un hecho normal pero, en su día, la sola idea provocó fuertes controversias y discusiones. La receta era –y es– sencilla: mediante determinadas políticas adoptadas desde la Administración Pública, un país está en condiciones de influir sobre sus niveles de producción, empleo y precios de tal forma que pueda mejorar o empeorar la marcha de su economía. A medida que resultó obvio que el mercado no iba a salir por sí solo de la Gran Depresión de los años treinta, los Gobiernos de los distintos países se decidieron a probar las teorías de Keynes. Tras la Segunda Guerra Mundial, la economía keynesiana fue el modelo seguido por la mayoría de los Gobiernos y se mantuvo en la década de 1960, en lo que se conoció como la edad de oro del capitalismo. Desde entonces, nuevas tendencias, que tienen en cuenta factores tales como las expectativas de futuro o los salarios, han debilitado el amplio consenso alcanzado por las ideas keynesianas y, en la actualidad, son muchas las economías que ensayan fórmulas más próximas al libre funcionamiento del mercado o, en todo caso, con menos intervencionismo del Estado.

Actividades

1> ¿Cuáles son y en qué consisten las llamadas variables críticas de la economía? ¿Cómo se miden dichas variables?

2> ¿Qué relación crees que guardan los indicadores económicos con el trabajo que puedas encontrar al finalizar tus estudios?

2. La producción: el Producto Interior Bruto (PIB)

Recuerda

Las posibilidades de producción de los países dependen de la tecnología y de la cantidad de recursos productivos. Sobre bienes finales e intermedios ya hablamos en la Unidad 1. A diferencia de los bienes finales, los bienes intermedios son aquellos que necesitan experimentar nuevos procesos de transformación antes de satisfacer directamente una necesidad humana.

Las personas crecen en centímetros, los países crecen en producción. Sobre el incremento de la producción, es decir, sobre el crecimiento económico de los países y las empresas, hablamos respectivamente en las Unidades 2 y 3, en las que señalamos las posibilidades de producción y los recursos productivos de los que depende.

El **Producto Interior Bruto (PIB)** no mide posibilidades sino realidades: es un cálculo de lo que realmente se produce, es decir, del valor total de todos los bienes y servicios finales producidos en un país.

El **Producto Interior Bruto (PIB)** es el valor monetario de todos los bienes y servicios finales producidos por un país en un periodo de tiempo determinado, generalmente un año.

Fig. 7.2. Ejecutivas debatiendo un plan. Los niveles de crecimiento económico de los países y la cualificación de su población activa van parejos. En el mundo no hay pueblos educados pobres ni pueblos analfabetos ricos. En términos económicos, la capacidad de trabajar de la población de un país se mide por los conocimientos técnicos y la experiencia de su población. Es lo que se denomina capital humano.

2.1. Características del PIB

Aunque hay varias maneras de calcular este indicador, el PIB cumple siempre varias condiciones:

- **Sigue un patrón monetario.** Al utilizar un mismo patrón de medida, permite agrupar y medir en euros todos los bienes y servicios, desde manzanas a automóviles. El PIB suma manzanas y automóviles utilizando el resultante de multiplicar las cantidades correspondientes por su precio de mercado en euros.
- **Solo tiene en cuenta actividades declaradas.** Contabiliza únicamente las transacciones de bienes y servicios declaradas a la Administración Pública. Por tanto, las operaciones ilegales, el trabajo voluntario o el trueque, por ejemplo, no se incluyen.
- **Hace referencia únicamente al valor de los bienes finales,** pues el valor de los bienes intermedios ya ha sido incluido por la empresa que vende al consumidor final. Si los volantes que forman parte de los vehículos se incluyeran en el PIB, anotaríamos dos veces lo mismo, puesto que el precio del automóvil ya incluye el del volante.
- **Mide el valor de lo producido dentro de las fronteras de un país.** Así, si un ciudadano búlgaro tiene una empresa en España, el valor de sus ventas, ya sea en España o en el extranjero, pertenece al PIB español. En cambio, lo producido por un ciudadano español fuera de nuestras fronteras, pertenecerá al PIB del país en cuestión.

  Esto significa que, para contabilizar correctamente el PIB, habrá que tener presentes la importación y la exportación de bienes y servicios. Las exportaciones, o compras de productos fabricados en España por parte de extranjeros, formarán parte del PIB español. En cambio, las importaciones, o compras de productos fabricados en el extranjero, aunque sea por parte de españoles, se incluirán en el PIB de los países correspondientes.
- **Hace referencia a lo producido en un periodo determinado,** normalmente un año. No incluye las operaciones de segunda mano ni las ventas de productos fabricados con anterioridad, porque ya fueron contabilizadas a su debido tiempo en el PIB de años anteriores. Calcular el PIB de periodos aislados, en vez del acumulado en varios periodos, permite comparar el crecimiento económico que se ha producido en distintos lapsos de tiempo.

Atención

Por **actividades declaradas** entendemos aquellas entregas de bienes y prestaciones de servicios que, en virtud de la normativa legal vigente, son manifestadas a la Administración Pública por quienes las realizan.

2.2. Métodos para calcular el PIB

En una economía de mercado, las empresas ajustan su producción a lo que los agentes económicos están dispuestos a gastar. De ahí que el PIB, que mide el valor de todos los bienes y servicios finales producidos o adquiridos por los agentes económicos de un país, sea un indicador significativo de la marcha de la economía. Hay tres métodos para calcular el PIB: ver cuánto gastan los habitantes de un país en bienes y servicios finales, sumar los ingresos de esos habitantes, o calcular el valor añadido que las empresas otorgan a sus productos.

!! Atención

El **valor de la exportación neta** es la diferencia entre lo que se ingresa exportando y lo que se gasta importando.

A. Método del gasto en bienes y servicios finales

En las economías de mercado, se consume o compra todo lo que se produce (todo aquello que no se vende se considera una forma de inversión). Si el PIB mide la producción de bienes finales, para calcularlo podemos sumar **todos los gastos,** esto es, el valor a **precio de mercado *(pm)*** de todas las compras de bienes y servicios finales realizadas, con independencia de su nacionalidad, por todos los agentes económicos dentro de un país (las empresas, las familias y el sector público). No hay que olvidar que las economías de diferentes países están relacionadas entre sí: los extranjeros compran en nuestro país y nosotros en el suyo. Por consiguiente, al **consumo de las familias *(C)*,** la **inversión empresarial *(I)*** y el **gasto del sector público *(G)*,** hay que sumarle el valor de las **exportaciones netas.** Las exportaciones netas son la diferencia entre el valor de los bienes que se exportan ***(X)*** y el de los que se importan ***(M)*.**

PIB_{pm} = Consumo familiar + Inversión empresarial + Gasto público + Exportaciones netas

PIB_{pm} = Consumo familiar + Inversión empresarial + Gasto público + (Exportaciones − − Importaciones)

$$\boldsymbol{PIB_{pm} = C + I + G + (X - M)}$$

Caso práctico 1

En la Tabla 7.2 puedes ver las magnitudes económicas de Econolandia en el año 02 (en millones de €). A partir de estos datos:

1. Calcula el valor del PIB_{pm} del año 02.
2. Sabiendo que en el año 01 el PIB_{pm} fue de 1310 millones de euros, ¿cuál es la variación que ha experimentado el crecimiento económico?
3. ¿Cuál sería el valor del PIB_{pm} de esta economía si de repente cerrase totalmente las fronteras al exterior?

Solución

1. $PIB_{pm} = C + I + G + (X - M)$; $PIB_{pm} = 900 + 200 + (100 + 50) + (100 - 17) = 1333$ millones de €
2. $Var_{PIB_{02} \cdot PIB_{01}} = \dfrac{PIB_{02} - PIB_{01}}{PIB_{01}} \cdot 100$ $Var_{PIB_{02} \cdot PIB_{01}} = \dfrac{1333 - 1310}{1310} \cdot 100 = 1{,}76\,\%$

   El país ha crecido un 1,76 %. Por cada 100 € que se producían/gastaban en el año 01, se producen/gastan 101,76 € en el año 02.
3. Si desaparece el sector exterior, la fórmula del PIB_{pm} quedaría como sigue: $PIB_{pm} = C + I + G$; $PIB_{pm} = 900 + 200 + (100 + 50) = 1250$ millones de €.

Gasto estatal	100 €
Consumo privado	900 €
Ahorro privado	80 €
Salarios	580 €
Exportaciones	100 €
Importaciones	17 €
Inversión empresarial	200 €
Impuestos	90 €
Gasto de las CC. AA.	50 €

Tabla 7.2. Gasto de Econolandia en bienes y servicios finales.

B. Método del valor añadido

Sabías que

Al valor añadido de las empresas se le aplica el conocido IVA, impuesto que grava el consumo de bienes y servicios. Este impuesto es neutro para las empresas, puesto que entregan a Hacienda el IVA que cobran previa deducción del IVA que han pagado. Quien realmente soporta el IVA es el consumidor final, que lo paga cuando compra pero no lo cobra porque –a diferencia de las empresas– él consume o utiliza el bien sin revenderlo. Volveremos a hablar sobre este impuesto en la Unidad 10.

En teoría, al computar el valor de la producción de todo un país, obtendríamos el mismo resultado calculando cuánto se ha comprado (método del gasto en bienes y servicios finales) que calculando cuánto se ha vendido (las cosas se venden porque alguien las compra). Así pues, para saber cuánto vale la producción de bienes y servicios finales (es decir, el PIB) bastaría con preguntar a las empresas cuánto han vendido en el periodo que se estudia.

Esto sería factible si todas las empresas produjeran únicamente para el consumidor final sin que mediara ninguna otra empresa, pero en la práctica no suele ser así: muchas no fabrican para el consumidor final sino para otras empresas, de tal forma que los productos finales de algunas empresas son los intermedios para otras que los utilizan en sus procesos productivos.

Si sumásemos lo producido por ambos tipos de empresas estaríamos contando dos veces el mismo producto, porque la empresa que vende al consumidor final ya asume como propio el coste de los bienes intermedios adquiridos a otras empresas. Para solucionar este problema de doble contabilización se utiliza el **método del valor añadido.** El valor añadido se obtiene restando al valor de las ventas del producto de una empresa el valor de las materias primas y el de otros bienes intermedios (adquiridos a otras empresas) utilizados en su producción. Contabilizando el valor que las empresas añaden a los productos sí es posible realizar el cálculo del PIB a coste de factores productivos.

$$PIB_{cf} = VA_a + VA_b + VA_c + \ldots + VA_z$$

VA = Valor añadido; a, b, c, d... z = empresas de una economía

El valor añadido en las transacciones empresariales

	madera	tablones	muebles	
	500	800	1 500	
VA = ∅ + 500	+ 300	+ 700		= 1 500

Un leñador vende su madera a un aserradero por 500 €, el cual la corta y suministra a una fábrica por 800 €. La fábrica vende sus muebles al consumidor final por valor de 1 500 €. Aunque el valor de las transacciones totaliza 2 800 €, las empresas implicadas (el leñador, el aserradero y la fábrica) solo añaden valor por un total de 1 500 €.

C. Método de los ingresos o de las rentas

El dinero que gastan los agentes económicos es recibido por las empresas, que remuneran a los recursos productivos de tal forma que unas personas ingresan lo que otras gastan. En consecuencia, podemos saber lo que produce un país sumando los ingresos o rentas percibidos por las familias.

A las rentas clásicas estudiadas en unidades anteriores (salarios, intereses y alquileres), añadimos ahora, para un mejor estudio, dos nuevos tipos de renta empresarial percibidos por los accionistas o propietarios de las empresas: por un lado, los **beneficios empresariales,** y por otro, las **subvenciones oficiales** procedentes del sector público.

Observa ahora el Esquema 7.2, en el cual representamos la totalidad de las corrientes monetarias percibidas por las familias. A los alquileres o rentas de la tierra, los salarios y los intereses que produce el capital, les sumamos los percibidos por empresarios y propietarios, esto es, los beneficios que genera la actividad empresarial. Todas las corrientes monetarias citadas integran el **PIB a coste de factores productivos (PIB_{cf})**, el cual mide la renta que un país es capaz de generar gracias a sus empresas. A efectos de cálculo, las subvenciones oficiales, como ingreso que son para quien las recibe, se integran en los beneficios empresariales.

!! *Atención*

Los **beneficios empresariales** (subvenciones oficiales incluidas) son rentas de tipo empresarial que, en última instancia, también llegan a manos de las familias.

$$PIB_{cf} = \text{Salarios} + \text{Alquileres} + \text{Intereses} + \text{Beneficios empresariales}$$

cf = Coste de los recursos o factores productivos

- El **beneficio empresarial** es el margen de ganancia que las empresas obtienen como recompensa por haber producido los bienes y servicios que la sociedad demanda. Se trata de un beneficio después de impuestos, en el caso de España, para las sociedades –que es la forma empresarial que revisten la mayoría de las empresas–, el impuesto en cuestión es el impuesto sobre sociedades, del cual hablaremos en la Unidad 10.
- Las **subvenciones oficiales** que no hay que devolver son las cantidades a fondo perdido que las empresas reciben del sector público. Son un ingreso para las empresas que las reciben, de tal forma que se integran en los beneficios empresariales.

Recuerda

Sobre las distintas formas que revisten las empresas hablamos en la Unidad 3.

Debido a la intervención del sector público en la economía, el PIB_{cf} no coincide con el PIB_{pm}. En el texto de apoyo de la presente unidad profundizaremos sobre esta cuestión.

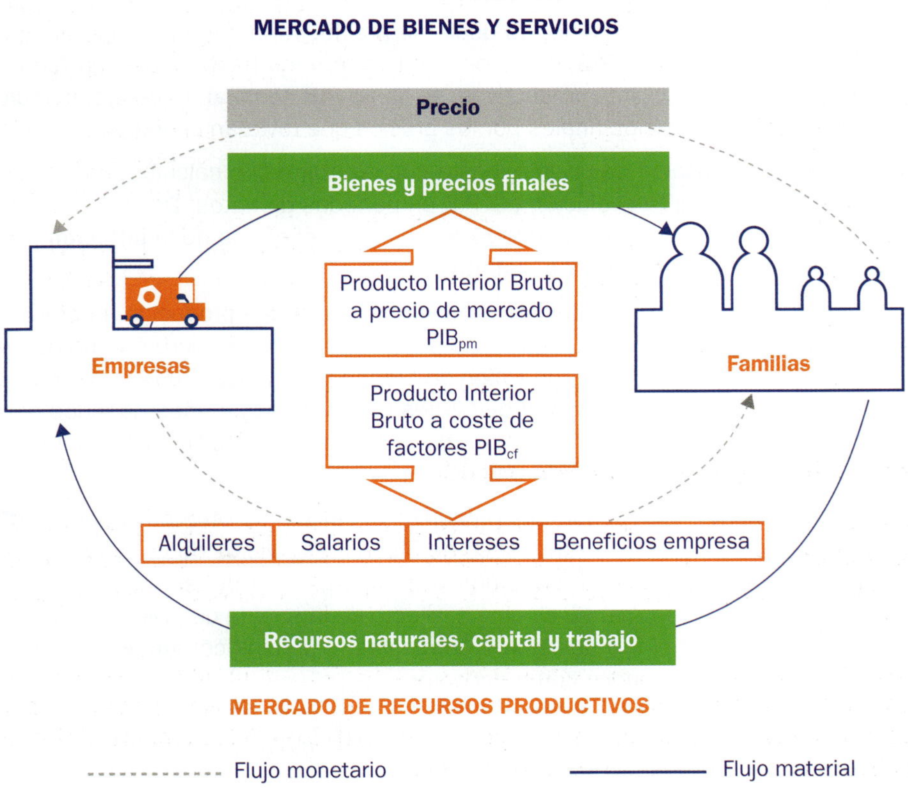

Esquema 7.2. El PIB medido a través de dos enfoques distintos. Por la parte inferior del esquema fluyen todos los costes que las empresas soportan en sus procesos productivos: los salarios que perciben los trabajadores; los alquileres o rentas de la tierra, con los cuales se pagan los recursos naturales; y los intereses que genera el capital. Estos costes son, al mismo tiempo, las rentas o ingresos que perciben las familias, a lo que hay que sumar las rentas de tipo empresarial (beneficios y subvenciones oficiales), que igualmente son percibidas por los propietarios de las empresas. Midiendo el flujo anual de todos estos ingresos o rentas se obtiene el PIB acoste de factores productivos (PIBcf), que mide la totalidad de las rentas que percibe un país gracias a la actividad económica que desarrollan sus empresas. Por la parte superior del esquema fluyen todos los bienes y servicios pero a precio de mercado, de tal forma que este PIBpm no coincide exactamente con lo que se calcula a coste de factores productivos.

Caso práctico 2

Supón que en Econolandia solo hubiera dos empresas: una que produce harina con el mismo trigo que planta y recolecta, y otra que produce pan. La harinera vende su producto a la panificadora por 50 millones de € y esta, a su vez, vende pan por 75 millones de € a los consumidores finales, que compran el pan. Todo el dinero que circula por esta economía suma 75 millones de €, fruto de las ventas de la harina y el pan. Esta cantidad se reparte así: 60 millones para pagar los salarios de los trabajadores y 15 millones de beneficio que se reparten los propietarios de las empresas de harina y de pan.

Calcula el valor de lo que produce esta economía por los métodos del gasto, la renta, las ventas de las empresas y el valor añadido. Comenta los resultados.

	Empresa harinera	Empresa panadera	Consumidores finales	Salarios	Beneficios de las empresas	PIB (producción)
Gasto	—	—	75 €	—	—	75 €
Renta	—	—	—	60 €	15 €	75 €
Ventas	50 €	75 €	—	—	—	125 € (*)
Valor añadido	50 €	25 €	—	—	—	75 €

Tabla 7.3. Cálculo del PIB de Econolandia. (*) = Producción contabilizada dos veces.

Solución

Por el método del valor añadido, la empresa harinera añadió 50 millones de € a la producción, mientras que la panificadora añadió 25 millones de € (vendió por 75 lo que compró por 50). El procedimiento que contabiliza las ventas de las empresas para determinar el valor de lo producido revela su falta de idoneidad debido a que se produce doble contabilidad.

2.3. Diferencia entre el PIB nominal y el real

El valor monetario de un bien o un servicio, es decir, su precio, varía con el tiempo aunque el bien o el servicio sea el mismo. El PIB al que nos hemos referido hasta ahora, ya fuera a precio de mercado o a coste de factores productivos, se llama **PIB nominal,** y resulta de multiplicar la cantidad de bienes y servicios finales por los precios que tuvieran el año en cuestión.

Para medir el valor de la producción de un año, basta con realizar dicho cálculo, pero resulta insuficiente si queremos analizar la evolución del PIB en periodos distintos. Dado que la economía está sujeta a procesos inflacionistas, habrá que eliminar el efecto de la **inflación** para hacer comparaciones válidas entre periodos distintos.

Al comparar el PIB de dos periodos distintos, pueden variar la cantidad producida, el precio o ambos a la vez. Si la cantidad no varía y los precios suben, crece el PIB, pero eso no quiere decir que haya aumentado el valor de la producción de bienes y servicios. Pudiera ser que el país estuviera produciendo la misma cantidad de bienes y servicios que años pasados pero que, debido a la inflación, el PIB reflejara un incremento que se justificara por la subida de los precios, no por el aumento del valor de la producción.

Para solucionar este problema, los economistas recurren al cálculo de otro indicador, el **PIB real.** Se calcula empleando también las cantidades de bienes y servicios de un determinado año pero, a diferencia del PIB nominal, las multiplica por los precios del año que se utiliza como base o referencia. De esta forma, se elimina el efecto de la subida de precios. El procedimiento, que consiste en pasar el PIB de valores nominales (o precios corrientes) a valores reales (o precios constantes), se conoce como *deflactar.*

Deflactar es eliminar el efecto de la inflación de una magnitud o valor.

Más datos

Se llama **inflación** a la subida generalizada de los precios. Hablaremos detenidamente sobre ella en la siguiente unidad.

Atención

Para eliminar el efecto de la inflación en el **PIB,** se utiliza el procedimiento conocido con el nombre de **deflactación,** el cual consiste en multiplicar las cantidades del año en curso por los precios del año utilizado como referencia.

Caso práctico 3

Un país solo produce lechugas y libros. Durante los años 04, 08 y 12, se vendieron respectivamente 1000, 1500 y 1600 lechugas, a 4, 5 y 6 €, mientras que las ventas de libros en los tres años reseñados ascendían a 1000, 2000 y 2500 ejemplares a 20, 25 y 30 €. Calcula para estos años:

a) La producción para cada uno de los productos.

b) El PIB nominal.

c) El PIB real respecto del año 04.

d) ¿A cuánto ascendió la variación del PIB real entre los años 04 y 12?

Solución

a), b) y c)

	Lechugas			Libros			PIB nominal	PIB real*
Año	Precio	Cantidad	Total	Precio	Cantidad	Total	Total	Total
04	4	1000	4000	20	1000	20000	24000	24000
08	5	1500	7500	25	2000	50000	57500	46000
12	6	1600	9600	30	2500	75000	84600	56400

* Respecto del año 04

Tabla 7.4. Para el cálculo del PIB real se han tomado en todo momento los precios del año 04. Observa la diferencia entre este Caso práctico y el apartado 2 del Caso práctico 1, donde no habíamos tenido en cuenta el efecto de la inflación.

d) Para calcular la variación del PIB acudimos a la fórmula que habitualmente utilizamos para medir variaciones de datos con respecto a datos antiguos:

$$Var_{PIB_{12} \cdot PIB_{04}} = \frac{PIB_{12} - PIB_{04}}{PIB_{04}} \cdot 100 \qquad Var_{PIB_{12} \cdot PIB_{04}} = \frac{56\,400 - 24\,000}{24\,000} \cdot 100 = 135\,\%$$

Por lo tanto, entre los años 04 y 12, la variación del PIB real fue del 135 %.

2.4. Limitaciones del PIB

Existen ciertas limitaciones en cuanto al uso e interpretación del PIB. Algunas de las más relevantes son:

- El PIB no contabiliza la totalidad de los bienes y servicios finales producidos en una economía. Muchas actividades no son declaradas al sector público y, por lo tanto, no consta su existencia. El conjunto de actividades ocultas a los ojos del Estado se denomina **economía sumergida.**
- El PIB tampoco mide el valor de las actividades en las que no se intercambian bienes y servicios por dinero. Es el caso del trabajo doméstico, el trabajo voluntario y las operaciones de trueque. A pesar de la importancia de estas actividades, el PIB no las considera, puesto que no pasan por el mercado y, sin embargo, por poner solo un ejemplo, ¿puedes imaginar cómo funcionaría cualquier economía en la cual no existiera el trabajo doméstico?

Fig. 7.3. Trabajadora online con su hijo. ¿Cómo se miden las sensaciones? ¿Y los sentimientos? A la economía le pasa igual: no puede medir aquello que no puede traducir en números. El trabajo doméstico es uno de los pilares del bienestar de cualquier sociedad y sin embargo no es valorable económicamente.

Reflexiona

¿Trabajar en negro?

En España, la **economía sumergida** representa en torno al 20 % del PIB, uno de los porcentajes más altos de la Unión Europea. Esto quiere decir que uno de cada seis trabajadores es ilegal o trabaja en «negro». La economía sumergida es uno de los principales problemas a los que se enfrentan los Gobiernos. Cuando un autónomo o empresa no declara parte de sus ingresos y no paga los impuestos correspondientes, perdemos todos, concretamente los hospitales, las carreteras o los puestos de trabajo que se podrían crear con ese dinero.

- El PIB, al igual que otros indicadores económicos, no informa de las **externalidades,** esto es, no refleja la totalidad de los beneficios y costes sociales derivados de la actividad económica, como la generalización de los avances tecnológicos o la contaminación.
- El PIB no mide la **calidad de los bienes y servicios** producidos. Las cifras del PIB solo son eso, números, que no tienen en cuenta si lo que se produce son alimentos, libros, armas, venenos o cualquier otra cosa. Esto impide comparar la calidad de la producción entre distintas épocas. Un sencillo ejemplo: en los años ochenta, los ordenadores personales estaban al alcance de pocos bolsillos. A medida que se reducían los precios y aumentaban sus prestaciones, las ventas de ordenadores crecieron vertiginosamente. Sin embargo, un ordenador sumaba antes mucho más al PIB que hoy, aunque las prestaciones que proporcionaban al principio eran muy limitadas. Por otra parte, el PIB tampoco es indicador de que la producción sea duradera en el tiempo. Por ejemplo, el PIB de los países productores de petróleo es muy elevado debido a la carestía de dicha materia prima pero, por sí solas, las cifras del PIB no indican que se trate de un recurso llamado a agotarse.
- El PIB no mide la **distribución de la riqueza** entre los habitantes. Incluso si calculamos el **PIB per cápita** o el **PNB per cápita** (esto es, el PIB o el PNB de un país dividido entre el número total de habitantes) para obtener una medida del bienestar de la población, no conoceremos el reparto real porque tales indicadores establecen un término medio sin más. Aunque el PIB per cápita fuera relativamente alto, podría resultar en la práctica que la distribución fuera muy desigual, es decir, que unos pocos fueran muy ricos y otros muchos, muy pobres.

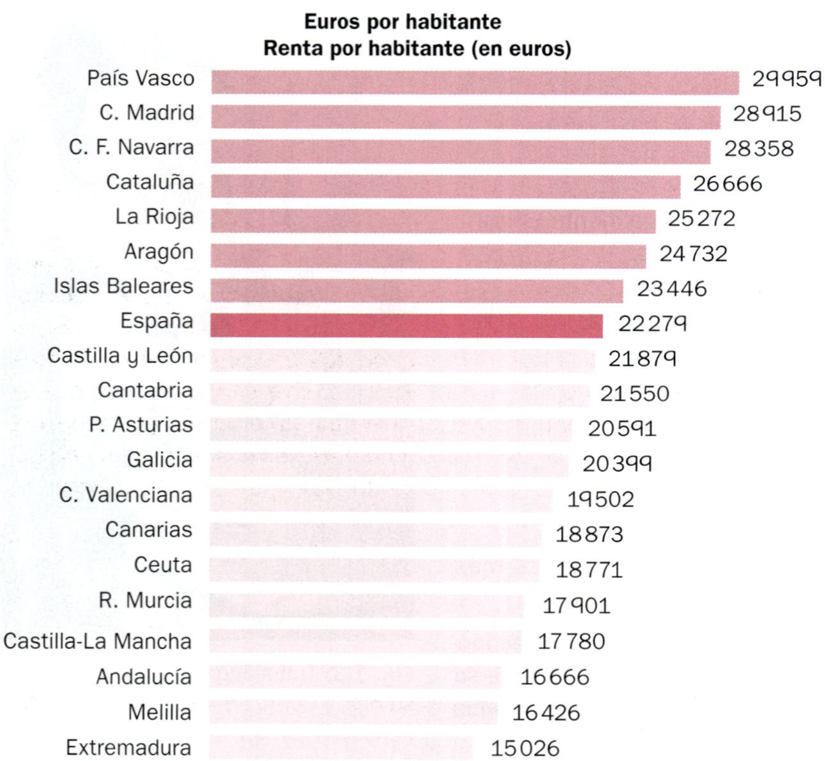

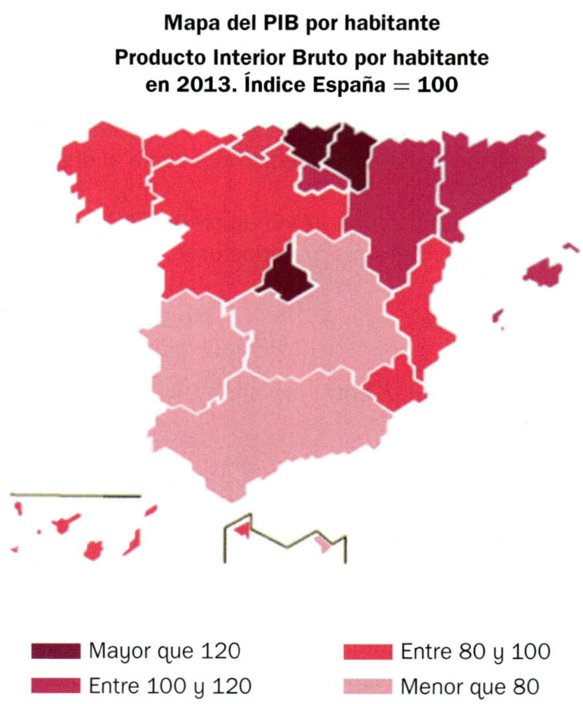

PIB por habitante en 2013. En términos relativos, el PIB per cápita del País Vasco fue un 34,5% superior a la media nacional en el 2013, mientras que el de la Comunidad de Madrid y el de la Comunidad Foral de Navarra lo fueron casi en un 30% . Por su parte, el PIB por habitante de Melilla se situó un 26,3% por debajo del dato nacional y el de Extremadura, un 32,6% por debajo de dicho registro. Asturias, Canarias, Cantabria, Ceuta, Murcia y Galicia, al igual que la Comunidad Valenciana o Castilla y León, se mueven en la franja del 80-100% de la media española. Fuente: INE.

2.5. La Contabilidad Nacional

A partir del PIB se pueden calcular otros indicadores que también proporcionan información relevante sobre la marcha de la economía. Estos indicadores constituyen un sistema para registrar las actividades económicas que realiza un país, pues expresan con números su realidad económica durante un periodo determinado.

La **Contabilidad Nacional** es el conjunto de indicadores que registran e informan sobre las distintas actividades económicas realizadas en el interior de un país durante un periodo determinado.

La Contabilidad Nacional permite a los responsables del Gobierno comprobar si los resultados de sus medidas económicas responden a las expectativas, así como corregir posibles desviaciones o fallos y establecer nuevas previsiones.

En el Esquema 7.3 de la página siguiente vamos a ver en qué consisten y cómo se calculan otros indicadores importantes de la realidad tales como: el **Producto Nacional Bruto (PNB)**, la **Renta Nacional (RN)** y la **Renta Personal Disponible (RPD)**:

- El PNB revela lo que producen los españoles a lo largo y ancho del mundo, además de en la propia España.
- La **RN** se utiliza para saber lo que ganan todos los españoles, tanto los empresarios como los trabajadores.
- La **RPD** es la renta que realmente llega a las familias una vez deducidos principalmente impuestos y cotizaciones a la Seguridad Social.

Observatorio 3

¿Por qué debemos ser legales?

¿Quién controla que una empresa declare o no declare a las autoridades todas sus operaciones? En cuanto a la presentación de impuestos, el sistema más extendido es el de la autodeclaración del contribuyente. Por tanto, con independencia del resultado de una posible inspección, la Administración se fía del ciudadano. Para las empresas es obligatorio recaudar el IVA. Así, cuando una empresa propone a un cliente que no lo pague es como si admitiera que no declarará esa operación. Estas actuaciones son un fraude a la sociedad, pues si la empresa no declara unos ingresos que en realidad recibe, declarará menos beneficios y pagará menos impuestos. Entonces, el Estado contará con menos recursos para construir carreteras o levantar hospitales, por ejemplo. Eso sin contar con que el consumidor que acepta tan «ventajoso» acuerdo (se ahorra el pago del IVA), pierde el derecho a reclamar si el artículo adquirido no responde a sus expectativas, pues no dispone de la correspondiente factura.

Actividades

3> ¿Qué tres métodos se utilizan para calcular el PIB?

4> ¿Por qué no coinciden el PIB nominal y el PIB real? Justifica tu respuesta.

5> Investiga en Internet los tipos de subvenciones oficiales que suelen reciben las empresas en el desarrollo de su actividad.

6> ¿Qué quiere decir que el PIB no mide la calidad de la producción?

7> ¿Por qué la economía sumergida es un problema que nos afecta a todos?

8> ¿Cómo se determina la Renta Nacional de un país? ¿Por qué crees que es importante esta magnitud?

PIB_{pm}

Consumo
Inversión
Gasto público
Exportaciones netas

Producto Interior Bruto$_{pm}$

El Producto Interior Bruto mide el valor total de la producción de bienes y servicios finales durante un periodo determinado. En este indicador económico, el criterio relevante es el geográfico, pues se calcula lo producido en el interior de las fronteras de un país con independencia de la nacionalidad de las personas.

PNB_{pm}

PIB_{pm} + Rfne − Rfen

Producto Nacional Bruto$_{pm}$

El PNB sigue el criterio de la nacionalidad o el pasaporte de las personas con independencia de dónde residan. Para determinar la renta que producen los españoles de todo el mundo, se le suma al PIB la renta de los factores españoles lograda en el extranjero (Rfne) y se le resta la renta que los factores extranjeros lograron en territorio nacional (Rfen).

PNN_{pm}

PNB_{pm} − Amortizaciones

Producto Nacional Neto$_{pm}$

A la hora de contabilizar su participación en el proceso productivo, las empresas cuentan como un gasto la amortización, nombre con el que se conoce el desgaste que experimentan los bienes de capital (máquinas, ordenadores, edificios...) debido a su intervención en procesos de producción y distribución. En consecuencia, los beneficios empresariales que reciben propietarios y accionistas son inferiores y las empresas pueden reponer sus equipos sin perder capacidad productiva.

PNN_{cf}

PNN_{pm} − Impuestos indirectos + Subvenciones oficiales

Producto Nacional Neto$_{cf}$

El valor de los precios de mercado de bienes y servicios no coincide con el valor de lo que reciben las familias debido a que la actuación del sector público distorsiona el mercado al introducir impuestos y subvenciones oficiales. Esta conversión de precios de mercado a coste de factores productivos se puede hacer en cualquier momento, es decir, sería posible calcular un PNB_{cf} y un PNN_{cf} a partir del PNB_{pm} y el PNN_{pm} restando los impuestos indirectos y sumando las subvenciones oficiales.

PNN_{cf} = RN

Sueldos
Alquileres
Intereses
Beneficios empresariales

Renta Nacional

La renta que ganan los españoles es la suma de sus salarios, más lo que perciben por alquileres o rentas de la tierra, los intereses del capital y los beneficios empresariales. No obstante, el dinero que se gana no es necesariamente el que se recibe. En la renta nacional lo que se miden son cantidades brutas, esto es, lo que se gana antes de impuestos o de cotizar a la Seguridad Social. Dividiendo la renta nacional (RN) entre el número de habitantes de un país se obtiene la renta por habitante.

RPD

RN − (Bnd + T + SS) + tr

Renta Personal Disponible

La cantidad líquida que llega a las familias no es la que indica la renta nacional, debido, principalmente a la intervención redistributiva del Estado. A la renta nacional hay que restarle o sumarle las cantidades que correspondan por los siguientes conceptos:

– Los impuestos directos (T)
– Las cotizaciones a la Seguridad Social (SS)
– Los beneficios no distribuidos de las empresas (Bnd)
+ Subsidio de desempleo
+ Pensiones
+ Otras

(Subsidio de desempleo, Pensiones y Otras: Transferencias (tr))

Las transferencias no forman parte de la Renta Nacional (RN) porque no tienen su origen en los recursos productivos sino en el sector público. La RPD es un indicador importante porque calcula el dinero del que realmente disponen las familias para consumir o ahorrar, según sus preferencias.

Esquema 7.3. Indicadores económicos de la Contabilidad Nacional. El esquema funciona de arriba abajo. Para pasar de una magnitud a la de un cuadro superior, es decir, de abajo arriba, basta con invertir los signos de las fórmulas matemáticas expuestas.

Textos de apoyo

Matices a propósito del PIB

Observa con detenimiento el Esquema 7.4. En el precio de los bienes y servicios que compramos en el mercado influye la actuación del sector público. Esta, como se estudia en el texto, se concreta mediante dos actuaciones importantes: por un lado, el establecimiento de impuestos indirectos y, por el otro, la concesión de subvenciones oficiales (públicas).

Los impuestos indirectos se pagan por el consumo o disfrute de ciertos bienes o servicios. Si queremos calcular el PIB_{pm} a partir del PIB_{cf}, debemos añadir a este los impuestos correspondientes, como por ejemplo el IVA, el impuesto indirecto más conocido de todos.

Las subvenciones oficiales, en cambio, deben ser deducidas porque, aunque financian parte del proceso productivo, suponen un ahorro para las empresas, puesto que proceden del sector público. Al utilizar el dinero de las subvenciones oficiales para pagar una parte de sus costes de producción, el coste real que soportan las empresas es inferior al que se produciría en caso de que no existiera dicha subvención. Por ejemplo, una empresa que fabrique electrodomésticos e incurra en costes por 50 millones de euros, de los cuales 10 hayan sido subvencionados por el sector público. Si la empresa vende por 65 millones esos electrodomésticos, el precio de mercado de los electrodomésticos es de 40 millones, porque es lo que realmente le costó producirlos para el mercado.

$PIB_{pm} = PIB_{cf} +$ Impuestos indirectos $-$ Subvenciones oficiales.

Otro ejemplo: supón un país donde solo existe una empresa que vende productos al mercado por valor de 1 000 000 € + IVA (impuesto indirecto).

El único coste de producción es el salario que paga a los trabajadores por valor de 900 000 €, si bien recibe una subvención del sector público por creación de empleo de 100 000 €. En consecuencia, los propietarios y accionistas de la empresa cobran 200 000 € en concepto de dividendos. El IVA asciende al 21 % calculado sobre el valor de los bienes y servicios.

- PIB_{pm} = Valor de mercado de los bienes y servicios finales producidos = 1 000 000 + 210 000 (IVA) = = 1 210 000 €.
- PIB_{cf} = Rentas percibidas por las familias = 900 000 (salarios) + 200 000 (dividendos) + 0 (alquileres) + 0 (intereses) = 1 100 000 €.
- $PIB_{pm} = PIB_{cf} +$ Impuestos indirectos $-$ Subvenciones = = 1 100 000 + 210 000 − 100 000 = 1 210 000 €.

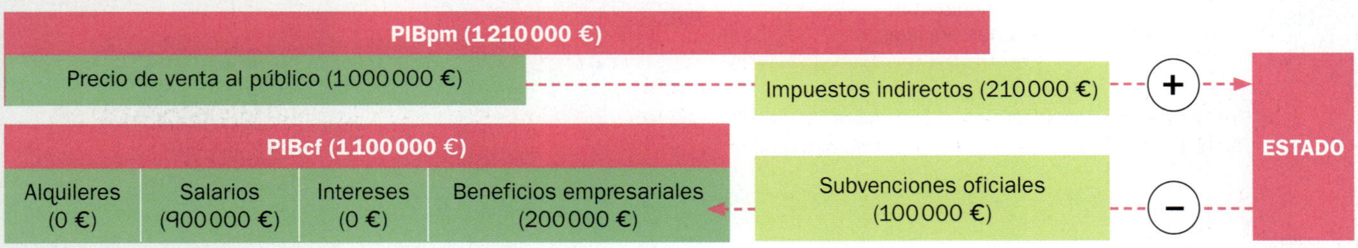

Esquema 7.4. Diagrama ilustrativo a propósito del PIB. Gracias a las subvenciones oficiales de 100 000 €, los beneficios empresariales totalizan 200 000 €.

1> ¿Por qué no coincide el valor de las rentas percibidas por las personas con lo que estas se gastan en bienes y servicios?

2> ¿A qué se refiere el texto cuando dice que no todo el coste real del proceso productivo es soportado por las empresas?

3> Dada la siguiente tabla (en millones de euros):

Salarios	500
Gasto público	130
Alquileres	100
Beneficios empresariales	260
Impuestos indirectos	160
Consumo de las familias	600
Subvenciones oficiales	60
Exportaciones	100
Importaciones	30
Intereses	140
Inversión empresarial	300

a) Calcula el valor del PIB_{pm} y el PIB_{cf}.

b) Demuestra cómo es posible llegar desde una de las magnitudes a la otra.

Mapa conceptual

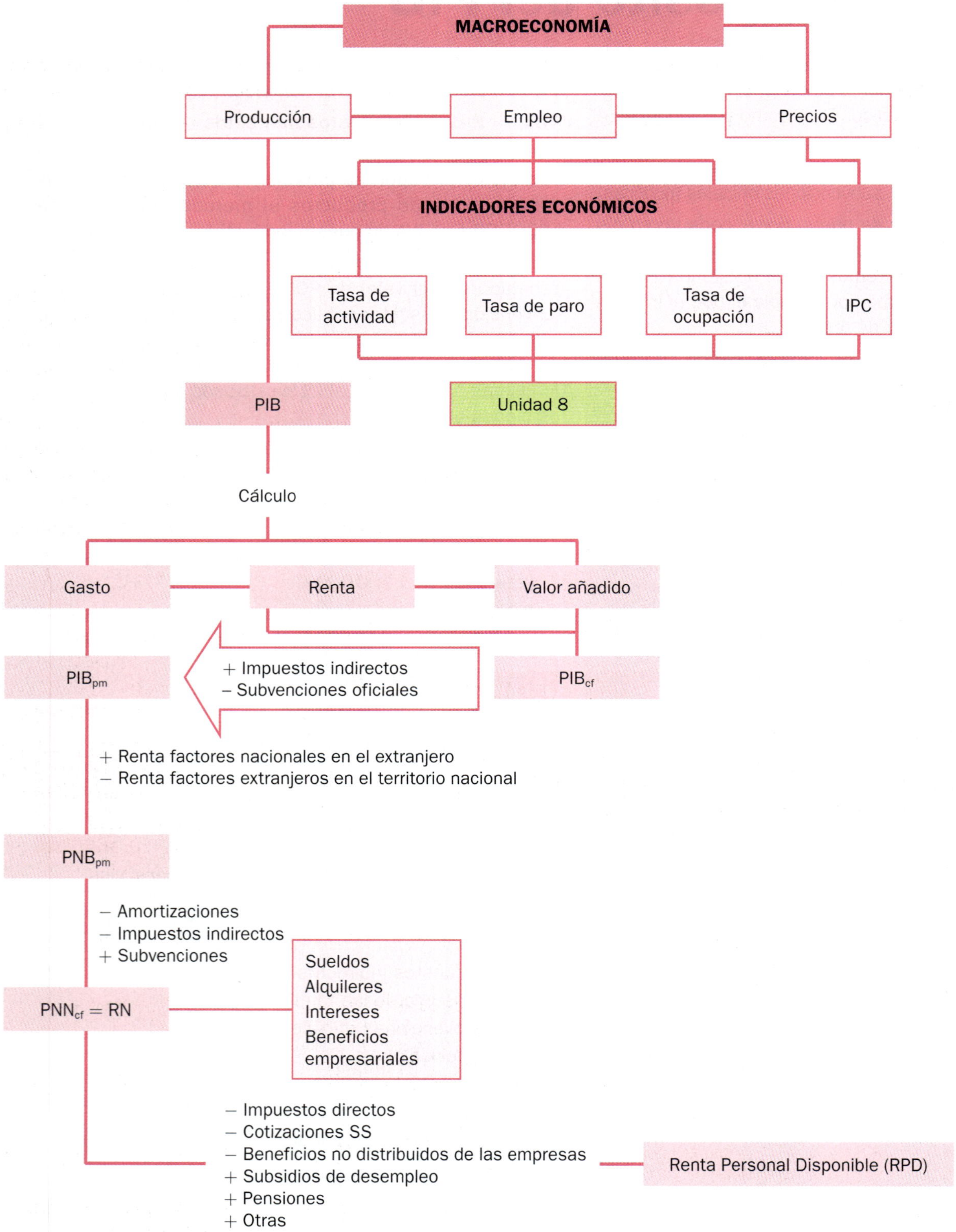

N.º 7. Diario independiente de información económica **Economicus**

En busca de la receta mágica

Desde los tiempos de Adam Smith, una de las obsesiones de los economistas ha sido encontrar la receta mágica del desarrollo: una fórmula que permitiera a todos los países crecer económicamente. En el siglo XX el desarrollo de las ciencias ligadas a las matemáticas y, posteriormente, de la informática, redoblaron los intentos de los economistas.

ROBERT SOLOW

Partiendo de la base de que el capital tiene rendimientos decrecientes, las inversiones extra cada vez añaden menos a la producción. Pero esto es así en los países ricos. Como en los países pobres hay poco capital, las inversiones aportan mucho a la producción y, a su vez, los rendimientos llaman a la inversión. Comparativamente, los efectos de la misma tecnología aplicada en los países pobres serían mucho mayores que en los países ricos. En consecuencia, los países pobres crecerán más deprisa que los ricos y sus niveles de vida acabarán por converger, de tal forma que con el tiempo todos los países serán ricos. Bajo estas premisas, Solow formuló un modelo en los años cincuenta que utilizaba como variables el PIB, las tasas de ahorro y el capital fijo, pero solo funcionó a medias. Mientras algunos países asiáticos alcanzaron a Occidente, la mayoría de los países africanos empeoraron su situación. En la práctica resultó que el empleo de la tecnología presenta barreras en lo que respecta a su uso, y que es difícil que el capital fluya hacia los países pobres debido a la inestabilidad política y a la fragilidad de los derechos de propiedad.

En la década de los ochenta surgieron nuevos modelos en los que se analizaba de forma más realista el cambio tecnológico. Y es que son las empresas quienes desarrollan la tecnología. Esta puede, en el mejor de los casos, beneficiar a otras empresas, las cuales sí podrían gestionar adecuadamente los rendimientos sobre la inversión. Estas últimas teorías recibieron el nombre de «crecimiento endógeno», en contraposición a las de Solow, denominadas de «crecimiento exógeno». Con todo, ambos grupos de teorías han resultado ser imperfectas debido a la multitud de factores que concurren para cada país, y es que incluso la salud y la formación, sobre todo esta última, son decisivas para lograr el crecimiento económico. Pero para enriquecer el capital humano deben funcionar las escuelas y universidades, y es ahí donde entra en juego el Gobierno de cada país.

Hoy en día se sigue buscando la fórmula mágica, y aunque el capital y la tecnología siguen siendo variables importantes, las nuevas teorías ponen el acento en los requisitos institucionales previos que deben reunir los Gobiernos de cada país para que pueda madurar el crecimiento económico. Las condiciones materiales son importantes, pero suelen ser insuficientes si las instituciones públicas son débiles.

**(Basado en las opiniones de Robert Solow)*
Premio nobel de economía en 1987 por sus aportaciones en el campo de la teoría sobre el crecimiento económico.

El capital en los países desarrollados está sujeto a rendimientos decrecientes, pero no así en los países pobres

↓

Los países pobres invierten tan poco capital que, con las nuevas tecnologías, los rendimientos son muy altos

↓

Los países pobres crecen más rápido que los ricos

↓

Con el tiempo todos los países convergerán y serán ricos

Reflexiona

1> ¿Qué es lo que no tuvo en cuenta Solow en lo que respecta a la utilización de la tecnología?

2> ¿Qué quiere decir que en un país los derechos de propiedad son frágiles?

3> ¿Qué se entiende por rendimientos decrecientes? ¿Y por capital humano?

4> ¿Por qué las teorías modernas sobre el crecimiento insisten en las características del Gobierno?

Economicus **N.º 7. Diario independiente de información económica**

El PIB de los egipcios

ANXO PENALONGA

«Las personas crecen en centímetros; los países, en producción. Para medir lo primero se utilizan los metros, mientras que para lo segundo se emplea el Producto Interior Bruto (PIB). Así como los países usan el PIB —que mide el valor de lo producido en el interior de un país— como referencia de su situación económica, los egipcios utilizaban los nilómetros, pozos que medían el nivel de las aguas del río Nilo, para calcular las perspectivas del año y fijar los impuestos. Dado que su economía dependía de la agricultura, se podía concluir que existía una relación directa entre la cantidad de agua disponible y la situación del país. Un nivel inferior a seis metros en el nilómetro de Elefantina (cerca de Asuán, el más famoso del país junto al de Kom Ombo y al de la isla de Roda) implicaba que muchos terrenos no podrían cultivarse, con la consiguiente hambruna. En cambio, un nivel muy superior a los ocho metros anunciaba la inundación de los pueblos, la destrucción de las viviendas y el desbordamiento de los canales de riego. Un nivel de agua preocupante en Elefantina o la caída del PIB representan un grave quebradero de cabeza en cualquier país».

El PIB sirve para dar una medida del bienestar económico de los países, pero el bienestar también depende de elementos que no se miden con números.

Hemeroteca

Siglo XVI

La era de las exploraciones. Los navíos europeos surcan los mares del mundo en busca de nuevos socios y rutas comerciales con los que contribuir al incipiente capitalismo europeo. La llegada masiva de oro y plata vía España propicia el auge de los mercados, pero al aumentar el dinero en circulación, se dispara la inflación.

Lectura recomendada:

EL ECONOMISTA CAMUFLADO ATACA DE NUEVO

Tim Harford
Conecta, 2014

El primer libro de Tim Harford, *El economista camuflado,* fue un fenómeno mundial que llegó a vender más de un millón de ejemplares. En él, Harford analizaba el mundo a través del prisma de la microeconomía, desde el coste de un cappuccino hasta la forma en la que los supermercados exponen sus productos. Ahora, en un mundo completamente transformado a raíz de la crisis global, regresa el economista camuflado. En este libro, Tim Harford amplía el foco para ayudarnos a entender cómo funciona en realidad la economía del mundo, prescindiendo de terminologías huecas. Este libro plantea respuestas a cuestiones como: ¿qué sucedería si se cancelara la deuda de todo el mundo?, ¿por qué los bancos continúan pagando unos bonus de escándalo?, ¿cómo se crea realmente empleo?, ¿qué debería preocuparnos más, la desigualdad entre países o la interna de cada país?, ¿qué tiene que ver una comedia sobre la aniquilación nuclear con la economía? o ¿llegarán los países emergentes a controlar la economía mundial? Con los conocimientos de auténtico experto y la claridad expositiva de un divulgador, Harford explica lo que está pasando de verdad, más allá de los grandes titulares, y cómo podemos entenderlo.

«De momento, a juzgar por los datos, no parece que se nos dé estupendamente bien convertir en ocio la riqueza. Es el problema que se planteaba Keynes en un famoso ensayo de 1930, *Las posibilidades económicas de nuestros nietos.* Keynes calculó que si todo iba bien en 2030 habríamos cubierto todas nuestras necesidades materiales básicas, y que nuestro "problema real y permanente" sería cómo emplear nuestra libertad de las preocupaciones materiales, o cómo ocupar nuestras horas de ocio "para vivir sabia y agradablemente" bien. Ahora que ya no falta tanto para 2030, constatamos que Keynes anduvo muy acertado en la relativo al crecimiento económico, pero vemos que el problema de llenar un sinfín de horas de ocio no es todavía una prioridad. Seguimos trabajando mucho, aunque no tanto como en otras épocas. Las encuestas de usos del tiempo muestran que entre 1965 y 2003 las mujeres estadounidenses ganaron entre cuatro y seis horas semanales de ocio, y que a los varones aún les fue mejor, ya que ganaron entre seis y ocho. También vivimos más, pasamos más tiempo en el colegio y en la universidad, y nos jubilamos más pronto que antes, así que el porcentaje de nuestras vidas dedicado al trabajo va bajando».

Hoy recordamos a...

JOHN M. KEYNES

(Reino Unido, 1883–1943)

Profesor y economista.

A pesar de haber transcurrido más de 70 años desde su fallecimiento, la rama por él creada –el keynesianismo– sigue siendo objeto de debate. Keynes desarrolló sus ideas durante la Gran Depresión, siendo su principal teoría la de aumentar el gasto durante las recesiones para reactivar la economía. Sus postulados se impusieron tras la Segunda Guerra Mundial y llevaron a los países desarrollados a niveles de prosperidad desconocidos. Coleccionó arte y fue un hábil inversor.

Cine Europa
Próximamente
Qué bello es vivir

Director. Frank Capra.

Reparto. James Stewart, Donna Reed, Lionel Barrymore, Thomas Mitchell.

Sinopsis. Una intervención divina concede una segunda oportunidad a un hombre que pretendía suicidarse para que su familia pudiera cobrar un seguro de vida.

Comentario. Mientras una parte de la película habla de la economía al servicio de la comunidad, del dinero y las cosas al servicio de las personas, la otra parte ilustra qué ocurre cuando es la comunidad la que está al servicio de la economía. El mensaje final de la película no tiene desperdicio: nadie fracasa si tiene amigos (la familia elegida).

Claves de reflexión. Índice de Desarrollo Humano, PIB, desarrollo económico y desarrollo humano.

Ejercicios

1. ¿En qué se diferencian la microeconomía y la macroeconomía?

2. ¿Por qué las fórmulas o recetas económicas no se pueden extrapolar de un país a otro?

3. ¿Por qué no es válido sumar la producción de las empresas para calcular el PIB?

4. ¿Coinciden el precio que pagan las familias por la adquisición de bienes y servicios con las rentas que perciben por participar en el proceso productivo? ¿Por qué?

5. Dada la siguiente tabla con magnitudes económicas del año 02 (en millones de euros):

Gasto estatal	2000
Consumo familias	6500
Ahorro privado	650
Exportaciones	3000
Importaciones	1007
Inversión empresarial	2000
Impuestos	1500

a) Calcula el valor del PIB_{pm} del año 02.

b) Si en el año 01 el PIB_{pm} fue de 12 310 millones de euros, ¿cuál es la variación que ha experimentado la producción?

6. ¿Qué utilidad tiene calcular el PIB real? ¿En qué se diferencia del PIB nominal?

7. Un país produce naranjas y limones. Durante los años 01, 02 y 03 se vendieron, respectivamente, 100000, 120000 y 150000 kilos de naranjas a 1, 1,20 y 1,50 €/kilo, mientras que las ventas de limones en esos tres años ascendían a 60000, 70000 y 80500, vendidos a 0,80, 0,90 y 1,10 €/kilo.

En los años reseñados, calcula:

a) La producción para cada uno de los distintos productos.

b) El PIB nominal.

c) El PIB real respecto del año 01.

d) La variación del PIB real entre los años 01 y 03.

8. ¿Qué quiere decir que el PIB no informa de la calidad de los bienes y servicios que produce?

9. Redacta con tus propias palabras una definición de Contabilidad Nacional.

10. Consulta el Esquema 7.3. e indica por qué para las empresas es importante efectuar la amortización.

11. ¿En qué caso podrían coincidir el PIB a coste de factores con el PIB a precios de mercado?

12. ¿Por qué la renta disponible no coincide con lo que ganan los ciudadanos?

13. ¿Hay algún caso en el que un país podría no crecer a pesar de que aumentara su PIB?

14. ¿Por qué se desvirtúa el IPC español a medida que se aleja más del año de referencia?

15. ¿Cómo indica el IPC que un bien o un servicio han aumentado de calidad?

16. Dada la siguiente tabla en millones de euros:

Beneficios empresariales	2000
Impuestos indirectos	1600
Consumo familias	6000
Subvenciones oficiales	600
Exportaciones	1000
Importaciones	300
Salarios	5000
Gasto público	1300
Alquileres	1000
Intereses	2000
Inversión empresarial	3000

a) Calcula el valor del PIB_{pm} y el PIB_{cf}.

b) ¿Por qué coincide el PIB a coste de factores con la renta nacional (RN)?

17. Dada la siguiente tabla en millones de euros:

a) Calcula el Producto Nacional Bruto a precios de mercado (PNB_{pm}), el Producto Nacional Neto a precios de mercado (PNN_{pm}), y la Renta Nacional (RN).

Ejercicios

b) ¿Cuál es la renta por habitante si el territorio tiene 700 000 habitantes?

Macromagnitudes	Millones de €
PIB_{pm}	90 000
Impuestos directos (IRPF)	11 600
Cotizaciones a la Seguridad Social	10 900
Renta de factores nacionales en el extranjero	16 000
Amortizaciones	12 000
Renta de factores extranjeros en territorio nacional	12 000
Impuestos indirectos	8 000
Subvenciones oficiales	2 000

18. Lee el siguiente texto y contesta a las preguntas que se formulan a continuación:

> «Los bienes de capital que utilizan las empresas para desarrollar sus actividades son de vida limitada, es decir, hay que reemplazarlos cada cierto tiempo. El desgaste de estos equipos o amortización es un gasto que las empresas incorporan a sus cuentas de resultados y que, por lo tanto, reduce los beneficios de sus accionistas y los impuestos a pagar. Esto permite a las empresas ahorrar para reemplazar los equipos. De no hacerlo así, una vez que los equipos correspondientes hubieran agotado su vida útil o de participación en los procesos productivos, la empresa podría verse imposibilitada para continuar desarrollando su actividad económica.
>
> Lógicamente, el volumen de ese gasto, así como la antigüedad de los equipos, varía de unos países a otros. Si dos países producen lo mismo, pero uno de ellos «desgasta» más que el otro sus bienes de capital, este último estará en desventaja, pues tendrá que reemplazar antes sus equipos para seguir produciendo al mismo ritmo, y eso no siempre es posible. Por ejemplo, uno de los factores que los expertos apuntan como posible pérdida de competitividad del sector turístico español frente a otros países como Italia o Grecia es el envejecimiento de las instalaciones de hostelería».

a) ¿En qué se parecen y diferencian la Contabilidad Nacional y la empresarial?

b) ¿Qué son los bienes de capital? ¿En qué se diferencian respecto a los de consumo?

c) ¿Por qué es importante que las empresas incorporen como un gasto el desgaste de sus equipos de capital?

d) ¿Qué magnitudes de la Contabilidad Nacional contemplan el problema de la amortización?

19. Imagina que en Ecosisarga, una isla del Atlántico, solo hubiera tres empresas: una flota de barcos pesqueros, una fábrica y una lonja. Los pescadores venden pescado y marisco a la fábrica por 100 000 €. La fábrica produce salazones y conservas y los vende por 260 000 € a la lonja quien, a su vez, revende toda la producción por 300 000 €. Los salarios y los beneficios pagados por las empresas de esta economía ascendieron respectivamente a 200 000 y 140 000 €. Este año, la fábrica ha adquirido equipos y máquinas a otro país por valor de 60 000 €.

a) Calcula el PIB_{pm} por los métodos del gasto, la renta y el valor añadido.

b) Supongamos que existiera un Gobierno en Ecosisarga que aplicara un impuesto del 10 % en la venta de salazones y conservas de la lonja. Determina el nuevo PIB_{pm} y PIB_{cf}, sabiendo que el Estado Ecosisargués utiliza 10 000 € de ese impuesto para pagar el sueldo a sus funcionarios y el resto lo utiliza para subvencionar la actividad pesquera y productiva. Ten presente que, cuando el Estado interviene en la economía, se comporta por un lado como una empresa más y, por otro, redistribuye ciertos fondos en concepto de subvenciones o ayudas.

20. Relaciona los siguientes titulares extraídos de la prensa económica con conceptos económicos estudiados a lo largo de esta unidad:

a) «La alta inflación socava el PIB».

b) «Sigue sin aflorar el trabajo negro».

c) «La economía se estanca».

21. Temas de debate:

a) ¿Deberían formar parte del PIB actividades como el trabajo doméstico?

b) ¿Por qué en unos países existe más economía sumergida que en otros?

c) ¿Hasta qué punto son reales los índices alternativos al PIB como, por ejemplo, el IDH?

8

INDICADORES ECONÓMICOS: EMPLEO Y PRECIOS

Detrás de las cifras de empleo se oculta uno de los problemas más graves de las economías de mercado, cuando no el que más: el paro. La lucha contra el desempleo es una prioridad en la agenda de las distintas Administraciones Públicas, pero eso no quiere decir que los futuros trabajadores deban resignarse al posible éxito de dichas políticas. Conocer las características del mercado de trabajo, así como identificar su evolución y tendencia, son el primer paso para planificar los estudios que necesitamos cursar y tratar de construirnos un futuro laboral exitoso. Con todo, puede resultar que el salario no nos otorgue demasiado poder adquisitivo debido a la inflación. No es problema que los precios suban algo, pero sí lo es que suban más que los salarios, porque entonces los trabajadores pierden poder adquisitivo. Poco importa que nos doblen el sueldo si es para comprar cosas que han triplicado su precio.

1. La política de empleo

Además del PIB, que hemos estudiado en la unidad anterior, los otros grandes indicadores sobre la marcha de la economía son las tasas de empleo y el IPC. En la presente unidad, y en primer lugar, estudiaremos las tasas de empleo en el contexto de las políticas impulsadas por el Gobierno para combatir el paro. Posteriormente estudiaremos las causas y consecuencias de la variación del nivel de precios de un periodo a otro, a través del Índice de Precios al Consumo (IPC).

La ausencia de trabajo (el paro o desempleo) es uno de los problemas más graves para las sociedades desarrolladas. Por ello, un objetivo prioritario de cualquier Gobierno es proteger a los desempleados, así como crear empleo. En España, esto se consigue a través de la política de empleo, un conjunto de planes y procedimientos que tienen como principal objetivo reducir las cifras de paro que la economía española arrastra desde la década de los setenta y que sitúa a España a la cabeza de los países europeos en lo que a este problema se refiere.

La **política de empleo** es un conjunto de planes y procedimientos que tienen como principal objetivo reducir el paro de una economía.

Pero antes de actuar, es necesario saber a lo que uno se enfrenta. Por ello, y para lograr una mayor adaptación y eficiencia de la política de empleo, el Gobierno analiza la situación del mercado laboral mediante indicadores de las características de la población que lo compone: fuerza laboral, población activa, tasa de actividad, tasa de paro, etc.

1.1. Características de la población

El principal referente de cualquier mercado laboral es la población de la que se nutre.

La **población** es el número total de personas que viven en un área geográfica determinada.

Pero no toda la población participa por igual en los procesos productivos y, para facilitar el análisis, es habitual dividir la población en **grupos homogéneos.**

Así, se identifican los siguientes grupos de población en función de su grado de participación en el proceso productivo: la población en edad de trabajar, la población activa y la población inactiva.

Conceptos	Población total (Pt)	Conjunto de la población.
	Población activa (Pa)	*a)* Ocupada. Trabajadores por cuenta ajena o propia. *b)* Desempleada. Trabajadores que buscan activamente un puesto de trabajo.
	Población inactiva	Personas que no buscan ni desean trabajar (estudiantes, jubilados, pensionistas, amas de casa...).

Tabla 8.1. Grupos de población.

Una vez agrupada la población en las categorías descritas se realizan las estadísticas de empleo. Para el sector público, las estadísticas de empleo son un instrumento fundamental a la hora de articular medidas de protección social.

Sabías que

Salario es una palabra latina que tiene su origen en el pago, en forma de sal, que recibían los soldados del Imperio romano por sus servicios.

En Internet

La política de empleo en España está promovida y gestionada desde el Ministerio de Empleo y Seguridad Social y tiene como principal objetivo reducir las cifras de desempleo. La página web de este ministerio es www.empleo.gob.es

Fig. 8.1. Panel tecnológico en un laboratorio farmacéutico. La productividad de las máquinas ha desplazado la mano de obra a otras ocupaciones.

Sabías que

La población activa se denomina popularmente *fuerza de trabajo.*

Reflexiona

¿Hacia dónde evoluciona el trabajo?

Hoy en día, la inestabilidad y la escasez del empleo han cambiado la actitud a la hora de plantearse la vida laboral. Las tendencias son:

- Compatibilizar vida laboral y familiar, incluso a costa de ganar menos.
- El autoempleo: emprender para ser tu propio jefe está revelando ser la mejor opción cuando las condiciones laborales por cuenta ajena son malas.
- La formación polivalente, permanente y online. No basta con estudiar solo al principio de nuestras vidas, hemos de pensar en una formación lo más polivalente posible y constante a lo largo del tiempo.

Los organismos públicos encargados de realizarlas son el Instituto Nacional de Estadística (INE) y los observatorios ocupacionales dependientes del Servicio Público de Empleo Estatal (SEPE) o de las comunidades autónomas. Para medir la situación del mercado laboral, estas estadísticas emplean unos indicadores específicos o tasas, de acuerdo con la siguiente tabla:

Tasas	Tasa de actividad (Ta)	Es la relación entre la población activa y la población total. Esta tasa mide el porcentaje de población sobre la que recae el peso laboral de un país. Su fórmula es: $(\text{Ta}) = \dfrac{\text{Población activa}}{\text{Población total}} \cdot 100 = \dfrac{\text{Pa}}{\text{Pt}} \cdot 100$
	Tasa de paro (Tp)	Es la relación existente entre el número de desempleados y la población activa total. Es decir, cuántas de cada cien personas que quieren trabajar no pueden. Esta tasa mide el porcentaje de desempleo dentro de la población activa: $(\text{Tp}) = \dfrac{\text{Población desempleada}}{\text{Población activa}} \cdot 100 = \dfrac{\text{Pd}}{\text{Pa}} \cdot 100$
	Tasa de ocupación (To)	Es la relación entre el número de ocupados y la población total. Indica cuántas de cada cien personas que quieren trabajar lo hacen. Esta tasa mide el porcentaje de ocupación dentro de la población activa: $(\text{To}) = \dfrac{\text{Población ocupada}}{\text{Población total}} \cdot 100 = \dfrac{\text{Po}}{\text{Pt}} \cdot 100$

Tabla 8.2. Tasas utilizadas por el INE en las estadísticas de empleo. La suma de la tasa de desempleo y la tasa de ocupación tendrá que totalizar 100, porque desempleados y ocupados, juntos, forman la población activa.

Recuerda

El **Instituto Nacional de Estadística (INE)** centraliza toda la información estadística oficial.

Por su parte, el **Servicio Público de Empleo Estatal (SEPE)** es un organismo público con atribuciones específicas en materia de empleo.

Observatorio 1

¿Por qué existe el desempleo?

No hay unanimidad a la hora de determinar las causas del desempleo. Para los defensores del libre mercado, el paro desaparecería si funcionara libremente la ley de la oferta y la demanda. Ante un exceso de oferta de mano de obra, los salarios bajarían y las empresas contratarían a los trabajadores sobrantes. Pero el mercado laboral no es libre, sino que está intervenido. Entre otras medidas, los Gobiernos establecen un SMI para evitar los abusos de los empresarios y los sindicatos presionan para mejorar las condiciones laborales. En consecuencia, y ante la imposibilidad de trabajar por debajo del SMI, existe siempre un exceso de oferta y, por tanto, desempleo. Otro grupo de economistas opina que el problema no está en el mercado laboral, sino en el de bienes y servicios, el cual no genera demanda suficiente para que las empresas incrementen su nivel de actividad y reduzcan el nivel de paro. Finalmente, un tercer grupo de opinión abunda en las características de los trabajadores. Es decir, muchas veces sobran trabajadores con una determinada cualificación y faltan otros; o el trabajo está mal repartido: el pluriempleo y las horas extraordinarias de los trabajadores ya establecidos impiden el acceso al mercado laboral de los restantes.

1.2. Estadísticas de empleo

Los conceptos y tasas vistos en el apartado anterior son utilizados por varias estadísticas o fuentes de información sobre el empleo y que son la Encuesta de Población Activa (EPA), las cifras de afiliación a la Seguridad Social y los datos del Servicio Público de Empleo Estatal (SEPE).

- **Encuesta de Población Activa (EPA).** Cada trimestre, el INE realiza una encuesta en 65 000 hogares con el fin de recabar datos relativos al empleo existente, lo cual, a efectos estadísticos, equivale a entrevistar a 180 000 personas aproximadamente.
- **Cifras de afiliación a la Seguridad Social.** La Seguridad Social es un organismo público que garantiza asistencia sanitaria y prestaciones sociales suficientes que cubran las necesidades del trabajador o de su familia. Para tener derecho a estas prestaciones, aparte de abonar unas cuotas mensuales mientras se esté trabajando, es obligatoria la inscripción del trabajador. Se obtiene, por tanto, información a partir del número y características de los contratos registrados. La clase de empleo que crea un país, determinada por el tipo de contratos registrados en este organismo, es una variable crucial al decidir las políticas de empleo.
- **Datos del SEPE.** Este organismo público mide el desempleo y tiene en cuenta exclusivamente a los inscritos en él (paro registrado). No engloba a una numerosa población activa con capacidad y deseo de trabajar pero que no está inscrita. Estas personas forman lo que se conoce como «paro desanimado». A efectos estadísticos, no figuran como demandantes de empleo y son contabilizados dentro de la población inactiva.

Caso práctico 1

A partir de los datos recogidos por la EPA, confeccionamos la siguiente tabla:

	Último trimestre 02			Último trimestre 01		
	TOTAL	HOMBRES	MUJERES	TOTAL	HOMBRES	MUJERES
Población total	43 235,5	21 255,0	21 980,5	42 652,1	20 941,6	21 710,5
Activos	21 812,4	12 595,1	9 217,3	21 155,6	12 370,8	8 784,8
– Ocupados	20 001,8	11 831,3	8 170,5	19 314,3	11 549,6	7 764,7
– Parados	1 810,7	763,8	1 046,9	1 841,3	821,2	1 020,1
Inactivos	15 423,1	5 659,9	9 763,2	15 496,6	5 570,9	9 925,7

Tabla 8.4. Resultados nacionales de la EPA (en miles de personas).

1. Calcula la tasa de actividad del conjunto de la población española del año 02.
2. Calcula la tasa de paro de las mujeres del año 02.
3. Calcula la tasa de ocupación de los hombres del año 02.
4. Calcula la variación porcentual de la población activa del año 02 respecto del 01.

(Continúa)

Sabías que

La palabra *estadística* procede del término *estado* (del latín, *status*) entendido como la situación en la que se encuentra una persona o cosa. Este concepto fue utilizado por primera vez en la Alemania del siglo XVIII para referirse a la recolección de datos y documentos útiles para la Administración del Estado.

Contrato para la formación y el aprendizaje. Para personas sin estudios y sin experiencia laboral con edad entre 16 y 25 años (y menores de 30 hasta que la tasa de desempleo se sitúe por debajo del 15 %).
Contrato en prácticas. Para titulados universitarios o de ciclos formativos, solo puede realizarse en relación a los estudios cursados en los 5 años siguientes a la finalización de estos, e incluso por encima de dicho periodo si se trata del primer empleo para menores de 30 años.

Tabla 8.3. El primer contrato.
Lo habitual es que el acceso al mercado de los jóvenes se produzca a través de una de estas dos formas de contrato. En ambos, la retribución mínima es la que marque el convenio y el periodo de duración es de seis meses a dos años.

Fig. 8.2. Trabajadoras en una fábrica de principios del siglo XX. La incorporación de la mujer al trabajo es uno de los factores que explica el bienestar y la riqueza alcanzados por los llamados países desarrollados.

Sabías que

El convenio colectivo es la principal herramienta que utilizan empresarios y sindicatos para fijar las condiciones laborales de los trabajadores. Los convenios se negocian en función del sector y la comunidad autónoma. Esto quiere decir que, en sectores como la construcción o el metal, se pagan salarios diferentes, pero incluso entre los propios obreros del metal o la construcción hay diferencias entre una comunidad y otra, muchas veces significativas. *Descuelgue salarial* es el nombre con el que se conoce un procedimiento que permite a las empresas en crisis desvincularse del convenio colectivo.

Caso práctico 1 *(Continuación)*

Solución

1. Por cada 100 personas del total de la población, 52 forman parte de la población activa.

   Tasa de actividad ambos sexos en el año 02: $Ta = \frac{21\,812{,}4\ (Pa)}{43\,235{,}5\ (Pt)} \cdot 100 = 52{,}90\,\%$

2. Por cada 100 mujeres de la población activa, 11 están en el paro.

   Tasa de paro mujeres en el año 02: $Tp = \frac{1\,046{,}9}{9\,217{,}3\ (Pa)} \cdot 100 = 11{,}36\,\%$

3. Por cada 100 hombres de la población total, 55 tienen trabajo.

   Tasa de ocupación hombres en el año 02: $To = \frac{11\,831{,}3}{15\,595{,}1\ (Pt)} \cdot 100 = 75{,}87\,\%$

4. Las variaciones porcentuales respecto a los datos históricos son calculadas de acuerdo con la conocida fórmula:

   Variación porcentual

$$\mathbf{Pa_{01\text{-}02}} = \frac{Pa_{02} - Pa_{01}}{Pa_{01}} \cdot 100 = \frac{21\,812{,}4 - 21\,155{,}5}{21\,155{,}5} \cdot 100 = 3{,}11\,\%$$

Por cada 100 personas activas que había en el último trimestre del año 01, hay tres más en el último trimestre del año 02.

Observatorio 2

¿Cómo ha evolucionado la fuerza laboral española?

La población activa es la fuerza de trabajo de un país. Resulta crucial analizar su estructura para comprender las tasas de ocupación y paro. A partir de los años ochenta, la población activa ha crecido de forma significativa en España debido a tres factores fundamentales:

- **La llegada al mercado laboral del *baby boom*.** El incremento de la natalidad durante los años sesenta y principios de los setenta provocó que muchas personas de más de dieciséis años se incorporasen a la población activa en los ochenta y primeros de los noventa.
- **La incorporación de las mujeres al mercado laboral.** El cambio en las estructuras familiares durante las décadas de los setenta y ochenta posibilitó el acceso al mercado laboral de un gran número de mujeres.
- **Crecimiento de la inmigración.** En solo cuarenta años, España ha pasado de ser un país de tradición emigrante durante la década de los sesenta a recibir mano de obra extranjera.

A pesar del aumento de la población activa debido a los factores reseñados, el crecimiento demográfico previsto es muy inferior al de nuestros vecinos europeos. El descenso de la tasa de natalidad española a 1,27 a fecha de cierre de la edición (y bajando, pues se estima en 1,24 para 2029 y 1,22 para 2054) refleja la fuerte disminución del número de hijos por mujer, muy por debajo del nivel de reemplazo generacional. Este índice, que señala el número de nacimientos que una población requiere para no disminuir, se estima en 2,1 hijos por mujer. Como consecuencia, se observa un envejecimiento de la población española, pues crece mucho el número de personas con edades comprendidas entre los 55 y los 67 años de edad, pero no así el número de nacimientos. Este grupo pasará a ser inactivo en pocos años, de tal forma que la población activa acusará un descenso brusco e importante. Como contrapartida, se confía en que los trabajadores inmigrantes que decidan quedarse en nuestro país y, en su caso, sus descendientes, subsanen las deficiencias futuras de población activa.

1.3. Clases de desempleo

El desempleo o paro es un gravísimo problema para las economías de mercado. Una prioridad de cualquier Gobierno es minimizar el coste social y económico que implica una elevada tasa de paro. Pero no todo el paro es igual, sino que lo hay de varios tipos, por lo que los Gobiernos actuarán según a qué tipo de paro se enfrenten. En función de las causas que lo provocan, hay cuatro tipos de desempleo: cíclico o coyuntural, estacional, estructural y friccional.

- **Cíclico o coyuntural.** En las economías en las que el mercado es el principal asignador de recursos, la actividad empresarial está sujeta a los vaivenes de la iniciativa privada y, en consecuencia, a la sucesión de fases de expansión y recesión. El desempleo cíclico aumenta notablemente durante las épocas de recesión mientras que, en las etapas de expansión, disminuye.

  Para reducir la incidencia de este tipo de paro, el sector público trata de suavizar la transición entre los distintos ciclos económicos para que la oferta de trabajo no varíe significativamente debido a la coyuntura económica.

- **Estacional.** Se debe a la existencia de ciertas actividades que solo requieren mano de obra en determinadas épocas del año. Por ejemplo, en España disminuye mucho la tasa de desempleo durante la temporada alta de turismo. Diversificar la estructura productiva para no depender excesivamente de las actividades estacionales es una medida habitual para combatir este tipo de desempleo.

- **Estructural.** Responde a los desajustes entre la oferta de trabajo que proponen los empresarios y las demandas de empleo que solicitan los trabajadores. Fundamentalmente, este tipo de desempleo tiene su origen en la inadecuación técnica de los trabajadores a las vacantes o en el exceso de solicitantes de un determinado puesto de trabajo en relación a las vacantes.

  El paro estructural es el más preocupante, pues tiende a perdurar. Se produce en determinadas regiones o en ciertas ramas de actividad. Es consecuencia de la inadecuada estructura económica, principalmente por la existencia de actividades productivas en regresión. Este tipo de paro está muy relacionado con el cambio tecnológico, puesto que determinadas actividades productivas se quedan desfasadas y, si no se regenera el tejido productivo a un ritmo adecuado, las zonas donde se emplazan esas actividades acabarán por perder sus posibilidades de crear nuevos empleos hasta caer en la recesión económica. Lógicamente, el volumen de este tipo de desempleo dependerá del volumen de actividad en regresión que exista en relación con el conjunto de la actividad económica de cada país.

  Las medidas que se utilizan para reducir el paro estructural son las siguientes: incentivar el establecimiento de actividades productivas adaptables a las nuevas tecnologías, y fomentar la polivalencia o capacidad de reciclaje mediante los programas de formación y reconversión profesional de los trabajadores.

Fig. 8.3. Joven emprendedora. Un trabajador que decide crear su propio puesto de trabajo no tiene precio, razón por la que las distintas administraciones subvencionan y promocionan las iniciativas empresariales, sobre todo si provienen de jóvenes o colectivos desfavorecidos.

Observatorio 3

¿Por qué la tecnología condiciona nuestra vida laboral?

Las nuevas tecnologías implican cambios sociales y económicos que influyen directamente en las características de los puestos que ofrece el mercado laboral. Las actividades y profesiones emergentes (yacimientos de empleo) son aquellas que tienen un elevado potencial con respecto al resto. Algunas de estas profesiones con futuro están relacionadas con las siguientes actividades: defensa del medioambiente; recuperación de zonas rurales y agrícolas; tratamiento de residuos y reciclaje; informática, telecomunicaciones, electrónica y nuevas tecnologías; turismo activo, cultural y rural; agricultura biológica; servicios de protección y vigilancia; cuidados de la salud y la tercera edad, y oficios tradicionales.

Tipo de desempleo	Objetivo	Medidas
Cíclico o coyuntural	Estabilizar la oferta por parte de los trabajadores	Favorecer las jubilaciones anticipadas, ampliar el tiempo de enseñanza obligatoria, incentivos a la contratación, información constante...
Estacional	Reducir la estacionalidad	Incentivar actividades no estacionales, invertir para diversificar la estructura productiva...
Estructural	Favorecer la implantación de las nuevas tecnologías	Incentivar el I+D+i, formación polivalente o reciclable...
Friccional	Fomentar la contratación indefinida	Información constante, bonificaciones a las empresas...

Tabla 8.5. Lucha de los Gobiernos contra los distintos tipos de desempleo. La medida de protección social más extendida es la prestación o subsidio de desempleo.

- **Friccional.** Es un desempleo voluntario de personas que, pudiendo estar trabajando, desean tomarse un tiempo para estudiar, descansar o encontrar un trabajo mejor que el anterior, por ejemplo. No es un tipo de paro que preocupe, pero la disminución de este tipo de paro pasa por fomentar la contratación indefinida e informar constantemente a los trabajadores para que puedan adecuar su oferta a los puestos de trabajo demandados por las empresas.

Formación profesional
Reglada
A esta formación se accede normalmente con el título de ESO para obtener el título de técnico, o el de Bachillerato, para el de técnico superior. Los ciclos formativos pretenden ofrecer una formación polivalente y reciclable para la actividad profesional, que permita adaptarse a los cambios laborales y tecnológicos. Incluso es posible ya una modalidad semipresencial para adultos a través de plataformas educativas *online*.
Ocupacional
Gestionada por el SEPE y las comunidades autónomas, este tipo de formación se dirige a desempleados y demandantes de primer empleo.
Continua
Está dirigida a los trabajadores ocupados. En los últimos años ha aumentado notablemente el esfuerzo de las empresas por formar a sus trabajadores.

Tabla 8.6. Formación profesional.

Observatorio 4

¿Por qué la Administración favorece a determinados colectivos?

El mercado de trabajo es muy competitivo y no atiende a consideraciones de tipo ético. En cambio, la organización política moderna por excelencia, la democracia, sí presta atención a valores tales como la justicia, la igualdad o la equidad. Como determinados grupos de personas padecen una situación de agravio respecto a las demás, las leyes las favorecen expresamente. Es lo que se denomina *discriminación positiva*. En el caso del mercado laboral, existen colectivos que sufren con mayor intensidad el desempleo –jóvenes de entre 16 y 24 años, minusválidos, mujeres y mayores de 45 años–, así que los Gobiernos incentivan a quienes contratan a trabajadores que forman parte de estos colectivos. También existen los parados de larga duración, que son personas inscritas como demandantes de empleo, de forma ininterrumpida, durante un periodo superior a un año. El tiempo que una persona lleva desempleada puede llevarla a desanimarse y a dejar de buscar empleo. Es lo que se conoce como *paro desanimado*, que es especialmente preocupante porque no figura en las estadísticas de empleo y, en consecuencia, es difícil de combatir.

Actividades

1> Obtengas o no la titulación de Bachillerato, ¿sabes qué posibilidades académicas hay de seguir estudiando? Investiga al respecto y enuméralas.

2> ¿Por qué las actuaciones del Gobierno favorecen expresamente a determinados colectivos laborales?

3> ¿Por qué la Seguridad Social es una fuente de información sobre el empleo? ¿Qué tipo de datos y tasas se utilizan en esta y otras estadísticas de empleo?

4> Pon un ejemplo de cada tipo de desempleo que has estudiado.

2. El nivel medio de precios: la inflación

En cada país y en cada periodo, existe un determinado nivel de precios para los bienes y servicios que circulan por su economía, pero este nivel de precios puede aumentar. Si lo hace de forma generalizada y continua, se produce el fenómeno que llamamos **inflación.** Ambos rasgos son definitorios de la inflación: es general porque afecta a casi todos los bienes y servicios; y se trata de un proceso constante no causado por razones pasajeras. No obstante, a veces el nivel de precios disminuye en lugar de crecer. Entonces se habla de deflación o inflación negativa.

Fig. 8.4. No es problema que exista algo de inflación, pero sí lo es cuando los precios suben más deprisa que los salarios.

La **inflación** es el crecimiento generalizado y continuo de los precios de una economía.

2.1. Causas de la inflación

Como la inflación implica el crecimiento simultáneo del precio de bienes, servicios y recursos productivos, y el aumento de unos precios empuja a los demás a un círculo vicioso, resulta realmente difícil determinar qué rama industrial o qué recurso productivo es el origen de una escalada de precios. Aun así, existen dos tipos de teorías al respecto. Según algunas de estas teorías, el origen de la inflación está en un exceso de demanda (inflación de demanda). Otras defienden, en cambio, que el problema surge por el lado de la oferta que realizan las empresas (inflación de costes).

A. Inflación de demanda

Si los agentes económicos de un país demandan más de lo que las empresas pueden producir, aparece una situación de escasez o exceso de demanda (recuerda lo que estudiamos en la Unidad 4), de tal forma que, aunque las empresas llegaran a producir todo lo que se demanda, es inevitable que los precios suban mientras dura la escasez. El aumento de la demanda puede tener su origen en cualquiera de los agentes que participan en la economía:

- **En las empresas.** Una mejora en las expectativas empresariales puede producir un aumento de la demanda de los bienes de capital que las empresas necesitan para producir más.
- **En el sector público.** Si el Gobierno decide mejorar las infraestructuras del país y aumentar los gastos en hospitales y carreteras, empezará a demandar todos los bienes y medios de producción que requiere para hacerlo.
- **En las familias.** Cuando se deciden a ahorrar menos y gastan más, aumenta la demanda de cuantos bienes y servicios deseen consumir.

El aumento de la demanda por parte de un agente provocará inflación siempre que no esté compensado por disminuciones en la demanda de los otros dos.

B. Inflación de costes

Hay cinco **teorías** que tratan de explicar la inflación a partir de la remuneración de los recursos productivos:

- **Por el encarecimiento de los recursos naturales.** La subida de precios de recursos básicos como las materias primas o la energía encarece todo el proceso productivo. En estos casos, lo normal es que los empresarios trasladen al precio de venta de sus productos las subidas experimentadas en sus costes de producción.

Sabías que

En economía, se conocen con el nombre de **espiral** los procesos del tipo «círculo vicioso», que conducen a incrementos constantes de las variables implicadas.

- **Por la espiral salarios-precios.** Esta teoría se basa en la idea de que los sindicatos tienen tal poder de presión que pueden conseguir mejoras salariales superiores a la productividad laboral real. Cuando ocurre esto, uno o varios colectivos de trabajadores comienzan a percibir salarios superiores a los que les correspondería realmente en relación con lo que trabajan. En consecuencia, los restantes perceptores de rentas aumentan los precios por entender que ellos no deben ser menos en lo que a generar ingresos se refiere.
- **Por la espiral salarios-salarios.** Según lo anterior, los trabajadores de los demás sectores, preocupados especialmente por mantener su posición relativa con respecto al resto de trabajadores y ramas industriales, también se sentirían perjudicados. Si, en algunas empresas, los incrementos en la productividad laboral consiguen mejoras salariales notables, los trabajadores de otras empresas o ramas productivas tratarán de obtener las mismas mejoras mediante una mayor agresividad sindical.
- **Por el poder de mercado.** En algunos mercados, hay grandes empresas con cierto poder monopolístico capaces de incrementar los precios de sus productos por encima de lo que determinaría un mercado en libre competencia.

Fig. 8.5. Una tercera causa de la inflación es la de tipo monetario, es decir, la que se produce debido a la circulación de una cantidad excesiva de dinero. Sobre este tipo de inflación hablaremos en la Unidad 11, cuando tratemos sobre la política monetaria europea, que es competencia del Banco Central Europeo (BCE), junto con la emisión de moneda para toda la zona euro de la UE, a la cual pertenece España.

- **Por el precio del dinero.** Las variaciones en el precio del dinero también afectan al coste de los procesos de producción. Con raras excepciones, en la mayoría de los préstamos, el interés varía según un criterio o índice establecido previamente que se revisa cada cierto tiempo. Si en una de esas revisiones el índice sube, aumentarán los intereses.

  En caso de inflación, aquellas empresas que hayan pedido prestado dinero para adquirir bienes de capital, verán incrementados los intereses que tienen que pagar y, por lo tanto, sus costes, de tal forma que, en muchos casos, se verán obligadas a subir los precios para mantener los márgenes que les permitan obtener beneficios y seguir en el mercado.

En cualquier caso, el encarecimiento de las retribuciones de cualquier recurso productivo generará una reacción en cadena, que acabará por extenderse más allá de las fronteras nacionales, debido al importante peso específico que tienen las importaciones en cualquier economía.

Esta es la razón por la que se considera fundamental el control de la inflación en la zona euro, ya que en un gran mercado internacional como es la Unión Europea, la manzana podrida de la inflación de un país puede acabar contagiando al resto de manzanas sanas.

Inflación de demanda	Inflación de costes	
• Empresas	• Encarecimiento de recursos naturales	• Poder de mercado
• Sector público	• Espiral salarios-precios	• Precio del dinero
• Familias	• Espiral salarios-salarios	

Tabla 8.7. Teorías explicativas sobre el origen de la inflación.

2.2. Consecuencias de la inflación

Las principales consecuencias de una inflación elevada son la **pérdida de poder adquisitivo** y la **incertidumbre** que genera.

A. La pérdida de poder adquisitivo

El poder adquisitivo es lo que se puede comprar con una cierta cantidad de dinero. Si los precios crecen más rápido que nuestros ingresos, entonces perdemos poder adquisitivo y calidad de vida. No obstante, la inflación no afecta por igual a todos los individuos.

***a)* Grupos perjudicados:**

- **Pensionistas.** La actualización de las pensiones que efectúa y paga el sector público suele estar por debajo del aumento del coste real de la vida.
- **Trabajadores.** Aquellos cuyo sueldo no suba al mismo ritmo que la inflación tendrán que trabajar más horas para consumir lo mismo que antes de la subida. Además, si la inflación se traslada a los costes de las empresas sin que estas puedan recuperar los incrementos subiendo el precio de los productos, es muy probable que tengan que despedir personal y aumente el paro.
- **Ahorradores.** Los prestamistas o personas que prestaron dinero en su día verán disminuida su recompensa por haber renunciado a consumir en el momento que prestaron el dinero. Cuando le sea devuelto el principal del préstamo más los intereses, la cantidad de bienes que pueda consumir será menor.
- **Empresas exportadoras de productos nacionales.** El incremento en los precios de los productos nacionales resta competitividad a las empresas exportadoras en relación con los productos extranjeros y es muy probable que vean reducidas sus ventas en los mercados internacionales.

***b)* Grupos beneficiados:**

- **Deudores.** El valor de una deuda se cuantifica en determinadas cantidades fijas. Si disminuye el valor del dinero, también se reducirá el valor de la deuda y resultará más sencillo reunir la cantidad acordada. Utilizaremos un caso extremo para ilustrar lo afirmado.

Sabías que

En España, lo normal es que el salario medio de los trabajadores se incremente cada año en función de la inflación, para mantener así su poder adquisitivo. En tiempos de bonanza económica, esto beneficia a las empresas, pero en tiempos de crisis, la situación se invierte, porque las empresas se ven obligadas a subir los sueldos a pesar de que ganan menos, e incluso tienen pérdidas. Lo paradójico es que la subida forzosa de los salarios puede llevar al cierre de la empresa, destruyendo así los puestos de trabajo cuya dignidad en principio trataba de salvaguardarse. En cambio, en Europa, lo habitual es ligar los salarios a la productividad.

Observatorio 5

¿Qué son las espirales inflacionistas?

En muchos países latinoamericanos, las subidas de precios han alcanzado en las últimas décadas tasas muy elevadas, algunas del orden del 400 % anual e incluso superiores. A estos procesos de subida desorbitada de los precios se les denomina hiperinflación, situación sustancialmente diferente a la inflación normal de los países desarrollados, que se mueve en valores en torno al 4 % o al 5 %. En algunos países subdesarrollados, debido a la rapidez con la que disminuye el valor del dinero (situación hiperinflacionista) la gente no está dispuesta a conservarlo, con lo que el consumo se dispara, generando más inflación, y así sucesivamente, en lo que se ha dado en llamar una «espiral inflacionista». Este fenómeno, sin embargo, no es nuevo: en otros países y otros periodos históricos, también se han conocido procesos inflacionistas extraordinarios. Uno de los casos más estudiados es el sufrido por Alemania tras perder la primera guerra mundial. Obligada a pagar fuertes indemnizaciones a las naciones vencedoras e imposibilitada para obtener los ingresos necesarios mediante la recaudación de impuestos, Alemania imprimió papel moneda sin contención ninguna. Pues bien, entre enero de 1922 y noviembre de 1923 la tasa acumulada de inflación ascendió a... ¡un billón por ciento!, como si todo el dinero que cada año se gastan en armamento los distintos Gobiernos del mundo sirviera, un año después, solo para pagar el uniforme de un único soldado.

Fig. 8.6. En tiempos de inflación, ahorrar tiene su coste de oportunidad. El dinero que no genera intereses está perdiendo valor debido a la inflación, así que lo normal es tenerlo en una cuenta bancaria produciendo algún rédito. Por otra parte, si los intereses que se generan son más bajos que la inflación, quizá compense gastarlo antes de que pierda más valor o tenerlo a mano para una emergencia.

Supón que una persona prestó 12 € en el año 2002 y se acordó su devolución para el año 2014. En el año 2002 el salario mínimo interprofesional (SMI) era de 442,20 € y en 2014 era de 645,30. Pagar la deuda en el año 2002 suponía el 2,71% de los ingresos del prestatario. En cambio, en el año 2014 solo representa el 1,86% del salario. Es decir, en 2014 pagar la deuda representa la mitad de esfuerzo que en 2002.

- **Estado.** La Administración Pública siempre paga a crédito, esto es, se compromete a realizar el pago en un determinado plazo de tiempo. En tanto no salde la deuda, el dinero que debe pierde valor debido a la inflación.
- **Empresas importadoras de productos extranjeros.** El incremento de los precios en un país por encima de la subida de precios en otro (inflación diferencial) favorece la importación de bienes extranjeros con las mismas funciones y características pero más baratos que los productos nacionales.

B. La incertidumbre

Si los precios cambian continuamente, no transmiten la información que los consumidores y empresas necesitan para decidir qué y cuánto consumir o producir respectivamente.

Ante la imposibilidad de predecir qué productos o recursos productivos se verán afectados por la inflación y en qué medida, aumentará el número de situaciones en las cuales los resultados no se corresponderán con las expectativas y, por lo tanto, la inseguridad será el clima predominante. Cuanto mayor sea la tasa de inflación, mayor será la sensación de inseguridad.

2.3. Medición de la inflación

Entre otros indicadores de precios, el más empleado para medir el nivel general de precios de un país es el **Índice de Precios al Consumo (IPC)**. Este indicador es una medida ponderada de los precios de los bienes que suele consumir por regla general una familia media (la ponderación es la proporción de gasto destinado a un artículo concreto). En España, el IPC lo calcula el Instituto Nacional de Estadística (INE).

Los parámetros que sirven para obtener el IPC se revisan cada cierto número de años y se hace estudiando minuciosamente los hábitos de consumo de los españoles mediante la Encuesta de Presupuestos Familiares (EPF).

Con los datos obtenidos mediante la EPF, el INE confecciona la llamada **cesta de la compra,** una selección de productos representativos de cada grupo básico de consumo (Tabla 8.8). Sus precios se ponderan de acuerdo con el porcentaje de renta que le asignan los consumidores en la EPF.

Grupo	Denominación	N.º de artículos
1	Alimentos y bebidas no alcohólicas	18,95
2	Bebidas alcohólicas y tabaco	2,81
3	Vestido y calzado	7,61
4	Vivienda	12,46
5	Menaje	6,36
6	Medicina	3,26
7	Transporte	15,33
8	Comunicaciones	3,74
9	Ocio y cultura	7,27
10	Enseñanza	1,54
11	Hoteles, cafés y restaurantes	11,22
12	Otros bienes y servicios	9,45
	Total	**100,00**

Tabla 8.8. Grupos y artículos vigentes de la cesta de la compra española.

Recuerda

Sin la producción de bienes y servicios, no tiene sentido hablar de la distribución o del consumo, porque la producción es la más importante de las actividades económicas.

Una vez determinada la composición de la cesta, a cada producto se le asigna una ponderación en función del porcentaje de renta al cual destinan las familias. Por ejemplo, de cada 100 € que se gastaron las familias en el 2014, 18 € se destinaron a vivienda y menaje.

Se considera que un producto seleccionado es «representativo» de su grupo si su precio varía en la misma proporción en que lo haga la media de todos los de su grupo. Por ejemplo, en la actual cesta de la compra, se consideran representativos del grupo 1, alimentos y bebidas no alcohólicas: los huevos, la carne de ovino y el pescado, entre otros. Los precios de los productos de la cesta se controlan mensualmente.

La **cesta de la compra** del INE es una selección de productos que son representativos de cada uno de los grupos básicos de consumo.

Caso práctico 2

Como el IPC incluye hasta 489 productos, crearemos un índice simplificado que nos ayude a comprender su funcionamiento. Así, elaboramos una cesta muy sencilla que contiene café, *pizza*, billetes de bus y libros. Como estos cuatro productos son una parte de las compras típicas de los estudiantes, a este conjunto de bienes lo llamaremos «cesta del estudiante». En esta tabla se indican los precios en euros de los productos de la «cesta del estudiante» para dos años distintos, y el consumo en unidades de cada producto.

Cesta del estudiante

	Café	Pizza	Billetes de bus	Libros
Consumo	20 u.	6 u.	10 u.	1 u.
Precios 01	1,1 €	7 €	1,2 €	24 €
Precios 02	1,2 €	6 €	1,5 €	28 €

— Calcula el Índice de Precios del Estudiante (IPE) de acuerdo con los precios y cantidades adquiridas para ambos años.

Solución

Con la suma de los totales obtenemos el coste de la cesta para los años concretos, en este caso, 01 y 02. Usamos las siglas IPE para denotar el importe de cada cesta. En consecuencia, el coste de la cesta del año 01 (IPE_{01}) se eleva a 100 € y a 115 € en el 02 (IPE_{02}).

Índice de Precios del Estudiante (IPE)

Prod.	Cons.	01		02	
		P/u	P_{total}	P/u	P_{total}
Café	20 u.	1,1 €	22 €	1,2 €	24 €
Pizza	6 u.	7 €	42 €	8 €	48 €
Billetes de bus	10 u.	1,2 €	12 €	1,5 €	15 €
Libros	1 u.	24 €	24 €	28 €	28 €
Cesta del estudiante (P)		100 €		115 €	
		IPE_{01}		IPE_{02}	

Reflexiona

¿Es justo que los salarios se actualicen con la inflación?

La actualización de los salarios de acuerdo con la inflación protegió en principio a los trabajadores españoles de la crisis pero, después, la acentuó debido a la pérdida de competitividad: los altos costes laborales motivaron altos precios que dificultaron las ventas en el exterior. Si en los otros países también hubieran subido en igual medida los costes laborales, no habría problema (sus empresas también habrían trasladado los incrementos a los precios de venta), pero fue en España donde más subieron, con diferencia.

El **Índice de Precios al Consumo (IPC)** es una medida ponderada de los precios de los bienes que representan el consumo típico de una familia media.

A partir del IPC se calcula la **inflación,** que se expresa mediante un porcentaje o tasa:

La **tasa de inflación** es la variación, medida en porcentaje, experimentada por el IPC con respecto al periodo de tiempo anterior.

Recuerda

El **IPC** es un índice que mide los precios de una cesta de la compra cada cierto tiempo. Estableciendo comparaciones entre índices de periodos distintos es posible determinar la tasa de inflación.

2.4. Otros tipos de inflación

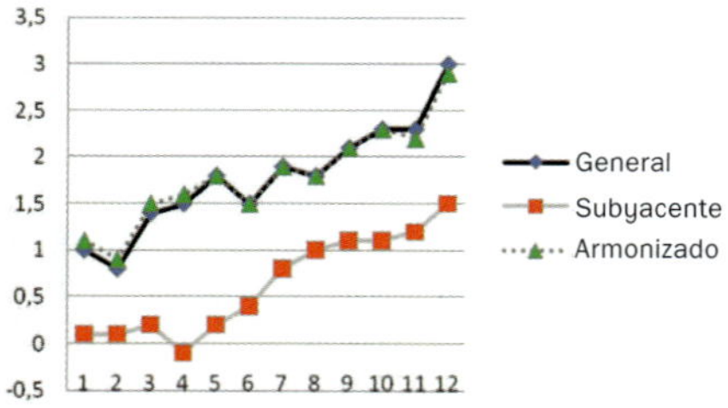

Fig. 8.7. Evolución del IPC en el año 2010. Para el cálculo de la inflación subyacente es habitual prescindir de los servicios administrados (gasolina, electricidad y gas doméstico), de los concertados (transporte local y exterior o telefonía) y de los agropecuarios. Lo normal es que la inflación subyacente sea inferior a la general –considera menos productos– y muestre un comportamiento más suave, con menos altibajos. La armonizada suele mostrar una tendencia similar a la inflación general. Fuente: INE.

Para expresar la tasa de inflación mediante un porcentaje, recurrimos a la vieja fórmula de la variación: dividimos el valor del incremento entre el valor que tenía en el periodo anterior y multiplicamos el resultado por 100 para expresarlo en forma de porcentaje:

$$\text{Tasa de inflación (entre el periodo } t \text{ y el } t-1) \; \frac{IPC_t - IPC_{t-1}}{IPC_{t-1}} \cdot 100$$

El IPC español, calculado conforme al presupuesto y preferencias de las familias españolas, difiere sensiblemente de los IPC de los otros países europeos, por lo que hay que homogeneizar los criterios antes de efectuar comparaciones. Así, se contabilizan las partidas relevantes de cada EPF entendiendo por tal aquellas que superan el uno por mil del total de gasto de la cesta de la compra nacional. En cada Estado miembro ha sido necesario hacer ajustes particulares, mediante la inclusión o exclusión de artículos de consumo para conseguir la comparabilidad deseada. El IPC así calculado se denomina **IPC armonizado (IPCA),** cuya definición sería la siguiente:

El **IPC armonizado (IPCA)** es un indicador estadístico cuyo objetivo es proporcionar una medida común de la inflación que permita realizar comparaciones internacionales.

El IPCA es muy importante en relación con la UE, ya que es el referente válido para comparar la inflación de los distintos países de la eurozona y determinar, por ejemplo, qué países están haciendo bien sus deberes en materia de contención de precios.

Otra inflación de la que se suele hablar en los medios de comunicación es la **subyacente** o **básica.** Este tipo de inflación, que no tiene en cuenta los componentes más inestables como ciertos alimentos agrícolas o productos energéticos como el petróleo, se utiliza para medir la evolución de los precios a largo plazo. No tiene en cuenta aquellos bienes y servicios cuyos precios difieren de la tendencia general del resto de los genéricos que forman el sistema general de precios de una economía.

Por ejemplo, un hipotético Índice de Precios al Estudiante Subyacente no incluiría los billetes de autobús, porque este servicio no sigue la tendencia general.

La **inflación subyacente** o **básica** es la utilizada para prever la evolución de los precios a largo plazo.

> **@ *En Internet***
>
> En la pestaña del IPC de la web del Instituto Nacional de Estadística, www.ine.es, puedes recabar fácilmente toda la información relativa al Indice de Precios al Consumo (IPC). La información más práctica y sencilla está disponible en las secciones:
>
> - ¿Quiere actualizar una renta? Este apartado calcula la actualización de una renta con el IPC del mes seleccionado, con solo introducir la cantidad a actualizar, el mes y los años que interesen.
> - ¿Cuánto ha variado el IPC desde...? Este apartado proporciona un programa muy sencillo para calcular la variación del IPC entre dos periodos.
> - Última nota informativa. Informa del IPC general, que contiene las variaciones anuales del IPC general nacional de los últimos doce meses.

2.5. Limitaciones del IPC

Como indicador de la variación de los precios de consumo de un país, el IPC presenta ciertas **limitaciones:**

- La cesta de bienes española sigue sin incluir algunos bienes y servicios como los gastos derivados de la compra o alquiler de una vivienda, concepto que, en cambio, sí tienen en cuenta muchos países europeos. Por otra parte, sí incluye las ofertas y las rebajas, pues tienen un impacto importante sobre los precios en determinados meses del año.

- Al utilizar un año base como referencia, cuanto más lejano sea el año considerado, más se desvirtuará la representatividad de los bienes que integran la cesta, debido a la aparición de nuevos bienes y servicios o al cambio de los hábitos de consumo. El plazo de revisión es cada cinco años y la próxima revisión será en 2021.
- No tiene en cuenta variaciones en la calidad de los bienes. En la práctica, es muy difícil determinar qué subidas de precios responden a incrementos de calidad.
- Los datos del IPC tienen su origen en la EPF, como hemos visto, una encuesta sobre los presupuestos de familias consideradas representativas de todas las familias españolas, pero no está claro, o al menos resulta discutible, hasta qué punto lo son.

Observatorio 6

¿Por qué no cuadran las cifras y los términos de la inflación?

Tal como se expresa la inflación en los distintos medios de comunicación, parece que no hablaran del mismo país. Si por ejemplo, para septiembre del año 02, todos los medios hablan de la inflación y el INE es el único organismo que la mide, ¿por qué Cuatro ha dicho que era de 3 décimas, Telecinco la cifraba en un porcentaje del 2,2 % y La Sexta se ha ido hasta el 3,6 %? Porque hablan de distintos intervalos de tiempo: mientras Cuatro se refiere a la inflación de un solo mes, Telecinco abarca la de nueve meses y La Sexta totaliza la de doce meses. Aclarado el baile de meses, hay que prestar atención a los términos: es habitual expresar la inflación en décimas cuando el porcentaje en cuestión no llega al 1 %; por otra parte, se denomina interanual a la tasa de inflación que mide la variación total desde el mismo mes del año pasado al actual.

cuatro	TELECINCO	laSexta
Un mes	Nueve meses	Doce meses
«En el pasado mes de septiembre los precios subieron tres décimas.»	«En lo que va de año los precios han subido un 2,2 %.»	«La tasa interanual ascendió al 3,6 % hasta septiembre.»
«En el pasado mes de septiembre los precios subieron un 0,3 %.»	«La inflación acumulada desde enero a septiembre totaliza un 2,2 %.»	«En un año, los precios han subido un 3,6 %.»

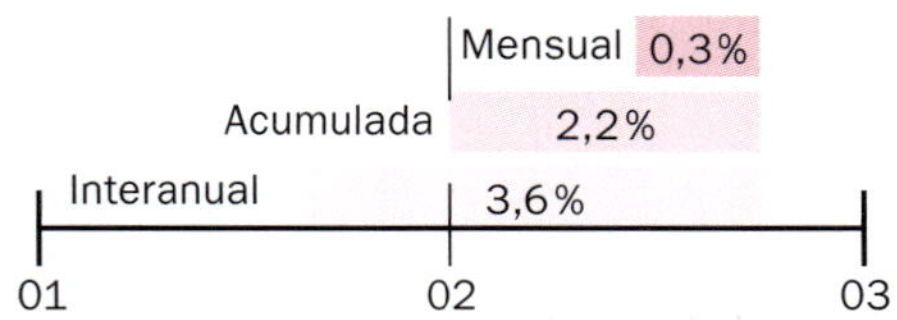

Titulares y términos equivalentes a propósito del IPC.

Caso práctico 3

Suponiendo que el coste de la cesta del estudiante ascendiera a 100 y 115 €, respectivamente, en el 01 y el 02. Calcula la tasa de variación para dicho periodo e interpreta los resultados.

Solución

La tasa de inflación del IPE para el intervalo 01-02 ha sido del 15 %. Adquirir en el año 02 los productos cuesta un 15 % más que en el 01. Tasa de variación:

$$\text{Tasa de inflación (periodo t)} = \frac{IPC_t - IPC_{t-1}}{IPC_{t-1}} \cdot 100 =$$

$$= \frac{IPE_t - IPE_{t-1}}{IPE_{t-1}} \cdot 100 = \frac{115 - 100}{100} \cdot 100 = 15\,\%$$

Actividades

5> ¿Cuáles son las características básicas de la inflación? ¿En qué se diferencia la inflación general de la subyacente?

6> ¿Por qué la pérdida de poder adquisitivo o la incertidumbre perjudican a la economía de un país?

7> En lo que respecta a la inflación de costes, ¿en qué se parecen y en qué se diferencian las espirales salarios-precios y salarios-salarios? ¿A quién beneficia la inflación?

8> ¿Qué relación existe entre el IPC y la tasa de inflación?

3. La realidad económica de un país

Más datos

En la Unidad 9 hablaremos sobre las fuerzas internas del mercado. Sobre la intervención del sector público mediante la política macroeconómica hablaremos en la Unidad 10.

Hemos aprendido cuáles son las variables críticas de la economía, es decir: producción, empleo y precios. También hemos visto cómo medir sus resultados, principalmente mediante las tasas de paro, actividad, ocupación e IPC, así como con el PIB estudiado en la unidad anterior. Ahora es el momento de estudiar cuáles son las fuerzas que influyen sobre estas variables. Estas son:

- **Las perturbaciones externas al mercado.** Son situaciones que afectan a la sociedad y que repercuten en mayor o menor grado en la economía, tales como las guerras, las emergencias sanitarias, los desastres naturales, la inestabilidad política, etc. En este sentido la economía demuestra ser la más humana de las ciencias. Como cualquier persona la economía está sujeta a accidentes o imprevistos.
- **Las fuerzas internas del mercado.** Son las fuerzas de la oferta y la demanda para el conjunto de la economía, no para mercados aislados como hemos estudiado hasta ahora. En dicha oferta y demanda, que se denominan agregadas por ser la suma de las ofertas y demandas de empresas, familias y sector público, influyen numerosos factores como la capacidad de gasto, el ahorro, las innovaciones tecnológicas o el nivel de precios. Además, habrá que tener en cuenta el papel de las importaciones y exportaciones. En un mundo cada vez más globalizado, las empresas dependen mucho de los mercados exteriores y los consumidores cada vez tenemos mejor y mayor acceso a productos extranjeros.
- **Intervención del sector público.** A través de la **política macroeconómica,** el Gobierno de cada país aplica las medidas oportunas para conseguir una buena marcha de la economía. Tales decisiones son objeto de comentario constante por parte de la prensa económica. Ejemplos típicos son las medidas para controlar la inflación, reducir el paro o lograr el crecimiento económico.

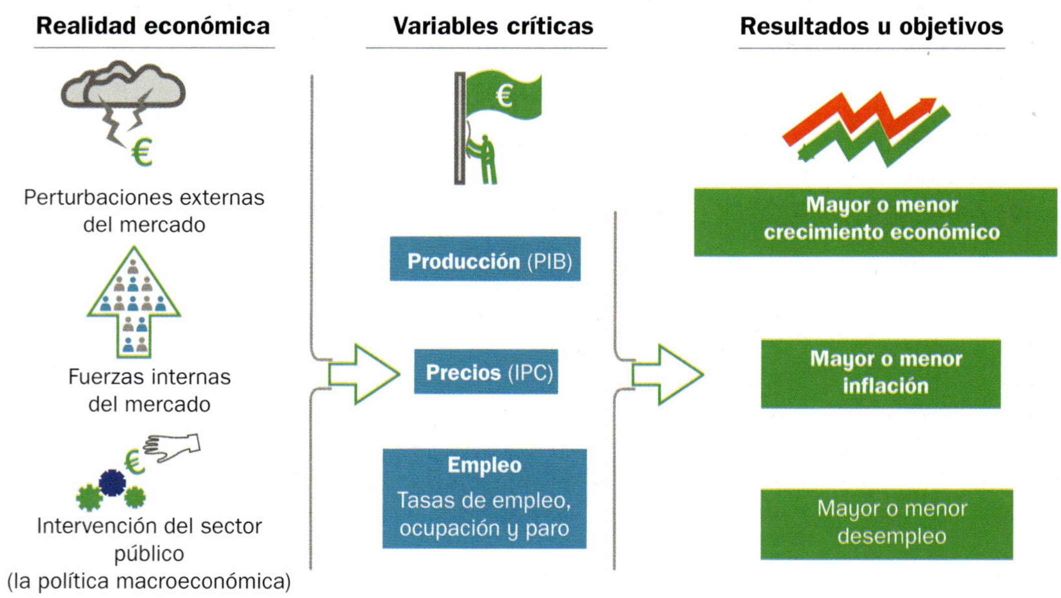

Esquema 8.1. Sobre la realidad económica de un país influyen las perturbaciones externas al mercado, las fuerzas internas del mercado y la política macroeconómica ejecutadas por el sector público. Estas influencias afectan a las variables críticas de cualquier economía: la producción, los precios y el empleo.

Actividades

9> ¿Cuáles son las fuerzas que determinan la realidad económica de un país? Explícalas.

10> ¿Qué pretenden los Gobiernos mediante la política macroeconómica?

Textos de apoyo

El funcionamiento del mercado de trabajo: el SMI

Con independencia de las políticas de empleo, que nacen como consecuencia de la intervención de los Gobiernos para reducir las tasas de paro, el mercado de trabajo tiene sus propias reglas en lo que a demanda y oferta de trabajo se refiere. En lo que respecta a la demanda de trabajadores por parte de las empresas, depende de los siguientes factores:

- **El nivel de salarios.** Si sube la cuantía de los salarios, los costes aumentan y las empresas estarán dispuestas a contratar menos trabajadores, y viceversa.
- **El precio del bien o servicio producido.** Cuanto más alto sea el precio al que las empresas pueden vender sus productos, más compensará contratar a nuevos trabajadores para incrementar la producción.
- **La productividad del trabajador.** La cualificación, la formación y la experiencia de los trabajadores repercuten en el trabajo que desempeñan. Las empresas deberán decidir si les compensa o no la contratación de trabajadores según la producción que obtienen gracias a ellos.

Por su parte, la oferta de trabajo formulada por los trabajadores depende de:

- **El nivel de salarios.** A mayor salario, mayor cantidad de población estará dispuesta a ofrecer su trabajo.
- **Las características de la población.** Cuanto más grande es la población, más alto suele ser el porcentaje de personas en condiciones de trabajar.

La confluencia de demanda y oferta genera el salario de equilibrio (S_E), así como la cantidad de trabajo que se intercambia por un salario (Q_E) (Fig. 8.7), aunque legalmente existe un salario mínimo interprofesional (SMI), un tope mínimo de salario aplicable a cualquier tipo de trabajo (sin distinción de profesiones ni categorías). Lo establece y actualiza anualmente el Gobierno para salvaguardar al trabajador, la parte más débil de la relación laboral.

Aparte de la fijación de un SMI por parte del Gobierno, existen otros muchos factores que distorsionan el funcionamiento del mercado de trabajo:

- **El reconocimiento de la profesión.** Por ejemplo, actores famosos y futbolistas de élite por el reconocimiento social, o mineros y policías por la peligrosidad.
- **La riqueza del capital humano.** La formación, experiencia y capacidad de los trabajadores condiciona su salario. Un médico cobra más que un camarero, pero incluso entre los propios médicos hay diferencias salariales según el talento y los años de experiencia.
- **Los incentivos.** Para incrementar la productividad, algunas empresas pagan extras. Es el caso de los comerciales, cuyo sueldo suele ligarse a las ventas que consigan.
- **Los complementos salariales.** Existen extras para compensar ciertos desempeños en un puesto de trabajo: idiomas, nocturnidad, turnos, etc.
- **Las negociaciones colectivas.** Los acuerdos entre sindicatos y empresas pueden hacer que un carpintero gane más en Madrid que en Galicia.

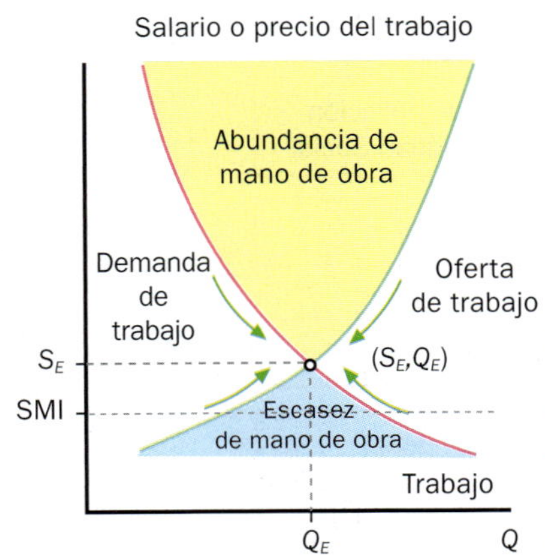

Fig. 8.8. El mercado de trabajo no puede alcanzar un nivel de equilibrio por debajo del SMI que establece el Gobierno.

1> ¿Cómo influye el nivel de salarios en el mercado de trabajo?

2> ¿Por qué el salario mínimo interprofesional es un problema para las personas que quieren acceder a un puesto de trabajo?

3> ¿Qué relación guarda un convenio colectivo con el contrato que puedan acordar un trabajador y una empresa?

4> ¿Qué consecuencias negativas para una economía puede traer un incremento importante de los salarios?

Mapa conceptual

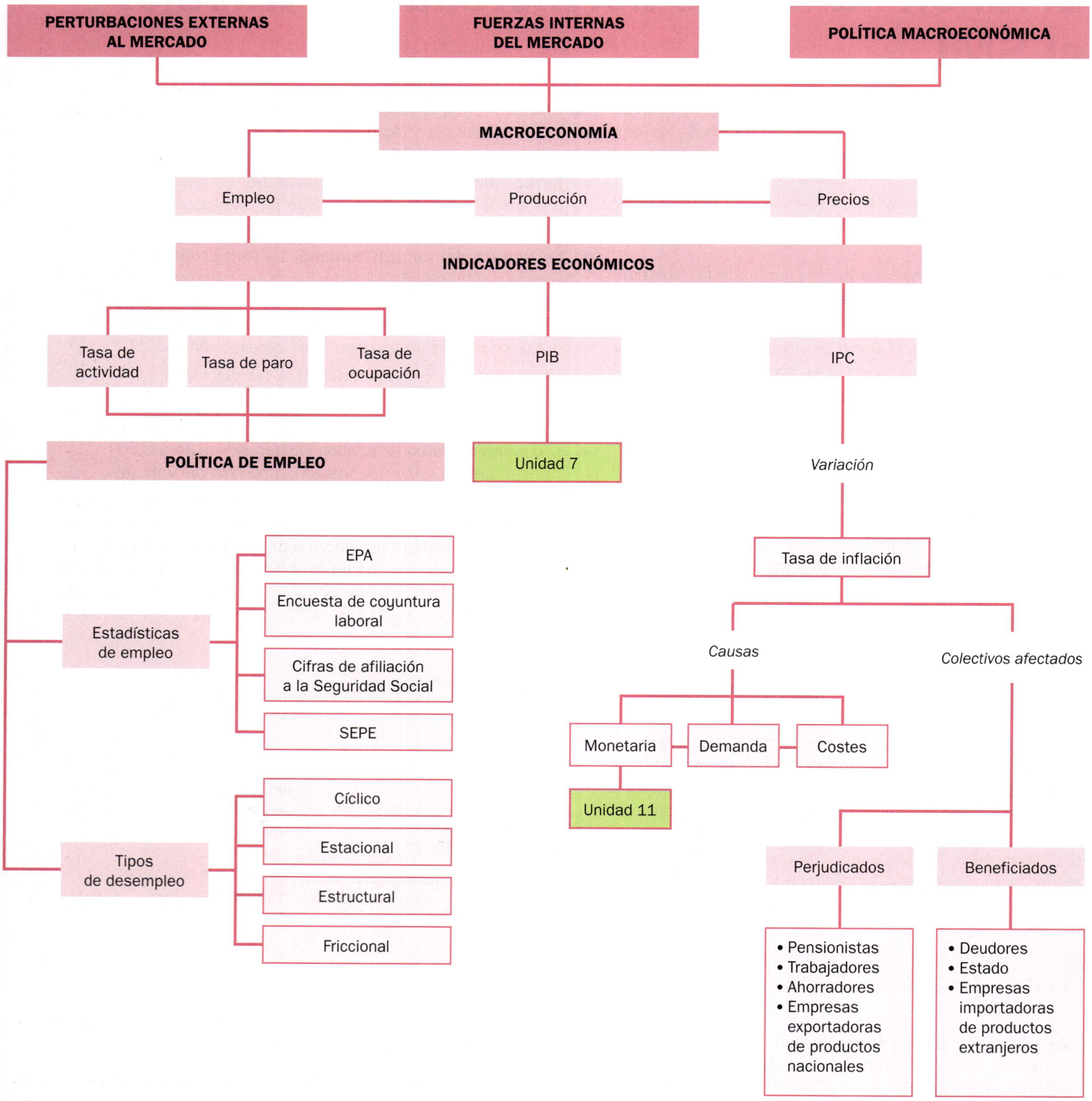

«El trabajo es el único capital no sujeto a quiebras».
Jean De La Fontaine, poeta (1621-1695).

Vente a Alemania, Carla

***Vente a Alemania, Pepe* es el título de una película de 1971 protagonizada por Alfredo Landa y que ilustraba, con muchos tópicos, las características de la emigración española de la década de los sesenta. En aquellos tiempos, hasta 500 000 labriegos se fueron con Pepe a Alemania para mejorar sus perspectivas laborales. Mucho ha llovido desde entonces, tanto como los nombres de los españoles, razón por la que nos hemos permitido suponerle a Pepe una nieta llamada Carla.**

ANXO PENALONGA

En dos generaciones se han acortado las distancias entre España y Alemania pero, sobre todo, lo que ha variado sustancialmente es la preparación de los emigrantes españoles. Hoy día un amplio porcentaje de la emigración española es titulada en ciclos o en la universidad, cuando antes apenas estaba cualificada. Pero con independencia de su preparación, los emigrantes españoles son muy apreciados en los países receptores. ¿Están más cualificados o son más simpáticos que los de otras nacionalidades? No, nada de eso. Los latinos de los países europeos suelen tener «morriña», esto es, añoranza por su tierra natal. Lo normal es que vuelvan a sus países de origen a jubilarse o incluso antes si las perspectivas laborales cambian. Y que se produzca el retorno es fundamental para un país que acoge emigrantes.

En términos económicos, el inmigrante ideal es aquel que aporta al sistema más de lo que recibe o, por lo menos, el que no cuesta dinero. Ese inmigrante debería ser un trabajador con educación superior (aporta más dinero al sistema de pensiones que los trabajadores poco cualificados), sin hijos (los cuales cuestan dinero al Estado receptor en forma de educación y sanidad, y los españoles tienen pocos hijos) y que, aunque vaya a cobrar una pensión, se jubile en su país de origen (los gastos sanitarios correrían por cuenta del pensionista en un momento del ciclo vital en que aumentan sustancialmente). Es decir, lo que interesa de los emigrantes es que sean huéspedes temporales. Es lo que sucedió con la mayor parte de los emigrantes españoles, italianos y portugueses que hicieron las maletas en los años sesenta.

Pero todo el mundo sabe lo que pasa cuando las visitas se quedan tiempo de más. La mayor parte de los emigrantes que posibilitaron el *boom* económico en España también estaban poco cualificados, pero cuando acabaron las vacas gordas no retornaron a sus países de origen. Sencillamente engrosaron las listas de paro. No tenía mucho sentido volver a un país en el que las cosas estaban mucho peor que en España y encima renunciar a las garantías o derechos que aquí les proporcionaba el llamado Estado de bienestar. En definitiva, los países invitan a trabajar, no a quedarse.

Reflexiona

1> De acuerdo con lo expuesto en el artículo, ¿qué es un trabajador huésped?

2> ¿Por qué es conveniente para un país receptor de inmigrantes que estos se jubilen en sus países de origen?

3> ¿De qué forma crees que los emigrantes que llegaron a España posibilitaron el *boom* económico?

4> Los futbolistas extranjeros de primera división pasan desapercibidos en su condición de inmigrantes, ¿por qué crees que es así?

Economicus **N.º 8. Diario independiente de información económica**

El impuesto silencioso

«Imagínate que una empresa vende equipos informáticos al Gobierno venezolano en enero por valor de un millón de bolívares. Si este se retrasa en pagar hasta diciembre de ese mismo año, momento en el que la inflación anual alcanza, por ejemplo, el 32,8 %, la empresa perdería 328 000 bolívares. Pero tampoco hace falta que pasen doce meses; aunque el Gobierno venezolano pague puntualmente a final de mes a sus funcionarios y soldados, resulta que en este país la inflación mensual ronda el 3 %. La pérdida de valor de los billetes obliga al Gobierno a imprimir más y más. Poner en marcha las imprentas es la forma más sigilosa de cobrar impuestos. El Gobierno no le quita las monedas del bolsillo a los ciudadanos; en lugar de eso les paga con un dinero que cada vez vale para comprar menos cosas. Concretamente, a la empresa que le abasteció de equipos informáticos el Gobierno venezolano le cobró un impuesto anual del 32,8 % y le impuso otro del 3 % mensual a sus funcionarios y soldados. Estos retrasos en el pago de las deudas públicas, denominados impuestos de la inflación por los economistas, son muy socorridos: pueden aplicarse sin modificar leyes ni soportar titulares de prensa incómodos. Y, por supuesto, resultan menos impopulares que subir los impuestos oficiales o enviar a los soldados a cobrar una tasa revolucionaria».

Anxo Penalonga

Hemeroteca

SIGLO XVI-XVII

El mercantilismo. Los Países Bajos se revelan como los pioneros del comercio internacional. Grandes navegantes y banqueros controlan la distribución de las especias, aceptan depósitos, negocian con letras de cambio y financian las estériles guerras de los monarcas europeos, obsesionados por ampliar territorios y controlar el comercio.

El problema no es que exista cierta inflación, sino que esta crezca más rápidamente que los salarios.

Lectura recomendada: *LA BUENA SUERTE*

Alex Trías de Bes, Fernando Rovira

Editorial Empresa activa, 2008

Hace mucho tiempo, en un reino lejano, Merlín convocó a todos los caballeros del país y les dijo: «En siete noches, el Trébol Mágico de las Cuatro Hojas, el trébol que proporciona suerte ilimitada al que lo posee, nacerá en algún lugar del Bosque Encantado. ¿Quién aceptará el reto de ir al Bosque Encantado en búsqueda del Trébol Mágico?» Con esta frase comienza la leyenda de *La buena suerte*, un libro inspirador y extraordinariamente positivo: una fábula mediante la cual se desvelan las claves de la Buena Suerte y la prosperidad, tanto para la vida como para los negocios. Este clásico de Álex Rovira ha sido traducido a 42 idiomas y ha vendido cerca de cuatro millones de ejemplares en todo el mundo.

En torno a una fábula medieval de caballeros, magos, brujas y hadas se suceden las aventuras de dos protagonistas con una visión totalmente antagónica sobre la forma de vivir la vida mientras se desgranan las fórmulas de la buena suerte, una serie de reglas y consejos muy juiciosos que se acompañan de ejemplos actuales. Las reglas de la Buena Suerte que podemos encontrar a lo largo del libro son:

1.ª La suerte no dura demasiado tiempo, porque no depende de ti. La Buena Suerte la crea uno mismo, y por eso dura siempre.

2.ª Muchos son los que quieren tener Buena Suerte, pero pocos los que deciden ir a por ella.

3.ª Para tener Buena Suerte hay que crear nuevas circunstancias.

4.ª Preparar circunstancias para la Buena Suerte no significa buscar solo el propio beneficio: crear circunstancias para que otros también ganen atrae a la Buena Suerte.

5.ª Si «dejas para mañana» la preparación de las circunstancias, la Buena Suerte quizá nunca llegue.

6.ª Busca en los pequeños detalles circunstancias aparentemente innecesarias… pero ¡imprescindibles!

7.ª A los que se dedican a crear circunstancias, el azar no les preocupa.

8.ª Nadie puede vender suerte. Desconfía de los vendedores de suerte.

9.ª Cuando ya hayas creado todas las circunstancias, ten paciencia, no abandones. Para que la Buena Suerte llegue, confía.

10.ª Crear Buena Suerte es preparar las circunstancias a la oportunidad. Pero la oportunidad no es cuestión de suerte o azar: ¡siempre está ahí!

Imaginación × Deseo = Realidad

Hoy recordamos a...

FRANÇOIS QUESNAY

(Francia, 1694–1774)

Médico, cirujano y economista.

De familia rica, estudió Medicina y ejerció como médico y cirujano incluso en la corte de Versalles. En pago a sus servicios obtuvo títulos nobiliarios y tierras. La administración de las tierras que obtuvo en pago por sus servicios le llevó a plantearse problemas económicos que afrontó con la visión científico-fisiológica propia de un médico de su época, centrando su estudio en los aspectos circulatorios.

Cine Europa
Próximamente
Los lunes al sol

Director: Fernando León de Aranoa.

Reparto: Javier Bardem, Luis Tosar, José Ángel Egido y Nieve de Medina.

Sinopsis. Afectados por la reconversión industrial, unos amigos, obreros en paro, tratan de rehacer sus vidas en lo profesional y lo personal, mientras se resisten a abandonar sus ideales.

Comentario. Crónica de una situación que se produce con más frecuencia de la deseada. El director logra un realismo que nos acerca a los personajes, cálidos y entrañables, entre los que destaca el de Bardem, premiado por su interpretación. La película fue una de las grandes ganadoras de los Goya del 2003.

Claves de reflexión. Convenio colectivo, paro, reconversión, conflictividad laboral, sindicatos, competitividad y globalización.

Ejercicios

1. Explica detenidamente de qué factores depende la demanda de trabajadores por parte de los empresarios.

2. ¿Cuál es la diferencia básica entre la población activa y la población en edad de trabajar?

3. Explica cómo afectan las siguientes medidas a la oferta de trabajo por parte de los trabajadores:

a) Aumento del nivel de salarios.

b) Obligatoriedad de la ESO hasta los 18 años.

c) Cursillos de formación para los trabajadores.

d) Bajada de los precios de los productos que vende la empresa.

e) Establecimiento de la edad de jubilación obligatoria en 70 años.

4. Dada la siguiente tabla:

	Primer trimestre 01		
	Ambos sexos	Hombres	Mujeres
PET	40 000,4	19 469,6	20 530,8
Activos	18 515,0	11 124,9	7 510,1
Ocupados	16 402,3	10 202,0	6 200,3
Parados	2 112,7	922,9	1 189,8
Inactivos	15 485,4	5 454,7	10 020,7

a) Calcula e interpreta la tasa de actividad del conjunto de la población española en el año 02.

b) Calcula e interpreta la tasa de paro masculino en 02.

c) Calcula e interpreta la tasa de ocupación de las mujeres en el año 02.

d) Calcula la variación porcentual de la población activa del año 02 respecto del 01, sabiendo que la población activa en ese año era de 18 455 000 personas.

5. De acuerdo con lo estudiado sobre los tipos de población según su relación con el mercado laboral, clasifica a las siguientes personas:

a) Ana, que trabaja en la ONG Médicos Sin Fronteras.

b) Juan, licenciado en Historia que desea trabajo aunque no lo busca.

c) Javier, estudiante de Bachillerato.

d) Humberto, inmigrante legal que trabaja en la construcción.

e) Carla, licenciada en Derecho y opositora a notarías.

f) Paloma, estudiante del ciclo medio de Comercio inscrita en el SEPE.

g) Raúl, futbolista con una baja temporal por rotura de fibras.

6. ¿En qué tipos de desempleo encuadrarías a las siguientes personas?

a) Moisés, que trabaja cada verano en el servicio de extinción de incendios.

b) Begoña, que deja su trabajo en junio con la intención de estudiar en octubre el ciclo superior de Administración y Finanzas.

c) Alberto, obrero del metal despedido a raíz del estancamiento de ventas en todo el mundo.

d) Víctor, en paro por ser incapaz de familiarizarse con las nuevas tecnologías.

7. ¿Qué relación crees que existe entre la formación que recibes y las probabilidades de obtener un empleo y mejores salarios? Apoya tu respuesta con datos recabados en Internet.

8. ¿Por qué una variación en el precio del dinero puede ser el origen de la inflación?

9. ¿Por qué se desvirtúa el IPC español a medida que se aleja más del año de referencia?

10. ¿Cómo indica el IPC que un bien o servicio ha aumentado de calidad?

11. Dada la siguiente cesta del estudiante para dos años distintos y el consumo indicado en unidades de producto:

	Menú	Bus	Libros
Consumo	180 u.	360 u.	20 u.
Precios 01	10 €	1,20 €	30 €
Precios 02	12 €	1,50 €	35 €

a) Calcula el Índice de Precios del Estudiante (IPE) de acuerdo con los precios y cantidades adquiridas para ambos años.

b) Calcula la tasa de variación del periodo 01-02.

c) Interpreta los resultados obtenidos en el apartado anterior.

Ejercicios

12. Razona la veracidad o falsedad de las siguientes afirmaciones:

a) El salario fluctúa libremente según la ley de la oferta y la demanda.

b) El IPC subyacente español tiene en cuenta el petróleo.

c) Desde el punto de vista económico, no siempre interesa actualizar los salarios de acuerdo con la inflación.

d) Toda discriminación debe evitarse, aunque sea positiva.

e) La tasa de paro mide el porcentaje de desempleo respecto a la población en edad de trabajar.

f) Una ley de salario mínimo puede perjudicar a los trabajadores.

13. Empareja las siguientes afirmaciones:

a) A diferencia de otros tipos de paro, el friccional...	1. jóvenes, mujeres, minusválidos, mayores de 45 años y parados de larga duración.
b) Los datos del IPC tienen su origen en...	2. por el efecto de la inflación.
c) En las fases de recesión del ciclo económico, el tipo de paro que surge...	3. una encuesta sobre los presupuestos de familias consideradas representativas.
d) La Administración Pública es uno de los grupos beneficiados...	4. pretende adaptar las capacidades de estos a las necesidades del mercado.
e) La reconversión o reciclaje profesional de los trabajadores...	5. tiene su origen en la voluntad de los trabajadores.

14. Lee el siguiente texto sobre las causas del desempleo y contesta las preguntas:

«Para los economistas clásicos (partidarios de la intervención del sector público en la economía), el desempleo por encima del desempleo friccional tiene su origen en una política de salarios inadecuada. Argumentan que si los salarios son demasiado elevados, las empresas demandarán menos mano de obra que la que correspondería si los salarios en cuestión fueran más bajos. No opinan lo mismo los economistas neoliberales (contrarios a la intervención del sector público en la economía), los cuales entienden que este tipo de paro es voluntario porque se debe al comportamiento de los propios trabajadores, quienes habrían rehusado trabajar debido a que el subsidio de desempleo es elevado (en la línea general de salarios) y les compensa más su percepción que la búsqueda real de empleo. Según los economistas clásicos el tipo de paro que no es friccional sería de tipo involuntario y respondería a causas ajenas al propio trabajador, concretamente sería la consecuencia de la situación económica general del país. También en este caso se le atribuye al sector público la responsabilidad de la situación, en la medida en que debería intervenir comprando e invirtiendo para crear puestos de trabajo».

a) ¿Qué es el paro friccional?

b) Para referirse al paro que existe además del friccional, los economistas clásicos y keynesianos hablan de paro voluntario e involuntario: ¿cuáles son los planteamientos en los que se sustentan ambas hipótesis?

c) Si los salarios crecen por encima del valor de la producción de bienes y servicios, ¿qué ocurre con la competitividad de un país respecto a los otros? ¿Por qué?

d) ¿Toda compra o inversión por parte del sector público implica creación de empleo en el propio país? Razona la respuesta.

e) Clasifica las siguientes medidas adoptadas por parte de la Administración Pública en neoliberales o keynesianas:

— Aumento del gasto público en sanidad y educación.

— Reducción del SMI.

— Concesión de ayudas a las empresas para que inviertan en infraestructuras.

— Ampliación del periodo mínimo de cotización necesario para tener derecho a la percepción del subsidio de desempleo.

— Obligatoriedad de los parados perceptores de prestaciones de aceptar los puestos de trabajo que se les ofrezcan.

15. Relaciona los siguientes titulares extraídos de la prensa económica con conceptos económicos estudiados a lo largo de esta unidad.

a) «La población española envejece».

b) «Los sindicatos denuncian que sigue creciendo más el empleo temporal que el indefinido».

c) «La inflación sube dos décimas el mes de abril».

16. Temas de debate:

a) ¿Trabajarías por debajo del SMI hasta demostrar tu valía?

b) ¿Aceptarías reducir tu jornada laboral y tu salario para que otros pudieran trabajar?

c) ¿De qué eres partidario, de trabajar por cuenta propia o por cuenta ajena?

9

Las fuerzas internas del mercado

La realidad económica de un país está determinada por el comportamiento de familias, empresas y sector público, que se expresan a través del juego de la oferta y la demanda. ¿Ofrecen las empresas todos los bienes y servicios que se necesitan? ¿Se demanda realmente todo lo que las empresas ponen en el mercado? Si se equilibraran oferta y demanda no existiría el paro ni la inflación, pero la realidad es bien distinta: son pocas las veces en las que las previsiones del mercado se cumplen. Todo ello sin contar con que cada cierto tiempo la economía atraviesa malas rachas debido a la saturación de la demanda. En esta unidad vamos a analizar los factores que influyen sobre la oferta y la demanda, aunque lo que suceda luego no siempre responde a las previsiones.

1. La economía en su conjunto

Junto con las perturbaciones externas al mercado y las políticas macroeconómicas del Gobierno, las fuerzas internas del mercado son el tercer factor que determina la realidad económica de un país. Las fuerzas internas del mercado, esto es, el comportamiento de los agentes económicos en un país, tienen su reflejo en las curvas de oferta y demanda de esa economía. Se dice que esas curvas son agregadas porque en ambas magnitudes aparecen sumadas o agregadas las demandas y ofertas individuales de todos los agentes económicos, tanto nacionales como extranjeros, que operan en el interior de un país. Efectivamente, oferta y demanda agregada interaccionan en el mercado e influyen decisivamente sobre las tres variables críticas de cualquier país desde el punto de vista económico: la producción, los precios y el empleo.

Las **fuerzas internas del mercado** están determinadas por el comportamiento de los agentes económicos en un país, y se expresan mediante el libre juego de la oferta y la demanda agregadas.

No hay que confundir estas magnitudes agregadas con la oferta y la demanda que estudiamos en las Unidades 4 y 5. Entonces se trataba de analizar el comportamiento de mercados específicos, por ejemplo, el de automóviles o el de electrodomésticos. En cambio, la oferta y la demanda agregadas no explican cómo funciona un mercado aislado, sino cómo funciona el conjunto de mercados de una economía, es decir, se trata de la oferta y la demanda de bienes y servicios en general, «agregando» o sumando las cantidades individualmente ofertadas o demandadas por los agentes económicos. De igual forma se agregan todos los precios para establecer un nivel medio.

El **nivel medio de precios** es la media ponderada de los precios del conjunto de bienes y servicios de una economía.

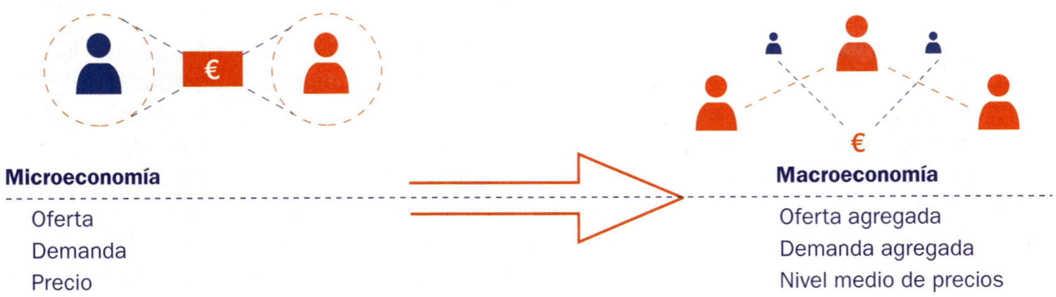

Esquema 9.1. Mientras que la microeconomía estudia el comportamiento de los mercados de ciertos bienes o servicios con un determinado precio, la macroeconomía se ocupa del comportamiento de la economía en su conjunto, para lo cual suma o agrega todas las ofertas, todas las demandas y todos los precios.

En el mercado macroeconómico coinciden demandantes (empresas, familias, sector público y sector exterior) y oferentes (empresas, que pueden ser nacionales o extranjeras) con sus respectivos planes de gasto y producción. Es difícil modificar a corto plazo la capacidad productiva de un país y, por tanto, su oferta agregada, pero no sucede lo mismo con la demanda agregada. Esta, sujeta como está al comportamiento y a las expectativas de los agentes económicos, puede cambiar de un momento a otro.

Por tanto, y para que las **empresas** puedan **ajustar** su **producción** a lo que desea el mercado, resulta muy útil conocer la **demanda agregada,** esto es, cuánto dinero y en qué bienes y servicios están dispuestos a gastar los agentes económicos.

!! *Atención*

En cualquier país interaccionan la oferta y la demanda agregada, formuladas por los agentes económicos del propio país y los extranjeros. Al estudiar la economía en su conjunto debes recordar que las economías de los distintos países están muy relacionadas entre sí, de tal forma que en todo momento hay que tener presente el comportamiento del llamado *sector exterior,* esto es, en el caso de España, la actuación de los agentes económicos españoles en el extranjero, así como la de los agentes económicos extranjeros en territorio español.

@ *En Internet*

La web de referencia en España para conocer la situación macroeconómica es www.ine.es, del Instituto Nacional de Estadística. En el área de prensa de dicha web se publican los datos e informes oficiales así como los criterios seguidos para su elaboración.

Esquema 9.2. En la presente unidad estudiaremos las fuerzas internas del mercado macroeconómico.

1.1. La demanda agregada *(DA)* y el PIB

Dado un nivel medio de precios, la demanda agregada representa el gasto total que están dispuestos a realizar los agentes económicos, ya sean nacionales o extranjeros, en el interior del país. Es decir, agrega las siguientes magnitudes:

- El consumo de las familias o consumo privado.
- La inversión empresarial.
- El gasto público.
- El saldo neto de exportaciones expresado como la diferencia entre las exportaciones brutas y las importaciones.

$$DA = C + I + G + (X - M)$$

La **demanda agregada** es el gasto total que, para un determinado nivel medio de precios, van a realizar en una economía las familias, las empresas, el sector público y los extranjeros.

> ***Recuerda***
>
> Tal como vimos en la Unidad 7, el PIB es el valor de la producción de bienes y servicios finales producidos en el interior de un país en un determinado periodo de tiempo.
>
> Los componentes de la demanda agregada son:
>
> - Consumo familiar.
> - Inversión empresarial.
> - Gasto público.
> - Saldo neto de las exportaciones.

Esta fórmula te resultará familiar pues, tal como vimos en la unidad anterior, es casi la misma que sirve para calcular el PIB. Entonces, ¿son lo mismo la demanda agregada y el PIB? No; la demanda agregada es el valor de los bienes y servicios finales que **están dispuestos a comprar** los agentes, mientras que el PIB es el valor de lo **realmente comprado.** Es decir, la demanda agregada habla de expectativas de gasto y el PIB de hechos consumados, de lo efectivamente gastado. Lo que sucede es que en una economía de mercado, en la que las empresas están dispuestas a producir todo aquello que demandan los agentes económicos, la cantidad de bienes y servicios que se demanda es la misma que la que se produce, una vez que las empresas ajustan su producción a lo que demandan los agentes económicos. De modo que, al calcularlo, el resultado es el mismo para ambas magnitudes. Esta es la razón por la que ambos conceptos, cantidad demandada y producida, se utilizan muchas veces como sinónimos en macroeconomía.

Actividades

1> ¿Qué diferencia hay entre la demanda agregada y la demanda microeconómica estudiada en la Unidad 4?

2> ¿Por qué a las empresas les interesa conocer la evolución de la demanda agregada?

2. El consumo y el ahorro privados

Tal como hemos visto en el apartado anterior, es la demanda agregada de los agentes económicos la que presiona sobre la oferta agregada que realizan las empresas. En consecuencia, resulta lógico analizar detenidamente cómo actúan los componentes de la demanda agregada para comprender los motivos que llevan a los agentes económicos a gastar más o menos.

El principal componente de esta macromagnitud es el consumo privado y, en segundo lugar, la inversión empresarial. El consumo privado (que representa, de media, dos tercios del consumo total) suele ser el mayor componente de la demanda agregada en los países desarrollados. Alude al gasto de las familias o consumidores en las siguientes tres categorías de bienes:

- **Bienes duraderos:** televisión, coche...
- **Bienes perecederos:** alimentos, ropa, medicamentos...
- **Servicios:** transportes, educación, comunicación, sanidad...

Cuando hablamos de consumo hacemos referencia al gasto de las familias o consumidores en bienes finales que no van a ser utilizados para producir otros bienes. Por ejemplo, si una persona adquiere un portátil para navegar por Internet, ese gasto se apunta en consumo *(C)*. En cambio, si esa misma persona adquiere el portátil para llevar la contabilidad de su empresa de fabricación de bicicletas, está adquiriendo un bien que utilizará indirectamente para producir otros bienes. En este último caso, el gasto constituye una inversión empresarial *(I)*, porque el portátil es utilizado como un bien de capital.

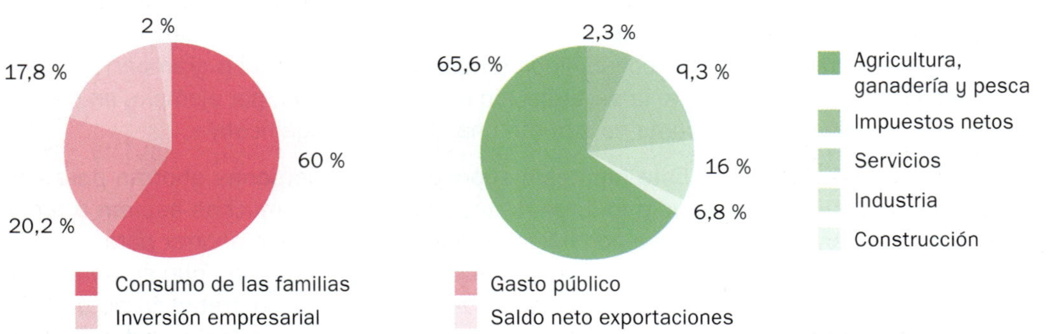

Esquema 9.3. PIB del segundo trimestre del 2014. En ambos casos, el PIB totaliza 257 476 millones de euros, pero tal como vimos en la unidad 8, hay distintas formas de calcularlo. Mientras que el gráfico de la izquierda representa la perspectiva del gasto, el de la derecha representa la del sector empresarial donde se ha generado. Como el PIB se expresa en precios de mercado y el valor añadido bruto por las empresas a coste de factores productivos, en el gráfico de la derecha aparecen los impuestos netos (impuestos cobrados menos subvenciones pagadas) para igualar ambas cantidades.

!! *Atención*

Una **macromagnitud** es una magnitud que hace referencia al conjunto de la economía.

+ *Más datos*

En la Unidad 10 analizaremos las medidas e instrumentos de los que se valen las distintas Administraciones Públicas para influir sobre los resultados macroeconómicos. En los siguientes apartados de esta unidad, dado que la demanda agregada es la que marca la pauta de la oferta agregada, vamos a estudiar en qué consisten el consumo y la inversión, los principales componentes de la demanda agregada.

Observatorio 1

¿Por qué a ciertos sectores o países se les llama locomotoras?

Habrás oído muchas veces el término *locomotora* relacionado con la economía. A este efecto de arrastre o de dependencia respecto de una unidad propulsora es a lo que se refieren los economistas cuando dicen que un país o un sector es una «locomotora económica». Las locomotoras españolas son la construcción y el sector automovilístico. El primero es la industria que más gente contrata en España, y supone en torno al 10% del PIB español, aun con la crisis inmobiliaria a cuestas. El segundo tiene gran relevancia internacional, puesto que España es el tercer exportador europeo de automóviles. Son muchas las empresas o «vagones» que dependen exclusivamente de estos dos sectores. La palabra *locomotora* también se aplica a la primera potencia económica de un grupo de países. En el caso de Europa, lo es Alemania y, en el mundo, EE. UU.

2.1. Factores que condicionan el consumo

Una teoría sencilla sobre los factores que condicionan el consumo podría contentarse con utilizar la renta disponible de cada año para predecir los gastos de consumo. Al vaticinar de este modo el consumo, se acierta en gran medida, pero no del todo. Algunos estudios han mostrado que las personas también basan su gasto de consumo en las tendencias de su renta a largo plazo. Por ejemplo, si una persona recibe una prestación de 500 € al mes, pero sabe que dentro de seis meses va a empezar a trabajar con un contrato indefinido cobrando 2000 € mensuales, es muy probable que sus decisiones de consumo actuales sean distintas de las que tomaría si no existiera ese trabajo en perspectiva. En definitiva, los factores condicionantes del consumo son:

- **La renta disponible de cada año.** Es el factor que más influye en el consumo de un país. A más renta disponible, mayor consumo, y viceversa. La demanda de consumo depende del volumen de la renta. Aunque las rentas sean muy bajas existe cierta demanda de consumo, lo que se llama *consumo autónomo,* ya que incluso quien no tiene casi nada debe consumir algo para sobrevivir. Cuanto mayor sea la renta, mayor será el consumo; la función de consumo es creciente, con la renta.
- **La renta permanente.** Es el nivel de renta que percibiría un hogar una vez eliminadas las influencias temporales o transitorias, como sería el caso de unos beneficios o pérdidas imprevistos. Según la teoría de la renta permanente, el consumo responde principalmente a la renta que se tiene por término medio con independencia de sucesos aislados. Este enfoque implica que los consumidores responderán de distinta manera según sea el tipo de perturbaciones que afecten a la renta que perciben normalmente. Si la variación en la renta parece duradera (por ejemplo, en el caso de un ascenso a un puesto de trabajo seguro y bien remunerado), los consumidores tienden a consumir una gran parte del aumento de la renta. En cambio, si la perturbación es aislada, como, por ejemplo, un premio de lotería, los planes de consumo no sufrirán una alteración significativa.
- **La hipótesis del ciclo vital.** Esta hipótesis supone que las personas ahorran para uniformar la cantidad de consumo a lo largo de toda su vida. Así, muchos aspiran a tener una renta suficiente para jubilarse con holgura. Por eso se tiende a ahorrar para, cuando llegue la jubilación, complementar la pensión oficial, inferior al sueldo que se obtiene al estar laboralmente en activo. Esta hipótesis, que contempla la contratación de un plan de pensiones privado (aparte del abono obligatorio de las cuotas de la Seguridad Social), aumenta el ahorro de los trabajadores de edades intermedias para seguir disfrutando de renta suficiente una vez jubilados.
- **El efecto riqueza.** También influye en la cantidad de consumo. Supongamos que dos consumidores ganan al año lo mismo, pero uno tiene 100000 € en el banco y el otro carece de ahorros. Aparte de su sueldo, el primero dispone de riqueza adicional para consumir, y el segundo no. Esta circunstancia, que relaciona consumo y riqueza, se denomina efecto riqueza. No obstante, como la riqueza no suele variar rápidamente de un año a otro, este efecto no suele provocar variaciones significativas en el consumo.

Fig. 9.1. ¿Disfrutar la vida o ahorrar? ¿Renunciar a consumir en el presente porque ahorrar compensará en el futuro o consumir en el presente porque no se sabe lo que deparará el futuro? Es más una cuestión de actitud sobre la vida que de otra cosa pero, en términos estrictamente económicos, la realidad demuestra que son más ricos los países que consiguen ahorrar.

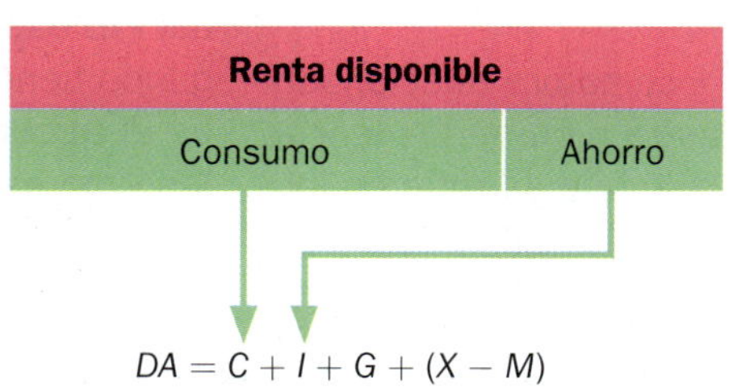

Esquema 9.4. Relación entre la renta disponible y la demanda agregada.

2.2. El ahorro

Emparentada con el consumo y la inversión se encuentra una tercera magnitud que no forma parte de la demanda agregada y que es vital en la evolución de cualquier economía: **el ahorro.** El ahorro personal es la parte de renta disponible que no se consume, de tal forma que el ahorro es igual a la renta disponible menos el consumo (Esquema 9.4). Este ahorro es el que hace posible la inversión empresarial. Efectivamente, familias, empresas y sector público actúan como oferentes de dinero en el mercado de capitales, como podemos apreciar en el Esquema 9.5.

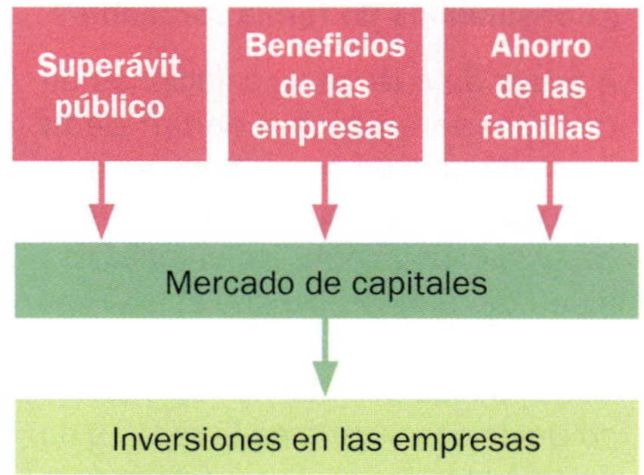

Esquema 9.5. Función del ahorro en el mercado de capitales.

Gracias al ahorro de los agentes económicos, las empresas pueden conseguir los recursos que necesitan para invertir o adquirir los bienes de capital (ordenadores, máquinas, edificios, etc.) con los que ejercen su actividad económica y optan a lograr beneficios. Por tanto, para que exista **inversión,** debe existir previamente ahorro. Por inversión entendemos un acto mediante el cual se renuncia a una satisfacción inmediata a cambio de una mayor satisfacción en el futuro. Por ejemplo, cuando una empresa compra una máquina, renuncia al dinero que paga por ella porque entiende que en el futuro obtendrá unos ingresos superiores a la cantidad invertida.

Los países que son capaces de renunciar a consumo presente para ahorrar y luego invertir tienden a crecer rápidamente en producción y nivel de salarios, y son los que logran los llamados *milagros económicos.* En cambio, los que consumen la mayor parte de su renta, invierten poco en planta y equipo, de forma que presentan tasas de productividad y salarios mucho más bajas que los que no lo hacen.

> ***Recuerda***
>
> La cantidad de renta disponible se reparte entre consumo y ahorro.

Los ingresos que reciben las familias tienen dos destinos posibles: el consumo o el ahorro. Los motivos para ahorrar son diversos: mejorar el nivel de vida futuro, aumentar el patrimonio familiar, asegurar la jubilación o hacer frente a posibles gastos. Tanto el consumo como el ahorro están condicionados por la renta que recibe cada persona. A mayor nivel de renta, mayor será el porcentaje destinado a ahorrar, y viceversa. Las familias de rentas bajas se ven obligadas a destinar la mayor parte de sus ingresos a cubrir sus necesidades y, por tanto, difícilmente podrán ahorrar.

En cualquier caso, debe señalarse que las familias toman sus decisiones en relación con su renta personal disponible (RPD), de forma que el Estado puede provocar un aumento o una disminución del consumo con medidas tales como alterar los impuestos o variar las retenciones a cuenta del IRPF.

2.3. Propensión marginal a consumir y ahorrar

Puesto que se ocupa de analizar el comportamiento de la economía en su conjunto, la macroeconomía concede gran importancia a cómo responde el consumo privado ante variaciones de la renta.

Fig. 9.2. Pareja en busca de hipoteca. La costumbre de hipotecarse para adquirir vivienda en vez de alquilarla es la primordial responsable del principal componente de la deuda en los hogares españoles. España y Bélgica son los países de la zona euro donde, a pesar de la crisis, más ha subido el precio de la vivienda en los últimos quince años.

En el apartado anterior hablamos sobre la propensión (marginal) a consumir *(PMC)* cuando se dispone de más renta. Pero las personas no consumimos inmediatamente nuestra renta, sino que reservamos una parte para consumir en el futuro. En consecuencia, lo que no se consume se ahorra, la propensión marginal a ahorrar o al ahorro *(PMA)* será la cantidad de renta que ahorran las personas cuando disponen de una unidad monetaria de renta adicional. Esto significa que cada nuevo euro de renta disponible se divide entre consumo y ahorro. En los países desarrollados, la *PMC* suele estar entre el 90 % y el 98 % y, por tanto, la *PMA* entre el 10 % y el 2 %. En cambio, en los países en vías de desarrollo la *PMC* llega prácticamente al 100 %. Por ejemplo, a una persona le suben el sueldo 30 €, si la *PMC* es del 90 % y, por tanto, la *PMA* es del 10 %, esa persona consumirá 27 € (el 90 % de dicha cantidad); como lo que no se gasta se ahorra, destinará los 3 € restantes al ahorro (el 10 % del aumento).

Reflexiona

¿Consumimos de forma razonable?

A pesar de que las asociaciones de consumidores recomiendan pedir prestado solo en caso de necesidad, teniendo en cuenta los intereses y la capacidad de ahorro, las estadísticas muestran que los españoles vivimos por encima de nuestras posibilidades. Nos endeudamos mucho –solo el Reino Unido nos supera en Europa– y no solo en la vivienda. Los créditos para coches, viajes, etc. nos hacen olvidar la prudencia. Hay que tener en cuenta que las circunstancias personales o laborales pueden ir a peor con el tiempo: pérdida de empleo, reparaciones imprevistas, accidentes, etc.

Como lo que no se consume se ahorra, la **propensión marginal al ahorro (PMA)** será la cantidad adicional que ahorran las personas cuando disponen de una unidad adicional de renta.

$$\text{Renta total} = \text{Consumo} + \text{Ahorro}$$

$$\text{Propensión marginal al consumo } (PMC) = \frac{\text{Incremento de consumo } C}{\text{Incremento de la renta } Y} \cdot 100$$

$$PMC = \frac{C}{Y} \cdot 100$$

$$\text{Propensión marginal al ahorro } (PMA) = \frac{\text{Incremento del ahorro } A}{\text{Incremento de la renta } Y} \cdot 100$$

$$PMA = \frac{A}{Y} \cdot 100$$

Por cada euro del que disponen, las personas destinan un determinado porcentaje al consumo y el resto lo ahorran, de ahí que:

$$PMC + PMA = 1$$

Caso práctico 1

Dado un país en el que la propensión marginal a consumir es del 80 %, señala la tendencia a consumir y a ahorrar para los siguientes niveles de renta: 1 000, 1 500, 2 000 y 3 000.

Solución

Renta (*Y*)		Consumo (*C*)		Ahorro (*A*)		*PMC*	*PMA*
Y	ΔY	*C*	ΔC	*A*	ΔA	$\frac{\Delta C}{\Delta Y} \cdot 100$	$\frac{\Delta C}{\Delta Y} \cdot 100$
1000		800		200			
1500	500	1200	400	300	100	$\frac{400}{500} \cdot 100 = 80\%$	$\frac{100}{500} \cdot 100 = 20\%$
2000	500	1600	400	400	100	$\frac{400}{500} \cdot 100 = 80\%$	$\frac{100}{500} \cdot 100 = 20\%$
3000	1000	2400	800	600	200	$\frac{800}{1000} \cdot 100 = 80\%$	$\frac{200}{1000} \cdot 100 = 20\%$

Tabla 9.1. La propensión marginal a consumir es del 80 %. Esto quiere decir que, al incrementarse la renta, los habitantes de este país consumen 80 de cada 100 € y ahorran los 20 € restantes.

Actividades

3> ¿Qué se entiende por consumo autónomo?

4> ¿Qué relación guardan la hipótesis del ciclo vital y los planes de pensiones privados?

5> ¿Cómo afectan las influencias temporales de renta al consumo?

6> ¿Cómo se relacionan la demanda de inversión y el tipo de interés?

3. La inversión empresarial

La inversión empresarial es, por volumen, el otro gran componente de la demanda agregada.

Invertir significa adquirir bienes (de capital) que satisfacen indirectamente necesidades humanas porque contribuyen a la producción futura, es decir, sirven para producir otros bienes.

> **Recuerda**
>
> Para llevar a cabo sus actividades, las empresas necesitan adquirir los llamados *bienes de capital,* esto es, máquinas, elementos de transporte, instalaciones, etc.

La inversión empresarial desempeña dos importantes **funciones** en cualquier economía:

- **Tira de la demanda,** esto es, contribuye a aumentarla cuando las empresas adquieren los bienes de inversión o capital de otras empresas. Esto, a su vez, afecta a la producción y al empleo del conjunto de la economía a corto plazo. La inversión en este tipo de bienes tiene por objeto ampliar la dotación de equipos o reemplazar aquellos que se han desgastado o han quedado anticuados (obsoletos).
- **Eleva la capacidad productiva instalada en el país,** mediante la acumulación de bienes de capital (carreteras, maquinaria, edificios, equipos...) y, por tanto, fomenta el crecimiento económico a largo plazo.

La inversión de las empresas comprende tres grandes **categorías:** la inversión en planta y equipo, la construcción y la variación de existencias.

- **La inversión en planta y equipo.** Es la destinada a adquirir bienes duraderos que contribuyen al desarrollo de las actividades económicas de las empresas durante varios años, sean tangibles (máquinas, ordenadores, elementos de transporte, edificios, instalaciones...) o intangibles (aplicaciones informáticas, prospecciones mineras...).
- **La construcción.** Es la suma de lo invertido en bienes y equipos destinados específicamente a la construcción (grúas, hormigoneras, camiones...), en viviendas y obra civil (principalmente infraestructuras como puentes, carreteras, puertos...). Realmente, es un tipo de inversión específica, en concreto la inversión en planta y equipo de las empresas constructoras. En teoría, habría que incluir esta inversión en el primer apartado, pero su volumen e importancia son tales que se le asigna un epígrafe propio.

  Por ejemplo, y a lo largo de los primeros años de este siglo, el sector de la construcción por sí solo aglutinó en torno a un tercio de la inversión en planta y equipo de todo el país. Son muchas las empresas que suministran bienes de equipo a las constructoras y, por tanto, dependen directamente de la actividad que desarrollen estas. De ahí que, esté en crisis o no, se considere a la construcción una de las locomotoras de la economía española.
- **La variación de existencias.** Almacenar la producción en lugar de venderla es otra forma de inversión, puesto que así las empresas se aseguran la disponibilidad de productos listos para vender o consumir en periodos posteriores al de su producción.

  Esta es una práctica habitual en previsión de ventas futuras o en el inicio de una fase económica de expansión. Por ejemplo, si el valor de las existencias de automóviles en almacén asciende en un año de 100 000 € a 190 000 €, entonces ha habido una inversión o variación positiva en el valor de las existencias almacenadas de 90 000 €. Si se diera el caso contrario, hablaríamos de una *desinversión* o variación negativa.

Planta y equipo

Construcción

Existencias

Fig. 9.3. La inversión empresarial centra sus demandas en tres áreas bien definidas: planta y equipo, equipos para las constructoras y existencias.

3.1. Factores que condicionan la inversión

Recuerda

La **rentabilidad** es la medida relativa del rendimiento de la actividad económica, pues igualmente establece una relación entre lo conseguido y lo aplicado para su obtención. La rentabilidad se define como la relación que existe entre el rendimiento obtenido y los recursos aplicados para su obtención. Por ejemplo, si 100 € generan 7 € de intereses, la rentabilidad de la inversión es del 7 %.

Los empresarios deciden cómo invertir en función de sus proyectos, de la tecnología y, sobre todo, de las previsiones sobre el porvenir de los negocios y la situación económica del país. La demanda de inversión (bienes de capital) puede considerarse, por tanto, una cantidad fija, independiente del volumen de renta que se genere en el país.

Las empresas invierten en bienes de capital con la esperanza de obtener beneficios, es decir, más ingresos que los costes de inversión. Estos dos factores, ingresos y costes, son los fundamentales a la hora de invertir; pero como la vida media de los bienes de capital es muy larga, la decisión de invertir dependerá también de las expectativas futuras. En definitiva, son **cuatro** los factores relevantes en cualquier inversión: los ingresos asociados al ciclo económico en el que se encuentra la economía, los costes, la capacidad productiva utilizada y las expectativas futuras.

- **Ingresos asociados al ciclo.** Desde el punto de vista empresarial, es interesante invertir siempre que se generen ingresos adicionales que ayuden a la empresa a vender más, lo cual suele estar ligado a la fase de ciclo económico en que se encuentra el país. Por ejemplo, si aumenta la demanda del mercado de bienes de consumo, las empresas responderán invirtiendo en planta y equipo (bienes de capital) para aumentar su producción. En cambio, si dicha demanda es baja, las empresas tienen poca necesidad de producir más, por lo que la demanda de inversión también será baja.
- **Los costes.** Determinar el coste de los bienes de capital (o coste de la inversión) es más complicado que el de otro tipo de bienes, pues su rendimiento se prolonga durante varios años. Comparar los costes con el rendimiento que se espera conseguir de lo invertido es la clave de la decisión. Si la tasa de rentabilidad es mayor que la de coste, merece la pena endeudarse para invertir. Son dos los factores que deben tenerse presentes:
  - **El tipo de interés.** Cuando se invierte con dinero prestado, hay que plantearse cuál es el precio del dinero, es decir, el tipo de interés. Si los tipos de interés de los préstamos son altos, será menor el número de inversiones que generen la rentabilidad suficiente para pagar los correspondientes intereses.
  - **Los impuestos.** Puesto que son un gasto, los impuestos reducen el beneficio empresarial. Cualquier empresa debe tener presente que una parte de sus ganancias, en caso de obtenerlas, irá destinada al pago de impuestos.
- **La capacidad productiva utilizada.** La capacidad de una empresa está en función de las instalaciones productivas de las que dispone para satisfacer la demanda. Cuando las instalaciones están a pleno rendimiento, la falta de capacidad para satisfacer la demanda del mercado propiciará la inversión. En cambio, si existen equipos y recursos ociosos, es posible que no sea necesario realizar ninguna inversión.
- **Las expectativas futuras.** Si invertir fuera una simple cuestión numérica de ingresos menos costes, no sería complicado decidir, bastaría con hacer un par de cálculos. Pero hay un elemento con el que contar en toda decisión relacionada con el dinero: la **confianza.** Invertir supone un fuerte desembolso inicial y una recogida de beneficios gradual que tarda, a veces, varios años en compensar la inversión. Si, por ejemplo, las empresas temen que empeore la situación económica en un país determinado debido a la inflación o a los conflictos políticos, es probable que aplacen la decisión de invertir allí aunque en ese momento los beneficios parezcan asegurados. En cambio, si los indicadores económicos apuntan a una estabilidad o recuperación, es posible que se interprete como un buen momento para invertir.

Más datos

Sobre los impuestos, hablaremos con más profundidad en la Unidad 10.

Atención

Los indicadores económicos, como el PIB, la inflación o las tasas de empleo, son como faros en el mar que orientan sobre la evolución de la economía.

Caso práctico 2

Revitex es una empresa textil que necesita crear una planta de distribución europea en Zaragoza, con la cual estima obtener 200 000 € de beneficio al año. La inversión asciende a 2 000 000 € y el banco accedería a prestarlos al 8 % anual durante 10 años.

a) Con dinero propio, ¿en qué caso conviene realizar cualquier inversión?

b) ¿En qué condiciones suelen realizarse las inversiones empresariales? ¿Cuándo interesa llevarlas a cabo?

c) Determina si a Revitex le interesa realizar la inversión.

Solución

a) Cualquier inversión interesa siempre que la rentabilidad de la misma sea superior al tipo de interés que se podría conseguir a plazo fijo, esto es, normalmente el que se obtiene mediante depósitos bancarios asegurados.

b) Las inversiones empresariales son muy cuantiosas, de tal forma que lo habitual es realizarlas con dinero ajeno. Cuando se pide prestado, las inversiones interesan siempre que la rentabilidad de la inversión sea superior al tipo de interés del préstamo que la posibilita.

c) La rentabilidad es la relación entre la inversión y lo que se obtiene con ella. En el caso de la planta de Zaragoza:

$$\text{Rentabilidad de la planta} = \frac{200\,000}{2\,000\,000} \cdot 100 = 10\,\%$$

En principio, como 10 % > 8 %, la inversión interesa, porque la rentabilidad es superior al coste de la financiación, esto es, el tipo de interés del préstamo. No obstante, el margen no es muy amplio y el préstamo es a 10 años. Si las previsiones de beneficios no se cumplen, Revitex podría tener problemas para pagar el préstamo.

3.2. El efecto multiplicador de la inversión

La inversión produce un efecto multiplicador en la producción del país. Cuando una empresa adquiere nuevos equipos, su decisión desencadena un efecto dominó sobre la economía en general: nuevas inversiones suponen más producción, más renta disponible, más consumo y nuevas inversiones. El aumento del gasto y la producción estará muy relacionado con la propensión de trabajadores y empresarios a consumir mayor cantidad de bienes y servicios cuando disponen de más renta, los primeros vía salarios y los segundos vía beneficios.

La **propensión marginal** al consumo es la cantidad adicional de bienes y servicios que consumen las personas cuando disponen de más renta.

Cuanto más alta sea la propensión a consumir, más se dejarán sentir los efectos de la inversión en el conjunto de la economía, y viceversa.

El **multiplicador de la inversión** es el incremento total de la renta que experimenta el conjunto de la economía al aumentar la inversión.

El incremento total de la renta que origina un aumento en cadena de la inversión es cuantificable mediante la siguiente expresión:

$$\text{Incremento total de la renta} = \text{Inversión inicial} \cdot \frac{1}{(1 - PMC)}$$

(PMC = Propensión marginal a consumir en términos de porcentaje)

Fig. 9.4. Nudo de carreteras. Las infraestructuras son necesarias para el desarrollo económico de los países porque posibilitan la realización de cualquier actividad o el funcionamiento de los centros urbanos. Puertos, autovías, aeropuertos o líneas férreas de alta velocidad son inversiones de futuro.

Atención

El funcionamiento del multiplicador está íntimamente ligado con la propensión marginal al consumo. Esto es debido a que el importe de las inversiones acaba derivando hacia los trabajadores y empresarios en forma de salarios y beneficios respectivamente, que gastan una parte de los mismos (la *PMC*) y ahorran el resto.

Caso práctico 3

En un país cuya propensión marginal al consumo es del 90%, la empresa A adquiere una grúa por 1 000 € a la empresa B. Esta ahorra el 10% de los euros recibidos por la venta y con el resto adquiere de la empresa C nueva maquinaria que le permitirá producir más grúas. La empresa C ahorra el 10% de los euros recibidos por la venta y con el resto adquiere ordenadores para poder fabricar más maquinaria. Y así sucesivamente.

- Representa gráficamente el efecto en cadena de la inversión sobre esta economía.
- Calcula el incremento total de la renta que experimenta esta economía e indica cuánto vale el multiplicador.

Solución

- La representación gráfica es esta:

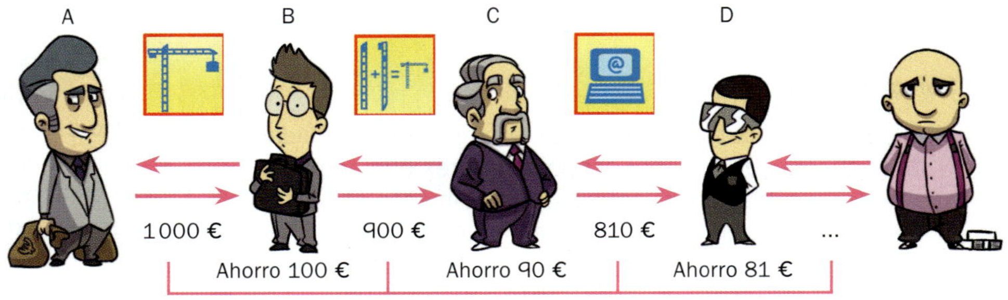

$$\Delta \text{ Renta} = 1000 \frac{1}{1-0{,}90} = 10000 \text{ €}$$

Fig. 9.5. Representación del efecto en cadena de la inversión sobre el conjunto de la economía.

- El multiplicador vale 10, esto es, los 1 000 € invertidos por la empresa A ocasionarán un incremento de la renta de 10 000 € en el conjunto de la economía.

Observatorio 2

¿Por qué el efecto del multiplicador no se queda en el país que lo genera?

El modelo del multiplicador aplicado a la inversión fue desarrollado por Keynes en la década de los años treinta y es válido también para muchas otras variables de la economía, como por ejemplo los gastos del Estado o las exportaciones. De hecho, el incremento de cualquiera de estas dos variables suele traducirse en un aumento de la producción. En consecuencia, parece que bastaría con aumentar el gasto, sea público o privado, para elevar la renta de empresas y consumidores, y provocar una cadena de incrementos del gasto y de la producción en todo el país. Estas ideas fueron llevadas a la práctica con éxito en la segunda mitad del siglo xx, cuando las economías mundiales no dependían tanto unas de otras como en la actualidad. Hoy día, en una economía globalizada, con empresas nacionales y extranjeras presentes en todos los mercados internacionales, los efectos en cadena de la inversión o del gasto público no solo generan producción y empleo en el propio país, sino también en aquellos donde tienen su sede las empresas extranjeras que operan en el mercado nacional.

Actividades

7> ¿Por qué la inversión empresarial es importante para lograr el crecimiento económico a largo plazo?

8> ¿Por qué se considera que la variación de existencias es una forma de inversión?

9> ¿Cómo se relacionan la demanda de inversión y el tipo de interés?

10> Explica qué relación existe entre el ahorro, el consumo y la inversión.

4. La demanda y la oferta agregadas

Ahora que ya hemos analizado los componentes más importantes de la demanda agregada (el consumo privado y la inversión empresarial) es el momento de estudiar su comportamiento en conjunto así como el de la oferta agregada.

4.1. La curva de la demanda agregada

La representación gráfica de la demanda agregada es la curva de la demanda agregada (Fig. 9.6), y muestra las distintas cantidades de producto que los agentes económicos están dispuestos a adquirir para cada nivel de precios.

La demanda agregada aumenta a medida que bajan los precios, y viceversa. El nivel medio de precios es lo que motiva una mayor o menor demanda agregada por parte de los agentes económicos. Otros factores que condicionan el gasto o demanda agregada son:

- La cantidad de dinero que circula por la economía.
- El nivel de renta de los agentes económicos.
- Los impuestos que establece el sector público.

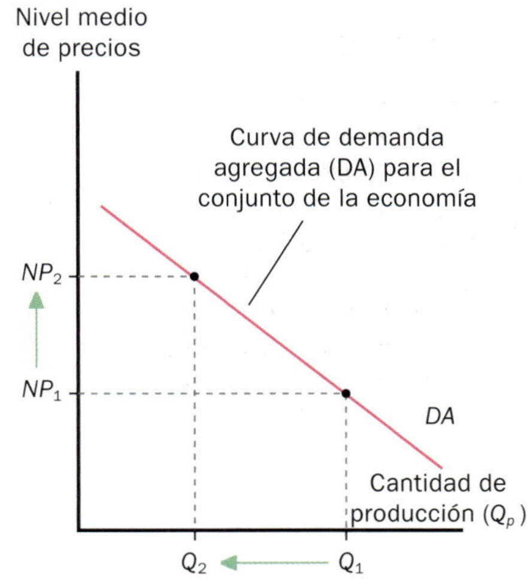

Fig. 9.6. Representación gráfica de la función de la demanda agregada.

4.2. La oferta agregada y su curva

Por su parte, los factores que influyen sobre la oferta agregada son:

- **El nivel medio de precios**. Es el factor principal. Si bajan los precios de los bienes y servicios que venden, las empresas tienen menos incentivos y, en consecuencia, ofrecen menos producto al mercado. Y viceversa.
- **Los costes de producción**. Cuando sube el precio de los recursos que emplean las empresas para producir, los beneficios bajan y las empresas disminuyen la producción para reducir costes. Y viceversa.
- **Las expectativas empresariales**. El número de unidades que las empresas ofrecen al mercado también puede depender de sus expectativas, lo cual a su vez condiciona los objetivos empresariales. Por ejemplo, en un país con aproximadamente 1 300 millones de habitantes como China, que en la actualidad se está abriendo a la economía de mercado, las expectativas son fabulosas. En cambio, ¿cuáles pueden ser las expectativas en un país que se vea constantemente sacudido por problemas sociales o políticos?

> **Recuerda**
>
> Tal como estudiamos en la Unidad 3, los costes de producción son la suma de los costes de los recursos productivos y de la tecnología empleada (esto es, la forma de combinar dichos recursos).

La **oferta agregada** describe la cantidad de producción que estarían dispuestas a vender las empresas para un nivel de producción y unos determinados costes de producción.

La curva que representa gráficamente la oferta agregada se llama curva de la oferta agregada, y muestra las distintas cantidades de producción que los agentes económicos están dispuestos a adquirir a cada nivel medio de precios. La oferta agregada aumenta con los precios y viceversa.

Observa con detenimiento la forma de la curva de la oferta agregada (Fig. 9.7). Su pendiente se hace más pronunciada a medida que la capacidad productiva se acerca al pleno rendimiento. Es decir, por mucho que suba el precio y, por tanto, las expectativas empresariales de obtener mayores beneficios, llega un momento en que a las empresas les resulta muy difícil incrementar su producción porque ya trabajan al máximo. En consecuencia, y aunque suben los precios, las empresas no pueden ofertar mayor cantidad de producto al mercado.

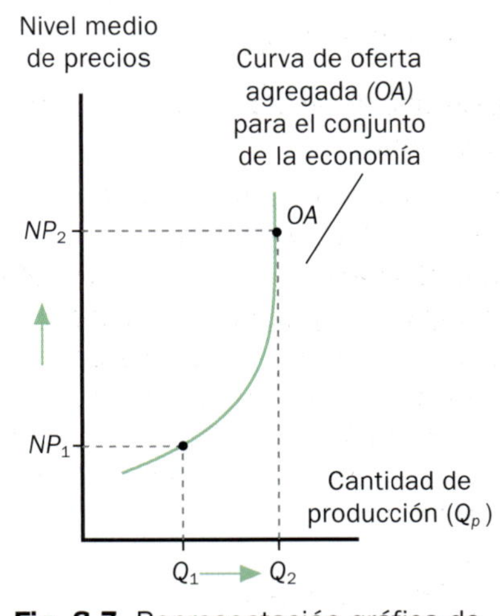

Fig. 9.7. Representación gráfica de la función de la oferta agregada. Los factores que influyen sobre ella son el nivel medio de precios, los costes de producción y las expectativas empresariales.

4.3. El equilibrio macroeconómico

Sabías que

Ya en el año 1936, John Maynard Keynes argumentó en su obra La *teoría general del dinero* lo siguiente: «Los principales fallos de la sociedad económica en la que vivimos son su incapacidad para ofrecer pleno empleo y su arbitraria y poco equitativa distribución de la riqueza y de la renta».

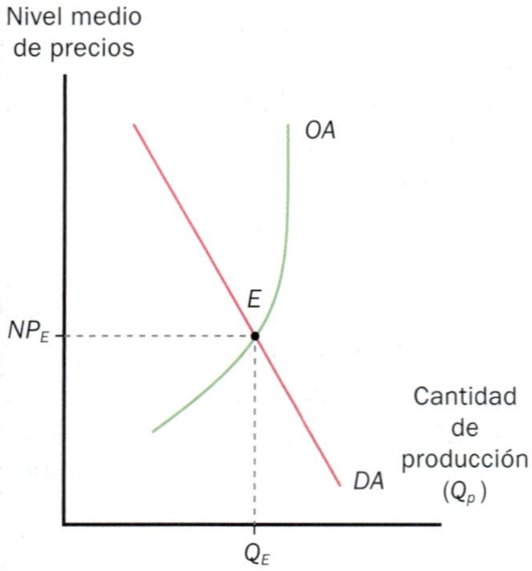

Fig. 9.8. El equilibrio macroeconómico.

La forma y el comportamiento de las curvas de la oferta y la demanda agregadas (OA y DA) son los mismos que estudiamos en la Unidad 4 a propósito de la demanda y la oferta microeconómicas. En situaciones de exceso de oferta, las empresas deben reducir sus precios para dar salida a la producción almacenada y viceversa: si hay exceso de demanda, el precio y la cantidad producida aumentarán para satisfacer al mercado. Al final, el equilibrio del mercado macroeconómico —es decir, no el de un producto en particular, sino el de todo el mercado de bienes y servicios de un país— se consigue cuando coinciden los planes de compradores y empresas, es decir, donde se cortan las curvas de DA y OA (Fig. 9.8).

Los desplazamientos de las curvas de oferta y demanda agregadas debidos al comportamiento de empresas, consumidores y sector público alteran el nivel de producción, empleo y precios, de tal forma que una vez que se logra el equilibrio macroeconómico suelen constatarse dos aspectos fundamentales:

a) **Existen recursos ociosos.** En la práctica, la producción suele estar muy por debajo de lo deseable debido a la existencia de recursos ociosos como, por ejemplo, la mano de obra desempleada.

b) **La estabilidad alcanzada es temporal.** Por muy satisfactorio que sea, el equilibrio alcanzado se sabe que la economía está sujeta a un comportamiento cíclico que alterna épocas de expansión y recesión, de tal forma que tarde o temprano llegarán las vacas flacas.

Debido a estas características del **equilibrio macroeconómico** es inevitable una mayor o menor intervención del Estado en la economía. En la unidad siguiente analizaremos esta temática, aunque ya podemos formular una primera definición del mismo.

El **equilibrio macroeconómico** es el resultado conjunto de la interacción de las fuerzas internas del mercado, las políticas macroeconómicas del Gobierno y las incontrolables e impredecibles perturbaciones externas al mercado.

Observatorio 3

¿Cómo y cuándo actúan las políticas macroeconómicas?

Los cambios en el equilibrio macroeconómico informan sobre la evolución de la economía. Los desplazamientos de la curva de la demanda agregada hacia la izquierda informan de recesión, paro y descenso de la producción, de tal forma que también la oferta agregada se desplazará hacia la izquierda. En cambio, desplazamientos de la demanda agregada hacia la derecha anuncian el crecimiento de la producción y del empleo (o de recuperación si fuera el caso) con el correspondiente efecto de arrastre hacia la derecha de la oferta agregada. Cuando una u otra situación se prolonga en el tiempo es cuando se habla de ciclos de expansión o recesión. En todo caso y en una situación de recesión el Gobierno tomará medidas macroeconómicas para luchar contra la crisis mientras que en una fase de expansión el Gobierno actuará para mantener la situación de crecimiento o estabilidad.

Actividades

11> Explica cómo condiciona el nivel medio de precios la demanda y la oferta agregadas.

12> ¿Cómo se relacionan los ciclos de la economía con el equilibrio macroeconómico?

Textos de apoyo

La inversión empresarial

Cualquier proyecto de inversión supone la inmovilización de unos recursos durante un periodo más o menos largo con la esperanza de obtener unos ingresos superiores al coste que supone tener el dinero en el banco, por ejemplo. Por ello, toda inversión se caracteriza por una corriente de pagos y cobros mientras dura la misma. No debes confundir los gastos e ingresos con los correspondientes pagos o cobros. Por ejemplo, si compras una prenda de ropa con la tarjeta bancaria de crédito, ya has realizado el gasto pero el pago no lo realizas hasta que la tienda le pasa el recibo al banco a fin de mes. Si hubieras comprado la prenda de ropa en efectivo se dice que has comprado al contado. Generalmente, las características de una inversión son las siguientes:

- **Desembolso inicial.** Se representa con D_0 y es la cantidad que se paga en el momento de adquirir los bienes de capital que posibilitarán la producción o distribución de mercancías.
- **Duración temporal de la inversión.** Es el número de periodos, normalmente medido en años, y que se suele representar con *n,* durante los cuales se irán produciendo las entradas y las salidas de dinero como consecuencia de la ejecución de los proyectos en los que se ha invertido.
- **Flujos netos de caja o cuasirrentas.** Se representan con F_i y suponen la diferencia entre los cobros (C_i) y los pagos (P_i) que soporta la empresa a lo largo de cada uno de los *n* periodos que dura la inversión como resultado del desarrollo del proyecto.
- **Valor residual.** Es el valor del bien al final de la vida de la inversión. Se representa con una *R.*

Es habitual la representación de las características de una inversión en un segmento gráfico que relaciona la duración temporal de la inversión (que se divide en *n* periodos determinados) con los valores monetarios que expresan los flujos netos de caja y el valor residual, si fuera el caso. Los pagos se representan con signo negativo (−) y los cobros con signo positivo (+).

Práctica

Un grupo de música suele tocar en las fiestas del pueblo. Con la intención de actuar en más lugares, adquieren una furgoneta de segunda mano por 13 000 €, un equipo de amplificación más potente (4 000 €) y un juego de luces más moderno (3 000 €). A los equipos adquiridos, les estiman una vida útil de cuatro años, hasta tener que sustituirlos por otros más modernos, aunque cuentan con poder venderlos por 2 000 € llegado el momento. Calculan una media de seis actuaciones cada año a razón de 1 200 € cada una. Los gastos de mantenimiento en concepto de gasolina, reparaciones y otros, ascienden a 600 € anuales. Se pide:

1. Elabora un cuadro en el que quede constancia de los conceptos asociados a una inversión: desembolso, duración, cobros, pagos y valor residual.
2. Representa en un segmento gráfico los mismos conceptos de la tabla anterior.

Solución

1. Cuadro de la inversión del grupo de música durante cuatro años:

Año	0	1	2	3	4 años
D_0	−20000 €				
C_i		+ 7200 €	+ 7200 €	+ 7200 €	+ 7200 €
P_i		−600 €	−600 €	−600 €	−600 €
R					+ 2000 €
	−20000 €	+ 6600 €	+ 6600 €	+ 6600 €	+ 8600 €

2. Segmento gráfico de la inversión:

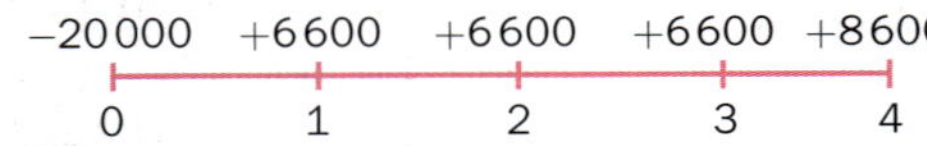

1> ¿En qué se diferencian los gastos e ingresos de los pagos y cobros?

2> Pon un ejemplo en el que queden claros los conceptos de vida útil y valor residual.

3> Un estudiante de informática se plantea diseñar páginas web por encargo. Con 1000 € adquiere un ordenador más potente al cual le estima una vida útil de dos años hasta tener que reemplazarlo por otro más moderno, momento en el que estima que podrá venderlo por 150 €. Calcula un par de encargos cada semestre que piensa cobrar a razón de 250 cada uno. Igualmente estima unos gastos en concepto de consumibles de informática (disquetes, CD, cartuchos de impresora) de 50 € cada semestre. Representa gráficamente esta inversión e identifica la corriente de cobros y pagos para cada semestre.

Mapa conceptual

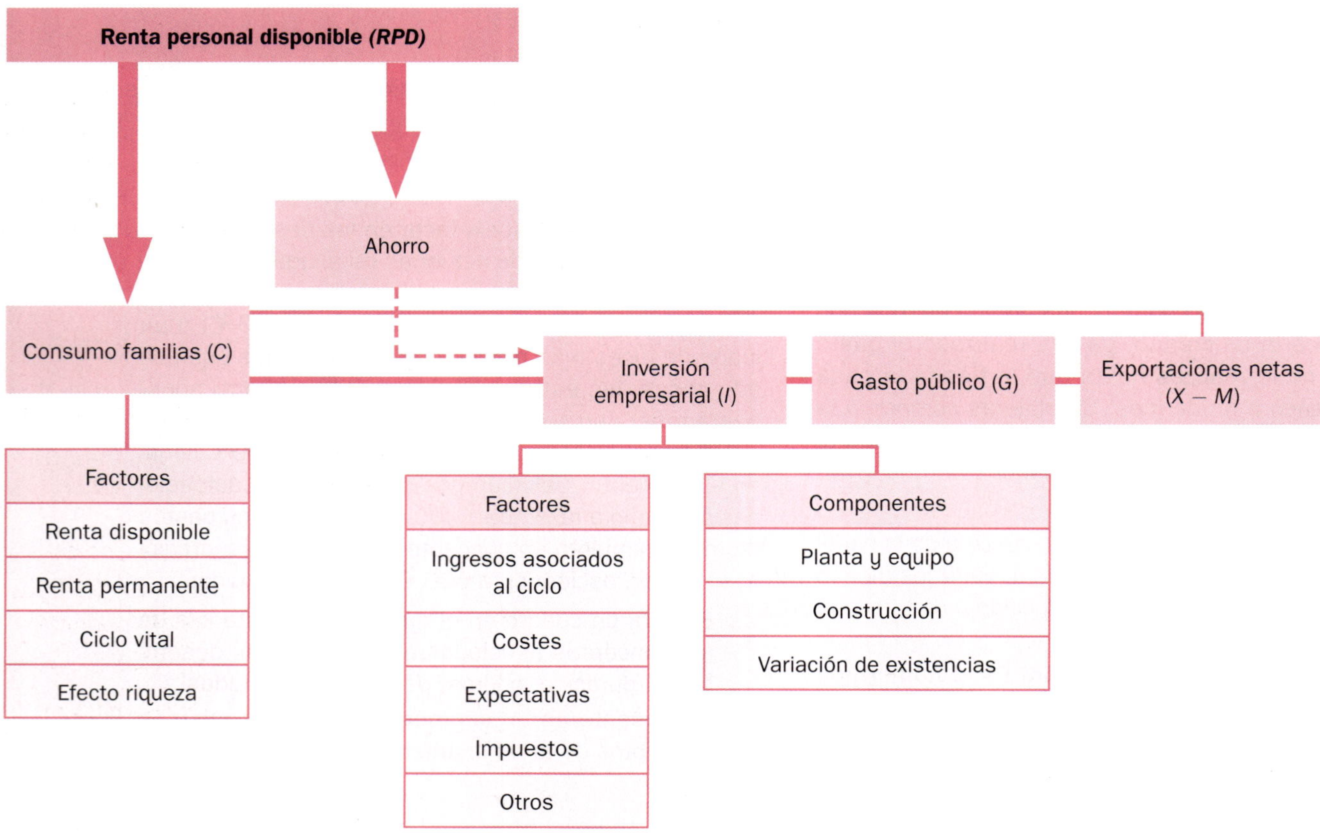

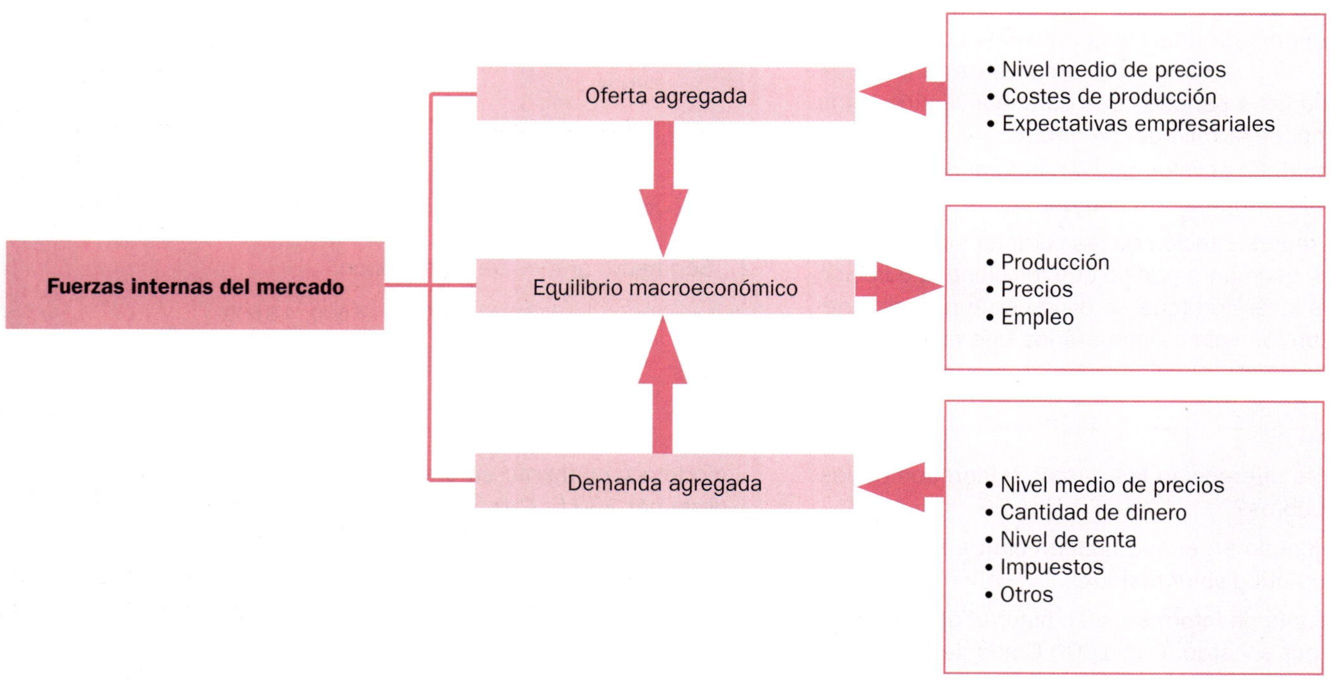

N.º 9. Diario independiente de información económica | Economicus

«La tierra es una buena inversión, pero han dejado de fabricarla».
Will Rogers, actor y humorista estadounidense (1879-1935).

Lo que vale una tarde de toros

No solo los grandes acontecimientos deportivos o del mundo del motor generan un gran impacto económico, y si no, no hay más que prestar atención a lo acontecido con la vuelta a los ruedos del torero Juan Navas. En el caso de este diestro, que escapó de la muerte en Aguascalientes, las cifras quitan el hipo: más de dos millones de euros en un solo día, incluso más que el gran circo de la Fórmula 1 cuando pasa por España. Para llegar a esta conclusión, se han analizado la recaudación por entradas y el gasto en hostelería, ocio y turismo, así como los efectos inducidos sobre la economía local, todo ello en un momento en el que la mayoría del país está de capa caída debido a la crisis financiera de los últimos años.

ANXO PENALONGA

¿Es mucho pagar 300 000 € por una tarde de toreo? Es lo que se le pagó solo a Juan Navas en Valencia el 23 de julio en su reaparición después de un año alejado de los ruedos.

A la vista de los datos, incluso es poco, teniendo en cuenta la repercusión de este diestro. Solo en taquilla, el impacto económico se estima en torno a los 1,34 millones, y eso suponiendo que, en la reventa, solo el 15 % de las entradas se hubieran vendido con un sobrecargo diez veces superior al oficial. Y es que para corridas similares en plazas como Madrid o Sevilla, se han calculado tasas superiores al 25 % de reventa. Aquella tarde, el respetable hizo honor a la ocasión. De acuerdo con la Encuesta de Movimientos Turísticos de los Españoles y la Cuenta Satélite del Turismo de España, los gastos indirectos en transporte, hostelería y alojamiento sumaron 388 767 €, de los cuales 260 367 € corresponderían al gasto de los turistas y 128 400 € al de visitantes de un solo día.

Las rentas que generan las actividades taurinas arrastran el gasto de forma proporcional a la capacidad de gasto de quienes perciben esas rentas. Según el multiplicador de la oferta de la Contabilidad Nacional de España, para el sector donde se encuadran las corridas de toros, el efecto inducido de las rentas «taurinas» se estima en 1,87. Esto significa que casi duplican las rentas iniciales: cada euro «taurino» genera un euro y ochenta y siete céntimos de gasto derivado hacia otros sectores.

También es posible cuantificar el gasto que deriva hacia otros sectores de la economía local con origen en el ya mencionado eje alojamiento-transporte-restauración: 250 000 € como mínimo.

Concepto	€
Transporte, hostelería y alojamiento	260 367 € (turistas)
	128 400 € (visitantes)
Arrastre hacia otros sectores	250 000 €
Recaudación	500 000 € (taquilla)
	750 000 € (reventa)*
	105 000 € (IVA)
Personal en plaza, cartelería, material de lidia y similares	10 000 €
Ganadería	50 000 €
Emolumentos toreros	300 000 € (Juan Navas)
	22 000 € (Víctor Pucho)
	18 000 € (Arturo Valdivia)

Cifras asociadas a la reaparición del torero Juan Navas en Valencia.
(*): La reventa procede de abonados que no pasan por taquilla.

Reflexiona

1> ¿A qué se refiere el texto cuando habla de impacto económico?

2> ¿Por qué las arcas de la Hacienda Pública solo ingresaron 105 000 € (el 21 % de IVA del precio de las entradas) si la recaudación se estima en 1,35 millones de euros?

3> ¿Cuánto gasto en cadena generaría la percepción de 100 000 € procedentes del toreo?

4> ¿Por qué se dice que la actividad alojamiento-transporte-restauración actúa como una locomotora? Argumenta tu respuesta.

N.º 9. Diario independiente de información económica **Economicus**

El sueño del faraón

«Como tantas otras cosas en la vida, la economía está sujeta a ciclos o rachas. Eso no tendría nada malo siempre que cada fase fuese mejor que la anterior, pero lo habitual es que a un ciclo bueno le suceda uno malo, exactamente lo que vemos en las economías de mercado. La conocida oposición de "vacas gordas" y "vacas flacas" que se aplica al fenómeno de los ciclos alternos de la economía procede de un pasaje del libro del Éxodo de la Biblia, que relata cómo José interpretó un sueño del faraón en el que siete vacas flacas devoraban a siete vacas gordas. La conclusión de José fue que el país iba a vivir siete años de gran abundancia a los que sucederían siete años de malas cosechas y penurias. El faraón le hizo caso y mandó guardar un quinto de la cosecha de los años de abundancia para resistir la escasez de los años malos. Hoy en día, para las malas épocas no se guardan porcentajes de cosechas como en el tiempo de las pirámides, pero sí contamos con los impuestos y cotizaciones generados durante las vacas gordas para pagar subsidios y subvenciones durante las vacas flacas. En todo caso, como si del ave Fénix se tratara, la experiencia ha demostrado que las economías resurgen con más fuerza que aquella con la que se hunden. Por muy duras que sean las crisis, las nuevas vacas gordas pronto hacen olvidar a las flacas».

Anxo Penalonga

El consumo realizado en exceso es censurable y se convierte en «consumismo». Pero el alto nivel de consumo, en la medida en que estimula la producción y el empleo, permite a las sociedades desarrolladas mantener su calidad de vida.

Hemeroteca

Siglo XVIII

La Revolución Industrial. El mundo rural deja paso a las ciudades y el trabajo manual a las máquinas. El Reino Unido fue la primera nación en industrializarse a gran escala y en mejorar sus infraestructuras. A través de los mares, la industria moderna, con la máquina de vapor al frente, se extiende por Europa y después por el resto del mundo. Nace el capitalismo tal como lo conocemos hoy.

Lectura recomendada: *ECONOMÍA*

Samuelson/Nordhaus
McGraw-Hill, 1948

Es uno de los libros de economía más vendidos del siglo XX. A pesar de su antigüedad (va por la 19.ª edición), sigue siendo una referencia por su lenguaje asequible y ameno. Aunque se trata de un manual universitario, resulta ideal para quienes quieran profundizar en el estudio de la economía. Para ilustrar la teoría, intercala numerosos ejemplos y datos económicos, principalmente de los Estados Unidos. Cada capítulo recopila conceptos para repaso, direcciones de Internet, otras listas de lectura, y preguntas para su discusión y debate.

«El consumo, el ahorro y la inversión juegan un papel central en el desempeño económico de un país. Los países que ahorran e invierten grandes fracciones de sus ingresos tienden a tener un crecimiento rápido de la producción, los ingresos y los salarios; esta tendencia caracterizó a Estados Unidos en el siglo XIX, a Japón en el XX y a las economías "milagrosas" de Asia Oriental en las últimas tres décadas. En contraste, países que consumen la mayor parte de sus ingresos, como muchos países de África y Latinoamérica, invierten poco en fábricas y equipos nuevos, y tienen bajas tasas de crecimiento, productividad y salarios. El alto consumo en relación al ingreso equivale a poca inversión y lento crecimiento; los grandes ahorros dan origen a altas inversiones y a crecimiento rápido. La interacción entre gasto e ingreso desempeña un papel bastante distinto durante las expansiones y contracciones de los ciclos económicos. Cuando las condiciones económicas dan lugar al crecimiento rápido del consumo y de la inversión, aumenta el gasto total o la demanda agregada, lo que hace subir la producción y el empleo a corto plazo. El florecimiento económico de Estados Unidos a finales de la década de los años noventa del siglo pasado fue alimentado, en gran parte, por el rápido crecimiento del gasto de los consumidores. Y cuando el consumo baja, debido a impuestos altos o pérdida de confianza del consumidor, como sucedió en Japón en la década de 1990, se tiende a reducir el gasto total y puede que se produzca una recesión. El ahorro es la parte del ingreso personal disponible que no se consume. Estudios económicos han demostrado que el ingreso es el determinante principal del consumo y del ahorro. Las personas ricas ahorran más que las pobres, tanto en términos absolutos como en porcentaje del ingreso. Los muy pobres no pueden ahorrar nada. En su lugar, mientras puedan pedir prestado o consumir su patrimonio, tienden a "desahorrar", esto es, tienden a gastar más de lo que ganan, reducen sus ahorros acumulados o se endeudan más».

Extractado del capítulo 22, «Consumo e inversión»

Hoy recordamos a...

Paul Samuelson

(Estados Unidos, 1915-2009)

Economista, profesor y nobel de economía.

Gran pedagogo y divulgador, es autor del manual de economía más vendido de la historia. Entre sus méritos destaca haber realizado la llamada «síntesis neoclásica», que es como se conoce la fusión, en un conjunto coherente, de la economía de Keynes con la de sus predecesores. Fue uno de los primeros economistas en generalizar y aplicar a la economía métodos matemáticos desarrollados para el estudio de la termodinámica.

Cine Europa
Próximamente
Bienvenido, Mr. Chance

Director: Hal Ashby.

Reparto: Peter Sellers, Shirley McLaine, Richard Basehart y Jack Warden.

Sinopsis. Un jardinero disminuido llega a dar consejos de economía al mismísimo presidente de los EE. UU., lo cual le convierte en una celebridad.

Comentario. En torno a una historia improbable se levanta una película que invita a soñar.

Como una especie de ángel y a pesar de sus limitaciones psíquicas el protagonista, que fue nominado al Óscar en 1980 por su interpretación, resulta ser una influencia benigna para cuantos le tratan mientras él vive ajeno a todo en su mundo de plantas y jardines.

Claves de reflexión. Ciclo económico, expansión, recesión e inversión.

Ejercicios

1. ¿Qué es el nivel medio de precios?

2. ¿Por qué la demanda agregada y el PIB acaban por expresar las mismas cifras?

3. ¿De qué factores dependen los movimientos o desplazamientos de la curva de la demanda agregada? ¿Y de la curva de la oferta agregada?

4. ¿Por qué se vuelve más pronunciada la pendiente de la curva de la oferta agregada a medida que un país incrementa su producción?

5. Razona qué repercusiones tienen sobre la demanda o la oferta agregada los siguientes hechos:

a) Un abaratamiento de los procesos de producción.

b) Un incremento del nivel medio de precios debido a la inflación.

c) Un descenso del gasto público.

d) Un aumento de las exportaciones.

e) Un descenso en el coste de las materias primas.

f) Una bajada del precio del dinero.

g) Un incremento de las importaciones.

h) Un aumento del precio del petróleo.

i) Una bajada de impuestos.

j) Una disminución de la inversión de bienes de equipo.

6. En un país cuya propensión marginal al consumo es del 95 %, una empresa demanda bienes de inversión por valor de 40 000 €.

a) Calcula cuál sería el incremento total del gasto que experimenta esta economía.

b) Supón que, a mayores, hubiera que pagar un impuesto del 10 % en cada una de las compras o adquisiciones, ¿cómo afectaría esta medida del sector público al gasto total?

7. ¿Cuál ha sido la inversión inicial que ha dado lugar a un incremento total del gasto de 23 000 € en una economía en la que la propensión marginal al ahorro es del 7 %?

8. Analiza si aumentan o disminuyen el consumo, la inversión y el ahorro con los siguientes hechos:

a) Disminuye el nivel medio de precios.

b) Sube el precio del dinero.

c) Mejoran las expectativas de futuro.

d) El Gobierno aprueba una bajada de impuestos.

e) La inflación aumenta un 5 %.

9. ¿Cómo relacionarías rentabilidad y productividad? Pon un ejemplo.

10. Razona la veracidad o falsedad de las siguientes afirmaciones:

a) Cuanto más desarrollado es un país, más alta suele ser su propensión marginal a ahorrar.

b) Un incremento del gasto público puede producir un aumento del gasto muy superior en el conjunto de la economía de un país.

c) Los avances tecnológicos favorecen el desplazamiento de la curva de la oferta agregada hacia la izquierda.

d) La hipótesis del ciclo vital establece que las personas invierten para uniformar la cantidad de consumo a lo largo de toda su vida.

11. Averigua qué son las cláusulas de revisión laboral y cómo afectan a la demanda agregada.

12. Representa gráficamente la variación de la curva de la demanda agregada como consecuencia del aumento del gasto de alguno de los agentes económicos. ¿Cómo afecta este cambio al equilibrio macroeconómico si la oferta agregada no varía?

13. Calcula los datos que faltan en la siguiente tabla. ¿Cuál es la inversión más interesante?

Inversión	Desembolso	Intereses	Rentabilidad
A	10 000 €	600 €	
B		500 €	12 %
C	20 000 €		10 %

14. Lee el siguiente texto sobre los ciclos económicos y contesta a las preguntas que se formulan a continuación:

> «El nivel de producción que alcanzan los países varía de un año a otro. Si representamos gráficamente el correspondiente a años sucesivos, apreciamos la evolución de la economía medida a través de su PIB. Al hacer esta representación es cuando se aprecia el conocido comportamiento cíclico de la economía, que alterna fases de expansión y recesión.

Ejercicios

Los ciclos económicos son irregulares, tanto en su duración como en el grado en el que la producción alcanzada se desvía de la potencial, pero todos tienen las mismas fases: depresión o fondo, expansión, auge o cima y recesión.

- **Depresión o fondo.** Marca el punto más bajo de la fase de recesión. Se caracteriza por la infrautilización de los recursos productivos, siendo especialmente preocupantes las elevadas tasas de paro y el alto volumen de existencias almacenadas.
- **Expansión.** Es la fase ascendente del ciclo. Un factor que explica el paso de la fase de depresión o fondo a la de expansión es el envejecimiento de los bienes de capital, que obliga a su reemplazo o renovación. En consecuencia, crece la inversión y se empiezan a recuperar los niveles de empleo previos a la recesión. Con mayor renta, las familias consumen más.
- **Auge o cima.** Es el punto máximo de la fase de expansión, al que se llega porque la capacidad productiva instalada en las empresas alcanza niveles de plena utilización en un momento en el que se ha generalizado la escasez de recursos que había comenzado a surgir en los últimos momentos de la fase de expansión. Al aproximarnos al nivel de pleno rendimiento, será cada vez más difícil aumentar la producción mediante el empleo de recursos.
- **Recesión.** La fase descendente del ciclo puede producirse de forma suave o brusca (en este último caso, se habla de crisis económica). Por ejemplo, cuando las expectativas sobre el crecimiento de las ventas y los precios no se ven confirmadas debido a una cierta saturación de la demanda y, por tanto, se produce un descenso del consumo familiar, las inversiones empresariales dejan de ser rentables y, en consecuencia, disminuyen los beneficios. Al disminuir las ventas no solo los costes se convertirán en una carga, sino que además las empresas empezarán a almacenar grandes cantidades de productos finales que no se venden. Todo ello lleva a una reducción de la inversión, e incluso habrá empresas que quiebren. Como disminuyen los niveles de producción y de empleo, y por tanto también las rentas y el consumo, nuevas empresas entrarán en dificultades, con lo que la inversión decrece aún más hasta llegar a la fase de depresión.

  Estas fases son representables en un diagrama cartesiano: en el eje vertical se mide, mediante el PIB, el nivel de producción en términos reales (eliminando el efecto de la inflación de los precios), mientras que el eje horizontal recoge el paso del tiempo».

a) ¿Por qué se considera que los ciclos económicos son un fallo del mercado?

b) Según el texto, ¿qué es lo que motiva el agotamiento de la fase de expansión económica?

c) ¿Cuál es el primer componente de la demanda agregada sobre el que incide una recesión económica? Explica cómo este componente influye, a su vez, sobre el resto de la economía.

d) Respecto a los ciclos económicos, ¿qué ha demostrado la evolución del PIB a lo largo del tiempo?

e) ¿Por qué crees que se dice que el *just-in-time* ha ayudado a muchas empresas a sortear las crisis?

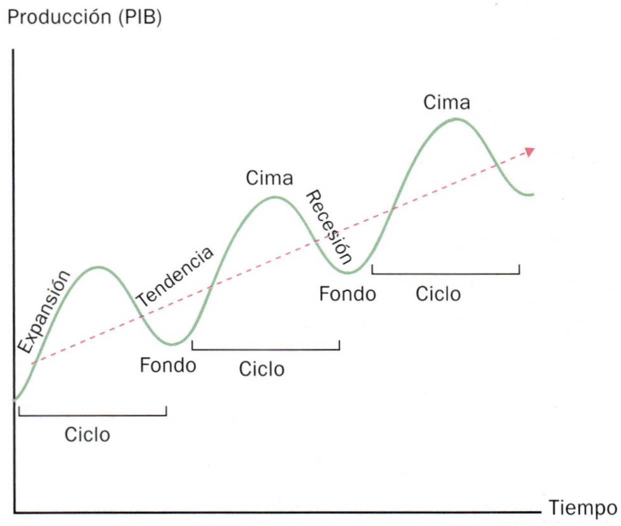

15. Relaciona los siguientes titulares extraídos de la prensa económica con conceptos económicos estudiados a lo largo de esta unidad.

a) «Crecen las ventas de las grandes superficies».

b) «Las importaciones frenan el crecimiento económico».

c) «Desciende la utilización de patentes extranjeras».

16. Temas de debate:

a) ¿Comprar o alquilar la vivienda?

b) ¿Cuál es la responsabilidad de los países ricos en el poco ahorro que son capaces de generar los países pobres?

10

LAS POLÍTICAS MACROECONÓMICAS. LA POLÍTICA FISCAL

Si en determinados momentos de nuestras vidas no nos endeudáramos, no podríamos comprar la casa para mejorar la calidad de vida de nuestra familia o adquirir ese coche que nos brinda mejores opciones profesionales. Como un cabeza de familia que tiene que hacer números, los Gobiernos de cada país también afrontan reflexiones similares e intervienen sobre su economía a través de la denominada política macroeconómica. Pero, por lo menos para España, las áreas de intervención no son tan numerosas como antes. Debido a la pertenencia de España a la Unión Europea, que ha supuesto la cesión de competencias en materia de política monetaria y exterior, hoy día la política fiscal es la principal herramienta de la política macroeconómica para tratar de lograr los objetivos deseados en materia de producción, empleo y precios. La política fiscal se expresa mediante los Presupuestos Generales del Estado, una relación de gastos e ingresos donde queda constancia de las actuaciones y fuentes de financiación del Estado. Este, al igual que cualquier familia española, también debe tener en cuenta el coste de oportunidad, es decir, qué bienes y servicios son prioritarios y a cuáles ha de renunciar.

1. Las políticas macroeconómicas

A lo largo de las últimas unidades estudiamos que, desde el punto de vista macroeconómico, las cuestiones fundamentales de la economía están relacionadas con las siguientes variables: la producción, los precios y el empleo.

Los Gobiernos inciden mediante su **política macroeconómica** sobre las variables citadas, aplicando las medidas e instrumentos oportunos para favorecer la buena marcha de la economía, tal como vimos en la Unidad 7 cuando avanzamos la primera definición de política económica.

El conjunto de medidas e instrumentos que utiliza el Estado para intervenir en la actividad económica y tratar de favorecer la marcha del país se denomina **política macroeconómica.**

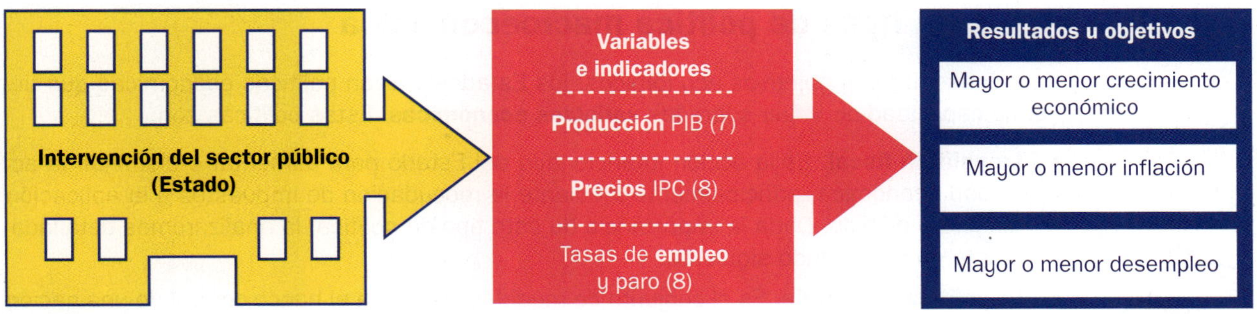

Esquema 10.1. En la presente unidad estudiaremos la intervención del sector público en la economía a través de la política macroeconómica. Dada su importancia, este tipo de política es ejercida de forma única para el conjunto del Estado por el Gobierno correspondiente (entre paréntesis figura el número de la unidad en la que hemos abordado el estudio de cada variable).

1.1. Objetivos o fines

Los objetivos más habituales de las políticas macroeconómicas son:

- **El crecimiento económico.** Como el crecimiento económico permite aumentar la cantidad y la calidad de los bienes y servicios ofertados a la sociedad, el Estado interviene para incrementar o, en todo caso, mantener el nivel de producción. Como la economía de mercado está sujeta a rachas, el Estado trata de suavizar las fluctuaciones de los ciclos económicos y minimizar los impactos negativos. Los **indicadores económicos** más significativos del crecimiento económico son el **PIB** y el **PNB** estudiados en la Unidad 7.
- **El pleno empleo.** Dentro de la racionalidad que preside las decisiones económicas, no tiene sentido dejar recursos sin emplear, y esto es aplicable al factor humano de un país, pero es muy difícil dar trabajo a toda la población activa. Por eso, se considera que existe pleno empleo cuando el 98 % de la población activa está ocupada. Los indicadores que miden el nivel de empleo, estudiados ya en la Unidad 8, son las **tasas de actividad,** de **ocupación** y de **paro.**
- **La estabilidad de precios.** Controlar los precios de los bienes y servicios es fundamental para que los consumidores conserven su poder adquisitivo y para evitar la incertidumbre que provoca la inflación. Para medir la evolución de los precios, los Gobiernos utilizan la variación del IPC, esto es, la variación de los precios medios experimentada por una cesta de bienes y servicios que representa las compras más habituales de las familias españolas.

Recuerda

La **población activa** es la fuerza de trabajo de un país. Formada por ocupados y parados, representa a las personas que trabajan o quieren trabajar.

1.2. Criterios de política macroeconómica

+ Más datos

Sobre la actuación del Banco Central Europeo (BCE) en materia de política monetaria hablaremos en la Unidad 11; y sobre las características del comercio internacional que practica la Unión Europea, en cuyo contexto se sitúa España, trataremos en las Unidades 13 y 14.

En una sociedad con valores la manera de llevar a cabo los objetivos es tan importante como los objetivos en sí. Entre esos valores o criterios a la hora de ejercer la política macroeconómica destacan:

- **La sostenibilidad.** El crecimiento económico debe incrementarse o mantenerse pero no a cualquier precio. La riqueza y el bienestar de los habitantes de un país no deben llevarse a cabo por cualquier medio, se debe respetar el medioambiente y gestionar los recursos de forma que no se perjudiquen las posibilidades de crecimiento y bienestar de las generaciones futuras.
- **La equidad.** El funcionamiento del mercado tiende a provocar desigualdades que el Estado trata de corregir mediante la redistribución de la renta. En este sentido, uno de los principales instrumentos es la política fiscal, que analizaremos detallamente en el siguiente apartado.

1.3. Tipos de política macroeconómica

Para conseguir sus objetivos económicos, los Estados utilizan políticas económicas que tienen la capacidad de influir sobre las **variables económicas.** Estas políticas son:

- **La política fiscal.** Es la acción intencionada del Estado para aumentar o disminuir la actividad económica, principalmente mediante la recaudación de impuestos y la aplicación del gasto público. Dada la importancia de este tipo de política, la analizaremos detalladamente en el apartado siguiente.
- **La política monetaria.** Es el conjunto de medidas que toma el banco central de una nación con el fin principal de mantener la estabilidad de los precios utilizando como variables la cantidad de dinero en circulación y el precio de este. En los países europeos que han adoptado el euro como moneda única, es el Banco Central Europeo (BCE) el que asume las funciones relacionadas con la política monetaria desde el 1 de enero de 1999.
- **La política exterior.** Es la intervención que realiza el Estado para regular las transacciones con otros países o economías como, por ejemplo, el tipo de cambio de la moneda respecto a las monedas de otros países, las restricciones a las importaciones o el fomento de las exportaciones. Desde la adopción del euro, Bruselas toma las decisiones sobre comercio internacional para todos los países que forman la Unión Europea, de tal forma que las competencias de cada Estado en esta materia se han reducido al mínimo.
- **La política de rentas.** Pretende lograr la estabilidad de precios controlando la inflación. Cuando los precios se disparan, el Estado intentará controlar los precios de los productos más inestables. También puede regular los salarios de los funcionarios o recomendar salarios máximos y mínimos a las empresas.

Fig. 10.1. Hoy día, con la política monetaria en manos de la UE, la política fiscal es el principal instrumento de los estados miembros de la zona euro para influir en la economía.

Tipos de política macroeconómica	Variables económicas de actuación	Objetivos económicos
Política fiscal	Impuestos y gasto público	*Crecimiento económico sostenible* *Pleno empleo* *Estabilidad de precios*
Política monetaria	Cantidad de dinero en circulación y precio del dinero	
Política exterior	Tipo de cambio, importaciones y exportaciones	
Política de rentas	Precios y salarios	

Tabla 10.1. Tipos de política macroeconómica, variables de actuación y objetivos macroeconómicos. A grandes rasgos, los instrumentos de la política macroeconómica inciden sobre una serie de variables para conseguir los objetivos deseados.

Todas las políticas que acabamos de citar son a corto plazo, es decir, buscan enfrentar una situación inmediata, dentro de una coyuntura económica dada. En consecuencia, se dice que las medidas adoptadas son coyunturales o a corto plazo porque se espera que sean eficaces en un corto periodo de tiempo, por ejemplo unos meses o, como mucho, un año.

Ahora que ya hemos profundizado en la materia, podemos redactar una definición de **política macroeconómica** mucho más ajustada:

> La **política macroeconómica (coyuntural)** es la forma de intervención del Estado en la economía para lograr la consecución de unos objetivos económicos relacionados con la producción, el empleo y los precios, para lo cual maneja variables tales como los impuestos, el gasto público o el precio del dinero.

En la medida en que es la que acapara la actualidad económica y también la más habitual, la política económica coyuntural coloquialmente se denomina política macroeconómica, aunque solo se refiera a las medidas a corto plazo. Cuando las medidas son a largo plazo se habla de **política macroeconómica estructural** y su eficacia se espera a varios años vista.

!! *Atención*

La política macroeconómica a corto plazo se conoce con el nombre de *coyuntural* mientras que la de largo plazo se denomina *estructural.*

Esquema 10.2. Funciones del Estado. En la presente unidad completamos el estudio de las distintas intervenciones del Estado para favorecer la marcha económica del país.

Fig. 10.2. «No deja de tener significado que dos grandes ingresos del Estado provengan del tabaco y de la lotería, es decir, del humo y de la esperanza. Ambos, narcóticos de naturaleza voluptuosa y casi inmaterial.» PAPINI, Giovanni: El saco del ogro.

Actividades

1> «El crecimiento económico de hoy puede ser el hambre de mañana». En tu opinión, ¿qué expresa esta frase?

2> ¿Qué relación guarda el Banco Central Europeo con la política monetaria española?

2. La política fiscal

Recuerda

La **descentralización** es el reparto de competencias públicas, por parte del Estado central, entre las distintas comunidades autónomas. De hecho, es lo que da lugar a la clasificación del sector público que estudiamos en la Unidad 1.

Con la política exterior y la monetaria en manos de la UE, la política fiscal se ha convertido en el **principal instrumento** de los países miembros para intervenir en sus propias economías.

Las grandes variables de la economía (producción, precios y empleo), a través de sus correspondientes indicadores (PIB, IPC y tasas de empleo y paro), determinan cuánto es posible ingresar (principalmente mediante la recaudación de impuestos) y qué gastos son necesarios para lograr los objetivos del Estado. Pero, además, al aplicar una política fiscal hay que considerar otros factores: la reacción de la población ante esas decisiones (los Gobiernos están sometidos a influencias políticas) o qué medidas contra el fraude se aplicarán. Hoy en día, aunque el continuo proceso de descentralización del Estado dificulta la aplicación de una política fiscal, la implicación de las CC. AA. y los ayuntamientos permite una mejor adaptación a las necesidades de los ciudadanos.

La **política fiscal** es la actuación intencionada del sector público (es decir, el Estado, las CC. AA., los ayuntamientos y la Seguridad Social), mediante la recaudación de fondos (principalmente en concepto de impuestos) y la aplicación de gastos públicos, para alcanzar los objetivos perseguidos por el Estado.

2.1. Tipos de política fiscal

Atención

Los **tipos impositivos** son un porcentaje que se aplica sobre una cantidad determinada para calcular el impuesto que hay que pagar.

Se llama **discrecional** a la potestad del Gobierno de cumplir las funciones de su competencia que no están regladas.

Fig. 10.3. La formación ocupacional, gestionada por el SEPE (Servicio Público de Empleo Estatal) y las comunidades autónomas, es la que se dirige a los colectivos de parados y a los demandantes de un primer empleo.

Podemos establecer dos clasificaciones: una atendiendo a la naturaleza de los instrumentos aplicados y otra en función de los efectos de dichas políticas sobre la economía.

A. Instrumentos fiscales

Los instrumentos de los que disponen los Gobiernos para tratar de lograr sus objetivos económicos son las políticas fiscales discrecionales y los estabilizadores automáticos.

- **Políticas fiscales discrecionales.** Son las que aplican los gobiernos cuando quieren influir sobre los ingresos o gastos intencionadamente, es decir, las que deben activarse por iniciativa propia porque no están regladas. Pretenden mantener el tono de la actividad económica, ya que en épocas de crisis, suelen contribuir a evitar la caída del nivel de producción de bienes y servicios. Las principales son:
  - **Programas de obras públicas.** Tienen dos finalidades: incrementar los niveles de la producción y el empleo y dotar al país de más infraestructuras.
  - **Planes de empleo y formación.** Su objetivo es contratar y formar trabajadores durante breves periodos para una rápida inserción laboral. Patrocinados por distintas Administraciones Públicas, estos proyectos se concretan en la formación ocupacional y en las escuelas-taller.
  - **Programas de transferencias.** Protegen a los colectivos desfavorecidos mediante pagos periódicos temporales o permanentes. Las principales transferencias son el subsidio por desempleo (el popular «paro») y las pensiones por jubilación.
  - **Modificación de los tipos impositivos.** Decidimos nuestro consumo en función de la renta de la que disponemos, así que una variación de los tipos impositivos de ciertos impuestos, por ejemplo, modifica la cantidad disponible de las familias o las empresas para consumir o invertir, lo cual, a su vez, repercute en la demanda agregada y, por lo tanto, en los niveles de producción y empleo.

No obstante, las políticas discrecionales tardan en hacer efecto y no siempre se ponen en práctica acertadamente. Además, cuando se produce el efecto deseado, es difícil decir hasta qué punto obedece a estas políticas. Por ello, se utilizan también los llamados *estabilizadores automáticos.*

- **Estabilizadores automáticos.** Son los ingresos o los gastos públicos que aumentan o disminuyen a la par que el nivel de producción de un país. Con el uso de los estabilizadores automáticos, las transiciones entre las fases de los ciclos económicos de expansión y recesión son más breves y menos traumáticas. Estableciendo un símil, si la economía fuera un ascensor que descendiera o ascendiera demasiado rápido, los estabilizadores automáticos actuarían como un freno en la bajada y como un lastre en la subida. Los principales estabilizadores automáticos son:
  - **Los impuestos proporcionales.** No varían a medida que lo hace el nivel de renta.
  - **Los impuestos progresivos.** Impuestos cuyo tipo impositivo sube gradualmente al mismo tiempo que aumenta el nivel de renta.
  - **Las cotizaciones sociales.** Aportaciones que los trabajadores y las empresas hacen a la Seguridad Social a cambio de la protección social que este organismo les brinda.
  - **Los subsidios por desempleo.** Ayudas económicas concedidas por el Estado para cubrir las necesidades sociales y económicas derivadas de una situación de paro forzoso.

Los impuestos se adaptan automáticamente a la fase del ciclo económico. En fases de expansión económica, aumenta la producción y, en consecuencia, el ingreso en concepto de impuestos (como el IVA), y viceversa. No obstante, son más eficaces los impuestos progresivos que los proporcionales, porque el tipo impositivo aumenta según lo hacen los ingresos, lo cual permite una actuación más selectiva. También en las fases de expansión hay más trabajadores en activo, lo cual implica una mayor cotización y, por lo tanto, además de pagar la sanidad y las pensiones, se acumula excedente para pagar los subsidios por desempleo cuando llegue la fase de recesión. Llegada esta, los subsidios por desempleo tratan de minimizar la precaria situación económica de los trabajadores forzosamente parados.

Políticas discrecionales
Programas de obras públicas
Planes de empleo y formación
Programas de transferencias
Modificación de los tipos impositivos

Estabilizadores automáticos
Impuestos progresivos y proporcionales
Cotizaciones sociales
Subsidios por desempleo

Tabla 10.2. Tipos de política fiscal atendiendo a su naturaleza. Las políticas discrecionales se ejecutan a voluntad del Gobierno de la nación. En cambio, los estabilizadores automáticos actúan en función de la fase del ciclo económico.

B. Efectos sobre la economía

Cuando se reducen los impuestos o se aumenta el gasto público para estimular la demanda total o agregada de bienes y servicios, se dice que la política fiscal es **expansiva.** En cambio, cuando se aumentan los impuestos o se reduce el gasto público para lograr los objetivos contrarios, se dice que es **restrictiva.**

Aumento del gasto público ↑ Bajada de impuestos ↓	Renta disponible ↑	Consumo Inversión ↑	Demanda agregada ↑	Producción/Empleo/ Precios ↑
Aumento de los impuestos ↑ Bajada del gasto público ↓	Renta disponible ↓	Consumo Inversión ↓	Demanda agregada ↓	Producción/Empleo/ Precios ↓

Tabla 10.3. Políticas fiscales (expansiva y restrictiva) en acción. Si las políticas son adecuadas, no tienen por qué influir sobre los precios, pero no es lo más habitual. La política fiscal expansiva suele venir acompañada de inflación y la restrictiva, de estancamiento en los precios.

Actividades

3> Explica con ejemplos cómo actúa el Estado sobre los impuestos y el gasto público para lograr sus objetivos.

4> Averigua cuáles son los tres tipos impositivos del IVA y aplícalos para determinar qué impuesto habría que pagar por una compra de 200 €.

3. Los Presupuestos Generales del Estado (PGE)

Sabías que

Las CC. AA. manejan presupuestos similares en estructura y partidas a los PGE, pero en todo caso son muy importantes las transferencias (corrientes o de capital) procedentes de la Administración Central debido a las competencias transferidas.

Mediante el presupuesto, la política fiscal expresa los planes de gastos e ingresos. En el caso de España, los instrumentos de la política fiscal se materializan en los Presupuestos Generales del Estado (PGE), relación detallada de los gastos y las previsiones de ingresos que realizará la Hacienda Pública durante el año correspondiente. Este presupuesto ha de estar en consonancia con el plan económico del Estado, en el cual se detallan los objetivos económicos y las previsiones sobre la evolución del conjunto de la economía.

En los siguientes apartados vamos a analizar los tipos de ingresos y gastos generales que aparecen recogidos en un presupuesto estatal, así como las consecuencias económicas que se derivan para un país si este gasta más de lo que ingresa.

Una relación esquemática de las partidas del presupuesto podría ser la que vemos en la Tabla 10.4.

Ingresos	Gastos
Cotizaciones sociales	*Corrientes* • Compra de bienes y servicios • Pagos a los funcionarios
Tributos • Impuestos • Tasas	
Otros ingresos • Transferencias corrientes • Ingresos patrimoniales • Enajenación de bienes de inversión • Transferencias de capital	Inversión (infraestructuras) Transferencias y subvenciones

Tabla 10.4. Hay otros criterios para clasificar los PGE, pero seguramente este sea el más asequible: los ingresos en función de su origen y los gastos según su aplicación o destino.

Observatorio 1

¿Por qué preocupan tanto las pensiones?

En España, uno de los objetivos fundamentales, probablemente el más importante, es mantener la protección que actualmente presta el Estado de bienestar a través de la Seguridad Social, fundamentalmente en forma de subsidios y pensiones por jubilación.

Hoy en día preocupa mucho que en el futuro no se puedan pagar. El dinero con que se pagan estas pensiones tiene su origen en las cotizaciones de los trabajadores en activo y, en la actualidad, la UE tiene cuatro trabajadores por cada jubilado, pero este número se reducirá a dos en el año 2050. Según las estimaciones, al ritmo actual de descenso de la natalidad y de incremento de la esperanza de vida, el volumen recaudado con dichas cotizaciones obligaría al Estado español a gastarse el doble en pensiones, lo cual haría la situación difícilmente sostenible. Todo ello a pesar de que los inmigrantes palian provisionalmente el problema de la baja natalidad de los países desarrollados.

Ante esta perspectiva, y al igual que otros países europeos, el Gobierno elevó recientemente la edad de jubilación de los 65 a los 67 años. Al mismo tiempo, aumentó el periodo de cotización necesario para acceder a la pensión por jubilación a 25 años, frente a los 15 que existían anteriormente. Es decir, que para reducir el pago de pensiones, por un lado aumentó el tiempo de cotización de los trabajadores y, por otro, limitó el número de trabajadores que podían acceder a la prestación.

3.1. Los ingresos públicos de los PGE

El sector público precisa unos recursos, denominados *ingresos públicos,* para llevar a cabo sus distintas funciones. En concreto, el Estado tiene las siguientes **vías** para obtenerlos:

- **Cotizaciones sociales.** Son las cantidades que los trabajadores afiliados a la Seguridad Social pagan para que, en situaciones de necesidad, ellos y sus familias tengan derecho a cobertura: enfermedad, invalidez, jubilación... En España, en los últimos años ha aumentado el volumen de cotizaciones sociales, y se espera que, en el futuro, la cuantía de esta partida se iguale con lo recaudado en concepto de tributos.
- **Tributos.** Dentro de los PGE, son los ingresos públicos más importantes, suponiendo la mitad de lo recaudado. En función de que el contribuyente reciba o no algo a cambio, podemos clasificarlos en:
  - Los **impuestos** son pagos exigidos por las Administraciones Públicas sin que el contribuyente reciba nada a cambio, es decir, no proporciona un beneficio directo a quien los paga (Impuesto sobre la Renta de las Personas Físicas, Impuesto sobre el Valor Añadido...). Los impuestos pueden ser directos o indirectos. La diferencia entre impuestos directos e indirectos radica en que los primeros tienen en cuenta la situación económica de la persona o la empresa a los que afectan, y los segundos, no. Atendiendo a esta distinción, los principales impuestos del Estado español son los de la Tabla 10.5. Como ves, los impuestos directos recaen sobre lo que se gana o se tiene (ingresos, beneficios y propiedades), mientras que los indirectos gravan determinados actos, como la transmisión de bienes o el consumo.
  - Las **tasas** son pagos a cambio de la utilización de un servicio público o una actividad que proporcionan un beneficio directo al usuario (la entrada a una exposición pública, la matrícula de una universidad pública, etc.).

Recuerda

Los **impuestos** y las **tasas** son tributos, pagos exigidos por la Administración pública a los ciudadanos con el fin de obtener los recursos necesarios para financiar el gasto y controlar la actividad económica del país.

INGRESOS	(1)	(2)	(3)
Capítulos			
I. Impuestos directos y cotizaciones sociales			
II. Impuestos indirectos			
III. Tasas y otros ingresos			
IV. Transferencias corrientes			
V. Ingresos patrimoniales			
Total operaciones corrientes			
VI. Enajenación inversiones reales			
VII. Transferencias de capital			
Total operaciones de capital			
Total operaciones no financieras			
VIII. Activos financieros			
Total presupuesto			

GASTOS	(1)	(2)	(3)
Capítulos			
I. Gastos de personal			
II. Gastos corrientes en bienes y servicios			
III. Gastos financieros			
IV. Transferencias corrientes			
Operaciones corrientes			
V. Fondos de contingencia y otros imprevistos			
VI. Inversiones reales			
VII. Transferencias de capital			
Operaciones de capital			
Total operaciones no financieras			
VIII. Activos financieros			
IX. Pasivos financieros			
Total operaciones financieras			
Total presupuesto			

Tabla 10.5. Esquema de los Presupuestos Generales del Estado español en atención a los gastos e ingresos. Es habitual expresar las partidas del año anterior (1) y las del año entrante (2), así como el porcentaje de variación que experimentan entre ambos años (3).

Fig. 10.4. Marcha a favor de la inmigración en Los Ángeles. Sus reivindicaciones son lógicas en la medida en que la prosperidad de muchas naciones descansa sobre el trabajo de los inmigrantes.

Impuestos directos
Impuesto sobre el Patrimonio (IP)
Recae sobre la propiedad de particulares.
Impuesto sobre la Renta de las Personas Físicas (IRPF)
Recae sobre las rentas de los recursos productivos: salarios, alquileres e intereses.
Impuesto sobre Sociedades (IS)
Recae sobre el beneficio que obtienen las empresas.

Impuestos indirectos
Impuesto sobre Transmisiones Patrimoniales (ITP-AJD)
Lo pagan los particulares que compran algún bien a otros particulares.
Impuesto sobre el Valor Añadido (IVA)
Recae sobre el consumo de bienes y servicios.
Impuestos especiales
Recaen sobre bienes y servicios específicos como, por ejemplo, el alcohol, los hidrocarburos o el tabaco.

Tabla 10.6. Principales impuestos del Estado español.

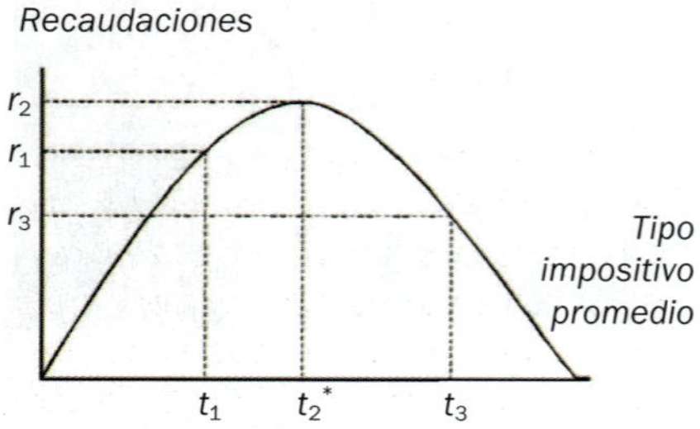

Fig. 10.5. Curva de Laffer. Relación entre el volumen de recaudación y el tipo medio de los impuestos de un país.

- **Otros ingresos.** Los más importantes son:
  - **Transferencias corrientes.** Recursos procedentes de otras entidades, que no se materializan en proyectos de inversión.
  - **Ingresos patrimoniales.** Rentas que proporcionan los bienes del Estado, como los beneficios de empresas públicas como Altadis o RENFE.
  - **Enajenación de inversiones.** Ingresos que derivan de la venta de bienes propiedad del Estado como, por ejemplo, las empresas públicas. En los últimos años, hemos asistido a la privatización de importantes empresas como Telefónica, Repsol o Iberia, entre otras.
  - **Transferencias de capital.** Proceden de fondos estructurales de la Unión Europea y su destino es financiar proyectos de inversión.

3.2. Los gastos públicos de los PGE

El **gasto público** es el conjunto de gastos realizados por la Administración Pública. En lo que se refiere al Estado, y atendiendo a su destino, podemos clasificar los gastos públicos en:

- **Gastos corrientes.** Son los gastos generales destinados a proporcionar a la sociedad servicios públicos tales como la sanidad, la educación, la justicia, la defensa nacional y muchos otros. A su vez, pueden dividirse en dos grandes categorías:
  - Salario de los funcionarios.
  - Compras de bienes y servicios a empresas privadas.
- **Gastos de inversión.** Son los destinados a mantener y a ampliar la capacidad productiva del país. Casi todo el gasto se concentra en infraestructuras: carreteras, hospitales, centros educativos, aeropuertos, puertos, etc.
- **Transferencias y subvenciones.** El Estado obtiene recursos en forma de impuestos, cotizaciones sociales... y luego los transfiere a personas o empresas más necesitadas. Cuando las destinatarias de las ayudas son las personas, las denominamos *transferencias* (pensiones por jubilación o invalidez, becas de estudio, subsidios por desempleo...), mientras que si los perceptores son las empresas, las llamamos *subvenciones* (por creación de empresas, por inversión en bienes de capital, por creación de puestos de trabajo...).

Observatorio 2

¿Cuál es el volumen óptimo de impuestos?

Aumentando los impuestos se frena la actividad económica, es decir, bajan el consumo de las familias y la inversión privada. Pero ambos crecen si los impuestos disminuyen. En el primer caso, baja la recaudación mientras que en el segundo, sube. Para los Gobiernos, el dilema es claro: ¿compensa bajar impuestos y sacrificar recaudación a cambio de actividad económica? ¿O es preferible subir impuestos y recaudar más a costa de la actividad económica? Lo ideal sería encontrar el punto justo de impuestos que optimice ambas variables. Este punto ideal fue descrito por Laffer en una gráfica que lleva su nombre (ver Fig. 10.5), y aunque su lógica es perfecta, resulta muy difícil acertar con el tipo promedio que estimula la recaudación porque la economía no encaja muy bien los experimentos. Por un lado, la bajada de impuestos puede suponer una caída de los ingresos públicos. Por otro, la subida de impuestos también puede ocasionar una menor recaudación por desincentivar la actividad productiva o aumentar el fraude fiscal. Todo ello sin contar con que subir los impuestos es una medida impopular que puede tener un alto coste político para quien la tome. En definitiva, no por subir los impuestos necesariamente se va a recaudar más y viceversa: no por bajarlos se va a recaudar menos.

Al analizar los PGE, debemos distinguir entre **gasto real** (gasto corriente más gasto de inversión) llevado a cabo por el Estado, y las **transferencias y subvenciones** necesarias para una mejor distribución de la renta.

En el primer grupo, a cambio del gasto que realiza el Estado, los ciudadanos disfrutamos de ciertos servicios. Aunque paga por ellos, no es el Estado quien recibe la prestación. En cambio, en el segundo caso, el Estado se limita a redistribuir la renta: actúa como intermediario poniendo en un lado lo que quita de otro. Es igual, por ejemplo, que un padre que gasta dinero en sus hijos. No es lo mismo la asignación semanal que les da (que sería una transferencia), que el dinero que paga al colegio para que los eduquen (que sería un gasto). En el primer caso, el padre no recibe nada a cambio, pero sí en el segundo (la educación de los hijos), de tal forma que estaríamos ante una transferencia y un gasto, respectivamente. Aplicar las transferencias y subvenciones es parte de la función redistribuidora del Estado.

!! *Atención*

La **función redistribuidora de la renta** es un punto básico en la política de gasto público de cualquier país. La aplicación de impuestos progresivos o la revalorización de las pensiones más bajas son medidas que contribuyen a un reparto más igualitario de la renta.

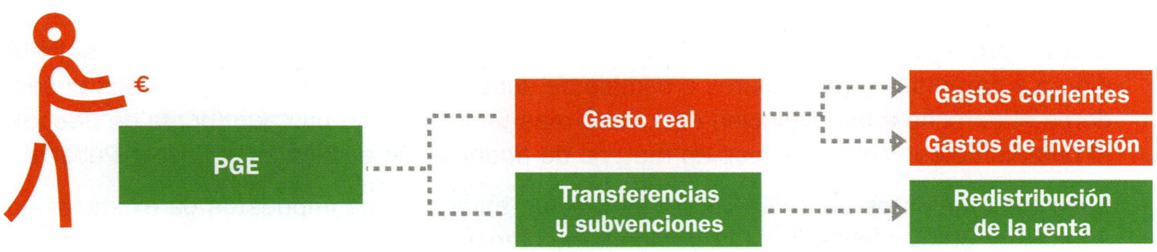

Esquema 10.3. No todo lo que figura en los PGE son gastos: una parte, en forma de transferencias y subvenciones, está destinada a mejorar la distribución de la renta.

Tal como hemos visto a lo largo de la unidad, uno de los factores más relevantes de los PGE es su cuantía, pues revela los objetivos del Gobierno en materia presupuestaria: un gran gasto público contribuye a expandir la economía (política fiscal expansiva), al contrario que una contención en el mismo (política fiscal restrictiva), cuyos efectos analizamos en la Tabla 10.3. Existe un segundo factor a tener cuenta: el saldo presupuestario, o diferencia entre ingresos y gastos, que veremos en el próximo apartado.

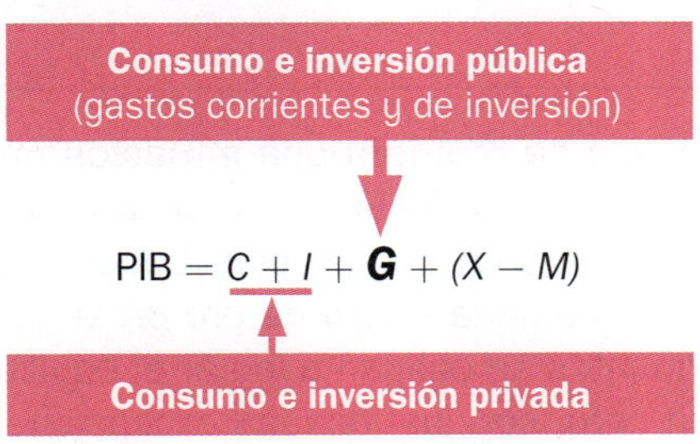

Esquema 10.4. *El gasto real es el que forma parte de la demanda agregada de un país, pues contribuye a incrementar su nivel de producción.*

3.3. El saldo presupuestario

Los efectos de la política fiscal sobre la economía son totalmente diferentes en función de que el presupuesto esté equilibrado (ingresos = gastos), en déficit (ingresos < gastos) o en superávit (ingresos > gastos). El déficit público surge al gastar más de lo que se ingresa, de tal forma que aumenta la cantidad de dinero en circulación, con el objetivo de incrementar los niveles de producción y empleo.

En la economía pueden darse dos **tipos de déficit:** el cíclico y el estructural.

- **Déficit cíclico.** Se produce cuando surgen las inevitables fases de recesión del ciclo económico. Tiene un carácter transitorio, puesto que dura el tiempo que el Estado tarda en reactivar la economía y recuperar la confianza de los agentes económicos, a base de endeudarse para estimular la demanda agregada.

Sabías que

En la cuantía del gasto, que incluso puede llegar al endeudamiento, estriba una de las principales diferencias en la forma de entender la economía: mientras los neokeynesianos defienden una participación activa del Estado para estimular la demanda, los neoliberales entienden que esa participación debería ser la mínima posible.

Sabías que

Al equilibrio presupuestario (ingresos = gastos) se le ha denominado popularmente «déficit cero».

Reflexiona

¿Quién califica a los calificadores?

Standard & Poor's, Moody's y Fitch Ratings son tres destacadas agencias de calificación. Su influencia es tal que una rebaja de sus calificaciones se teme incluso por los Gobiernos: lo que pagan en concepto de interés fijo por la deuda pública que emiten (prima de riesgo) suele estar directamente relacionado con esta calificación: cuanto más alta es la prima, mayor el riesgo de impago de la deuda pública. Con la crisis mundial de finales de la primera década del siglo XXI, varios Gobiernos acusaron a estas agencias de tener intereses ocultos a la hora de calificar.

Por ello, este déficit suele desaparecer en las fases de crecimiento, cuando el Estado incrementa sus ingresos (mediante impuestos o prestaciones sociales) y reduce sus gastos (pagando menos subsidios y reduciendo sus programas de obras públicas), aprovechando el auge de la producción y del empleo. Se podría decir que es un déficit de aparición natural en cualquier economía.

- **Déficit estructural.** Es un déficit permanente que se mantiene incluso en situaciones cercanas al pleno empleo. Es un lastre para el desarrollo económico debido a los costes de la deuda que constantemente debe asumir el Estado.

Cuando los ingresos no son suficientes para cubrir los gastos, el Estado puede llevar a cabo recortes presupuestarios para no caer en déficit, o bien endeudarse acometiendo gastos útiles que, a corto o largo plazo, sienten las bases de una recuperación.

Para **financiar el déficit público,** el Estado puede optar por:

- **Emitir deuda pública.** Al igual que pedimos un préstamo a un banco, el Estado solicita dinero a empresas y particulares a cambio de unos títulos-valor que otorgan a sus poseedores el derecho a la devolución del dinero más un interés fijo pactado (prima de riesgo). El organismo con competencias en materia de financiación pública es el Tesoro Público.
- **Subir los impuestos.** Además de ser impopular, aumentar los impuestos ya existentes o establecer otros nuevos frena la demanda de bienes y servicios, de tal forma que la aplicación de esta medida suele realizarse en fases expansivas del ciclo económico porque generan menos impacto social.
- **Aumentar el dinero en circulación.** Esta medida suele provocar un incremento de los precios (inflación), razón por la que los Estados son muy precavidos al aplicar esta medida. En los países de la zona euro de la Unión Europea, por razones de estabilidad, esta decisión solo puede ser ejecutada por el Banco Central Europeo (BCE).

Observatorio 3

¿Por qué existe en España un techo de gasto presupuestario?

Las crisis de las hipotecas en 2008 y la de la eurozona en 2010 propiciaron que muchos gobiernos europeos se endeudaran excesivamente para reactivar sus economías. Pero los estímulos no surtieron los efectos deseados y la deuda pública creciente amenazó con ahogar a países como Grecia, Portugal, Italia y España. Al final y para evitar que los problemas se extendieran a la Eurozona y pusieran en peligro la continuidad del euro como moneda única, el BCE tuvo que acudir al rescate comprando miles de millones de deuda pública de los países citados. Para evitar que se repitiera una situación que puso en peligro la viabilidad de la Unión Europea, se acordó que los países del euro incorporaran a sus propias Constituciones o «leyes equivalentes» la llamada «regla de oro presupuestaria» según la cual los firmantes se obligan a lograr el equilibrio presupuestario o déficit cero, con justificadas excepciones. También se acordó que el déficit, dentro de un ciclo económico, solo podría alcanzar el 0,5% del PIB. Estas y otras medidas forman parte del Pacto Fiscal Europeo, sobre el cual hablaremos en la siguiente unidad.

Actividades

5> ¿En qué se diferencian los impuestos directos de los indirectos? ¿Cuáles tienen mayor relevancia en el efecto redistribuidor de la renta?

6> ¿Qué son los Presupuestos Generales del Estado? ¿Y los tributos?

7> ¿En qué se diferencian los gastos corrientes y los de inversión? ¿Y las transferencias de las subvenciones?

8> ¿Por qué no se entiende el déficit cíclico como un problema? Razona tu respuesta.

Textos de apoyo

La presión fiscal en España

La presión fiscal es el resultado de dividir los ingresos que obtiene el Estado en forma de impuestos y cotizaciones sociales entre el PIB, es decir, la relación que existe entre lo que un país paga para sostener el Estado y lo que produce o gana.

$$\text{Presión fiscal} = \frac{\text{Ingresos por impuestos y cotizaciones de los trabajadores}}{\text{PIB}} \cdot 100$$

Por ejemplo, en 2013, la presión fiscal fue del 37,5%, lo cual quiere decir que, por término medio, de cada 100 € que gana un español, paga 37,5 € de impuestos. Si preguntamos a nuestros padres o amigos, seguramente coincidirán en que se pagan muchos impuestos. Habríamos obtenido la misma respuesta en cualquier otro país. Poco importa que preguntemos a franceses que, comparativamente, pagan más que nosotros, o a irlandeses, que pagan menos. Los contribuyentes son iguales en todas partes del mundo: saben que deben sacrificar un porcentaje de sus ingresos en concepto de impuestos pero, como no reciben directamente los beneficios, no tienen muy claro que se les esté dando buen uso. No es que vea mal que se haga una carretera en Málaga con el dinero de sus impuestos, pero es que él vive en Santander. Como el de Málaga tiene una perspectiva parecida sobre un puente que están construyendo en Santander, nadie está contento.

También en 2013, la media europea de presión fiscal ascendió al 45,3%, un 7,8% más que en España. En teoría, deberíamos estar contentos de pagar bastantes menos impuestos que nuestros colegas europeos. Es cierto que una presión fiscal menor contribuye a aumentar el consumo y la inversión privada (política fiscal expansiva), pero por otro lado, el efecto redistribuidor de la renta pierde efecto al recaudar menos impuestos de las capas sociales más favorecidas (debido a la progresividad de los impuestos directos).

Lógicamente, si pagamos menos impuestos que otros países europeos, no podemos esperar que los servicios públicos estén al mismo nivel. Las carreteras, la seguridad, la educación... son ejemplos de servicios públicos que pueden degradarse si se descuida la política fiscal.

Volviendo a la estadística, esta nos dice que la mayor diferencia respecto a la media europea se encuentra precisamente en los impuestos directos, los cuales tienen un mayor peso en la mayoría de los países de la Unión Europea.

Es difícil decir si España desarrolla una política fiscal adecuada, porque cada país tiene una cultura y unas características económicas diferentes. Por ejemplo, los países nórdicos tienen una tradición muy fiscalizadora, y unos impuestos directos muy altos, lo que conlleva que exista gran variedad de servicios públicos adicionales (por ejemplo, universidad gratuita o un año de baja por maternidad).

Otro factor importante a la hora de diseñar el estilo fiscal y económico de los Gobiernos es la fase del ciclo económico que toca vivir. Una fase de recesión puede exigir medidas fiscales expansivas (bajar los impuestos o incrementar el gasto público) para estimular la demanda agregada.

En cambio, en una fase de expansión lo más pertinente pueden ser las medidas restrictivas (subir los impuestos o disminuir el gasto público).

PRESIÓN FISCAL EXPRESADA COMO % DEL PIB DE 2013

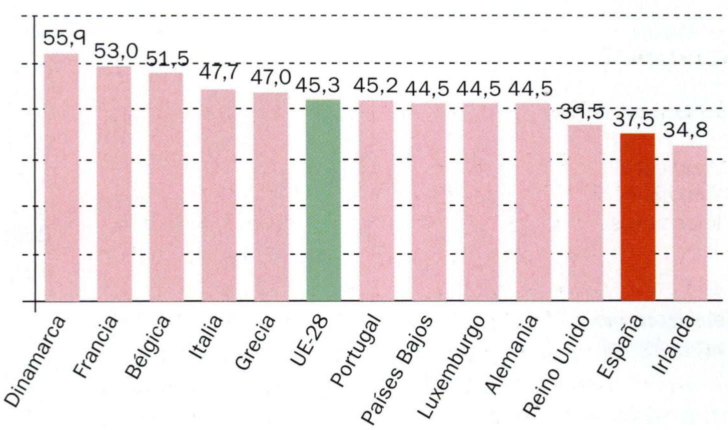

Fig. 10.6. La presión fiscal mide lo que le cuestan a cada ciudadano las prestaciones y servicios públicos de los que disfruta su país. Fuente: Eurostat, 2013.

1> Si decimos que en un país existe una presión fiscal del 40%, ¿qué significa?

2> En los últimos años ha subido lo que los españoles pagamos por el tabaco o el alcohol. ¿Qué tipo de impuestos son los que han propiciado esta subida? Explica cómo afectan estas subidas a la presión fiscal.

3> En cuestiones de política fiscal, razona por qué es importante la fase del ciclo económico en la que se encuentra un país.

Mapa conceptual

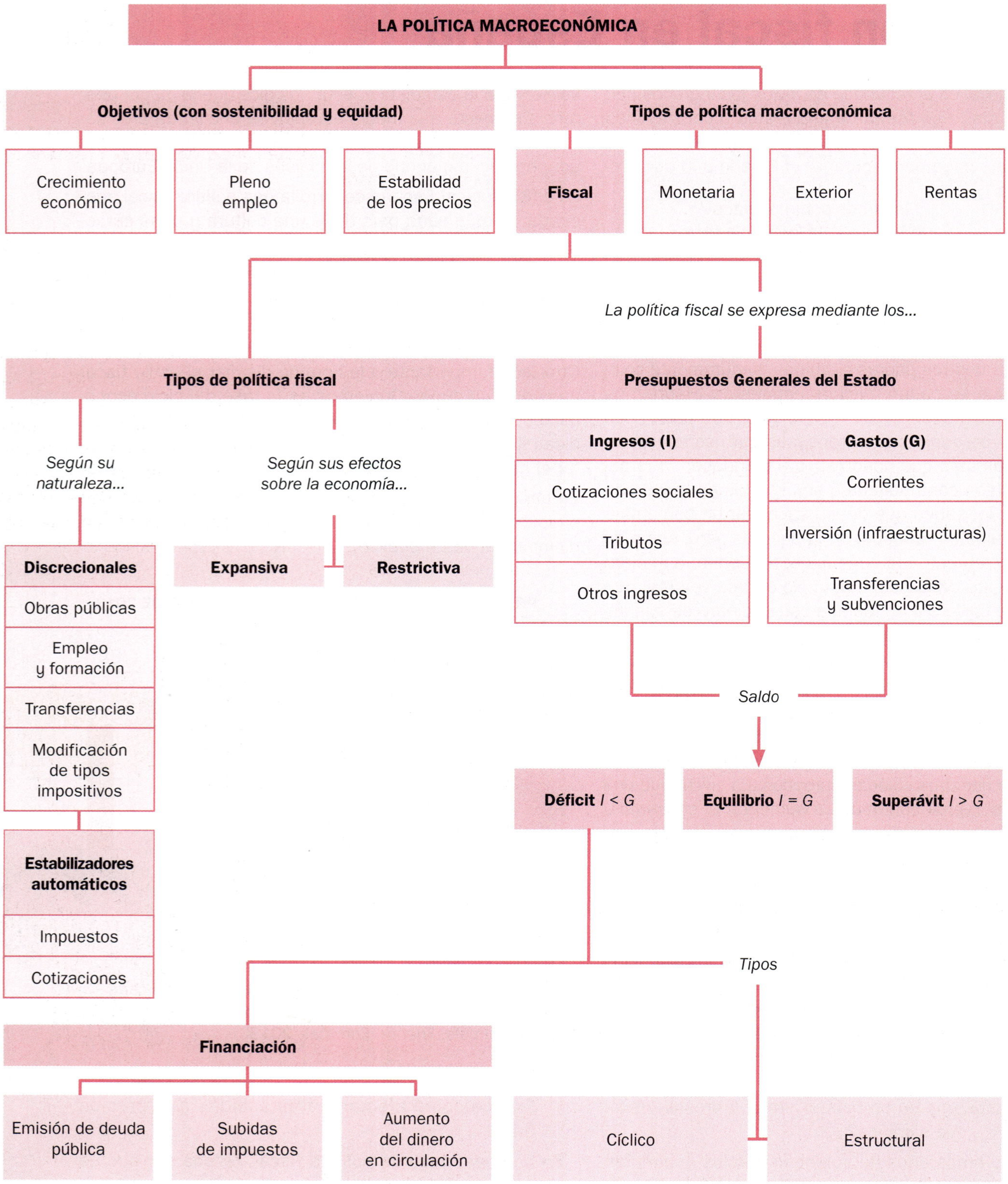

N.º 10. Diario independiente de información económica **Economicus**

«El contribuyente es una persona que trabaja para el Gobierno pero sin haber hecho las oposiciones a funcionario».
Ronald Reagan, presidente estadounidense (1911-2004).

La importancia de las expectativas

Desde que Keynes empezó a defender políticas para reactivar la economía, las autoridades han actuado suponiendo que sabían lo que era mejor para el país e, incluso, para el mundo. Bajo esta premisa, el Gobierno todopoderoso dictaba la política más adecuada para corregir el comportamiento irracional de trabajadores, empresarios y ahorradores. Todos eran material inerte y maleable que se adaptaba a los planes del Gobierno.

***ROBERT LUCAS**

Pero el mundo no funciona así. Las personas saben cuidar de sus intereses y realizan las mejores predicciones posibles. Y el mejor parte meteorológico es el del Gobierno, el cual suele anunciar a bombo y platillo qué es lo que está haciendo por el bien de los ciudadanos que han depositado en él su confianza. Cualquier medida que anuncien las autoridades, incluso de buena fe, mueve a la precaución por parte de familias y empresas. Los anuncios o promesas del Gobierno dan lugar a modificaciones de la conducta de familias y empresas.

En efecto, los cambios en la política gubernamental que se está desarrollando o los anuncios de planes futuros transforman inmediatamente la economía al modificar los agentes su conducta. Si, por ejemplo, el Gobierno anuncia incrementos del gasto, habrá más dinero en circulación y, por lo tanto, mayor inflación. Como los trabajadores lo saben, presionarán para incrementar sus salarios.

Entonces, y como los empresarios trasladan al precio de los productos esos incrementos, resulta que nadie gana porque, aunque los salarios han subido, también lo han hecho los precios de los productos. Como consecuencia de la distorsión de las expectativas, el Gobierno se verá forzado a modificar su planteamiento inicial de tal forma que cae en la incoherencia y pierde credibilidad. Ya no digamos si utiliza el engaño para conseguir sus objetivos. El Gobierno puede amagar con un anuncio falso que dirija a los agentes en la dirección deseada, pero una vez que los agentes toman nota de que se les ha engañado, ya saben que el Gobierno no es de fiar.

Lo que es relevante es que tanto Gobierno como familias y empresas acaban en una situación peor de la que aspiraban en principio. Por un lado, el Gobierno no deja de dar bandazos y, por el otro, familias y empresas no saben a qué atenerse. Y, al igual que sucede con la inflación, la incertidumbre es mala para todos. Lo deseable sería un entorno lo más estable posible. Para ello habría que erradicar las medidas de actuación puntuales, como son por ejemplo las medidas aisladas de política macroeconómica.

En definitiva, no se trata de poner parches en el motor sino de diseñar un motor mejor desde el principio. Y cualquier cambio que se aplique debe ser atemporal, permanente en el tiempo. Ello permitirá a todos elaborar mejor sus predicciones y confiar en un Gobierno que no cambia las reglas del juego a mitad de partido.

**(Basado en opiniones y artículos de Robert Lucas)*
Premio nobel en 1995 por desarrollar la teoría de las expectativas racionales. las teorías de Lucas se han visto reforzadas por la poca efectividad de las medidas gubernamentales para luchar contra la crisis económica mundial iniciada en 2008.

Reflexiona

1> En lo que respecta a las reacciones de las personas, ¿en qué se diferencian las ideas de Lucas de las de Keynes?

2> Según Lucas, ¿cómo influye el futuro en el presente?

3> De acuerdo con lo expuesto, ¿por qué los Gobiernos pierden credibilidad?

4> En lo que respecta a la política macroeconómica, ¿qué sentido tiene suprimir las medidas aisladas?

El cuento que derribó un Gobierno

ANXO PENALONGA

«Hoy día es criterio generalmente aceptado que una elevada tasa de impuestos propicia un bien mayor, como es la redistribución de la riqueza, pero llevado al extremo puede generar situaciones injustas, cuando no absurdas. En los años setenta el Gobierno sueco llegó a gravar a varios de sus multimillonarios con más impuestos que lo que ingresaban, entre ellos a Astrid Lindgren, la escritora creadora de *Pippi Calzaslargas*. Algún año Astrid llegó a pagar en impuestos un 102 % de sus ingresos: un 19 % en concepto de cotizaciones sociales y un 83 % debido a las ventas millonarias de sus libros. Trabajar solo para pagar impuestos llevó a Astrid a paralizar varios proyectos, entre ellos una adaptación animada de Pippi por parte de Hayako Miyakazi, el japonés que posteriormente revolucionaría los dibujos animados con *Totoro* o *La princesa Mononoke*. Pero a diferencia de otros compatriotas, que abandonaron el país para pagar menos impuestos, Astrid no solo no emigró sino que escribió un cuento para adultos parodiando su historia. En *Pomperipossa en Monismania*, que así se llamó el cuento, una anciana viajera avistaba un país en el que el Gobierno se quedaba con toda su riqueza e incluso más. Pomperipossa explicaba que los hombres que dirigían el país "Habían decidido crear unas nueva reglas que harían la vida complicada [...] y debieron hacerlo antes del café, así que no tuvieron tiempo de revisar esa lista de reglas", al tiempo que ironizaba sobre unos malvados niños que pedían sus cuentos, lo que producía que a los sabios gobernantes les "atacaran cheques cuando menos se lo esperaban". El cuento fue publicado por entregas en el *Expressen*, el periódico de mayor tirada de Suecia, y su acogida por la opinión pública fue tal que fue señalado como uno de los factores causantes de la caída del Gobierno del partido socialdemócrata sueco tras cuarenta años. Los ecos del cuento de Astrid fueron mundiales y propiciaron la acuñación de un nuevo término, "el efecto Pomperipossa", reservado desde entonces para describir los sistemas impositivos en los que el impuesto sobre la renta supera el 100 %.»

Hemeroteca

Siglo XIX

Los nacionalismos. La tecnología y los avances siguen prosperando. Los cambios económicos traen los sociales y la clase obrera se organiza en sindicatos. En Europa, las ideas democráticas y nacionalistas de la Revolución francesa (1789) desencadenadas en las revoluciones de 1830 y 1848, agudizan el nacionalismo y la rivalidad económica al punto de restablecerse el imperialismo europeo.

Las políticas macroeconómicas no son recetas universales que valgan para todos los países.

Lectura recomendada: CÓMO FUNCIONA LA ECONOMIA PARA DUMMIES

Leopoldo Abadía
CEAC, 2014

Leopoldo pasó a la fama en 2008 por explicar de forma llana y sencilla la crisis de las hipotecas norteamericanas con *La crisis ninja y otros misterios*, uno de los mayores *bestsellers* de la historia de un libro de economía escrito en castellano. Desde entonces ha publicado sobre temas de actualidad económica con un lenguaje ameno y muy asequible, con la única excepción de la presente publicación, más similar en su estructura a un libro académico, aunque sin perder su proximidad. Precisamente el presente libro podría ser, en muchos sentidos, un libro de texto informal sobre economía.

«Cuando una señora le dice a su marido que no llega a fin de mes, está hablando de economía. Y cuando el marido le dice a su mujer que le han subido el sueldo y que, sumado con lo que gana ella, ahora podrán comprarse el sofá que tanto necesitan, también están hablando de economía. Así de fácil y sencillo. Por lo tanto, todo el mundo habla de economía; y hacerlo es preguntarse cosas muy sencillas, preguntas básicas como las siguientes:

- Cuando los políticos y banqueros dicen que podemos endeudarnos más y lo presentan como una buena noticia, ¿de verdad es una buena noticia? Porque en mi casa, cuando yo me iba endeudando cada vez más para poder pagar los recibos de los colegios de mis hijos (que, por si alguien no lo sabía, ¡son doce!), lo considerábamos una salida a la desesperada, pero nunca una buena noticia.
- Cuando hablan de recuperación, a la vez que hablan de más de cinco millones de parados en España (enero de 2012), ¿de verdad hay recuperación? Porque no sé con qué cara se puede ir a esos parados y decirles que hay recuperación. Bueno, sí que lo sé, porque he hablado con personas de alguna asociación de parados y echaban humo.
- Cuando hoy hablan de más de cinco millones de parados y mañana dicen que el número es de tres millones y medio, ¿es que los gobernantes son una maravilla, o es que han cambiado el método para contar los parados?
- Cuando se gasta más de lo que se ingresa (o sea, lo que se llama déficit), en mi casa es una mala noticia, y supongo que lo mismo pasa en la casa de todos, que no es otra que España».

Hoy recordamos a... JONH K. GALBRAITH

(Canadá, 1908 – Estados Unidos, 2006)

Diplomático, novelista, cronista de periódico y asesor político de referencia.

Muy crítico con las instituciones, su mayor preocupación no era la teoría económica sino las consecuencias de la política económica en la sociedad. Escritor brillante y accesible, sus principales obras son *Capitalismo americano, El nuevo estado industrial* y *La sociedad opulenta*. En esta última, la más conocida, contrapone la opulencia del sector privado con la avaricia ejercida sobre el sector público.

Cine Europa Próximamente *Mercado de futuros*

Director. Mercedes Álvarez.

Reparto. Elvira Prado (voz).

Sinopsis. Película documental que reflexiona sobre el estallido de la burbuja especulativa del mercado inmobiliario en España.

Comentario. El argumento gira en torno a una vieja casa que se vacía de toda su memoria, unos *brokers* de bolsa, un congreso sobre liderazgo empresarial, un viejo vendedor que atesora recuerdos y la ciudad entera como espacio virtual de una gigantesca feria inmobiliaria. Como telón de fondo, el desalojo de la memoria personal y colectiva, así como la banalización de los sueños y los deseos, convertidos al final en pura mercancía.

Claves de reflexión. Inversión, renta, riqueza, préstamo, interés y especulación.

Ejercicios

1. ¿Por qué es importante el apoyo de ciertos colectivos a la hora de planificar la política económica?

2. Di a qué tipo de política económica corresponden las siguientes medidas adoptadas por el Gobierno:

a) Concesión de ayudas a las empresas exportadoras.

b) Actualización del salario mínimo interprofesional.

c) Supresión del impuesto de actividades económicas.

d) Reducción de la cantidad de dinero en circulación.

e) Creación de un nuevo impuesto sobre la gasolina.

f) Fijación de un precio máximo para el pan.

g) Restricción de la importación de productos agrícolas.

h) Incremento del gasto en educación.

i) Congelación del sueldo a los funcionarios.

3. ¿Qué sucedería si el Estado no tratara de mejorar la distribución de la renta? ¿Crees que la política fiscal consigue siempre una mejor distribución de la renta? Razona la respuesta.

4. Cuando el Gobierno decide disminuir el gasto público o subir los impuestos:

a) ¿Qué efectos en cadena se producen en una economía?

b) ¿Cuál es el posible efecto indeseado de esta actuación?

c) ¿Cómo se denomina este tipo de política fiscal?

5. ¿A qué instrumento de política fiscal discrecional pertenecen las siguientes medidas adoptadas por el Estado?

a) Construcción de un hospital.

b) Subida del tipo impositivo del IRPF.

c) Cursillos de formación para trabajadores en activo.

d) Pago del subsidio por desempleo.

e) Ampliación de un aeropuerto.

f) Bajada del tipo impositivo a las pymes.

g) Aumento de las pensiones de jubilación.

6. Explica en qué se diferencian las políticas fiscales discrecionales y los estabilizadores automáticos.

7. Utiliza un ejemplo para describir cómo actúan los estabilizadores automáticos sobre la economía.

8. Ponte en el lugar del ministro de Economía y, tras averiguar en Internet cuáles son las principales partidas de gastos de los PGE del año en curso, comenta para tus compañeros las razones que han impulsado a tu Gobierno a realizar los gastos en cuestión, así como cuáles han sido las principales variaciones respecto del año anterior.

9. ¿En qué consiste un proceso de privatización de empresas? Cita algún ejemplo que conozcas.

10. ¿Cuál es la diferencia entre los gastos reales y los de transferencia? Pon un ejemplo de cada uno.

11. Di a qué grupo de gasto (corriente, inversión, transferencia/subvención) pertenecen las siguientes medidas adoptadas por el Estado:

a) Pago de las pensiones de viudedad.

b) Construcción de obras públicas.

c) Gasto en material sanitario.

d) Becas de estudio.

e) Subvención por creación de empleo.

f) Contratación de funcionarios.

g) Subsidio por desempleo.

h) Gestión de subvenciones procedentes de la Unión Europea.

12. ¿Por qué la entrada en vigor de la moneda europea ha supuesto un inconveniente?

13. ¿Cuál es la controversia que mantienen neokeynesianos y neoliberales a propósito del déficit presupuestario?

14. ¿En qué consiste el Pacto de Estabilidad de la UE, del cual forma parte España?

Ejercicios

15. Razona la veracidad o falsedad de las siguientes afirmaciones:

a) El déficit presupuestario no tiene por qué ser negativo para la economía.

b) La política fiscal expansiva puede ocasionar inflación.

c) La principal diferencia entre los impuestos y las tasas es que en los primeros el contribuyente recibe algo a cambio y en los segundos, no.

d) El gasto público que figura en los PGE es uno de los componentes de la demanda agregada.

e) Una bajada del gasto público puede motivar que pierdas tu puesto de trabajo.

f) El déficit cero, en la medida en que no se gasta más de lo que se ingresa, siempre es beneficioso.

16. Relaciona los siguientes titulares extraídos de la prensa económica con conceptos económicos estudiados a lo largo de esta unidad.

a) «El Gobierno pide moderación salarial».

b) «Vuelven a subir los impuestos del tabaco».

c) «Sube la presión fiscal».

17. Busca en Internet el cuento *Pomperipossa en Monismania* que hemos comentado en el *Economicus*, y tras leerlo contesta a las siguientes preguntas:

a) ¿Por qué Pomperipossa se siente infeliz por no tener deudas y demasiados ingresos?

b) ¿Cómo lograron los gobernantes de Monismania ganarse el favor de la opinión pública en lo que respecta a la supresión de las deducciones de las pensiones?

c) ¿Qué quiere decir que una ley tiene efectos retroactivos? ¿Por qué este tipo de leyes no son habituales en los estados democráticos?

d) El final del cuento es abierto en la medida que anuncia la intención de Pomperipossa de conseguir su pensión sea como sea. Imagina y escribe un final que creas adecuado para el cuento en cinco líneas como mínimo.

e) En España los impuestos sobre las rentas más altas rondan el 50 %. ¿Debería ser más alto ese porcentaje?

18. Empareja los conceptos del primer bloque con las definiciones del segundo:

a) Déficit público.	1. Situación de desequilibrio presupuestario en la que los gastos públicos son menores que los ingresos obtenidos.
b) Discrecional.	2. Es una parte del presupuesto que se utiliza para redistribuir la renta y que no genera contraprestación, por ejemplo, un subsidio o una prestación.
c) Impuestos directos.	3. Son aquellos impuestos que gravan la renta de las familias o de las empresas.
d) Impuestos indirectos.	4. Potestad gubernativa en las funciones de su competencia, que no están regladas.
e) Indicador económico.	5. Son los medios e instrumentos que utiliza el Estado para intervenir en la actividad económica y tratar de conseguir los objetivos perseguidos.
f) Tasa.	6. Magnitud que mide las variables económicas de un país.
g) Política económica.	7. Tributo ligado al uso o disfrute de determinados bienes y servicios públicos.
h) Superávit público.	8. Son aquellos impuestos que gravan el consumo llevado a cabo por los individuos.
i) Transferencia.	9. Situación presupuestaria en la que los ingresos públicos son menores que los gastos públicos.

19. Temas de debate:

a) ¿Es justificable en algunos casos cometer fraude en algunos impuestos?

b) ¿Impuestos altos para unos pocos o impuestos bajos para todo el mundo?

c) ¿Qué gastos priorizarías si de ti dependiera la política fiscal?

11

El dinero, los bancos y la política monetaria

El dinero ha jugado un papel fundamental en la especialización de personas y países, porque sabemos que el dinero ganado con nuestro trabajo nos permitirá comprar cualquier otro bien que necesitemos, y los demás podrán comprar lo que produzcamos nosotros. En el continente europeo, este proceso de especialización se aceleró notablemente a raíz del descubrimiento de América, cuando la masiva afluencia de metales preciosos, procedente de las colonias españolas, dinamizó el comercio y la industria de Europa al tiempo que marcó el nacimiento de los bancos y de las primeras grandes empresas, tal como las conocemos hoy en día.

1. ¿Qué es el dinero?

El dinero es el aceite que engrasa los mercados. La evolución de esta herramienta extraordinaria desde la Edad Media ha permitido, por un lado, superar los inconvenientes del ancestral trueque y, por el otro, ha propiciado la especialización de personas y países hasta extremos inimaginables. Y es que el dinero simplifica los intercambios de forma extraordinaria: todo el mundo acepta el dinero porque todos saben que, a su vez, podrán utilizarlo para comprar lo que necesiten.

> ***Recuerda***
>
> **Dinero** es todo aquello que se acepta como medio de cambio. En la actualidad y más que nunca, usar el dinero es una cuestión de confianza.

El **dinero** es un medio de cambio o de pago-cobro generalmente aceptado.

La **función** más importante del dinero es que puede ser utilizado como medio de cambio, pero no es la única que desempeña en una economía moderna. Antes de señalar otras, es preciso reparar en lo que constituye la esencia del dinero hoy en día: la **confianza.**

Efectivamente, lo relevante del dinero es la confianza que tenemos las personas en poder utilizarlo como un medio de cambio aceptado por todos. Como dinero fiduciario, hoy en día se aceptan el dinero legal –los billetes y monedas de curso legal emitidos por los bancos centrales de cada país– y el dinero bancario –el depositado mediante anotaciones en cuenta en los bancos y cajas de ahorro–. El público acepta este tipo de dinero porque sabe que las demás personas también lo hacen y que, al final, podrán intercambiarlo por cosas que sí tienen valor en sí mismas para satisfacer necesidades humanas. Es una cuestión de confianza. Si esta llegara a desaparecer, los billetes y monedas que utilizamos solo valdrían lo que el papel o el metal del que se valen para circular. Por ejemplo, después de la guerra civil española (1936-1939), cuando el dinero y los vales emitidos por la República, el bando perdedor, eran vendidos en lotes por su peso en papel: habían perdido todo su valor porque nadie los aceptaba como medio de cambio.

El **dinero fiduciario** se basa en la confianza que tenemos las personas en poder utilizarlo como medio de cambio generalmente aceptado por todos.

En todo caso, lo que realmente distingue el dinero con valor en sí mismo (oro, diamantes, plata...) del fiduciario es el valor monetario que le atribuimos y que hacemos constar en monedas y billetes en forma de cantidad numérica.

Fig. 11.1. No todas las monedas fueron redondas. En los siglos IV-V a. de C, cuando el bronce era el metal predominante de las monedas, en la colonia griega de Olbia se utilizaban pequeños delfines de bronce como dinero a la hora de comerciar. En el Mediterráneo era frecuente, como hoy en día, que los delfines acompañaran largas distancias a los buques, de ahí que la efigie de estos animales se conviertiera en símbolo del transporte marítimo y el comercio.

Observatorio 1

¿Por qué se llamó *dinero de esclavos* a unos brazaletes?

A principios del siglo XVI, las naves portuguesas, que circunvalando África habían encontrado la ruta marítima hacia las especias asiáticas, viajaban con regularidad a Benin para comprar esclavos a cambio de brazaletes. Concretamente, en junio de 1522, la nave San Miguel adquirió una esclava de 16 años por 50 brazaletes mientras que un lote de 17 esclavos totalizó 840 brazaletes. En Benin, Nigeria y otros países adyacentes esos brazaletes se denominaban *manilllas* y, aunque se desconocía la razón, lo cierto era que se utilizaban como moneda de intercambio con independencia de su peso y tamaño. Posteriormente, las naciones europeas popularizaron la utilización de este peculiar dinero en dicha zona geográfica para realizar transacciones comerciales de marfil, aceite de palma, pimienta y esclavos.

Fig. 11.2. «El Banco de España pagará al portador la cantidad de mil pesetas.» La fórmula de los billetes antiguos demuestra que el billete es un título de crédito que permite a su poseedor hacerlo efectivo ante el emisor, en este caso, el Banco de España.

Fig. 11.3. El dinero tiene su coste de oportunidad. No utilizarlo supone renunciar a los bienes y servicios que podríamos adquirir o, por ejemplo, al interés que podríamos obtener si lo depositáramos en un banco.

Recuerda

Tal como vimos en la Unidad 4, los **bienes normales** son aquellos cuyo consumo aumenta proporcionalmente al incrementarse la renta. En cambio, en el caso de los **bienes de lujo,** dicho incremento es más que proporcional al aumentar la renta.

1.1. Funciones del dinero

Ya en el siglo IV a. de C, Aristóteles identificó las funciones del dinero. Aparte de la más importante, que es la de ser utilizado como medio de cambio, existen otras relevantes, como son su utilización como depósito de valor y unidad de cuenta común. Veamos en qué consisten exactamente estas funciones:

- **Medio de cambio.** Sin un medio de pago-cobro universal estaríamos condenados al intercambio de bienes por bienes, es decir, al trueque. Gracias a que todo el mundo acepta el dinero como medio de cambio, se simplifica muchísimo el problema de ajustar las distintas ofertas y demandas, siempre que se disponga de suficiente cantidad de dinero, claro está.
- **Depósito de valor.** El dinero es un bien imperecedero que permite a su poseedor aplazar la decisión de utilizarlo y almacenarlo mientras lo crea conveniente. No obstante, y como ya hemos estudiado, es posible que, debido a la inflación, a medida que pasa el tiempo sean menos las cosas que se puedan adquirir con la misma cantidad de dinero.
- **Unidad de cuenta común.** De igual manera que la física mide el tiempo en segundos, la economía mide el valor de las cosas en dinero. Es una vara con la que se puede medir el valor de las cosas. Expresando el valor de distintos bienes bajo una unidad de medida común, es posible establecer comparaciones o agrupaciones entre ellos que, de lo contrario, sería imposible efectuar.

  Por ejemplo, podemos comparar el valor de una manzana con el de un automóvil porque el primero se valora en 0,20 € y el segundo en 20 000 €. Además, podemos agrupar la manzana y el automóvil, al estar expresados en la misma unidad de medida, es decir, suman en total 20 000,20 €.

1.2. La demanda de dinero

Para cubrir las dos primeras funciones descritas en el apartado anterior, hace falta dinero. La demanda de dinero difiere de la de otras mercancías, pues, a diferencia de estas, el dinero tiene un **valor indirecto:** solo es útil cuando nos deshacemos de él para cambiarlo por los bienes y servicios que necesitamos.

Pero primero tenemos que conseguir dinero y, ¿de qué depende que demandemos mayor o menor cantidad de dinero? Los factores a tener en cuenta son los siguientes:

- **El nivel medio de precios.** Cuando los precios varían, los deseos de liquidez de las personas o de las familias pueden verse alterados. Si, por ejemplo, sube el nivel de precios (que es lo más habitual), las personas demandarán más dinero –exigiendo incrementos de sueldo o ampliando su jornada laboral– para poder mantener su capacidad adquisitiva.
- **La renta o riqueza real.** Un aumento de la renta o de la riqueza incrementa el poder adquisitivo de las personas y, por lo tanto, también aumenta su demanda de bienes normales o de lujo.
- **El precio del dinero.** El tipo de interés del mercado y la demanda de dinero son inversamente proporcionales. Si los tipos de interés son bajos, pueden ser muchas las personas que consideren que les compensa más tener el dinero a mano que en un banco produciendo pocos intereses.
- **El riesgo.** Lo normal es que las personas evitemos el riesgo; por eso, cuanto más arriesgado sea el rendimiento de los activos alternativos al dinero (acciones de sociedades que cotizan en bolsa, oro, propiedades inmobiliarias...), mayor será la cantidad de dinero demandada.

1.3. El precio del dinero

Cuando una persona o una empresa (bancos, cajas de ahorro, etc.) presta dinero (capital) a alguien, este queda obligado a devolverlo junto con unos intereses, esto es, pagando por ese préstamo que ha obtenido. Como actualmente los préstamos se efectúan siempre en dinero, se dice que el interés es el precio de pedir prestado dinero, razón por la que al interés también se lo denomina popularmente *precio del dinero.*

El **interés** o **precio del dinero** es el pago por los servicios del capital recibido en concepto de préstamo.

Las personas que prestan, o prestamistas, entienden que les compensa renunciar a gastar en el presente una determinada cantidad de dinero, puesto que en el futuro podrán consumir mayor cantidad, con la devolución del préstamo. Los factores a tener en cuenta a la hora de fijar uno u otro tipo de interés son:

- **Riesgo de la operación.** Cuando se concede un préstamo, siempre existe la posibilidad de que no sea devuelto, de forma que habrá que tener presentes las características del solicitante a la hora de fijar el tipo de interés. Cuanto mayor sea la solvencia demostrada, más fácil será conseguir la concesión de un préstamo. En este sentido, resulta irónico que son quienes menos lo necesitan quienes lo tienen más fácil para conseguir un préstamo.
- **Liquidez.** La capacidad de los activos para convertirse en dinero legal sin perder apenas parte de su valor también es un factor que se debe tener presente. Cuanto más líquido es un activo, menos intereses genera, y viceversa, puesto que está penalizada la disponibilidad por parte del prestatario.
- **Duración del préstamo.** Cuanto más largo es el periodo de concesión de un préstamo, más difícil es predecir el escenario en el que el prestatario tendrá que hacer frente a su devolución: cuanto más dure, más alto será el tipo de interés que exigirá el prestamista.

Fig. 11.4. Subasta de bienes de Yves Saint Laurent. Las obras de arte son bienes refugio del dinero porque, en tiempos de inflación, aumenta la demanda de bienes especulativos. Por esta razón, los precios de las subastas de este tipo de bienes no dejan de alcanzar récords.

Atención

La **solvencia** es la capacidad que se tiene de afrontar pagos. Cuanta más renta o más riqueza se tiene, más solvente se es.

La **liquidez** es la capacidad de los activos para hacerse efectivos, esto es, para convertirse en dinero de curso legal sin perder apenas parte de su valor.

1.4. Clases de dinero fiduciario

Tal como comentamos al principio de la unidad, hoy en día lo importante del dinero es poder utilizarlo como medio de cambio aceptado por todos, y no el valor que tenga en sí mismo. Este sistema, basado en la confianza que todos tenemos sobre la aceptación del dinero, se denomina *fiduciario.* En la actualidad, son dos las formas de dinero fiduciario:

- **El dinero legal,** constituido por los billetes y monedas emitidos por una institución competente, y que es el que circula por una economía. Actualmente, España es uno de los países de la Unión Europea encuadrados en la zona euro, y uno de los que han adoptado el euro como moneda, por lo que el organismo que emite y controla la cantidad de dinero circulante es el Banco Central Europeo (BCE).
- **El dinero bancario,** en cambio, es el que figura anotado en distintos tipos de soporte pero que, de alguna forma, solo existe virtualmente porque «está en el banco». Cuando depositamos el dinero legal en un banco, este desaparece físicamente y nace como dinero bancario (es decir, deja de estar en efectivo o deja de ser efectivo). Como empresas que son, los bancos tratan de captar el ahorro de las familias para canalizarlo hacia otros fines, y en este sentido ofrecen distintos productos o activos financieros que buscan adaptarse a las necesidades o características de sus clientes. Diferenciados por su grado de liquidez y en relación inversa a los intereses que generan, los productos más demandados por los usuarios de bancos y cajas son los depósitos a la vista o de ahorro y los depósitos a plazo fijo.

Recuerda

No todos los países de la Unión Europea han adoptado el euro como moneda de curso legal; unos por no desearlo y otros por no cumplir los requisitos establecidos. Los que sí lo han hecho forman parte de la zona euro o Eurozona, y actualmente son: España, Alemania, Bélgica, Chipre, Eslovaquia, Luxemburgo, Eslovenia, Estonia, Italia, Grecia, Austria, Malta, Irlanda, Francia, Finlandia, Letonia, los Países Bajos y Portugal.

Recuerda

Una característica del **dinero bancario** es su capacidad para ser movilizado mediante cheques, transferencias o tarjetas.

Sabías que

El **cheque** es una orden de pago al banco para que entregue una cantidad especificada a quien se indique, siempre que existan fondos suficientes en cuenta.

Fig. 11.5. Las distintas denominaciones de la oferta monetaria son como las matrioskas, las famosas colecciones de muñecas rusas de madera de distinto tamaño, la más grande de las cuales contiene otra más pequeña, y así sucesivamente. A la categoría más grande de la oferta monetaria que engloba a todas las demás, ALP (Activos Líquidos en manos del Público) se la denomina popularmente ALPES.

- **Depósitos a la vista o de ahorro.** Si bien hace años estos dos tipos de depósito –también denominados, respectivamente, cuentas corrientes (c/c) y libretas de ahorro– presentaban diferencias en lo que se refiere a disponibilidad y tipo de interés, en la actualidad la oferta de productos bancarios es tan amplia y dinámica que cuesta diferenciar entre una c/c y una libreta. En general, ambos depósitos permiten a sus titulares disponer inmediatamente de dinero, ya sea en efectivo o mediante la utilización de cheques o tarjetas magnéticas.
- **Depósitos (o imposiciones) a plazo fijo.** Son aquellos cuyo titular, a cambio de una remuneración, se compromete a mantenerlos durante un plazo determinado, de tal forma que no puede disponer de ellos sin incurrir en una penalización. Dentro del ámbito bancario, este tipo de depósitos son los que más interés generan para los clientes de estas entidades.

Además de este tipo de depósitos, que son los productos bancarios más frecuentemente utilizados por los usuarios de bancos y cajas, existen otras formas de depósito que pueden recuperarse en un breve plazo y cuyo riesgo es prácticamente nulo. En general, a este conjunto de activos se los denomina *Otros Activos Líquidos en manos del público* (OAL). Por ejemplo, un tipo de depósito alternativo a los bancarios es la adquisición de títulos emitidos por las distintas Administraciones Públicas con un vencimiento a corto plazo, como las Letras del Tesoro. A cambio de un título, llamado de renta fija, el ahorrador entrega su dinero para que le sea devuelto a la presentación del título junto con los intereses fijos pactados, transcurrido el plazo de tiempo determinado. En España, el organismo oficial encargado de la emisión de dichos títulos (y que en la práctica funcionan como un depósito temporal en el que el depositario es el Estado en vez de un banco) es el Tesoro Público.

1.5. El dinero en el conjunto de la economía

A nivel macroeconómico, para un mejor estudio de la **oferta monetaria** (cantidad de dinero que circula por una economía) se establecen una serie de agregados monetarios en función de su liquidez.

Un **agregado monetario** es una magnitud que agrupa distintas clases de dinero.

Los agregados monetarios que se utilizan para analizar la oferta monetaria son los siguientes:

- M1 = Efectivo en manos del público (billetes y monedas) + Depósitos a la vista.
- M2 = M1 + Depósitos de ahorro.
- M3 = M2 + Depósitos a plazo.
- ALP (Activos Líquidos en manos del Público) = M3 + OAL*

* OAL: Otros Activos Líquidos en manos del público.

Actividades

1> ¿Qué utilidades le damos al dinero hoy en día? Pon varios ejemplos.

2> Dado un nivel determinado de consumo, ¿qué relación existe entre la demanda de dinero y la capacidad adquisitiva?

3> ¿Por qué se dice que los bancos son básicamente intermediarios?

4> Explica con claridad cuál es el objetivo que lleva a establecer distintas clases de dinero prestando atención a su liquidez.

2. Los bancos y la creación de dinero bancario

Cuando hablamos de bancos lo hacemos de forma genérica, es decir, adoptamos la denominación más popular, para referirnos al conjunto de las entidades del sistema bancario, cuando lo cierto es que los bancos, propiamente dichos, son solo uno de los grupos de entidades que integran dicho sistema. Otras entidades financieras son las cajas de ahorro y las cooperativas de crédito.

Más datos

En la Unidad 12 hablaremos sobre las características de bancos, cajas de ahorro y cooperativas de crédito.

2.1. Los bancos de reservas fraccionarias

La actividad bancaria no ha variado sustancialmente con el transcurso del tiempo y tampoco la mecánica de funcionamiento observada por los orfebres de hace dos siglos (ver *¿Sabías que...?* del margen): aunque los depósitos bancarios sean de disponibilidad inmediata, no todos son retirados al mismo tiempo por los clientes, y lo cierto es que en el propio día las operaciones se compensan: mientras que unas personas retiran dinero, otras lo depositan.

Esta intermediación entre las personas que depositan o ahorran dinero y las personas que lo necesitan es hoy la principal actividad bancaria. Esta función de intermediación tiene un precio medido por las comisiones e intereses que los bancos cobran a sus clientes y que les permiten seguir funcionando como empresa dentro de un mercado en el que compiten con otros bancos. En buena lógica, para que su labor deje algún beneficio, el interés que los bancos pagan a los ahorradores debe ser inferior al que cobran de los prestatarios o inversores.

Básicamente, la **actividad bancaria** consiste en captar dinero legal de los ahorradores para prestarlo a los agentes económicos que precisen financiación.

En la práctica, no hace falta tener el 100 % de los depósitos recibidos en forma de reservas inactivas (reservas 100 %). Los bancos pueden usar la mayor parte del dinero de los depósitos para realizar inversiones rentables y mantener una parte o fracción del dinero en concepto de reservas de seguridad para hacer frente a la posible retirada de los depósitos. A esta parte se la denomina *reserva fraccionaria.*

La **reserva fraccionaria** es el porcentaje de dinero que, calculado sobre el total de depósitos recibidos, mantiene el banco inactivo para hacer frente a las posibles retiradas de dinero de sus clientes.

En la actualidad, los bancos mantienen sus reservas fraccionarias en efectivo o en el banco central de su país. En cuanto al porcentaje, dependerá de lo que estime prudente el banquero, si bien la ley obliga a mantener inactivo un porcentaje mínimo de los depósitos. El banco central no es un banco que actúe cara al público sino que, entre otras funciones, ejerce de banco «jefe» de todos los bancos. Aunque lo habitual es que exista un banco central por país, puede darse el caso excepcional de que actúe para un grupo de países, como es el caso de la Unión Europea (UE). Este banco «jefe» europeo es el Banco Central Europeo (BCE).

Sabías que

Los primeros bancos de los siglos XVII y XVIII nacieron de las consignas o almacenes donde los orfebres custodiaban objetos de valor, principalmente oro y metales preciosos. Los orfebres repararon en que, a pesar de que las piezas de oro estaban numeradas, no era necesario devolver exactamente la misma pieza de oro mientras tuviera el mismo valor que la depositada. Además, era prácticamente imposible que hubiera que devolver la totalidad de los depósitos a la vez. Por lo tanto, no había problema si, a su vez, los orfebres prestaban parte del oro a terceras personas porque podían cubrir las devoluciones con el oro restante o con nuevos depósitos.

Fig. 11.6. Con el nombre de bancos de tiempo han surgido iniciativas sociales que entienden que las habilidades de las personas son bienes de intercambio. Los clientes del banco «depositan» sus talentos y los intercambian por aquellos que necesitan, por ejemplo, servicios informáticos a cambio de clases de inglés.

El **banco central** es una entidad pública e independiente del poder político que, entre otras funciones, controla y supervisa el funcionamiento del sistema bancario.

Compete al BCE establecer dicho porcentaje, llamado *coeficiente legal de caja,* para todos los países de la zona euro. No obstante, por razones de interés general, el BCE puede imponer un porcentaje adicional de reservas con el objetivo de controlar la cantidad de dinero que hay en circulación.

El **coeficiente legal de caja** es el porcentaje de dinero legal que, por imposición del banco central, mantienen inactivo las distintas entidades del sistema bancario para hacer frente a las posibles retiradas de dinero de sus clientes y por razones de interés general.

Observatorio 2

¿Por qué el dinero es una cuestión de utilidad?

Lo relevante del dinero es la cantidad y calidad de los bienes y los servicios que podemos adquirir con él. Al mismo tiempo, esta cantidad de bienes y servicios que adquiramos va a depender del precio que estos tengan y del nivel de nuestra capacidad adquisitiva.

Relacionando, en diferentes periodos, el precio de los bienes y los servicios con el del nivel de los salarios, podemos ver cómo cambia el coste de la vida. La razón por la que los precios y los salarios aumentan es, fundamentalmente, la inflación. Si los salarios crecieran tanto como los precios, no habría problema, pues las personas mantendrían su poder adquisitivo. Lo malo es que, en la práctica, no suele ser así.

Es muy interesante ver en qué medida esta variación de los precios y los salarios afecta a la capacidad adquisitiva. Por ejemplo, si observamos la Tabla 11.1, un análisis simple nos llevaría a deducir que beber Coca-Cola® es más barato hoy en día que hace casi 40 años; en cambio, jugar a la lotería, leer el periódico o tomar una aspirina resulta más caro.

	1976	% del SMI	2015	% del SMI
Periódico	0,06 € (10 ptas)	(0,06/68,52) · 100 = = 0,09	1,20 €	(1,2/648,60) · 100 = = 0,19
Décimo de lotería	0,30 € (50 ptas)	0,44	12,00 €	1,85
Un litro de Coca-Cola®	0,20 € (33 ptas)	0,27	0,70 €	0,11
Caja de aspirinas Bayer®	0,10 € (16 ptas)	0,15	4,42 €	0,68
Salario mínimo interprofesional (SMI)	68,52 € (11 400 ptas)		648,60 €	

Tabla 11.1. Variación de la capacidad adquisitiva de las personas entre 1976 y 2015.

2.2. La creación de dinero bancario

Los bancos tienen cierta capacidad, por sí solos, para conceder préstamos o hacer inversiones, bien entendido que no pueden prestar ni invertir más de lo que han recibido de sus depositantes. Además, tal como comentábamos anteriormente, y por ley, todos han de mantener inactivo un cierto porcentaje de los depósitos en concepto de reservas para hacer frente a posibles retiradas de fondos.

Sin embargo, aunque ningún banco puede prestar más de lo que le permite su capacidad, el sistema bancario en conjunto sí puede, ya que los clientes de los bancos utilizan instrumentos de pago bancarios tales como los cheques, las tarjetas o las transferencias, además del dinero legal. Es decir, la capacidad del sistema bancario para crear dinero descansa en su sistema de reservas fraccionarias. Por ejemplo, en un sistema bancario cuyo coeficiente legal de caja es del 10%, un banco puede prestar o invertir hasta el 90% de los depósitos. Si, por su parte, los prestatarios ingresan el dinero en otros bancos, y así sucesivamente, el conjunto de depósitos excede con mucho al dinero legal ingresado. Esto es lo que se conoce como **multiplicación del dinero bancario.** La fórmula es:

$$\Delta \text{ Dinero bancario} = \text{Depósito inicial} \cdot \frac{1}{\text{CC}^*}$$

*CC: coeficiente de caja

La **multiplicación del dinero bancario** consiste en el incremento de dinero legal dentro del sistema bancario al realizar un depósito inicial.

No obstante, e igual que sucedía con el multiplicador de la inversión, la cadena puede romperse en cualquier momento. El dinero legal recibido por alguno de los prestatarios no tiene por qué retornar al sistema bancario, ya que habrá personas que prefieran tenerlo a mano en sus hogares o enviárselo a un familiar del extranjero. Cuando una parte del dinero legal se dirige hacia destinos que no sean los depósitos bancarios, el efecto del multiplicador bancario se reduce considerablemente.

En definitiva, la creación de dinero se concreta en dos **pasos:**

a) El banco central de cada país, el BCE en nuestro caso y en el de los demás países de la zona euro, **pone en circulación** una cantidad determinada de dinero legal en forma de monedas y billetes.

b) El sistema bancario, al conceder préstamos, **multiplica** el dinero legal recibido porque este no llega a salir del mismo, sino que funciona mediante anotaciones en cuenta. El público que recibe los préstamos, es decir, los prestatarios, es el que determina el volumen de dinero bancario generado en función de que decidan, o no, retirar el dinero del sistema bancario.

Actividades

5> ¿Qué relación guarda el Banco Central Europeo con la cantidad de reservas que mantienen inactivas los bancos de la Unión Europea?

6> ¿Por qué crees que al proceso de creación de dinero bancario se le llama también «expansión múltiple de los depósitos»?

Reflexiona

¿Sobre quién debe recaer el riesgo de los préstamos hipotecarios?

A diferencia del mercado hipotecario de EE. UU., donde solo se pierde lo pagado por la casa en caso de embargo, en España la deuda con el banco solo queda cancelada si el valor de la casa es superior al de la deuda pendiente. En caso contrario, hay que pagar la diferencia al banco. Esta particularidad hace que todo el riesgo recaiga sobre quien recibe el préstamo. Poco importa que el banco haya concedido el préstamo basándose en una tasación de la vivienda muy por encima del valor real. Que el riesgo no recayera sobre los bancos les evitó un desastre cuando llegó la crisis inmobiliaria –habría supuesto la quiebra de la mayoría– pero también cabe preguntarse si habrían concedido tantos préstamos dudosos si el mercado hipotecario funcionara como el de EE. UU.

Caso práctico 1

En un país en el que el coeficiente de caja que se aplica al sistema bancario es del 10%, Marisa deposita 2000 € en billetes de curso legal en el banco A. El banco A deduce el 10% legal para reservas y el resto se lo presta a Beatriz, quien lo utiliza para pagar una deuda pendiente con Carlos, que deposita el dinero en el banco D. El banco D deduce el 10% para reservas y el resto se lo presta al Sr. Estévez, quien lo emplea para pagar la última letra del televisor a Formosa, S.A., dinero que esta empresa deposita en el banco G. Este banco deduce el 10% para reservas y el resto se lo presta a Honorato, quien lo emplea para pagar el primer plazo de un coche Isuzu. El concesionario deposita ese dinero en el banco J. Y así sucesivamente.

1. Calcula el dinero bancario creado a raíz del depósito de Marisa y representa gráficamente el efecto en cadena.
2. Calcula el incremento total de dinero bancario que experimenta el sistema bancario de esta economía si todos los prestatarios ingresaran, a su vez, el dinero en un banco.
3. ¿Cuál sería el incremento si todos los prestatarios, en vez de depositar la totalidad del dinero en el banco, retuvieran un 5% para atender sus gastos más directos?

Solución

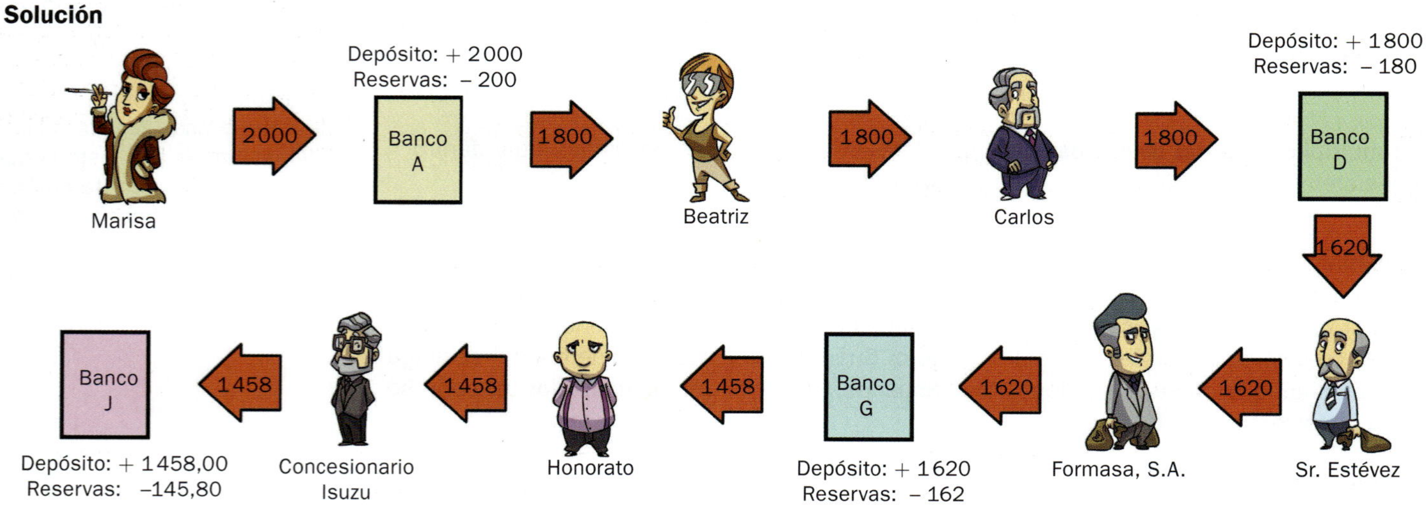

1. Concluyendo, los 2000 € iniciales de dinero legal han creado, en solo estos cuatro bancos, dinero bancario por valor de 6878 € (2000 + 1800 + 1620 + 1458) y 687,80 € (200 + 180 + 162 + 145,80) en concepto de depósitos y reservas, respectivamente.
2. Para calcular la totalidad de dinero bancario que se crea en el sistema recurrimos a la fórmula:

$$\Delta \text{ Dinero bancario} = \text{Depósito inicial} \cdot \frac{1}{CC^*} = 2000 \cdot \frac{1}{0{,}10} = 20000$$

*CC = coeficiente de caja

3. Si los prestatarios retuvieran un 5% para sus gastos, la cantidad que no entraría en este proceso de la multiplicación del dinero bancario ascendería al 15%, esto es, el 10% del coeficiente de caja y un 5% más en lo que podríamos llamar, por ejemplo, el coeficiente de liquidez (CL).

$$\Delta \text{ Dinero bancario} = \text{Dep. inicial} \cdot \frac{1}{CC + CL^*} = 2000 \cdot \frac{1}{0{,}10 + 0{,}5} = 13333{,}33 \text{ €}$$

*CC: coeficiente de caja; CL: coeficiente de liquidez

3. La política monetaria

La cantidad de dinero en circulación u **oferta monetaria** está formada por el dinero legal en manos del público y los depósitos que este mantiene en los bancos. En todos los países hay una entidad o banco central que emite el dinero, controla la cantidad en circulación y supervisa el funcionamiento de los bancos privados o comerciales.

A pesar de lo que pudiera parecer, emitir dinero no es solo imprimir una mayor cantidad de billetes de dinero legal. De hecho, si la emisión no está justificada podría crear un problema considerable en la economía del país, ya que al existir más dinero en circulación, su valor será inferior en relación a la cantidad de bienes y servicios que existen, de tal forma que los precios tenderán a aumentar.

Otra cuestión fundamental es el precio al cual se emite ese dinero. Si es emitido a un alto interés, el consumo y la inversión podrían verse afectados negativamente; en cambio, si el interés es bajo, podrían dispararse los niveles de consumo y habría inflación.

Controlar la cantidad de dinero que circula por una economía y el tipo de interés que se paga por el mismo son las variables fundamentales sobre las que inciden las autoridades monetarias para lograr los conocidos objetivos macroeconómicos: crecimiento económico, estabilidad de los precios y plena ocupación.

La política monetaria es una de las políticas macroeconómicas más importante de un país. Esta es dirigida por el gobierno y ejecutada por el banco central. Pero en el caso de España y los países que utilizan el euro, la autoridad monetaria y el banco central en cuestión son la Unión Europea y el Banco Central Europeo (BCE) respectivamente.

La **política monetaria** es el conjunto de medidas adoptadas por la autoridad monetaria (el banco central de cada país o el BCE en el caso de los países de la zona euro) para alcanzar los objetivos perseguidos mediante la variación de la cantidad de dinero en circulación, así como de la alteración del precio del dinero.

Sabías que

Todos los bancos centrales de los países de la Unión Europea pertenecen al **Sistema Europeo de Bancos Centrales (SEBC),** pero no todos pertenecen a la zona euro. Los países que sí han adoptado el euro forman parte del llamado Eurosistema, nombre con el que se conoce el proceder y las actuaciones del SEBC en la zona euro. Su función queda estipulada en el artículo 105 del Tratado de la Unión Europea (TUE):

«El objetivo principal del SEBC será mantener la estabilidad de los precios. Sin perjuicio de este objetivo, el SEBC apoyará las políticas económicas generales de la comunidad con el fin de contribuir a la realización de los objetivos comunitarios».

Observatorio 3

¿Por qué se rastrean ciertos billetes y se devuelven otros?

En España se encuentra uno de cada cuatro billetes de 500 euros que circulan por la Unión Europea. Son los bancos quienes demandan estos billetes en nombre de sus clientes pero esta es una proporción que no se corresponde con el volumen de la economía española. Por esta razón, la agencia tributaria española suele rastrear estos billetes, en la sospecha de que se utilizan para pagar «en negro» operaciones de alto valor económico, como son, por ejemplo, las del mercado inmobiliario. Sorprendentemente y de igual forma que España demanda billetes grandes, devuelve billetes pequeños del BCE. Con la llegada de turistas, sobre todo en verano, se acumulan grandes cantidades de billetes de 10 y 20 euros que acaban por ser devueltos al banco emisor, al no ser necesaria tanta cantidad.

3.1. La política monetaria única

La característica que define a toda unión monetaria es la de compartir una misma moneda, lo que exige que la política monetaria sea única en toda el área y que exista un máximo órgano responsable, en el caso de la zona euro, el BCE, para tomar las decisiones relativas al control de la liquidez, esto es, a la cantidad de dinero que hay en circulación.

A su vez, la instrumentación de la política monetaria se lleva a cabo con criterios uniformes y válidos para todos los países implicados, y se ejecuta mediante mecanismos accesibles en igualdad de condiciones para todas las instituciones financieras de cualquier parte de la zona euro.

En los meses de octubre y diciembre de 1998, el Consejo de Gobierno del BCE especificó la estrategia de política monetaria que desarrollaría el Sistema Europeo de Bancos Centrales (SEBC) a partir del 1 de enero de 1999. Esta estrategia fue diseñada para alcanzar su objetivo último, señalado por el propio Tratado de la Unión Europea (TUE): el **mantenimiento de la estabilidad de los precios.**

Para determinar la evolución de este objetivo principal, los países de la Unión utilizan una serie de **indicadores** que permiten a la autoridad monetaria común anticipar la posible evolución de la inflación. Estos indicadores o variables tienen su origen en: la coyuntura económica (desempleo, PIB, IPC, etc.); las expectativas económicas (crecimiento de los salarios, costes, etc.); y el volumen de los grandes agregados monetarios (M1, M2, M3 y ALP).

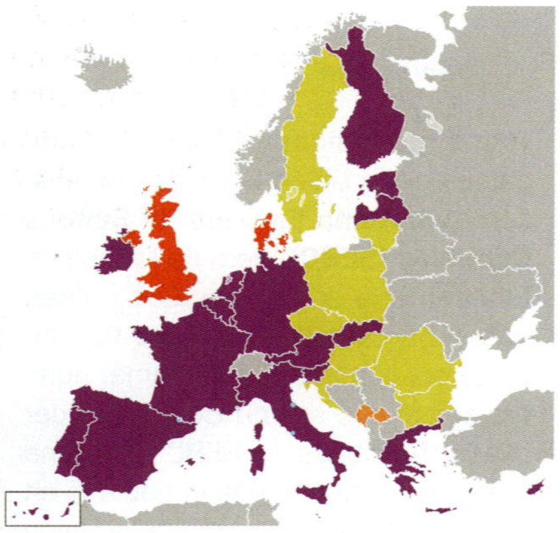

Zona euro (18).

Estados de la Unión Europea obligados a incorporarse a la zona euro (8).

Estados de la Unión Europea con una cláusula de exclusión de la zona euro (2).

Estados no pertenecientes a la Unión Europea pero que utilizan el euro de forma oficial mediante un acuerdo (4).

Zonas no pertenecientes a la Unión Europea pero que utilizan el euro *de facto* sin un acuerdo (2).

Fig. 11.7. Utilización de la moneda de la Unión Europea en el continente europeo.

Tipo de política macroeconómica	Variables de actuación	Objetivos macroeconómicos
Política monetaria	Cantidad de dinero en circulación Precio del dinero	Crecimiento económico Control de la inflación Plena ocupación

Tabla 11.2. A grandes rasgos, la política monetaria incide sobre una serie de variables para conseguir los objetivos macroeconómicos deseados.

3.2. Tipos de política monetaria

En lo que se refiere a los tipos de política monetaria, podemos establecer dos importantes clasificaciones: una atendiendo a la naturaleza de los **instrumentos** aplicados y otra en función de los **efectos** de dichas políticas sobre la economía.

A. Instrumentos monetarios

Instrumentos de los que se vale el SEBC para llevar adelante la política monetaria:

- El mecanismo de **reservas mínimas** incrementa o reduce la liquidez del sistema bancario al obligar a las entidades de crédito de la zona euro a mantener un determinado coeficiente de caja, ya sea en el banco central correspondiente o en efectivo.

- Las **operaciones de mercado abierto** son, sin duda, el principal instrumento de política monetaria europea. Estas operaciones desempeñan un papel fundamental en la política monetaria del Eurosistema a efectos de controlar el precio del dinero, así como a la hora de gestionar la cantidad de dinero en circulación. En las operaciones de mercado abierto, el BCE subasta periódicamente activos financieros a un tipo de interés, que puede ser fijo o variable, y en una cantidad determinada. El tipo de interés que fija el BCE en estas subastas es el principal referente para el conjunto de la economía porque, a su vez, los bancos comerciales -cuando prestan dinero a sus clientes- el tipo de interés que ellos ofrecen es un poco más alto del que se les exige a ellos.

- Las **facilidades permanentes,** como su nombre indica, son facilidades de liquidez que reciben los bancos comerciales del banco central de su propio país, instrumentalizadas mediante operaciones (a un solo día) de concesión de créditos (inyección de dinero) o de absorción de depósitos (retirada de dinero), según corresponda.

  Dichas facilidades influyen sobre el precio del dinero y la cantidad de dinero en circulación. Puesto que no precisan autorización del BCE, este es el único instrumento en cuya aplicación gozan de autonomía los bancos centrales de los países de la UE.

Recuerda

El tipo de interés al que presta el dinero el BCE es el precio del dinero en origen para la banca privada, razón por la que se convierte en el principal referente de todos los tipos de interés que fija el sistema bancario en la zona euro.

Sabías que

En tiempos de crisis, los bancos centrales suelen conceder préstamos masivos a la banca privada a un interés muy bajo. Con esta medida se pretende que los bancos superen sus temores a prestar dinero al sector privado en un entorno muy propenso a los impagos. Las inyecciones de liquidez son un recurso muy utilizado para tratar de reactivar la economía a través del consumo de las familias y la inversión de las empresas.

B. Efectos sobre la economía

Las decisiones de la política monetaria única son adoptadas por el Consejo de Gobierno del BCE, y su ejecución es llevada a cabo por los bancos centrales de los países que forman parte de la zona euro. Básicamente, las **decisiones de política monetaria** versan sobre dos cuestiones fundamentales: la cantidad de dinero en circulación y el precio del dinero. Si se aumenta la cantidad de dinero en circulación o se baja el precio del dinero, estamos ante una política monetaria expansiva. Por el contrario, si se disminuye la cantidad de dinero en circulación o se sube el precio del dinero, estaremos ante un tipo de política restrictiva.

Observatorio 4

¿Por qué el euríbor es la referencia para los bancos de la zona euro?

Los mercados de capitales no funcionan según un sistema de libre mercado sino que en la mayoría de los casos están intervenidos en aras del interés público por una autoridad superior, como es el caso del BCE en la Unión Europea.

Para llevar a cabo la política monetaria oportuna, el BCE fija el tipo de interés básico (y por tanto la cantidad de dinero en circulación) en las subastas llamadas *de mercado abierto,* cuando los bancos comerciales acuden a él para solicitar efectivo con el que cubrir sus necesidades de liquidez. A su vez, los bancos comerciales prestan ese mismo dinero a un tipo de interés ligeramente superior. La diferencia entre el tipo de interés que pagan al BCE y el que cobran de empresas y familias es el margen de beneficio objeto de la banca comercial.

El euríbor es un índice que se fija según el precio del dinero en los 57 bancos más importantes de la zona euro, los cuales, al igual que los restantes bancos de la eurozona, han acudido previamente a las subastas de mercado abierto del BCE. La Federación Bancaria Europea observa qué interés manejan estos 57 bancos para los depósitos a plazo de un año y obtiene la media aritmética. Finalmente, lo publica y la totalidad del sistema bancario lo utiliza como referencia.

Por ejemplo, el tipo de interés de un préstamo hipotecario (que suele concederse a interés variable) puede ser el siguiente: euríbor + 0,60 de diferencial con revisión anual. Si el euríbor está en un 2% en el presente año, el tipo de interés que tendría que pagar un particular sería de 2,60% durante 12 meses. Si en la revisión del año siguiente el euríbor marcara un 2,5%, el tipo a pagar sería el 3,10% en los doce meses siguientes, y así sucesivamente durante la vida del préstamo.

> ***Sabías que***
>
> Los bancos comerciales trasladan a sus clientes condiciones similares a las que, a su vez, les impone a ellos el BCE. El mercado en el que los bancos centrales conceden facilidades de liquidez a los bancos comerciales recibe el nombre de **mercado interbancario.**

- **Expansiva.** El aumento de la oferta monetaria se logra prestando mayor cantidad de dinero a los bancos, bajando el tipo de interés o disminuyendo el coeficiente de caja. En consecuencia, el sistema bancario se encuentra con que dispone de abundante dinero barato y lo presta en condiciones similares a las familias. De esta forma, baja el volumen de intereses que hay que pagar y aumenta la renta de la que disponen las familias para consumir y las empresas para invertir. Por tanto, los agentes económicos están más dispuestos a pagar más por los bienes y los servicios que son objeto de consumo o de inversión y, en consecuencia, aumenta el volumen de la demanda agregada y suben la producción y el empleo. Los precios no deberían subir, siempre que las empresas sean capaces de producir todo lo que se demanda, con lo cual no tiene por qué haber inflación. En cambio, si la demanda aumenta y la producción no lo hace en la misma medida, se produce una situación de escasez de bienes y entonces la inflación resulta inevitable (que es lo más habitual, ya que la oferta agregada no es lo suficientemente rápida y flexible para adaptarse al incremento de la demanda agregada).

- **Restrictiva.** La disminución de la oferta monetaria se consigue prestando menor cantidad de dinero a los bancos, subiendo los tipos de interés o aumentando el coeficiente de caja. Si se incrementa el volumen de intereses que hay que pagar o resulta más difícil acceder a nuevos préstamos debido a la subida del precio del dinero, entonces las familias consumirán menos y será menor el número de inversiones empresariales que compensen un pago de intereses elevados. Por tanto, descenderá el volumen de la demanda agregada y con ella la producción y el empleo. Ante la falta de demanda, los precios se estancarán e incluso podrán bajar, si las empresas optan por esta medida para dar salida al alto volumen de existencias que se amontonan en sus almacenes como consecuencia de la reducción de las ventas.

Cantidad de dinero en circulación ↑ Precio del dinero ↓	Renta disponible ↑	Consumo Inversión ↑	Demanda agregada ↑	Producción Empleo Precios ↑
Precio del dinero ↑ Cantidad de dinero en circulación ↓	Renta disponible ↓	Consumo Inversión ↓	Demanda agregada ↓	Producción Empleo Precios ↓

Tabla 11.3. Políticas monetarias (expansivas y restrictivas) en acción. Si las políticas son adecuadas, no tienen por qué influir sobre los precios, pero no es lo más habitual. La política monetaria expansiva suele venir acompañada de inflación y la restrictiva de estancamiento de los precios.

Actividades

7> ¿Participan todos los bancos centrales de la Unión Europea en el Eurosistema? ¿Por qué?

8> ¿Por qué se considera que las denominadas *operaciones de mercado abierto* son el instrumento de política monetaria más importante? ¿Sabrías explicar en qué consisten exactamente?

9> ¿Cómo inyectan o retiran liquidez de sus economías los bancos centrales de los países de la Unión Europea?

10> Describe cuáles serían los efectos de una política monetaria sobre una economía que lo que pretende es ralentizar el crecimiento económico. A continuación, represéntalo gráficamente.

Textos de apoyo

Historia del dinero

Entre el primitivo trueque y el uso actual del papel moneda ha habido diversas formas de cambio generalmente aceptadas, es decir, muchos tipos de dinero. Cabe distinguir:

- **El dinero mercancía.** Lo primero que se utilizó como medio de cambio fueron bienes que tenían valor en sí mismos como mercancías, además de como unidad monetaria. Algunos ejemplos son el ganado, la cerveza, el vino, los metales preciosos, los diamantes, la sal o los cigarrillos. Según las características de cada mercancía, este tipo de dinero tiene sus ventajas y sus inconvenientes. Por ejemplo, el ganado no puede dividirse para realizar cambios pequeños y tanto la cerveza como el vino requieren condiciones específicas de almacenamiento y conservación. Incluso el oro y la plata, los metales preciosos que constituyeron el dinero-mercancía por excelencia hasta el siglo XIX, presentan el gran inconveniente de que su oferta y, por tanto, su valor, resulta impredecible, pues depende de que se descubran o no nuevos yacimientos.

- **El dinero papel.** Ligero, divisible a voluntad, manejable, de fácil almacenamiento... son muchas las ventajas que presenta el dinero-papel sobre las mercancías. Este tipo de dinero nació de la costumbre de los orfebres ingleses del siglo XVII de custodiar el oro y los objetos de valor de otras personas a cambio de una cantidad, en una época en la que los asaltos en los caminos estaban a la orden del día. Los depositantes dejaban el oro para su custodia obteniendo a cambio un recibo en papel que presentaban posteriormente con el fin de recuperarlo, momento en el que pagaban una pequeña suma por la custodia realizada. Con el paso del tiempo, a medida que crecía el número de depósitos y, por tanto, el de recibos en circulación, se generalizó la costumbre de hacer las transacciones comerciales con el cómodo papel-recibo en lugar de transportar el oro o la plata a los cuales representaban. En todo caso, este tipo de dinero ya presentaba una característica fundamental con respecto al dinero-mercancía: el valor monetario que se le atribuía. El valor del trozo de papel impreso en un billete de 500 € es muy similar al de un billete de 10 €. La diferencia está en el valor monetario que se le atribuye, puesto que el valor del primero excede en 50 veces al segundo.

- **El dinero fiduciario.** El control del dinero en circulación por parte de los bancos centrales de cada país ha dado lugar a un sistema monetario mucho más estable, puesto que está basado en la confianza. El dinero ya no tiene valor como mercancía (como era el caso de la cerveza o los cigarrillos) ni es convertible en mercancías depositadas (como lo era el dinero papel), porque lo realmente importante del dinero es la confianza que tenemos las personas en poder utilizarlo como medio de cambio aceptado por todos.

Formas de dinero			
Tipo	*Dinero mercancía*	*Dinero signo*	
		Dinero papel	*Dinero fiduciario*
Ejemplo	• Ganado • Sal • Diamantes • Metales preciosos	• Recibos de los orfebres • Dinero de los bancos centrales	• Dinero legal (monedas y billetes) • Dinero bancario (depositado en bancos y cajas de ahorro)

Tabla 11.4. A la humanidad le ha llevado muchos siglos comprender que lo realmente importante del dinero no es el valor que tiene en sí mismo sino el que se le atribuye, es decir, lo importante es el hecho de confiar lo bastante en algo como para que pueda ser utilizado como medio de cambio.

1> Ni siquiera el oro o la plata tuvieron un valor constante a lo largo de los siglos, ¿por qué?

2> ¿Por qué durante el siglo XVII se generalizó la costumbre de realizar las transacciones con los papeles-recibo del oro depositado?

3> ¿Cuál crees que es la diferencia fundamental entre el dinero-mercancía y el dinero-papel?

4> Durante buena parte del siglo XX, los billetes estuvieron respaldados por oro, pero al final hubo que suspender esta convertibilidad, ¿por qué?

Mapa conceptual

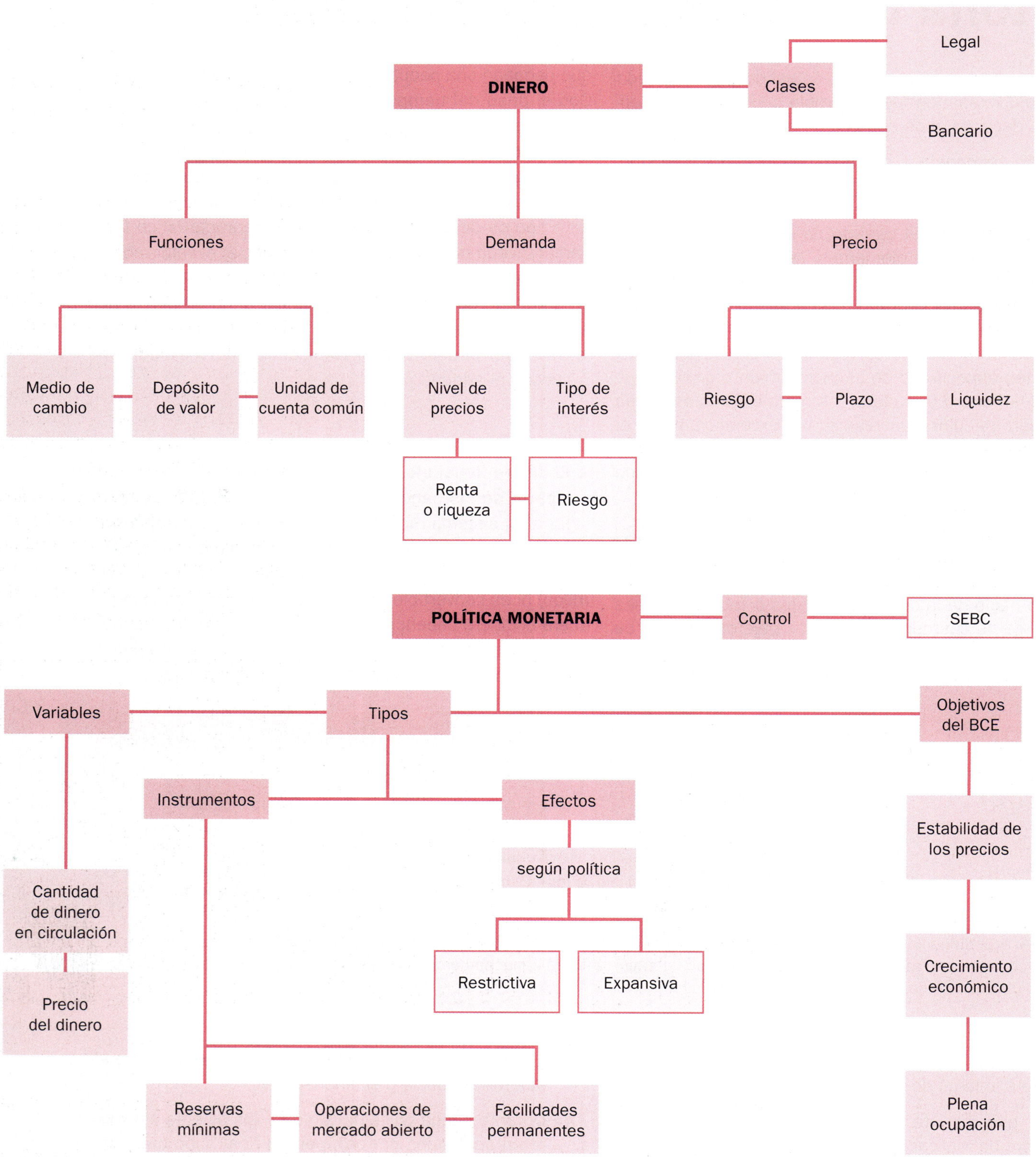

N.º 11. Diario independiente de información económica **Economicus**

«No pongas tu interés en el dinero pero pon tu dinero a un buen interés».
O.W. Holmes, jurista estadounidense (1841-1935).

Demasiados estímulos

No puedo por menos que criticar las nuevas medidas públicas de apoyo a la economía. En estos momentos lo que hace falta es austeridad. Los Gobiernos están intentando hacer demasiadas cosas y es posible que, a largo plazo, toda esa batería de medidas desboque la inflación. El remedio puede ser peor que la enfermedad.

*RAGHURAM RAJAN

Para salir de la crisis, una parte de los economistas –entre los que destacan los nobel Paul Krugman y Joseph Stiglitz– abogan por seguir con las políticas de estímulo, al estilo keynesiano, hasta que la economía se recupere. ¿Es que no hemos aprendido que este tipo de medidas conducen a la crisis? Estados Unidos está estimulando su demanda interna, China y Japón sus exportaciones, y ese mismo *boom* del sector exterior es el que ha llevado a Alemania a rápidos crecimientos del PIB. Es decir, otra vez los mismos desequilibrios que han desencadenado esta crisis.

De acuerdo con que estimular parece la única vía activa –tanto Europa como EE. UU. ya han agotado las ayudas fiscales– pero este tipo de medidas carecen de eficiencia. Estados Unidos ha puesto en marcha una segunda ronda de compra de deuda pública –la denominada máquina de imprimir dinero– y lo único que va a conseguir es exportar sus problemas al mundo al inundar los mercados de dólares. Las ventajas de esta actuación sobre el PIB son mínimas –solo se ha incrementado un 1%– pero las consecuencias son imprevisibles. Si todos los países desarrollados aplican las mismas recetas nos exponemos a un incremento de la oferta monetaria muy por encima de la productividad. Y todos sabemos lo que pasa cuando la cantidad de dinero en circulación se vuelve excesiva en relación con la cantidad de bienes y servicios. La inflación será inevitable y severa.

Hay que ajustarse el cinturón, subiendo el precio del dinero y retirando los estímulos fiscales y monetarios. Los economistas hemos pecado de una excesiva soberbia al pensar que, con los estímulos, se había resuelto el problema de los ciclos económicos.

En vez de cambiar el enfoque, los Gobiernos siguen aplicando estímulos excesivos y cada vez más agresivos, sin que por ello se suavice la situación. No está claro que esas políticas vayan a resolver los problemas: la salida de la crisis va a ser, en cualquier caso, larga y difícil. Pronostico sorpresas desagradables –principalmente inflación y, en algunos casos, una recaída en la recesión– cuando se retiren las medidas de apoyo.

(Basado en ideas y artículos de Raghuram Rajan)

Catedrático en la Universidad de Chicago, Rajan es asesor de la India y execonomista jefe del Fondo Monetario Internacional (FMI).

Reflexiona

1> ¿Cuál es la influencia de las exportaciones e importaciones sobre el PIB?

2> ¿Por qué crees que los Gobiernos se preocupan por comprar deuda pública?

3> ¿Qué tipo de política monetaria describe Rajan? ¿Cuáles son sus efectos?

4> ¿Por qué la política monetaria de la Unión Europea es más compleja que la norteamericana?

Economicus **N.º 11. Diario independiente de información económica**

Papeles de colores

ANXO PENALONGA

Todos utilizamos dinero en nuestra vida cotidiana y, sin embargo, pocas veces reparamos en lo sorprendente que resulta este hecho. Millones de personas trabajando día y noche a lo largo y ancho del mundo para ganar... trozos de papel sin valor alguno en sí mismos. Eso sí, papeles de colores con unos dibujos y grabados muy cuidados y elaborados, porque debe evitarse su falsificación si queremos que cumpla la función que le hemos asignado.

El hecho de que la posibilidad de generar dinero físico y legal esté muy limitada determina que se trate de un bien escaso, y es precisamente su escasez lo que confiere valor a los billetes que utilizamos. Siempre y cuando sean aceptados como medio de cambio, confiamos en esos billetes de colores que llamamos dinero para comprar las cosas que necesitamos. El valor del dinero se basa en esa confianza que ponemos en él, porque si no la tuviéramos, si la gente no aceptase el dinero como medio de cambio, y si no creyéramos que el dinero sirve para comprar cosas, entonces el comercio internacional, los mercados, las empresas, los bancos, etc., perderían su razón de ser y volveríamos a utilizar el trueque como sistema de intercambio. Como medio de cambio que es, el dinero ha permitido que, en los últimos siglos, las personas y los países nos especialicemos en tareas concretas, porque sabemos que el dinero que recibamos por desempeñarlas nos permitirá adquirir la inmensa diversidad de bienes que producen los demás, y viceversa. En la práctica, prescindir del dinero –esos papeles de colores– sería como retroceder seiscientos años de historia y volver a la Edad Media.

Hoy en día, el dinero tiene el valor que le atribuimos. Sin dicha confianza, el dinero legal emitido por los Gobiernos carecería de valor.

Hemeroteca

Finales del siglo XIX

El colonialismo. Propiciado por la búsqueda de materias primas, mercados y mano de obra barata, Europa Occidental se reparte el mundo. Prosperan la electricidad, el acero, el petróleo, la industria de los alimentos, etc. Aunque el capitalismo sigue su marcha triunfal, los sindicatos se apuntan sus primeros éxitos.

Lectura recomendada:
ECONOMÍA EN ½ HORA

José Sande y Carlos Calvo
Editorial Compartiendo Conocimiento, 2011

Aprender en ½ hora es una colección de seis cómics de contenido económico-financiero. Sande, profesor de economía en la enseñanza secundaria, y Calvo, dibujante, han trabajado codo con codo para ofrecer al lector un material didáctico innovador y poco convencional presentado en seis cuadernillos: Economía –en la imagen–, Bolsa, Empresa, Emprender, Finanzas e Historia de la Economía. Los cómics mezclan historias con esquemas didácticos, constituyendo una original obra que facilita la asimilación de los principales conceptos de la economía. Una colección muy amena y dirigida a todos los públicos.

Viñetas extractadas del Capítulo 1 de *Finanzas en ½ hora*

Hoy recordamos a...
MILTON FRIEDMAN

(Estados Unidos, 1912–2006)

Profesor, consultor y premio nobel de economía.

Hijo de judíos emigrantes, formó parte de la influyente Escuela de Economía de Chicago, donde también impartió clases. Defensor a ultranza del libre mercado, la utilización de la política monetaria dirigida a lograr la estabilidad económica y la desregulación gubernamental, se opuso al sistema de asistencia social e incluso se pronunció a favor de un impuesto negativo sobre la renta. Fue uno de los economistas más influyentes del último tercio del siglo xx.

Cine Europa
Próximamente
Los falsificadores

Director: Stefan Ruzowitzky.

Reparto: Karl Markovics, August Diehl y Devid Striesow.

Sinopsis. En la Segunda Guerra Mundial, la Alemania nazi pretende, utilizando a un grupo de judíos, ahogar las economías de sus enemigos introduciendo dinero falso en su sistema financiero.

Comentario. Sin excesos visuales y con una banda sonora alegre en medio del drama del Holocausto que se intuye, los falsificadores se enfrentan al drama que supone saber que con su habilidad propician el triunfo de sus verdugos e incluso su propia muerte, si el éxito llega a consumarse. Basada en hechos reales, obtuvo el Óscar a la mejor película extranjera en el 2008.

Claves de reflexión. Funciones, tipos de dinero, dinero fiduciario, política monetaria e inflación.

Ejercicios

1. En la actualidad, ¿qué cualidad fundamental posee el dinero? Razona tu respuesta.

2. ¿Cuáles son los criterios que tiene presente un prestamista bancario cuando concede un préstamo?

3. ¿Qué diferencia el dinero legal del dinero bancario?

4. ¿Qué tipos de dinero bancario conoces? Pon un ejemplo de cada uno.

5. Explica en qué consiste el mecanismo de reservas en el cual basa su funcionamiento la banca moderna.

6. Describe, mediante un ejemplo, el proceso de creación de dinero por parte de los bancos.

7. ¿Cómo afecta el coeficiente legal de caja a la cantidad de dinero en circulación?

8. ¿Cuál es la variable macroeconómica afectada cuando el BCE modifica el coeficiente legal de caja? Explícalo.

9. ¿Por qué crees que la estabilidad de los precios es el principal objetivo de la política monetaria europea?

10. ¿Qué relación guarda la oferta monetaria con la demanda agregada?

11. Selecciona, en los medios de comunicación tradicionales o en Internet, una noticia relacionada con el BCE o el precio del dinero, y comenta los posibles efectos de la misma sobre las familias y empresas españolas.

12. ¿A qué se refieren las noticias cuando hablan del «recalentamiento» de la economía de ciertos países?

13. ¿Qué indicadores utiliza el SEBC para decidir su política monetaria? ¿Cuáles son las funciones de este organismo?

14. Razona la veracidad o falsedad de las siguientes afirmaciones:

a) Cualquier cosa puede ser utilizada como dinero siempre que sea aceptada por todos.

b) Cada banco tiene facultades propias para crear dinero.

c) Una variación en los tipos de interés siempre crea inflación.

d) La modificación del coeficiente legal de caja por parte del BCE puede influir sobre la demanda agregada.

e) Al incrementar la cantidad de dinero en circulación, lo más probable es que se reduzca la inflación.

15. Describe los efectos de una política monetaria sobre una economía en la zona euro y represéntalo gráficamente.

16. Supongamos que un país donde el coeficiente legal de caja que se aplica al sistema bancario es del 5%, se producen depósitos bancarios por valor de 5 000 000 **€**.

a) Calcula el incremento total de dinero bancario que experimenta el sistema bancario de esta economía si todos los prestatarios (los que reciben el dinero) ingresaran, a su vez, el dinero en un banco.

b) ¿Cuál sería el incremento si todos los prestatarios en lugar de depositar la totalidad del dinero, retuvieran un 5% para atender sus gastos más directos?

17. ¿A cuánto han ascendido los depósitos realizados en el sistema bancario de un país si el incremento de dinero bancario ha sido de 100 millones de euros y el coeficiente legal de caja es de un 4%? ¿Y si los usuarios de bancos y cajas retienen, además, un 2% para sus gastos en efectivo?

18. ¿En qué se parecen y en qué se diferencian la política fiscal estudiada en la Unidad 10 y la política monetaria analizada en la presente?

19. Comenta en clave económica los siguientes recortes extraídos de la prensa:

a) «El bajo precio del dinero sigue propiciando la inflación.»

b) «El precio del dinero alcanza el mínimo anual.»

c) Los bancos trasladan a sus clientes la bajada de los tipos de interés.»

20. Lee el siguiente texto y contesta a las preguntas que se formulan a continuación:

«La transformación de los bancos en bancos de reservas fraccionarias era tan «buena» que llevó a la quiebra a muchos de ellos. Cuando la rentabilidad de las inversiones no respondía a las expectativas previstas y el banco se veía incapaz de cubrir los depósitos de sus clientes, fueron muchas

Ejercicios

las personas que perdieron sus ahorros. El problema de que un banco realice inversiones arriesgadas no es tan importante como que el pánico se extienda a todo el sistema bancario cuando algún banco presenta problemas de liquidez. Así es, cuando un depositante tiene problemas para recuperar su dinero, los demás depositantes temen por el suyo y se presentan en masa a retirar todo su dinero. Y no importa que las inversiones que haya realizado el banco sean adecuadas o prudentes. No hay banco, prudente o no, que pueda soportar una demanda masiva e instantánea de depósitos. Por ejemplo, en el pánico bancario que siguió a la Gran Depresión del 29, sólo en Estados Unidos quebraron... ¡más de 4 000 bancos! En consecuencia, las Administraciones Públicas de los distintos países tuvieron que tomar cartas en la, hasta ese momento, desregularizada actividad bancaria, y crearon un organismo bancario o banco central con competencias en materia de control y supervisión del sistema bancario. En la actualidad, los pánicos bancarios son más raros y menos peligrosos. Con independencia de lo que ocurra al banco, existe un seguro suscrito por todos los bancos que garantiza el reintegro de una parte de los depósitos. En Europa, aparte de lo que establezca el BCE, es el banco central de cada país el que controla y supervisa la solvencia y actuación de la banca comercial. No obstante, tampoco hay que considerar este fenómeno perteneciente a otras épocas. En el año 2002, Argentina vivía una grave crisis económica con grandes tasas de inflación y una falta de confianza total en la moneda nacional, el peso argentino, razón por la cual los argentinos realizaban la mayoría de los depósitos en una moneda que les merecía mayor confianza: el dólar americano. Acuciado por los problemas económicos, el Gobierno argentino tomó una drástica decisión para tratar de relanzar su economía: convertir los depósitos en dólares americanos a pesos argentinos en relación uno a uno, es decir, un dólar por un peso. El pánico bancario se apoderó de los argentinos, los cuales no estaban dispuestos a permitir dicha conversión, razón por la que se personaron en masa en sus entidades bancarias para retirar sus depósitos en dólares antes de que fueran convertidos a pesos. Cuando los bancos se vieron imposibilitados para reintegrar los depósitos a sus legítimos propietarios, el Gobierno argentino tuvo que tomar una solución impopular para evitar el derrumbe del sistema bancario: impedir el acceso de los ciudadanos a sus depósitos bancarios en lo que se llamó el "corralito" financiero».

a) ¿En qué consiste el sistema de bancos de reservas fraccionarias?

b) Define pánico bancario con tus propias palabras.

c) Cuando cunde el pánico entre los clientes de los bancos, ¿por qué un banco saneado no puede devolverles todos sus depósitos?

d) ¿Cuál fue la medida principal que establecieron las distintas Administraciones Públicas para evitar el fenómeno conocido con el nombre de pánico bancario?

e) El crac de 1929 ocasionó la gran primera crisis del sistema de economía de mercado, hasta el punto de que cambió por completo el enfoque de los gobernantes en lo que a la economía respecta. ¿A qué nos estamos refiriendo? Argumenta tu respuesta.

f) ¿En qué consistió el 'corralito' financiero argentino?

21. Empareja los siguientes bloques de contenidos:

a) En su origen, los bancos...	1. pero no todo el dinero fiduciario es dinero legal.
b) Todo el dinero legal es dinero fiduciario...	2. se suelen diferenciar por su grado de liquidez.
c) El precio del dinero...	3. es la cantidad de dinero que hay en circulación.
d) Los depósitos bancarios...	4. es el precio del dinero por excelencia en la zona euro.
e) ALPES es el nombre con el que popularmente...	5. fueron almacenes de objetos de valor.
f) La multiplicación de los préstamos en el sistema bancario...	6. es el coste que supone el alquiler del capital recibido en préstamo.
g) La oferta monetaria...	7. se conoce al mayor de los agregados monetarios.
h) El tipo de interés al que subasta el dinero el BCE...	8. crea dinero fiduciario.

22. Temas de debate:

Previa investigación en Internet, comenta la historia, el funcionamiento y la situación actual del Banco Grameen, institución pionera en la concesión de microcréditos fundada por el nobel de la paz Mohammed Yunus.

12

El sistema financiero español. La bolsa

En los mercados de valores, el toro es el símbolo de la fortaleza y, de hecho, la efigie de este animal nos da la bienvenida en las Bolsas de Wall Street o en Fráncfort, el mercado de referencia en Europa. Aunque toda fortaleza es subjetiva, ambas bolsas son, probablemente, dos de los centros financieros más importantes del mundo, y referencia obligada para todas las demás. En ellas cotizan todas las grandes empresas internacionales y se produce, a diario, el cambio de manos de miles de millones de euros y dólares. El toro es sinónimo no solo de fuerza, sino también de prestigio, de poder, de batalla campal de acuerdo con unas formas y ritos..., de capitalismo en estado puro. La expresión, en realidad, no es en vano, ya que las bolsas de valores son de los pocos mercados que todavía se rigen por la ley de la oferta y la demanda descrita por los economistas clásicos.

1. El sistema financiero

Para llevar a la práctica los planes de consumo o inversión se necesitan recursos, esto es, financiación. A veces, un mismo agente económico compatibiliza sus planes de ahorro con los de inversión, pero la mayoría de las veces quienes ahorran no son los mismos que invierten. Desde siempre han sido necesarios intermediarios que trasvasen recursos financieros de unos agentes a otros. El conjunto de esos intermediarios constituye el sistema financiero de una nación.

> ***Recuerda***
>
> En contra de lo que popularmente se cree, el sistema bancario, estudiado en la unidad anterior, solo es una parte del sistema financiero.

En la Unidad 9 veíamos que la demanda agregada empuja a la oferta agregada para lograr el equilibrio macroeconómico. A su vez, este equilibrio determina ciertos niveles de producción, precios y empleo. Si los agentes económicos de un país no son capaces de financiar sus actividades, difícilmente podrán impulsar su crecimiento económico. Por ello, la intermediación del sistema financiero para canalizar el ahorro es, sencillamente, imprescindible. Veámoslo gráficamente:

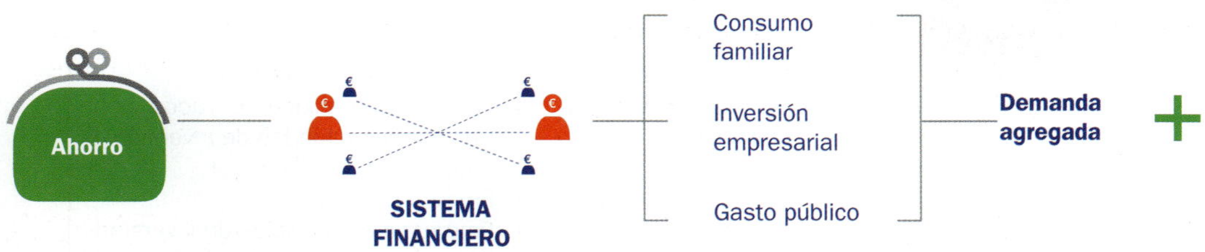

Esquema 12.1. Importancia del sistema financiero en cualquier economía.

> Por **sistema financiero** se entiende la estructura compuesta por un conjunto de intermediarios que, regulado por organismos públicos, canalizan el ahorro de recursos hacia la financiación del consumo familiar, la inversión empresarial y el gasto público.

En esta definición se citan recursos e intermediarios financieros:

- Los denominados **recursos** o **activos financieros** (instrumentos financieros) son productos o títulos que suponen un medio de mantener riqueza para quienes los poseen (un **activo**) y al mismo tiempo una obligación (un **pasivo**) para quienes los deben. Es decir, lo que es un activo para unos es un pasivo para otros. Por ejemplo, un depósito bancario a la vista es un activo para quien deposita el dinero, pero constituye un pasivo para el banco que debe devolverlo al cliente cuando este lo requiera. Los recursos o activos financieros se diferencian por:
  - **La liquidez,** que mide la facilidad y certeza para hacer efectivo (convertir en dinero legal) el activo a corto plazo sin sufrir pérdidas significativas.
  - **El riesgo,** factor que tiene presente la probabilidad de que el emisor del activo, es decir, el deudor, no cumpla lo pactado (no pague lo que debe).
  - **La rentabilidad,** entendida como la capacidad del activo para producir intereses.
- Los **intermediarios financieros** son instituciones especializadas en la mediación entre ahorradores e inversores. Existen dos tipos de intermediarios financieros, en función de su capacidad para crear dinero:
  - **Los bancarios,** como la banca privada o las cajas de ahorro, ofrecen productos financieros que son aceptados como medio de pago. Es, por ejemplo, el caso de los depósitos bancarios, los cuales se emplean como medios de pago o cobro utilizando cheques, tarjetas o transferencias.

> ***Sabías que***
>
> La regulación, supervisión y control del sistema financiero compete al Ministerio de Economía, que dispone, para cada una de estas áreas, de una entidad supervisora. Estas entidades, que tienen distinta relación orgánica con el ministerio de Economía y Hacienda, son:
>
> - Banco de España: supervisa el sistema bancario y es el brazo ejecutor de la política monetaria dictada por el BCE, dada su pertenencia al Eurosistema.
> - CNMV: supervisa los mercados de valores y los agentes que intervienen.
> - Dirección General de Seguros: supervisa la actividad aseguradora.

Sabías que

Otra diferencia fundamental entre intermediarios financieros y no financieros es la forma de financiarse: los primeros obtienen una parte importante de sus recursos mediante la captación de fondos reembolsables del público (es decir, cuentas bancarias de particulares y empresas). En cambio, los segundos no pueden hacerlo de este modo, sino que se tienen que endeudar u obtener el dinero de corporaciones financieras en las que se integran.

– **Los no bancarios,** como las compañías aseguradoras o las empresas de *leasing,* se diferencian de los anteriores en que no pueden ofrecer productos financieros válidos como dinero o similar. Su forma de financiar es más sutil. Por ejemplo, una persona suscribe un seguro de vida y paga por él una cuota anual a cambio de que la aseguradora indemnice o proporcione financiación a las personas designadas por el asegurado, si la muerte de este se produce en las circunstancias reflejadas en el contrato de seguro.

Esquema 12.2. El sistema financiero español. Además de sus atribuciones específicas en materia de política monetaria o como intermediario financiero del sector público o los bancos, el Banco de España supervisa la actuación de la mayoría de los intermediarios financieros, bancarios o no bancarios. De estos últimos hablamos en el texto de apoyo.

Observatorio 1

¿Qué son las financieras de consumo?

Muchas personas solo pueden acceder al consumo o utilización de un determinado bien o servicio pagando a plazos. Esta posibilidad resulta cómoda desde el punto de vista económico, pero suele implicar un pago adicional de intereses aparte de la devolución del principal prestado. En las ventas a plazos, la financiación es asumida por bancos comerciales o por las propias tiendas minoristas, aunque también hay compañías especializadas en financiar la compra de determinados bienes, como los automóviles. A estas empresas que prestan financiación se les denomina normalmente financieras. En cualquier caso, el procedimiento de actuación suele ser el siguiente: la financiera paga al vendedor la totalidad del precio y, a cambio, el comprador se compromete al pago de una serie de cuotas cuyo valor total supera el del precio de la mercancía adquirida, pues incluye, además, los intereses. El contrato firmado por el comprador engloba una cláusula según la cual la propiedad del bien transmitido pasa a ser de la financiera en caso de impago. La financiación del consumo por parte de los minoristas surgió en Estados Unidos durante el siglo XIX en la industria del mueble. Esta práctica se generalizó durante la década de 1920, cuando empezó a crecer el volumen de productos terminados almacenados. De hecho, muchos economistas ven en la generalización de la venta a plazos una de las causas de la crisis económica de 1929 y de la Gran Depresión de la década de 1930.

Actividades

1> ¿Por qué crees que los ahorros de sus clientes son un pasivo para los bancos?

2> ¿Cuál es la diferencia fundamental entre los intermediarios financieros bancarios y los no bancarios?

2. Los intermediarios financieros bancarios

En España, los intermediarios financieros bancarios son la banca privada, las cajas de ahorro y las cooperativas de crédito.

No obstante, y antes de hablar de ellos, es necesario mencionar a la entidad pública que **supervisa** a estos y otros intermediarios: el **Banco de España.**

En el ámbito nacional, el Banco de España actúa como banco de bancos, supervisa las actuaciones de las entidades financieras tanto bancarias como no bancarias, realiza estudios económicos y financieros, elabora estadísticas y ejecuta la política monetaria única del BCE respecto a las entidades de crédito españolas, tal y como vimos en la Unidad 11.

Efectivamente, junto con el BCE y todos los demás bancos centrales de los países de la Unión Europea, el Banco de España forma parte del Sistema Europeo de Bancos Centrales (SEBC) y, dentro de este, del Eurosistema.

@ En Internet

Consulta la página web del BCE y podrás conocer sus funciones y las características del Eurosistema: https://www.ecb.europa.eu/ecb/orga/escb/html/index.es.html

Eurosistema es el término adoptado para designar al BCE y a los bancos centrales de los países de la UE que han adoptado el euro como moneda común. Esta expresión se refiere también a la política monetaria única de la zona euro, cuyo objetivo principal es mantener la estabilidad de los precios.

!! Atención

A pesar de su denominación, el Banco de España no actúa de cara al público sino como un «jefe» de bancos.

Como miembro del SEBC	Como banco central nacional
Definir y ejecutar la política monetaria de la zona del euro.	Promover el buen funcionamiento y la estabilidad del sistema financiero así como supervisar su solvencia.
Poseer y gestionar las reservas oficiales de divisas del Estado.	Poseer y gestionar las reservas de divisas y metales preciosos no transferidas al BCE.
Promover el buen funcionamiento de los sistemas de pago.	Elaborar y publicar las estadísticas.
Emitir los billetes.	Poner en circulación la moneda metálica.
Realizar las operaciones de cambio de divisas.	Prestar los servicios de tesorería y de agente financiero de la deuda pública.

Tabla 12.1. Funciones del Banco de España. Las funciones desempeñadas por este organismo como banco central nacional deben respetar las funciones que emanan de su integración en el SEBC.

@ En Internet

En la dirección web www.bde.es podrás encontrar mucha información acerca del Banco de España.

2.1. Banca privada

Al igual que cualquier otra empresa, los bancos comerciales necesitan captar fondos con los que desarrollar sus actividades, por lo que obtienen financiación de los depósitos del público y mediante la emisión de títulos de renta fija o variable.

Posteriormente, prestan financiación a los agentes económicos, manteniendo una parte de sus fondos en efectivo para cubrir una posible retirada de depósitos. La financiación a familias, empresas y sector público se concreta, principalmente, en la concesión de préstamos.

2.2. Cajas de ahorro

Recuerda

Los **depósitos bancarios** son una forma de activo financiero y se distinguen por su alto grado de liquidez, es decir, su capacidad para convertirse rápidamente en dinero físico.

Aunque las cajas de ahorro se hallan especializadas en la captación de fondos de los pequeños ahorradores, funcionan prácticamente igual que la banca privada.

Únicamente hay dos diferencias: las cajas no pueden captar fondos emitiendo títulos de renta variable y, por otro lado, reciben un tratamiento fiscal más beneficioso que los bancos porque realizan, en virtud de sus estatutos, algunas actividades benéficas.

2.3. Cooperativas de crédito

!! Atención

A diferencia de las empresas, cuyo objetivo principal es el ánimo de lucro –la obtención de beneficios–, en las cooperativas prima el interés social.

Una **cooperativa** es una asociación de personas físicas o jurídicas, con intereses y necesidades comunes, que desarrollan una determinada actividad empresarial, pero cuyos resultados económicos –denominados excedentes, no beneficios–, a diferencia de los de otras empresas, tienen como prioridad la atención de unos fondos comunitarios previamente pactados.

Solo se reparte excedente entre los socios una vez que han sido atendidos dichos fondos. Dado el interés social de las cooperativas es frecuente que se asocien entre ellas para tener más recursos y, por tanto, más capacidad de atender las necesidades de los cooperativistas. Un modo de asociación es la que forman las cooperativas de crédito, las cuales aunque actúan de forma similar a cajas y bancos, tratan de encauzar sus préstamos hacia las actividades que desarrollan sus asociados o cooperativistas. Por ejemplo, las cajas rurales son las cooperativas de crédito que actúan en el sector agrario.

Observatorio 2

¿Por qué la mayor parte de las cajas se convirtieron en bancos?

Con una red de oficinas sobredimensionada, una gestión politizada, intereses territoriales y muchos activos inmobiliarios tóxicos, las cajas enfrentaban el comienzo del siglo XXI abocadas a su desaparición. Con muchos gastos, dificultades en la gestión y pocos ingresos en medio de una profunda crisis económica, la única salida era conseguir financiación, pero este siempre había sido el talón de Aquiles de las cajas, ya que no pueden acceder a los grandes mercados de capitales como la bolsa de valores. De llegar a producirse el cierre de las cajas, los principales damnificados hubieran sido los pequeños ahorradores, principales clientes de las cajas y, por extensión, todo el sistema financiero, que perdería credibilidad y podría llegar a experimentar el temido pánico bancario estudiado en la unidad anterior. En consecuencia, muchas cajas se convirtieron en bancos o se unieron para ser más fuertes. Así, solo las cajas más saneadas y fuertes lograron sustraerse a uno de los procesos de cambio más profundos experimentados en el mapa financiero español en los últimos 200 años.

Actividades

3> ¿Qué países forman parte del SEBC? ¿Y del Eurosistema?

4> ¿Cuáles son las funciones del Banco de España?

5> ¿En qué se parecen y diferencian la banca privada y las cajas de ahorro?

6> ¿Qué es una cooperativa? ¿Y una cooperativa de crédito?

3. Los intermediarios financieros no bancarios: la bolsa

Sujetos a la supervisión del Ministerio de Economía y bajo la vigilancia del Banco de España, se encuentran los intermediarios que ofrecen formas de financiación distintas al dinero. Aquí vamos a centrarnos en el más importante de todos: la bolsa.

Las **bolsas de valores** son asociaciones civiles de servicio al público.

Su principal objetivo es facilitar la negociación de cualquier valor de forma competitiva, ordenada y continua. Los valores más importantes son los de renta variable y los de renta fija, ya sean públicos o privados.

- **Renta fija.** Esta clase de títulos representa un porcentaje del préstamo concedido a una determinada empresa o Administración Pública. Su remuneración es un interés fijo pactado desde el momento de su emisión. Se denominan bonos, pagarés u obligaciones según su plazo de vencimiento.
- **Renta variable.** Las más populares son las acciones, títulos-valores que representan un porcentaje de propiedad sobre el capital de una sociedad. Otorgan a sus poseedores derechos de gestión y económicos, por ejemplo, el dividendo. La cuantía del dividendo está sujeta a la buena marcha de la empresa y su reparto se decide en la Junta General de Accionistas. La renta variable, tal como su nombre indica, no asegura percibir una renta en el futuro, pero puede proporcionar mayor rendimiento que la renta fija (a más riesgo, más rentabilidad).

Para que la intermediación de valores en este tipo de mercados se lleve a cabo de manera justa y transparente, su control y supervisión están encomendados a los poderes públicos.

Tipos de mercados de la bolsa de valores				
	Mercado de deuda pública	*Mercado de renta variable*	*Mercado de renta fija*	*Mercado de derivados*
Valor negociado	Valores emitidos por el sector público	Valores de renta variable o acciones	Valores con retribución fija pactada de antemano	Valores cuya cotización depende de otros valores de referencia

Tabla 12.2. En el mercado de renta fija también concurre la deuda pública emitida por los distintos países. En el Observatorio 6 hablamos detalladamente de ella.

!! *Atención*

Los intermediarios financieros bancarios completan su actuación dentro del sistema financiero con otros servicios, entre los que destacan las transferencias, la gestión de cobro de letras de cambio o la domiciliación de recibos.

Reflexiona

¿Pájaro en mano o ciento volando?

La elección entre renta variable o fija suele depender del perfil del inversor. Quienes deseen asumir mayor riesgo pero también mayores beneficios, llegado el caso, se decantarán por las acciones. En cambio, los que prefieran asegurar una mínima ganancia –y dormir tranquilos por la noche– preferirán la seguridad que proporcionan las distintas modalidades de la renta fija. Grandes beneficios potenciales pero alto riesgo en el primer caso. Pocos beneficios pero asegurados en el segundo.

Observatorio 3

¿Por qué existe una bolsa para pymes?

A grandes rasgos, la incorporación de una empresa cualquiera al mercado de valores requiere un capital mínimo de 1,2 millones de euros, un reparto de dividendos de un 6 % del capital desembolsado en años anteriores y, por lo menos, 100 accionistas con una participación individual inferior al 25 %. Muchas pequeñas y medianas empresas (pymes) no cumplen todas o algunas de estas condiciones, de tal forma que para ellas se ha creado en el 2008 un segmento específico llamado Empresas dentro del Mercado Alternativo Bursátil (MAB). Para incorporarse al MAB, las empresas tienen que estar constituidas como sociedades anónimas, tener su capital totalmente desembolsado y auditar sus cuentas según la nueva Normativa Internacional Contable (NIC). La incorporación de las pymes a este mercado se hace mediante oferta pública por un importe mínimo de 2 millones de euros.

!! *Atención*

Agencias y sociedades de valores, brókers y *dealers,* respectivamente, son los únicos facultados para realizar compras o ventas en el mercado de valores.

Sabías que

El término *burbuja* tiene su origen en la subida especulativa que rodeó la salida a bolsa de las acciones de una nueva compañía naviera en el siglo XVIII que tenía el monopolio del comercio con la Suramérica española. A pesar de su escasa rentabilidad –solo era posible un navío al año–, las acciones subieron como la espuma debido a las expectativas creadas y a que estaba respaldada por el propio Gobierno inglés. Cuando surgieron otras compañías no respaldadas que también prometían grandes beneficios, el Gobierno inglés las ilegalizó mediante la llamada Acta de la Burbuja, de ahí que posteriormente la gente denominara «burbuja» a este fenómeno especulativo, en alusión a la condición marítima de esa compañía cuyas acciones subieron y bajaron espectacularmente en solo unos meses.

Fig. 12.1. Oso y toro en el exterior de la Bolsa de Fráncfort. En todas las bolsas del mundo estos animales se desafían y luchan. Simbolizan así los ciclos al alza y a la baja del precio de las acciones.

En cada bolsa se define un índice bursátil general que mide la evolución de un conjunto de valores representativos, elegidos según su grado de liquidez. Un valor se considera muy líquido si muchos de sus títulos cambian de manos en cada sesión y, por tanto, es fácil convertirlo en dinero legal con rapidez.

Al final de cada sesión, el índice bursátil general indicará si han prevalecido los deseos de compra o los de venta.

Como son representativos de un conjunto de valores importantes, los índices bursátiles son los termómetros de la situación en los mercados de valores. De hecho, cuando se dice que la bolsa sube o baja, realmente se habla de que han subido o bajado los principales índices bursátiles.

Un **índice bursátil** es un indicador de la evolución de un mercado en función del comportamiento de las cotizaciones de los títulos más representativos, elegidos según su grado de liquidez.

Esquema 12.3. Organización de la Bolsa de valores española. En el esquema puedes ver qué entidades organizan el mercado de valores, así como las funciones que ejerce cada una. Merece mención especial el sistema informático llamado Mercado continuo, que ha reemplazado prácticamente en su totalidad la tradicional contratación en corros. Las sociedades y las agencias de valores son los intermediarios mediante los cuales se negocian las compras o ventas en los mercados de valores. Para más información puedes consultar el enlace de la página web de la CNMV en referencia a las sociedades de servicios de inversión (ESI): http://www.cnmv.es

Un **índice general bursátil** hace referencia a los valores más característicos de una determinada bolsa. En España, el índice bursátil general es el IBEX–35, el cual representa las 35 empresas más importantes de la Bolsa española.

Las **funciones** de las bolsas de valores se pueden resumir de la siguiente forma:

- Determinan el precio y el valor de los títulos conforme a las leyes de la oferta y la demanda.
- Informan sobre los precios, su variación y los volúmenes de transacción.
- Aseguran la rápida ejecución y liquidación de las distintas operaciones de compra y venta.
- Supervisan la actuación de las sociedades y agencias de valores (ver texto de apoyo).

Las expectativas futuras, que tanto afectan a la economía, influyen especialmente en la bolsa. Así, factores tan dispares y variados como la buena marcha de la economía internacional y nacional, qué sucede en otras bolsas, las actuaciones gubernamentales, los resultados de las empresas o las variaciones en el precio del petróleo, pueden ocasionar importantes subidas o bajadas en los índices.

Sabías que

El mercado de valores, denominado popularmente bolsa de valores, funcionó por primera vez en Amberes en 1531.

El precedente histórico del mercado de valores en España tuvo lugar en la lonja de Barcelona del siglo XIV, donde los comerciantes operaban con mercancías. La primera bolsa reconocida como tal fue creada en Madrid en el año 1831 y posteriormente se le sumaron las de Bilbao, Barcelona y Valencia.

Nombre y procedencia	Información que proporciona
Dow Jones *Lleva el nombre de sus creadores: Charles Dow y Edward Jones*	El Dow Jones es el indicador de mercado más conocido en el mundo, tanto por ser el más antiguo, como porque refleja el mercado accionario de los Estados Unidos, donde cotizan las multinacionales más importantes del planeta. La empresa Dow Jones & Company lo elabora y publica en el *Wall Street Journal*.
Euro STOXX	Elaborado también por la empresa Dow Jones, el Dow Jones Euro STOXX es un índice bursátil basado en la evolución de más de 300 compañías que operan en los países de la zona euro. El DJ Eurostoxx 50 es lo mismo, pero referido solo a 50 sociedades.
Nasdaq-100 *National Association of Securities Dealers Automated Quotations*	Es el llamado índice de valores tecnológicos. En este caso, la selección no depende solo de la liquidez de los valores, sino también del sector en el que operan las compañías: son empresas de alta tecnología, de mediano tamaño y con alto potencial de crecimiento.

Tabla 12.3. Principales índices bursátiles. Otros relevantes y ya en atención al país son: DAX (Alemania), CAC-40 (Francia), FOOTSIE-100 (Reino Unido), NIKKEI (Japón) e IBEX-35 (España).

Observatorio 4

¿Quién califica a las calificadoras?

Standard & Poor's, Moody´s y Fitch Ratings –las tres principales agencias calificadoras en la actualidad– nacieron a principios del convulso siglo XX para calificar emisiones privadas o públicas en mercados tan variopintos como Francia, Japón o Argentina. Su papel ha terminado siendo fundamental para el desarrollo de los mercados financieros. Proporcionan una misma vara con la que medir las distintas alternativas de inversión. Son las propias empresas quienes se someten voluntariamente a la calificación de estas agencias para ofrecer mayor confianza y ampliar sus fuentes de financiación. Hoy en día la popularidad y aceptación de las agencias calificadoras es tal que las recalificaciones a la baja son temidas incluso por los Gobiernos cuando se les evalúa a ellos. Y sin embargo se equivocan. Estas agencias fallaron al otorgar su máximo distintivo, AAA, a las hipotecas basura estadounidenses o al confiar en el Banco Lehman Brothers o al no detectar la quiebra de Islandia. No son perfectas. Si lo fueran, todos haríamos lo que dicen y todos ganaríamos dinero, pero sabido es que normalmente solo ganan unos pocos.

Sabías que

De igual forma que cuando se dice que un país crece económicamente se está diciendo en realidad que en ese país ha crecido el valor de la producción que mide el PIB, cuando se dice que la bolsa sube lo que realmente se dice es que ha subido el valor de los títulos de la bolsa que integran los principales índices bursátiles.

Fig. 12.2. Sumiller catando vinos. La inestabilidad de los fondos de inversión centrados en valores mobiliarios ha impulsado el auge de los fondos de inversión libres o no mobiliarios. ¿Te sorprendería saber que algunos de los fondos más rentables de los últimos años son los especializados en vinos? Por solo citar un ejemplo, la caja de *Château Ausone* de 2000 cotiza a 24 850 $. Vinos españoles como el Vega Sicilia o el Pingus aún están lejos de esas cotizaciones, pero cada año escalan posiciones.

3.1. El mercado de renta variable

Para ilustrar el funcionamiento de alguno de estos mercados, vamos a centrarnos en el mercado de valores **más popular** de todos, el de renta variable. En este mercado, las empresas captan financiación emitiendo títulos-valores denominados **acciones** a cambio de dinero y de la cesión de un porcentaje de propiedad sobre ellas. Las acciones nacen en el mercado primario y después se intercambian en el secundario:

- **Mercado primario o de emisión.** Crea los activos y en él se canaliza el ahorro hacia la inversión. La emisión debe ser autorizada por la Comisión Nacional del Mercado de Valores (CNMV) e incluir un folleto que detalle todas sus características. Por ejemplo, una empresa que necesite fondos puede decidirse por una ampliación de capital. Pues bien, estos títulos nuevos son suscritos por los inversores en el mercado primario, en la confianza de que se revaloricen y generen beneficios.
- **Mercado secundario o de negociación.** En la práctica, es un mercado de segunda mano donde se negocia con valores previamente emitidos, de forma que se pueden vender las acciones o títulos adquiridos en el primario si lo que se desea es deshacerse de la participación en la empresa. Este mercado es el que conocemos como **bolsa de valores.** Funciona de forma similar a un mercado de competencia perfecta, donde la cotización de los valores depende del libre funcionamiento de la ley de la oferta y la demanda.

Lo normal para operar en las bolsas de valores españolas es a través de un sistema informático denominado popularmente Mercado continuo.

El **Mercado continuo** o SIBE (Sistema de Interconexión Bursátil Español) es un sistema de interconexión informático entre las cuatro bolsas españolas que posibilita la negociación de ciertos valores a través de terminales de ordenador en tiempo real.

Observatorio 5

¿Qué papel juegan las expectativas en los mercados de renta variable?

En España, las operadoras de telecomunicaciones dieron los primeros pasos para crear portales en Internet a finales de 1998. Querían ser la puerta a Internet de 550 millones de hispanohablantes en el mundo, con muchos contenidos y generar tráfico e ingresos a través de la publicidad. Con unas expectativas tan fabulosas, Terra se presentó en la Bolsa de Nueva York en noviembre de 1999 y días más tarde en la Bolsa española. El precio de salida de cada acción fue de 13 €, pero en poco tiempo alcanzaron los 134 €. Al final, cuando las esperanzas no se correspondieron con la realidad, la burbuja especulativa estalló y las acciones bajaron hasta valores por debajo de los 5 €. Al igual que muchos inversores en todo el mundo con valores similares, miles de españoles perdieron todos sus ahorros. En honor a la extensión del dominio con el que se estrenó Internet (.com) a esta burbuja se le denominó «punto com».

Actividades

7> ¿Cuál es la principal diferencia entre la renta fija y la renta variable?

8> ¿Por qué en la actualidad es posible realizar operaciones con valores negociables en tiempo real?

9> Define con tus propias palabras qué es una acción.

10> ¿Qué función cumple el mercado secundario para quienes no pueden esperar a recoger los beneficios de su inversión?

4. Financiación de las empresas

Toda empresa necesita recursos monetarios con los que financiar las inversiones que requieren sus actividades económicas. Si bien es cierto que muchas veces las empresas acuden al sistema financiero bancario para obtenerlos, no siempre sucede así.

Atendiendo a su **procedencia,** los recursos monetarios o financieros que utiliza la empresa se clasifican en propios y ajenos.

- **Financiación propia (autofinanciación).** Los recursos propios son los más estables de que dispone la empresa, ya que no deben devolverse en toda su vida, por lo que no están sujetos a intereses. Están formados por las aportaciones de los propietarios y las reservas.
  - **Aportaciones de los propietarios (o accionistas).** Como vimos en el apartado anterior, se accede a porcentajes de propiedad de una empresa adquiriendo sus acciones en mercados especializados como la bolsa. Quien compra las acciones, aporta recursos a la empresa para financiar sus actividades. A cambio, obtiene el derecho a participar en la gestión empresarial (si reúne el número suficiente de acciones) y en el reparto de beneficios (que se denominan ***dividendos***). Puesto que el beneficio varía según la marcha empresarial, estos títulos se denominan *de renta variable.*
  - **Reservas.** La emisión de acciones para captar recursos solo está al alcance de las grandes empresas. Para la mayoría, la única forma de obtener recursos monetarios es autofinanciarse, es decir, generar ellas mismas lo que necesitan. Las reservas son beneficios no repartidos que se quedan en la empresa como una forma de autofinanciación; con estos fondos «reservados» se pueden hacer nuevas inversiones y, por lo tanto, favorecer el crecimiento de la empresa.
- **Financiación ajena.** Generalmente, las empresas necesitan más recursos que los que proporciona la financiación propia, y acuden a la financiación ajena, cuyas formas más comunes son: el crédito comercial, los préstamos, los empréstitos y los llamados fondos espontáneos.
  - **Crédito comercial.** Es la financiación automática que consigue la empresa cuando deja a deber las compras que realiza a sus proveedores. Así, la empresa puede disponer de los materiales o suministros adquiridos y del dinero correspondiente, lo que implica una disposición de fondos gratuita para la empresa durante el tiempo que tarda en pagar las facturas.
  - **Préstamos y créditos.** Son cantidades de dinero que el cliente (la empresa) solicita normalmente a los intermediarios bancarios para financiar sus proyectos de inversión y actividades a corto plazo. Se los conceden para que los devuelvan con unos intereses, plazos y condiciones pactados. Los préstamos pueden ser a **corto plazo** (periodo de devolución igual o inferior a un año) o a **largo plazo** (periodo de devolución superior a un año).

Sabías que

Ante las dificultades para acceder a préstamos bancarios en buenas condiciones, la mayoría de las pequeñas y medianas empresas (pymes) se ven obligadas a recurrir a la autofinanciación, es decir, tiran de los ahorros o reservas.

Recuerda

El **crédito comercial** consiste en conseguir el aplazamiento del pago de los suministros de los proveedores sin coste alguno, para así funcionar con los fondos proporcionados por la venta de los suministros.

Observatorio 6

¿Cómo funcionar a crédito?

Debido a los grandes volúmenes de compra de las grandes superficies comerciales como El Corte Inglés, sus proveedores acceden a aplazar el cobro de las mercancías suministradas hasta 90 días, de tal forma que si, a su vez, El Corte Inglés consigue vender las mercancías a sus clientes antes de ese plazo, resultará que durante los días restantes hasta llegar al mencionado plazo de 90 días, El Corte Inglés estará pagando sus propios gastos (personal, luz, agua, alquileres, otros suministros...) con un dinero que no es suyo, el cual incluso puede poner en el banco a generar intereses. Cumplidos los 90 días, al proveedor se le paga el importe aplazado: así, se han pagado los gastos derivados de la venta de los productos y, por supuesto, se obtienen beneficios, todo ello sin poner un solo euro. ¡Qué fácil! No te creas: ni todas las empresas tienen este poder de negociación ni todos los proveedores conceden a crédito...

En Internet

En www.ipyme.org encontrarás más información sobre fuentes de financiación para empresas.

Si lo que deseas es conocer más aspectos relacionados con la financiación del gobierno español, accede a: www.tesoro.es

TesoroPúblico

Fig. 12.3. Anagrama del Tesoro Público de España.

- **Empréstitos.** Cuando las empresas necesitan una gran cantidad de dinero y las condiciones de los préstamos que les ofrecen los bancos y cajas no son económicamente aceptables, piden **préstamos a particulares** mediante la emisión de unos títulos de crédito, también denominados *obligaciones* y *bonos*. Esta forma de financiación consiste en dividir la totalidad del importe necesario en tantos títulos como la empresa quiera poner a la venta. Estos títulos –todos ellos de igual cuantía y condiciones– son adquiridos por muchos ahorradores particulares y empresas. Pasado un tiempo, la empresa devolverá el dinero más los intereses según las condiciones pactadas. Al igual que sucedía con las acciones, solo las grandes empresas, por ejemplo las que cotizan en la bolsa de valores, pueden recurrir a este tipo de financiación.
- **Fondos espontáneos.** Son recursos de los que la empresa dispone porque todavía no los ha utilizado para el fin previsto como, por ejemplo, las cantidades que la empresa debe a la Agencia Tributaria o a la Seguridad Social, o los salarios pendientes de abono a los trabajadores.

Concepto	Acciones	Obligaciones o bonos
Titular	Es un propietario	Es un prestamista
Derechos	Voto, gestión, reparto de beneficios	No hay
Renta	Variable (dividendos)	Fija (intereses pactados)

Tabla 12.4. Diferencias entre acciones y obligaciones o bonos. Gobiernos y comunidades autónomas utilizan los bonos para financiar sus actividades.

Observatorio 7

¿Cómo afecta la prima de riesgo al bienestar de los ciudadanos?

Obtener financiación para invertir y atender gastos no es un problema exclusivo de la empresa privada. Dados los altos costes que supone utilizar la financiación bancaria, también los Estados acuden a particulares y empresas en busca de recursos. También llamada deuda soberana por ser emitida por los Gobiernos de los distintos países, este tipo de financiación pública renta un interés fijo –llamado *prima de riesgo*– de tal forma que cotiza en el mercado de renta fija donde son subastados en lotes al mejor postor. La emisión-colocación de los títulos la realiza el Tesoro Público en nombre del Ministerio de Economía y Hacienda. Aunque renta un interés fijo muy bajo en relación con otras inversiones, tiene a su favor que, al estar respaldado por el Estado español, es una inversión casi totalmente exenta de riesgo.

También las CC. AA. están facultadas para captar financiación de los inversores, aunque suelen gozar de menor garantía que la estatal. Por ello, se denominan popularmente «bonos patrióticos», ya que esperan ser colocados principalmente entre los residentes de la propia comunidad.

Actividades

11> ¿Qué relación hay entre las reservas y los beneficios?

12> ¿Es lo mismo un préstamo que un empréstito? Explica en qué se parecen y en qué se diferencian.

13> Averigua en los medios de comunicación o en Internet en qué consisten los fondos de valores e indica por qué son una buena alternativa para quienes no quieren asumir demasiados riesgos.

Textos de apoyo

Otros intermediarios financieros no bancarios

La bolsa es el intermediario financiero no bancario más popular, pero existen muchos más con funciones tanto o más importantes, como las de los mercados de valores. Son los siguientes:

- **Instituto de Crédito Oficial (ICO).** Esta entidad financiera opera bajo las instrucciones del Gobierno, concediendo ayudas a sectores económicos con dificultades y financiando infraestructuras.
- **Compañías aseguradoras.** Las compañías aseguradoras emiten un activo financiero específico, la póliza de seguros. Es un contrato por el cual el asegurador se obliga, a cambio del cobro de una prima, y en el caso de que se produzca un determinado suceso, a indemnizar, dentro de los límites pactados, un daño que sufra el asegurado. Lógicamente, previendo que ocurra el suceso en cuestión, las compañías constituyen cuantiosas reservas que invierten en otros intermediarios financieros y en títulos de renta fija, tanto públicos como privados.
- **Fondos de pensiones privadas.** Los fondos de pensiones privadas o mutualidades complementan las pensiones públicas por jubilación que paga la Seguridad Social. Durante su vida laboral, los asociados de las mutualidades realizan aportaciones periódicas. Estas se acumulan, junto con los intereses pactados, en un fondo que el asociado percibirá cuando llegue el momento de su jubilación.
- **Sociedades y fondos de inversión.** Se trata de grupos de inversores que se asocian para acceder mejor a la bolsa de valores, o que invierten en otros activos no financieros como obras de arte, sellos o inmuebles.
- **Empresas de *leasing*.** El *leasing* o arrendamiento financiero es un sistema de financiación mediante el cual una empresa puede incorporar, en régimen de alquiler, un bien de capital a cambio de una cuota periódica de arrendamiento. En este proceso intervienen tres agentes económicos: la empresa cliente, que necesita un determinado bien; la empresa que fabrica o posee el bien; y la empresa de *leasing*. La empresa de *leasing* es una institución financiera que costea la adquisición del bien y lo entrega a la empresa cliente a cambio de un alquiler. Cuando termina el periodo de alquiler se puede devolver el bien a la empresa de *leasing*, o bien comprarlo según el precio fijado en el contrato.
- **Empresas de *factoring*.** El *factoring* es otra forma de financiación empresarial que consiste en la venta de todos los derechos pendientes de cobro –normalmente facturas o letras de cambio– a una empresa denominada factor. Esta, a cambio de una comisión, proporciona liquidez inmediata a la empresa que cede tales derechos y le evita el problema de los impagados y morosos.
- **Empresas de servicios de inversión.** Estas sociedades gestionan activos de alta liquidez en mercados muy especializados, como por ejemplo la bolsa de valores. Cuando se limitan a poner en contacto a compradores y vendedores, se denominan *agencias de valores* (brókers). En cambio, si además compran y venden por cuenta propia, reciben el nombre de *sociedades de valores (dealers)*. Por su parte, las sociedades gestoras de carteras se encargan de gestionar inversiones de acuerdo con los mandatos de los inversores. Y por último, las *empresas de asesoramiento financiero* prestan exclusivamente servicios de asesoría financiera y de inversiones.
- **Sociedades de garantía recíproca.** Las sociedades de garantía recíproca favorecen que sus asociados, normalmente pequeñas o medianas empresas, accedan a la financiación. Actúan como avalistas de los créditos que estas obtengan.
- **Financieras de consumo.** Muchas personas solo pueden acceder al consumo o utilización de un determinado bien o servicio pagando a plazos, tal como hemos visto en el Observatorio 1.

1> ¿Qué diferencia a los intermediarios financieros bancarios de los no bancarios?

2> ¿Por qué a algunos fondos de inversión se les denomina «fondos buitre»? Ayúdate de Internet para contestar a la pregunta.

3> ¿Por qué se considera a las compañías aseguradoras como intermediarios financieros?

4> Averigua en Internet qué son los «chiringuitos financieros» y en qué se diferencian de las sociedades gestoras de carteras.

Mapa conceptual

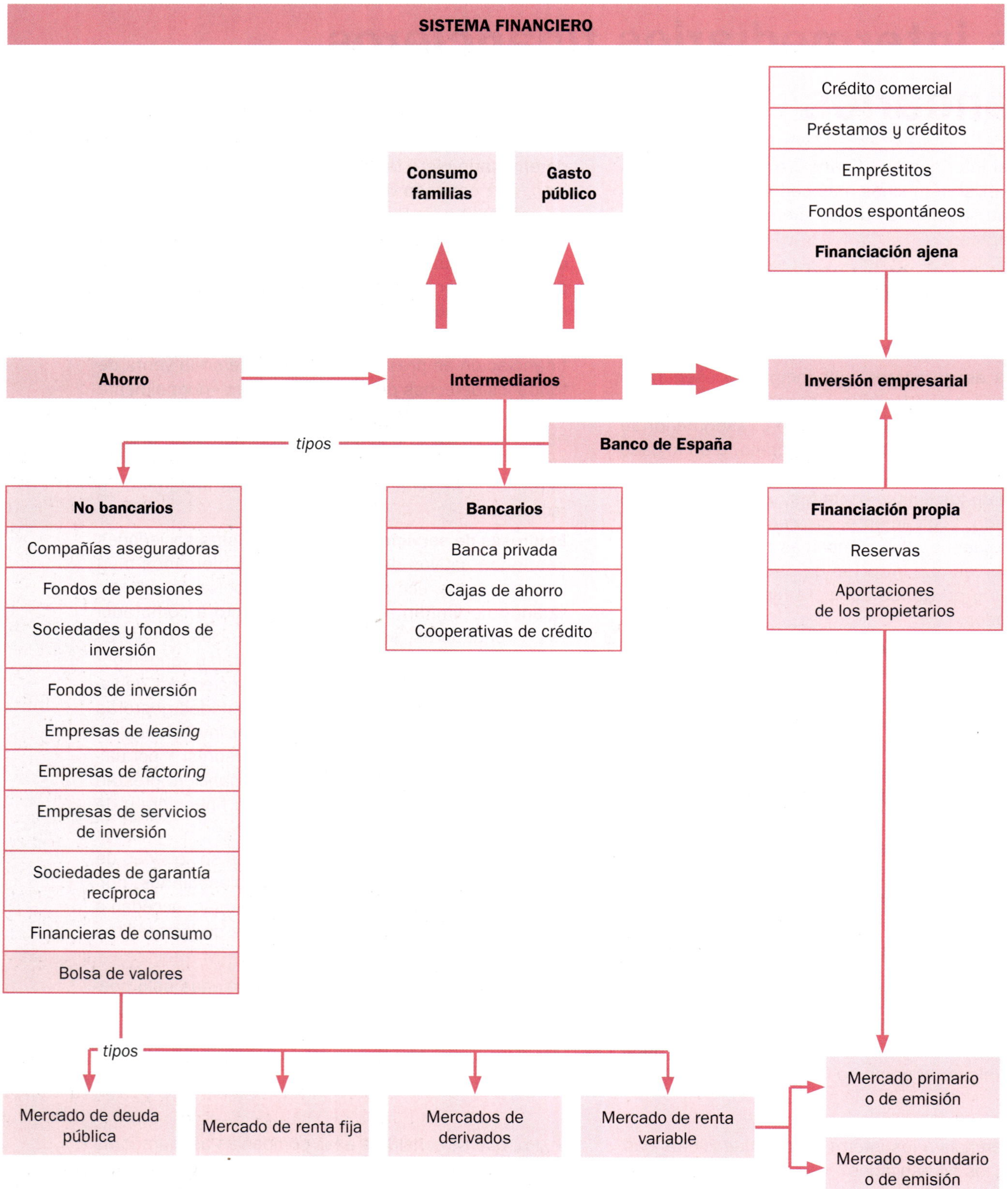

N.º 12. Diario independiente de información económica **Economicus**

«Cuando mi limpiabotas invierte en bolsa yo lo vendo todo».
John Davidson Rockefeller, multimillonario estadounidense (1839-1937).

Productos codiciados y escasos

La historia está llena de ejemplos de productos por los que la humanidad ha perdido la cabeza: oro, diamantes, petróleo, sal, especias, seda… Empleados como bienes de intercambio o como fuentes de energía, sus precios fluctuaron o fluctúan en el mercado mundial como si de acciones de bolsa se tratara. Las razones que explican estas fluctuaciones son diversas.

ANXO PENALONGA

- **Desequilibrios entre la oferta y la demanda.** Lo que determina el precio es la escasez de un determinado bien en relación con los deseos que existen de él. Es lo que sucedió en el siglo xv con el azúcar. Se trataba entonces de un producto muy caro vendido en las farmacias para fines terapéuticos. Debido a la demanda masiva, se generalizó su cultivo, con lo que los precios cayeron. Algo similar sucedió con el algodón: gracias a la hilandera, inventada en 1764, esta materia prima pronto desbancó al lino y a la lana al punto de constituir el 80 % del tejido mundial a comienzos del siglo xx. Hoy en día sigue siendo utilizado masivamente en la industria textil, pero la abundancia de su cultivo ha propiciado el abaratamiento de las prendas de algodón.

- **Escasez.** En 1996 se subastó el sello postal «3 Skilling amarillo» por un millón de dólares. Por una botella de Château Lafitte, de 1787, se pagaron 105 000 libras esterlinas. *Los jugadores de cartas*, un cuadro de Cézanne, se vendió por 250 millones de euros en el 2011. Por una portada de Tintín, de 1937, se pagaron en 1,3 millones de dólares en 2014, etc.

- **Riesgo.** Miles de kilómetros de viaje y altos aranceles ponían por las nubes el precio de la seda o de las especias. Únicamente China conocía los secretos de la fabricación de la seda, e hicieron de ello un monopolio durante siglos. Por hacerse con ella, los comerciantes europeos de la Edad Media pagaban solo en Irán o Siria el 125 % del valor del producto en concepto de tasas de peaje. Cuando su producción se inició en otros territorios, su precio decayó, aunque aún hoy vale veinte veces más que el algodón. Pero también en la Edad Media las especias venían de más lejos, como desde Indonesia o el sur de la India. Además de como condimento, se utilizaban como conservantes y con fines sanitarios en tiempos en los que no existían las neveras y la higiene dejaba bastante que desear.

Pozos ardiendo en Oriente Próximo. De una forma u otra, el petróleo ha estado en el centro de las disputas mundiales de los últimos cincuenta años.

- **Utilidad.** Ciertos productos son tan útiles que los aprovechamos hasta la extenuación. Antes de la electricidad, utilizábamos el aceite de ballena para iluminar nuestras casas o fabricar glicerinas y jabones, lo cual convirtió a este cetáceo en objeto de una caza indiscriminada. ¿Y qué decir del petróleo? ¿Podemos concebir el mundo actual sin asfalto, coches, fertilizantes, tejidos, plásticos, gomas, combustibles…? El petróleo es la sangre de la economía mundial pero, en la medida que cada vez es más escaso, su precio está sujeto a fuertes fluctuaciones y movimientos especulativos. Pero continuamente surgen nuevos productos. Así, el grafeno es un material resistente, transparente y extremadamente flexible, que mejora las propiedades de los actuales chips de silicio y posibilita pantallas de ordenadores «enrollables».

Reflexiona

1> De entre las citadas razones, ¿cuál crees que explica el alto precio de los diamantes? Razónalo.

2> En la España musulmana, el oro se cambiaba por plata en una relación 1:14; en la actualidad, esta relación es de 1:50. ¿Sabes qué acontecimiento histórico propició este abaratamiento de la plata en relación al oro?

3> En los campos de prisioneros de la Segunda Guerra Mundial, ¿qué razones crees que explican la utilización de cigarrillos como moneda de cambio?

4> Investiga (en Internet o en otras fuentes a tu alcance) tres lugares del mundo donde el control de determinado producto haya sido o sea la razón de que uno o varios países estén sumidos en conflictos.

Economicus **N.º 12. Diario independiente de información económica**

El pueblo de los jabalíes

«En un pueblo de la Mancha, de cuyo nombre no quiero acordarme, apareció un forastero que anunció en bando público su disposición a pagar 100 € por cada jabalí que le vendieran. El negocio parecía óptimo, ya que los jabalíes abundaban en la zona. Los aldeanos se aplicaron en la caza de los cerdos salvajes y en poco tiempo reunieron miles, que el forastero pagó según lo convenido. Poco tiempo después, el forastero volvió a la ciudad e incrementó su oferta hasta los 200 €. Nuevamente los aldeanos se lanzaron a la captura de jabalíes y consiguieron reunir unos cientos, pero parecían no ser suficientes; el forastero subió su oferta hasta los 300 € por pieza. Solo fueron capturados unas decenas y ya eran muchos los cazadores que volvían de vacío al final de la jornada. Los únicos contentos eran los granjeros, que ya no veían destruidas sus cosechas. No se veían ya jabalíes, pero todos los días había batidas porque el forastero había subido su oferta hasta los 1 000 € por pieza. En ese momento el forastero, que tuvo que ausentarse por negocios, dejó a cargo a su ayudante para hacer los pagos acordados. Pero los días pasaban y nadie capturaba jabalíes. El ayudante les ofreció una solución: él podía conseguir miles de jabalíes a 700 € que podrían revender a su jefe por 1 000 €. Sin dudarlo, los aldeanos sacaron sus ahorros, vendieron sus propiedades e incluso pidieron prestado a los bancos para comprar miles y miles de jabalíes al ayudante, muchos más de los que había en principio. Poco importó que un hijo de los aldeanos le dijera a su padre que él creía que ya le habían vendido uno de esos jabalíes –uno con una mancha peculiar en el hocico y al que le faltaba media oreja derecha– al forastero. Hecha la compra, nunca más volvieron a ver al forastero ni a su asistente. Pero pensaron mucho en ellos: todas y cada una de las veces que comieron carne de jabalí durante los siguientes veinte años».

Anxo Penalonga

Hemeroteca

La Gran Depresión. Los efectos de la primera guerra mundial (1914-1918) y el primer gran batacazo del capitalismo, escenificado a través del crac de 1929, alientan un periodo de recesión mundial concretado en pérdidas de millones de puestos de trabajo y cierres de bancos y empresas por todo el mundo.

Ni siquiera en los «negocios de familia» se acostumbra a fiar a quien no cumple su parte.

Lectura recomendada:
LA ECONOMÍA AL DESNUDO

Charles Wheelan
Gestión 2000, 2008

¿Cómo hace nuestro tendero para tener aguacates, mangos y todo tipo de fruta exótica cada día? ¿Utilizaremos en un futuro el mercado para resolver cuestiones sociales de forma imaginativa? ¿Seguiremos visitando los centros comerciales en el año 2050? ¿Qué grado de intervencionismo deben tener los Gobiernos en aspectos económicos futuros? A estas y otras muchas preguntas responde el autor de forma sensata y ágil.

«En mi época de estudiante universitario, hace ya muchos años, apareció una nueva dieta en una de las residencias femeninas del campus. No se trataba de una dieta normal, era la dieta de las uvas y el helado. La premisa, tal como sugiera el nombre de la dieta, era que uno podía perder peso ingiriendo grandes cantidades de uva y helado. La dieta no funcionó, por supuesto, pero es algo que no olvidaré jamás. Encontré fascinante ver cómo un grupo de mujeres muy inteligentes dejaba de lado todo sentido común para lanzarse a una dieta que lo más probable era que no funcionase. Ningún tipo de información de carácter médico o dietético indicaba que comer uvas y helados provocaba una pérdida de peso. Ahora bien, era una idea atractiva. ¿Quién no querría perder peso comiendo uvas y helado? Recordé la dieta de la uva y el helado recientemente, cuando uno de mis vecinos empezó a confiarme su estrategia de inversión. Había conseguido un buen pellizco durante el año anterior porque su cartera estaba cargada de acciones de Internet y tecnología, explicó, pero ahora estaba entrando en el mercado con una estrategia nueva y mejorada. Estaba estudiando los gráficos de movimientos pasados del mercado en busca de señales que le indicaran su evolución futura. No recuerdo exactamente qué tipo de señales estaba buscando, pues yo estaba un poco distraído cuando me lo explicó porque estaba regando las flores y mi mente gritaba: "¡Uvas y helado!". Mi inteligente vecino, que es doctor y miembro de una facultad universitaria, se estaba aventurando lejos de los límites de la ciencia con su estrategia de inversión, y esta es la gran lección. En cuestiones de finanzas personales (y de pérdida de peso), muchas personas inteligentes dejan de lado el sentido común más rápido de lo que se tarda en decir "dieta milagrosa". Más que tratar de obtener ganancias rápidas, lo preceptivo es tener paciencia. Gracias a ella se obtiene una acumulación lenta y pausada de la riqueza».

Adaptado y extractado del capítulo «Mercados financieros»

Hoy recordamos a...
FRIEDRICH VON HAYEK

(Austria, 1899-1992)

Profesor y nobel de economía.

De origen noble, tuvo que esperar a que declinara el keynesianismo para que sus trabajos fueran reconocidos. Sus obras principales fueron *Camino de servidumbre* y *Los fundamentos de la libertad*, obras en las que sostiene que la intervención gubernamental debe ser minimizada en cuanto que restringe la libertad de las personas. En todos sus escritos critica, en menor o mayor medida, el socialismo.

Cine Europa
Próximamente
El lobo de Wall Street

Director: Martin Scorsese.

Reparto: Leonardo DiCaprio, Jonah Hill y Margot Robbie.

Sinopsis. El directivo de una firma de inversión ganaba miles de dólares al día, pero cuando llegaba la noche se los gastaba en viajes por el mundo, sexo y drogas.

Comentario. Basado en la autobiografía real de Jordan Belfort, un tiburón financiero sin escrúpulos, es una crónica moral en torno a los cimientos inmorales del sueño americano a cualquier precio pero que, sin embargo, se olvida de retratar a los miles de inversores que perdieron todos sus ahorros.

Claves de reflexión. Ética en los negocios, contexto de la trama, función de la Bolsa, economía especulativa, transparencia en los mercados e información privilegiada.

Especial bolsa

Economicus N.º 12. Diario independiente de información económica

El mercado de renta variable

Mercado bursátil de renta variable. Para obtener financiación, las empresas acuden al mercado primario; una parte de la emisión está destinada a particulares (tramo minorista) y otra parte a empresas (tramo empresarial). Posteriormente, los accionistas pueden acudir al mercado secundario para vender sus títulos o comprar otros nuevos, ya sea de su empresa o de otra. La bolsa de valores es como un mercado de segunda mano en el que los valores de las distintas empresas varían (cotizan), según la ley de la oferta y la demanda. Es frecuente entre los agentes de bolsa ponerles apodos en plural a los distintos valores ya que las acciones se venden siempre por grupos o paquetes. Por ejemplo, Telefónica (matildes), Inditex (zaras), Repsol (repsoles), Banco Popular (populares), Bankia (bankias). En la práctica el mercado secundario funciona como un mercado de segunda mano de acciones «usadas», como si de automóviles se tratara.

N.º 12. Diario independiente de información económica Economicus

INTERPRETAMOS LAS NOTICIAS DE LA BOLSA

ÍNDICES DE LA BOLSA 1

Ibex 35 (última sesión) 2 | *Dow Jones (última sesión)* 3 | *General de Madrid (última sesión)* 4

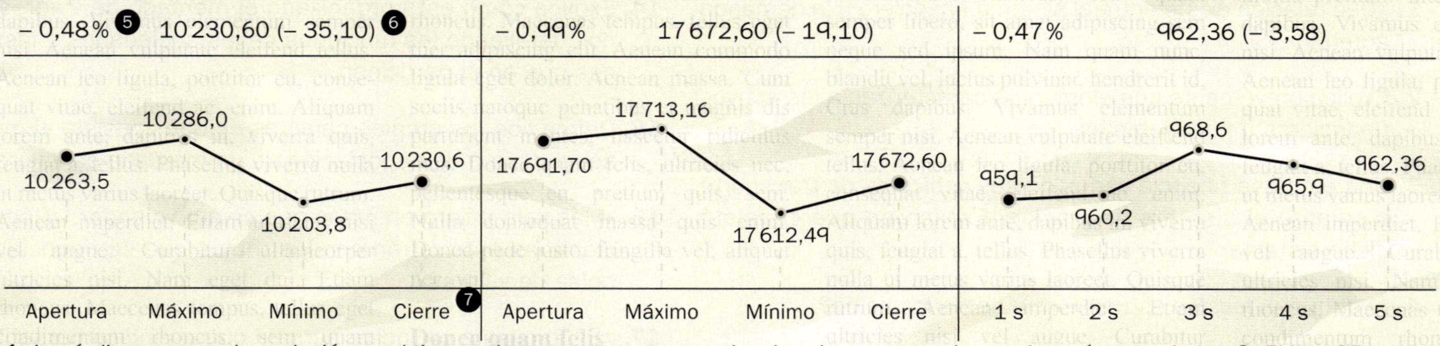

***1.** Los índices marcan la evolución en el tiempo de un grupo representativo de valores que suelen ser los más negociados. **2.** El Ibex-35 son los 35 valores más representativos de la Bolsa española. **3.** Este índice está formado por los valores más representativos de la Bolsa de valores de Nueva York. **4.** Madrid, Barcelona, Bilbao y Valencia configuran el mercado de valores español. **5.** Variación en porcentaje respecto a la apertura de la sesión. **6.** Variación en puntos respecto a la apertura de la sesión. **7.** Evolución del índice a lo largo de la sesión.*

LAS MAYORES SUBIDAS 8 | **LAS MAYORES BAJADAS 9** | **LOS MÁS CONTRATADOS 10**

	%	*Euros* 13		%	*Euros*		*Efectivo** 11	*Títulos* 12
Cementos Portland	18,10	0,760	Urbas	–5,88	–0,001	Santander	723 101 169,94	137 218 323
Natraceutical	5,26	0,011	Fersa	–3,25	–0,020	Telefónica	562 909 527,05	48 325 206
Adveo	4,38	0,520	Inmobiliaria del Sur	–3,25	–0,210	BBVA	418 750 566,35	55 979 441
GAM	4,35	0,010	Amper	–2,78	–0,010	Iberdrola	221 815 960,07	47 206 785
eDreams Odigeo	3,80	0,087	Meliá	–2,60	–0,255	Inditex	166 918 972,39	8 975 855
Vidrala	3,51	1,390	Nicolás Correa	–2,50	–0,030	Repsol	150 165 617,95	11 432 372
Lingotes Especiales	3,14	0,140	Codere	–2,38	–0,010	Caixabank	106 711 565,17	33 461 356
Realia	2,68	0,015	Ezentis	–2,27	–0,016	Popular	103 560 406,16	27 410 303
Natra	2,67	0,025	Azkoyen	–2,02	–0,040	Sabadell	75 128 131,64	32 326 338

* *En millones de euros*

8. Ranking *de valores que han experimentado una mayor subida en porcentaje.* **9.** Ranking *de valores que han experimentado una mayor bajada en porcentaje.* **10.** Ranking *de valores más contratados a lo largo de la sesión.* **11.** *Valoración en euros de los títulos que han cambiado de manos a lo largo de la sesión.* **12.** *Número de títulos que han cambiado de manos a lo largo de la sesión.*

MERCADO CONTINUO 13

14 Nominal	15 Título	Última cotización 16	17 Anterior	Variación diaria 18 Euros	%	Ayer 19 Mín.	Máx.	Rentabilidad del dividendo 20	PER 21
0,01	Abengoa	2,837	2,852	–0,015	–0,530	2,753	2,877	3,82 %	13,81
3,00	Abertis	17,485	17,600	–0,115	–0,650	17,230	17,690	4,01 %	19,8
1,00	Acciona	61,800	61,570	0,230	0,370	60,580	62,300	0,82 %	22,93
0,50	ACS	31,195	30,970	0,225	0,730	30,765	31,225	3,77 %	12,95
0,01	Amadeus	33,510	33,500	0,010	0,030	33,340	33,700	2,27 %	20,16
1,00	Arcelor Mittal	8,690	8,590	0,100	1,160	8,460	8,699	0,00 %	0
0,50	Banco Popular	4,079	4,105	–0,026	–0,630	3,915	4,097	2,87 %	11,66
0,50	Banco Santander	2,390	2,349	0,041	1,750	2,320	2,393	3,12 %	15,44
0,49	BBVA	6,048	6,094	–0,046	–0,750	5,912	6,140	4,65 %	11,24

13. *Sistema de interconexión informático entre las cuatro bolsas españolas.* **14.** *Valor que representa el dinero aportado por los propietarios en el momento de su emisión en el mercado primario.* **15.** *Nombre de la empresa que emitió el título en su día para obtener financiación.* **16.** *Cotización del título al cierre de la sesión (17:00 h).* **17.** *Cotización del título en la apertura de la sesión (9:00 h).* **18.** *Variación experimentada por los títulos en porcentaje y euros a lo largo del día.* **19.** *Valores de cotización mínimos y máximos alcanzados por el valor a lo largo de la sesión.* **20.** *Es el porcentaje que se espera que la empresa pague en términos de dividendo en relación con el precio de la acción (por ejemplo, un 6,96 % quiere decir que se espera un pago de 6,96 € de dividendos por cada 100 invertidos).* **21.** *Es el precio de la acción entre el beneficio neto (por ejemplo, si el precio de una acción es de 30,93 € y el beneficio neto [después de impuestos] es de 2,38 €, su PER será 13).*

Ejercicios

1. ¿Qué relación existe entre el sistema financiero y la demanda agregada?

2. Explica brevemente qué elementos caracterizan a los activos financieros y pon ejemplos.

3. Una empresa financia varios de sus vehículos de transporte mediante el sistema de *leasing*. Explica en qué consiste dicho sistema.

4. ¿Por qué el *leasing* es una forma de financiación?

5. Una empresa tiene 10 000 € en concepto de derechos pendientes de cobro materializados en distintas facturas. ¿Qué consecuencias implicaría vender sus derechos de cobro a una empresa de *factoring* que cobra el 20 % por sus servicios?

6. ¿Por qué decimos que el Banco de España no es un banco propiamente dicho?

7. Teniendo en cuenta que en España destinamos parte de nuestras nóminas a la Seguridad Social para tener derecho a una jubilación procedente del Estado, ¿por qué los fondos de pensiones privados tienen un importante desarrollo?

8. Realiza un esquema que muestre las distintas formas de financiación de las empresas.

9. Las reservas que constituyen las empresas con los beneficios no repartidos también se llaman autofinanciación o financiación de enriquecimiento. ¿Por qué crees que reciben estas otras denominaciones?

10. Explica cómo se las arregla un comercio de electrodomésticos para financiar sus actividades sabiendo que sus proveedores le conceden crédito a 60 días y que, una vez que le suministran las mercancías, tarda un promedio de 20 días en venderlas y 30 días más en cobrarlas.

11. Elabora una tabla con dos columnas en la que queden bien definidas las diferencias entre las obligaciones y las acciones.

12. ¿Con qué tipo de mercado estudiado en la Unidad 6 identificarías el funcionamiento del mercado de renta variable? ¿Por qué?

13. ¿Qué fases atraviesa el título-acción de una empresa desde que esta lo emite para captar financiación hasta que se puede adquirir conforme a la ley de la oferta y la demanda en la bolsa de valores?

14. Explica cómo está organizado el mercado de valores español, detallando las funciones de las sociedades e instituciones que en él participan.

15. Define con tus propias palabras en qué consiste el mercado secundario o de negociación de un mercado de valores.

16. «Más vale pájaro en mano que ciento volando». ¿Cómo relacionarías este refrán con los títulos que se negocian en la bolsa de valores?

17. ¿Es lo mismo un índice bursátil que un índice bursátil general? Explica qué los diferencia.

18. Razona la veracidad o falsedad de las siguientes afirmaciones:

a) Al emitir acciones, las empresas obtienen dinero con el que desarrollar sus actividades, tanto en el mercado primario como en el secundario.

b) El Banco de España es el encargado de diseñar la política monetaria dentro del territorio nacional.

c) Todos los activos financieros, como los depósitos bancarios, pueden ser utilizados como medios de pago.

d) Las expectativas económicas suelen ocasionar la bajada de los precios de cotización de las acciones en los mercados de valores.

e) Un inversor que buscara obtener grandes beneficios en bolsa escogería la renta variable.

f) La utilización de recursos propios en el interior de una empresa tiene un coste de oportunidad.

g) Tanto las acciones como las obligaciones representan un porcentaje de propiedad sobre una empresa.

19. Empareja los conceptos de ambas columnas:

Descripción	*Fuente de financiación*
a) Beneficios no distribuidos	1. Crédito comercial
b) Obligaciones	2. Fondos espontáneos
c) Aplazamiento del pago de suministros	3. Préstamo
d) Salarios pendientes de pago	4. Aportaciones de los propietarios
e) Emisión de acciones	5. Empréstito
f) Fondos prestados por una caja de ahorros	6. Reservas

Ejercicios

20. Lee el siguiente texto sobre el pánico y la crisis de la Gran Depresión de 1929. A continuación, contesta a las preguntas planteadas:

«La década de los años veinte fue testigo del fabuloso auge de los mercados de valores, donde todo el mundo compraba y vendía acciones. Se hacían fortunas millonarias de un día para otro y todos querían probar suerte en las bolsas de valores. Como para obtener grandes beneficios se requería la inversión de grandes cantidades, y no todo el mundo podía desembolsarlas en efectivo, la mayoría de las compras se efectuaban con préstamos bancarios, quedando las acciones recién compradas como garantía de pago. La gente firmaba casi a ciegas los préstamos para adquirir sus acciones. ¿Qué podía importar pagar un interés del 15 % anual si las acciones podían subir ese mismo porcentaje en un solo día?

Con el tiempo, las acciones llegaron a estar sobrevaloradas, es decir, no se correspondía lo que se pagaba por ellas con los beneficios que podían obtener las empresas en cuestión. Los inversores estaban pagando precios muy altos por las acciones. No pensaban en los beneficios que pudieran obtener las empresas sino en el que pudieran obtener ellos mismos vendiendo las acciones a un precio más alto. Se formó así lo que se conoce con el nombre de *burbuja especulativa,* un proceso en el que los precios suben sin cesar debido al exceso de demanda (no porque estén aumentado los posibles beneficios que pudieran repartir las empresas), que termina con un ajuste brusco de los precios cuando el mercado se da cuenta de que ha vivido un espejismo.

Efectivamente, con los precios por las nubes, llegó un momento en el que la gente quería vender pero nadie compraba. El precio empezó a bajar pero seguían sin aparecer compradores. Ante el temor de mayores bajadas, otros accionistas pusieron a la venta sus títulos y el precio de las acciones cayó todavía más. En apenas unos días el valor de las acciones se desplomó y se contaron por millones los inversores que se vieron en la más absoluta de las ruinas».

a) ¿Por qué los compradores de acciones no pensaron en que pudiera bajar su valor?

b) ¿Cuál fue la responsabilidad del sistema bancario en los acontecimientos narrados?

c) ¿Crees que el sistema de admitir las acciones adquiridas como garantía de pago de los préstamos concedidos para comprarlas sigue siendo el más utilizado hoy día? ¿Sabes cuál es el procedimiento para adquirir una acción en España?

d) ¿En qué consiste una burbuja especulativa? Describe cómo evoluciona el precio de una acción cuando se produce este fenómeno.

21. Relaciona los siguientes titulares extraídos de la prensa económica con conceptos económicos estudiados a lo largo de esta unidad.

a) «Los inversores se refugian en la renta fija».

b) «A debate el número de años necesarios para tener derecho a la jubilación».

c) El Banco de España inyecta liquidez en el sistema».

22. Temas de debate:

a) La bolsa, ¿inversión o especulación?

b) ¿Renta fija o renta variable? ¿«Pájaro en mano» o «ciento volando»?

13

Comercio internacional

Los países, al igual que las personas, descubrieron hace siglos las ventajas que suponía especializarse; no en cualquier cosa, sino en aquello para lo que, en comparación con los demás, son más hábiles o competentes. No tendría sentido especializarse en un producto si no fuera, a ser posible, intercambiarlo con ventaja en el mercado internacional. Mediante la especialización mejoramos y, por tanto, nos volvemos más productivos. La especialización permite, a las personas o países, obtener mayor utilidad –en forma de dinero, que usamos posteriormente para comprar lo que necesitamos– en los intercambios. En el comercio internacional es aplicable el refrán «quien mucho abarca, poco aprieta» o «aprendiz de mucho, maestro de nada». Aunque esta teoría es la que mejor explica las ventajas del comercio, no lo explica todo, tal como veremos a lo largo de la unidad.

1. El comercio internacional

En la actualidad, como en la antigüedad, la razón que justifica la necesidad de comerciar con otros países es la **obtención de bienes y servicios** de los que no dispone el país propio. Esta carencia o su escasez tiene su origen en los siguientes **factores:**

- Los **costes de producción** que, a su vez, dependen de la dotación de recursos productivos, así como de la tecnología empleada, influyen decisivamente sobre los precios de venta a los que ofrecer los distintos bienes y servicios. Por ejemplo, una de las razones por las que las grandes marcas automovilísticas eligieron España en la segunda mitad del siglo XX para emplazar sus fábricas dentro del mercado europeo fue el hecho de que el coste de la mano de obra era aquí de los más bajos de Europa. Pero, de igual forma, ahora que nuestros costes laborales se han equiparado a los europeos, algunas multinacionales están empezando a trasladar sus fábricas a lugares como Asia o Europa del Este, donde la mano de obra es más barata.
- La **demanda** propicia el comercio internacional, puesto que en la práctica es muy difícil que un solo país consiga producir todo lo necesario para satisfacer las preferencias o gustos de sus habitantes. Cada país, en función de sus peculiaridades sociales y económicas, importa aquellos bienes que la producción nacional no satisface adecuadamente, ya sea porque no dispone de ellos o porque la oferta resulta insuficiente. Por ejemplo, en España, el 90 % de las películas que exhiben las salas de cine son norteamericanas. Nuestro país dispone de medios para producir películas propias y, de hecho, lo hace, pero las preferencias de los consumidores se inclinan por las películas de EE. UU. Además, la cantidad de películas de producción española es insuficiente para satisfacer la gran demanda de este tipo de ocio.

Estos factores justifican la existencia del comercio internacional, término que engloba las **relaciones económicas internacionales en su conjunto,** ya sean de exportación o de importación. Pero al referirnos a la exportación o importación entre distintas zonas geográficas ya no nos circunscribimos a las fronteras políticas de un país, sino que, dada la tendencia actual de los países a asociarse en bloques de comercio, hay que hacer una distinción que tenga en cuenta el comercio entre distintas uniones aduaneras, esto es, entre zonas geográficas o países con libre circulación de mercancías.

Un **territorio aduanero** es una zona geográfica en la que existe libre circulación de mercancías y que no tiene por qué coincidir necesariamente con las fronteras políticas de un país.

Sabías que

Las mercancías que son objeto de comercio internacional suelen ser indicativas del modelo de desarrollo económico de un país. Muchas de las naciones subdesarrolladas, denominadas del *Tercer Mundo,* son, fundamentalmente, exportadoras de materias primas, mientras que los países industrializados son exportadores de productos elaborados y de tecnología.

	Internacional	Exterior
Definición	Al hablar de comercio internacional nos referimos a las relaciones internacionales en su conjunto entre distintos territorios aduaneros	Entendemos por comercio exterior las relaciones internacionales realizadas dentro de un mismo territorio aduanero. Solo es exterior si están en el mismo territorio aduanero
Denominación de la operación	Exportación-importación	Adquisición intracomunitaria
Ejemplo	Comercio internacional UE ⟷ Japón	Comercio exterior España ⟷ Francia

Tabla 13.1. Diferencias entre comercio internacional y exterior. Ambos términos tienen un significado distinto, aunque muchas veces, erróneamente, son utilizados de forma sinónima. España y Francia son dos países que forman parte de la Unión Europea, organismo internacional que, entre otras cuestiones, funciona como una unión aduanera.

1.1. Especialización y ventaja comparativa

!! *Atención*

Los países, al igual que las personas, descubrieron hace varios siglos las ventajas que implicaba especializarse en producir aquellos recursos en los que superan a los demás o para cuya obtención son relativamente más hábiles o competentes.

Ya en 1776, en su celebérrima obra *La riqueza de las naciones,* Adam Smith se expresaba en los siguientes términos, a propósito del comercio internacional:

> «La máxima de cualquier prudente padre de familia es nunca intentar hacer en casa lo que le costaría más hacer que comprar. El sastre no fabrica sus zapatos, sino que se los compra al zapatero. El zapatero no se hace sus vestidos, sino que recurre al sastre. El granjero no intenta hacer ni unos ni otros, sino que acude a unos artesanos. Todos ellos comprenden que les resulta más conveniente emplear su esfuerzo para tener alguna ventaja sobre sus vecinos, y comprar lo que necesitan con una parte del producto de su esfuerzo. Lo que es prudente en la conducta de una familia nunca será una locura en la de un gran reino. Si un país extranjero nos puede suministrar una mercancía a un precio menor que el que nos costaría fabricarla, será mejor comprársela con el producto de nuestro trabajo, dirigido en la forma que nos resulte más ventajosa».

La gran virtud del **intercambio** es permitir la división del trabajo y, en consecuencia, la especialización de los países en la producción de unos cuantos bienes y servicios específicos, lo cual se traduce en una mayor eficiencia.

Pero, en este caso, Smith solo acertó a medias: no basta con **especializarse,** sino que hay que hacerlo **inteligentemente:** para que el comercio internacional proporcione beneficios a los países, estos solo deben producir aquello que les proporcione una ventaja al comerciar con otros en términos de coste de oportunidad; porque, ¿para qué despilfarrar recursos en el interior del país produciendo algo que podemos obtener más barato en el extranjero, comparativamente hablando? Es decir, los países deciden qué bienes y servicios producirán atendiendo a su coste de oportunidad: analizan los bienes y servicios que son capaces de producir y se deciden por aquellos con los que alcanzan mayor grado de eficiencia en el mercado internacional a la hora de intercambiarlos por otros bienes y servicios.

Este planteamiento, que actualmente constituye la piedra angular del comercio internacional, ya fue expuesto por el economista inglés David Ricardo a principios del siglo XIX.

Fig. 13.1. Mujeres soldando componentes en una fábrica china. Hoy en día se habla mucho de deslocalización, término con el que se conoce el traslado de empresas de unos países a otros donde les resulta más barato producir. El alto coste de la mano de obra en los países desarrollados es el principal factor de la deslocalización.

La **teoría de la ventaja comparativa** ilustra que los países tratan de especializarse en la producción de aquellos bienes y servicios que pueden intercambiar de forma más eficiente en el mercado internacional.

Si el comercio internacional estuviera fundamentado exclusivamente en la aplicación de esta teoría, se llegaría a la especialización total de todos los países, pero la realidad es mucho más compleja. A pesar de sus virtudes contrastadas, la teoría de la ventaja comparativa no deja de ser una hipótesis cuya aplicación práctica es limitada, debido a la existencia de muchos factores que dificultan los intercambios, como pueden ser, por ejemplo, la diferenciación de los productos o las peculiaridades de cada mercado.

Por otra parte, hay países que se benefician más que otros del establecimiento de relaciones comerciales, lo que ha dado lugar al nacimiento de dos corrientes de pensamiento divergentes en sus planteamientos: el **libre comercio** y el **proteccionismo.** Mientras que la primera postura aboga por la abolición de las restricciones al comercio internacional en el convencimiento de que el aumento de la competencia fomenta el progreso y la creación de riqueza, la segunda se caracteriza por todo lo contrario. Dada la influencia de ambas opiniones en la realidad del comercio internacional, vamos a estudiarlas detalladamente en los siguientes apartados.

Caso práctico 1

Imagina que en España se elaboran 8 piezas de cerámica o 2 camisas por cada hora de trabajo, mientras que en Francia se fabrican 3 piezas o 1 camisa en el mismo tiempo.

1. Determina en qué bien o servicio les conviene especializarse a ambos, identificando el coste de oportunidad para cada producto y para cada país, si no existiera comercio exterior.
2. Detalla las ventajas que reporta la especialización.
3. Representa gráficamente la frontera de posibilidades de producción de Francia con y sin comercio exterior.

Solución

1. En España, un trabajador elabora 8 piezas de cerámica o 2 camisas. Esto significa que por cada camisa que se produce se dejan de elaborar 4 piezas de cerámica. Por tanto, sin comercio exterior, en España se intercambia una camisa por 4 piezas de cerámica. En Francia, un trabajador produce 3 piezas de cerámica o una camisa. En este caso, por cada camisa que se produce se dejan de elaborar 3 piezas de cerámica. Sin comercio internacional, en Francia se intercambia una camisa por un tercio de pieza de cerámica.
2. Con el comercio exterior, todos saldrán ganando si España se especializa en cerámica y Francia en camisas. A España le basta con entregar en Francia 3 piezas de cerámica para obtener 1 camisa, mientras que en su propio territorio debe entregar 4. A la vez, Francia también se beneficia, porque produciendo 2 camisas puede comerciar 1 con España y obtener a cambio 4 piezas de cerámica.
3. En la Figura 13.2 puedes ver cómo mejora la frontera de posibilidades de producción de Francia gracias al comercio exterior.

Tabla 13.2. Producción de piezas de cerámica y camisas, en Francia y España, por hora y trabajador con y sin comercio.

		Francia		España	
		Cerámica	Camisas	Cerámica	Camisas
Sin especialización ni intercambio	Produce	3	1	8	2
	Tiene	3	1	8	2
Con especialización e intercambio	Produce	0	2	16	0
	Tiene	4	1	12	1

Observatorio 1

¿La ventaja comparativa justifica el libre comercio?

La teoría de la ventaja comparativa enunciada por David Ricardo no es suficiente para explicar las ventajas del libre comercio, porque los países manejan distintas dotaciones de recursos productivos. Por ejemplo, un país desarrollado como Corea del Sur dispone de abundancia relativa de capital y mano de obra cualificada, mientras que en Marruecos tiene abundante mano de obra poco cualificada. Para que cada país se beneficie del libre comercio, debería concentrarse en fabricar aquellos productos que empleen sus recursos más abundantes. Así, para Marruecos sería muy difícil especializarse en la construcción naval, sector en el que Corea del Sur es una potencia mundial que emplea mucho capital y mano de obra cualificada. En cambio, lo tiene más fácil en sectores que requieran mano de obra poco cualificada como el textil, la artesanía y los productos agrícolas. Pero esto implica que los países poco desarrollados exporten productos de bajo valor a cambio de los bienes tecnológicos de alto valor de los países desarrollados.

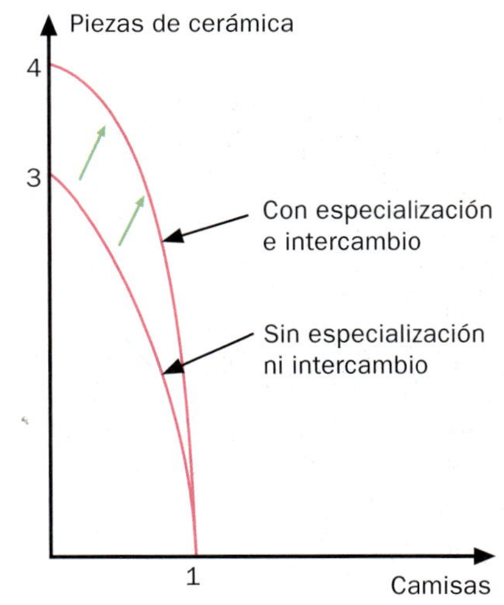

Fig. 13.2. Frontera de posibilidades de producción de Francia con y sin comercio exterior. Este país mejora sus posibilidades gracias al comercio, puesto que, al especializarse en camisas, obtiene en España cuatro piezas de cerámica a cambio de una camisa, cuando en su propio país solo obtendría tres.

Actividades

1> Utiliza ejemplos para describir las razones que justifican el comercio internacional.

2> ¿Qué quería decir el economista David Ricardo cuando hablaba de especialización inteligente?

Fig. 13.3. Productores de café de comercio justo en Colombia. Como el libre comercio favorece a los países más ricos, en la medida en que están en posición de imponer sus condiciones a los más pobres, han aparecido movimientos solidarios como el comercio justo.

Distribuidor: 25 %
Tueste y transporte: 55 %
Exportador: 10 %
Agricultor: 10 %

Entre un 80 % y un 90 % del precio del café se queda en el norte

Fig. 13.4. El precio de una taza de café. Un productor de café del hemisferio sur cobra unos 40 céntimos de euro por cada kilo de café recolectado. En Europa, una taza del mismo café, en la que solo se utiliza una cucharada del kilo de café recolectado, cuesta, por lo menos, un euro.

2. El libre comercio

En las economías globalizadas de hoy en día, el libre comercio se concreta en la **ausencia de barreras comerciales entre los países,** lo cual permite llevar a la práctica la idea sobre la que se fundamenta la teoría de la ventaja comparativa: cuando un país produce bienes y servicios en los que no tiene ventaja comparativa, está derrochando recursos porque podría obtener esos mismos bienes y servicios a un precio menor en el mercado internacional. En este caso ahorraría recursos, que podrían destinarse a aumentar el consumo de ese u otros bienes. Partiendo de esta reflexión, los argumentos a favor del libre comercio serían los siguientes:

- **Mayor eficiencia de los recursos productivos.** Al especializarse en aquellos bienes que le reportan una ventaja comparativa sobre el resto de los países, un país incrementa sus posibilidades de producción, lo cual redunda en los niveles de empleo y riqueza. Un ejemplo es el caso de España en lo que se refiere al turismo o el calzado.
- **Incremento y fomento de la competencia.** Como consecuencia de la entrada al mercado nacional de competidores extranjeros, las empresas del país tendrán que volverse más eficientes si no quieren perder cuota de mercado. Todo ello favorece que los precios bajen, y aumente la calidad y las prestaciones de los productos. Por ejemplo, hasta hace pocos años, Telefónica era la única empresa facultada para operar en el sector de las telecomunicaciones en España. La apertura de este sector a otras empresas ha mejorado las prestaciones técnicas de la telefonía y abaratado los precios.
- **Mayor variedad y cantidad de bienes y servicios.** Sin el comercio internacional determinados productos no existirían o serían escasos. Un caso muy ilustrativo es el petróleo, el recurso energético por excelencia, pero del que carecen muchos de los países más desarrollados, España incluida. Sin comercio internacional de crudo, los países desarrollados no habrían alcanzado los niveles de prosperidad de los que disfrutan hoy.
- **Logro de economías de escala.** El aprovechamiento de las economías de escala exige mercados muy amplios, porque se necesita aumentar la producción para reducir los costes. En los últimos años, la reducción de barreras arancelarias ha favorecido la ampliación de los mercados y la creación de empresas más grandes que sacan mayor provecho de las economías de escala. Son muchos los ejemplos de empresas españolas que podemos citar en este apartado: Inditex, Freixenet, Iberdrola, Lladró, BBVA, Seat, etc.

Observatorio 2

¿Por qué España no fue partidaria del libre comercio?

En comparación con otros países europeos, España realizó tarde y mal la Revolución Industrial. Para compensar la desventaja que esto supuso, la política comercial de España con el exterior durante el siglo XIX y buena parte del XX fue proteccionista, con una etapa de economía autárquica o autosuficiente entre 1939 y 1959, durante la dictadura. En este intervalo, las empresas españolas no tenían que competir con las extranjeras, de modo que los sistemas de producción se volvieron poco eficientes y, en consecuencia, los precios subieron más que si hubiera habido competencia. Según crecía la economía española y se equiparaba con la de los países de su entorno, esta protección fue menos necesaria, y a partir de 1959 España redujo aranceles paulatinamente, proceso que culminó en 1986 cuando se eliminaron frente a los países de la Unión Europea, a raíz del ingreso de España en dicho organismo, y se adoptaron los aranceles comunitarios frente al resto del mundo.

Actividades

3> Explica cómo puede beneficiar a una sociedad la entrada de competidores extranjeros en el mercado nacional.

4> ¿Por qué el libre comercio favorece las economías de escala?

3. El proteccionismo

En situaciones de libre competencia, el comercio internacional puede perjudicar los intereses de ciertos países. Porque hay cierto tipo de bienes que un país no puede permitirse no tener, porque entonces se crearía una situación de dependencia del exterior contraproducente para los intereses nacionales. En este sentido, son ejemplos obvios las armas o la tecnología. En estos casos, los Gobiernos intervienen en el funcionamiento del mercado limitando la entrada de productos extranjeros en el país con el fin de proteger la industria propia. Este tipo de actuaciones se conoce como *proteccionismo.*

Se conoce con el nombre de **proteccionismo** al conjunto de actuaciones que tienen por objeto restringir la entrada de productos extranjeros con el fin de proteger la industria propia.

Recuerda

Una gran dotación de recursos productivos o el tener un producto muy demandado son factores que hacen que la balanza del comercio internacional se incline a favor de determinados países a la hora de comerciar.

Existen razones de peso para tomar medidas proteccionistas, sobre todo por parte de los países en vías de desarrollo. Y es que cada vez es más notoria la división entre un **centro** de países ricos que venden tecnología y servicios cualificados, y una **periferia** de países en vías de desarrollo especializados en productos del sector primario. Mientras los ingresos de los países del centro van en aumento, gracias a sus productos especializados, los de la periferia son decrecientes debido a que suelen competir con productos agrícolas en mercados de competencia perfecta donde suele haber exceso de oferta. En la actualidad, los objetivos que persiguen las medidas proteccionistas son:

- **La protección de industrias consideradas estratégicas para el interés público.** Por ejemplo, las relacionadas con la defensa nacional.
- **El fomento de la industrialización y la creación de empleo.** Persigue, esencialmente, dos objetivos: sustituir productos extranjeros por nacionales y aumentar la renta nacional mediante los beneficios empresariales y los salarios de los trabajadores.
- **El desarrollo de industrias emergentes.** La tecnología, las economías de escala, la productividad, etc. son factores competitivos que necesitan un tiempo de desarrollo. Sin una protección adecuada, las empresas de determinados sectores nacientes no sobrevivirían lo suficiente como para crecer y competir en igualdad de condiciones con las empresas extranjeras.
- **La recaudación de dinero.** Tal y como estudiaremos a continuación, el cobro de dinero a las empresas importadoras por parte de las autoridades de un país o territorio aduanero constituye una importante fuente de ingresos. Este argumento es muy utilizado por los países subdesarrollados.

Recuerda

Economías de escala se refiere a la ventaja en costes que logran ciertas empresas al aumentar la cantidad de bienes producidos.

En la actualidad, las medidas más empleadas para frenar las importaciones de productos de otros países son:

- **Gravar con impuestos las importaciones.** Los impuestos de aduanas sobre las importaciones se llaman **aranceles** y tienen como objetivo encarecer los productos extranjeros para hacerles más difícil competir con los nacionales. Los aranceles pueden ser específicos o *ad valorem* (Tabla 13.3). Por ejemplo, la Unión Europea, en cuyo marco internacional se sitúa España, tiene establecidos aranceles *ad valorem* a la importación de productos tales como las aves de corral, los huevos, las plantas vivas o los productos de floricultura.
- **Fijar cuotas o contingentes limitados de productos extranjeros.** Consiste en establecer limitaciones a las cantidades que se pueden importar de determinados bienes. Por ejemplo, hasta hace pocos años, la Unión Europea restringía la importación de automóviles japoneses a un número limitado de unidades por año.

Específicos	*Ad valorem*
Cantidad fija de dinero por unidad física importada. Por ejemplo, 20 € por cada reproductor Blu-ray que se importe desde Japón a la UE.	Impuesto proporcional fijo sobre el valor de la mercancía. Por ejemplo, un 1 % sobre el total importado con destino a la UE.
Ejemplo: un fabricante japonés que quiera introducir 1000 reproductores Blu-ray de 300 €/ud. en la UE.	
Arancel específico: 20000 €	*Ad valorem:* 3000 €

Tabla 13.3. Definiciones y ejemplos de tipos de aranceles. Los aranceles pueden ser de dos tipos, según el impuesto recaiga sobre el número de unidades importadas o sobre el valor de la mercancía importada.

- **Establecer políticas comerciales e industriales que favorezcan a las industrias nacionales y su expansión.** Así, las empresas nacionales compiten con ventaja con las empresas extranjeras que no disfrutan de este tipo de ayudas. Por ejemplo, en la Unión Europea, los productores de lino, cáñamo y hortalizas perciben ayudas por dedicarse a esta actividad económica.
- **Barreras no arancelarias.** Estas medidas ponen trabas a las importaciones, pero no con impuestos, sino, por ejemplo, a través de complejos trámites burocráticos, la exigencia del cumplimiento de normas de calidad o de un etiquetado especial, la obligatoriedad de realizar depósitos previos a las importaciones, etc.

Sabías que

Los países subdesarrollados suelen ser exportadores de materias primas de bajo precio en el mercado internacional y con poca o nula capacidad para recaudar dinero en el interior de sus países, de forma que el establecimiento de medidas proteccionistas, que se traducen en el cobro de dinero, es una importante fuente de ingresos.

3.1. La relación real de intercambio

La **relación real de intercambio (RRI)** es la posición relativa de un país frente a aquellos otros con los que comercia. Para saber si esta relación ha mejorado o empeorado en determinado periodo (normalmente, un año), se compara la variación del precio de los productos que se importan con la variación del precio de los que se exportan. Se trata de ver si, en comparación con el periodo precedente, ha costado más o menos comerciar con el exterior. Cuando el precio relativo del intercambio sube, es decir, cuando aumenta el precio de lo que se importa y es más barato lo que se exporta, se dice que la relación real de intercambio ha empeorado. En cambio, cuando se exporta a mayor precio y se importa más barato, se dice que la relación ha mejorado. Por ejemplo, si el valor de las exportaciones se eleva un 10 % y el de las importaciones un 5 % respecto al año base, se dice que la RRI ha mejorado y, puesto que el valor de lo que vende al exterior se ha revalorizado en relación con lo que compra, también ha mejorado su competitividad y eficiencia.

Reflexiona

¿Es equitativa la relación de intercambio?

Debido a que en los mercados internacionales la tecnología tiene un precio cada vez mayor, mientras que el de las materias primas tiende a la baja, la relación real de intercambio es muy negativa para los países en vías de desarrollo. Como la diferencia de precios entre ambos tipos de productos se acentúa cada vez más, estos países en desarrollo tienen muy difícil generar recursos propios para industrializarse o desarrollar una tecnología propia.

Caso práctico 2

Suponiendo que el valor de las importaciones y exportaciones de Chile y Brasil fuera el que ves en la tabla, calcula la relación real de intercambio (RRI).

Solución

	01		02		Variación (%); año base = 01		RRI
	*(E)**	*(I)*	*(E)*	*(I)*	*Exportación*	*Importación*	
Brasil	800	200	880	210	$\frac{880-800}{800}\cdot 100 = 10\,\%$	$\frac{210-200}{200}\cdot 100 = 5\,\%$	Mejora
Chile	500	200	600	300	$\frac{600-500}{500}\cdot 100 = 20\,\%$	$\frac{300-200}{200}\cdot 100 = 50\,\%$	Empeora

Tabla 13.4. La variación del año 02 respecto del 01 representa una mejora para Brasil: Δ 10 % (exportaciones) > Δ 5 % (importaciones). En cambio, Chile empeora: Δ 20 % (exportaciones) < Δ 50 % (importaciones).

*(E) corresponde a exportación e (I) corresponde a importación.

Actividades

5> ¿Qué es un arancel? Explica con ejemplos el funcionamiento de los aranceles específicos y *ad valorem.*

6> Argumenta, a favor o en contra, sobre las distintas medidas proteccionistas, con un compañero que opine lo contrario.

4. La balanza de pagos

Los países, al igual que las personas, viven en sociedad. Las familias, las empresas y los Gobiernos no solo operan en los mercados nacionales, sino que también se interrelacionan con los agentes económicos de otras economías mediante las actividades denominadas de *importación* y *exportación.* Tal y como estudiamos en las unidades anteriores, en la producción y crecimiento de un país no solo influyen los residentes, sino también los extranjeros.

Recuerda

En la Unidad 9 aprendimos que la demanda agregada es el gasto total que realizan en una economía los agentes económicos de un país y también los extranjeros.

Exportaciones – importaciones

Demanda agregada *(DA)* $= C + I + G + (X - M)$

Exportaciones netas
Saldo exterior

Para registrar las exportaciones e importaciones de un país con el resto del mundo se utiliza un documento denominado *balanza de pagos.*

La **balanza de pagos** es un documento contable que registra las transacciones económicas llevadas a cabo entre los residentes de un país y los del resto del mundo durante un periodo de tiempo determinado, normalmente un año.

Al igual que otros documentos de contenido económico, está referido a un determinado periodo de tiempo. A la hora de anotar las transacciones, se utiliza la **técnica de la partida doble.**

La **técnica de la partida doble** es un sistema de registro que anota todas las transacciones dos veces: por un lado, el valor de la mercancía que se recibe o entrega y, por otro, el dinero entregado o recibido.

Esto significa que todas las transacciones económicas provocan **dos apuntes** en la balanza, uno en la columna de ingresos (por el valor de la mercancía, servicio o lo que se haya recibido) y otro en la columna de pagos (por el valor del dinero o lo entregado a cambio).

En consecuencia, al sumar las partidas de cualquiera de las columnas, obtenemos el mismo resultado, es decir, **el saldo es cero.** Por esta razón, a este documento se le denomina balanza, pues su saldo siempre está equilibrado. Procediendo de esta forma, es muy fácil comprobar si se ha cometido algún error al realizar las anotaciones.

Las transacciones que se anotan en la balanza de pagos se reparten en tres grandes grupos, atendiendo a lo que se intercambia:

I) La **balanza por cuenta corriente,** que registra las transacciones de bienes, servicios y transferencias corrientes.

II) La **balanza de capital,** que se ocupa de las transferencias de capital y de la adquisición o enajenación de activos no financieros.

III) La **balanza financiera,** que contabiliza las inversiones y las variaciones de reservas.

Sabías que

La técnica de partida doble fue inventada por un fraile en la Edad Media para tener constancia, por separado, de los dos elementos fundamentales del comercio: por un lado, las mercancías y, por otro, el dinero. Además, si la suma de lo que se entrega es igual a la suma de lo que se recibe, es muy fácil comprobar posteriormente que no se han cometido errores a la hora de efectuar las anotaciones. El sistema era tan bueno que ha perdurado hasta la actualidad.

Recuerda

El BCE define la balanza de pagos como «la estadística que recoge, con el desglose apropiado, las transacciones transfronterizas durante el periodo del calendario al que se refieren: mensual, trimestral o anual».

La balanza de pagos española se ajusta a un modelo estándar internacional elaborado según la 5.ª norma del Fondo Monetario Internacional (FMI), un organismo que promueve la cooperación económica entre países. De esta forma, es mucho más fácil comparar las balanzas de los distintos países.

	Conceptos	Ejemplos
I. Balanza por cuenta corriente	Exportaciones, importaciones, rentas y transferencias	
Balanza comercial	Exportaciones e importaciones de mercancías	Naranjas, zapatos, muebles, petróleo
Servicios	Exportaciones e importaciones de servicios	Viajes, transportes, comunicaciones
Rentas	Ingresos o pagos por la utilización de un recurso productivo	Uso de patentes o marcas, salarios para empresas extranjeras, alquileres, dividendos
Transferencias corrientes	Pagos unilaterales de dinero	Remesas de dinero sin contrapartida, donaciones, etc.
Saldo (I)		
II. Balanza de capital	Dinero y bienes de capital valorables en dinero con excepción de los financieros	
Transferencias de capital unilaterales	Transacciones de capital unilaterales	Condonación de deudas, fondos europeos de desarrollo regional o cohesión
Compra/venta de activos no financieros	Tierras, compraventa de patentes o marcas, minas	
Saldo (II)		
Saldo (I + II)		
III. Balanza financiera	Acciones, divisas y similares que son objeto de negociación en mercados de valores organizados	
Inversión directa	Inversiones destinadas a influir en la gestión (10 % o más)	
Inversión en cartera	Inversiones en valores negociables	Acciones, bonos y similares
Otras inversiones	Partidas no incluidas en otras balanzas financieras	
Variaciones de reservas	Fondos de divisas	
Saldo (III)		
IV. Errores y omisiones	Anotaciones que se realizan en la columna correspondiente para que el saldo de la balanza sea cero	
Saldo final (I+II+III+IV)		

Tabla 13.5. Balanza de pagos española, estructura según el modelo estándar propuesto por el FMI. La podemos ver con más detalle en el Caso práctico 3 y, sobre todo, en el texto de apoyo de esta unidad. La diferencia entre las transferencias corrientes y las de capital es su destino: las primeras no tienen un destino específico, mientras que las segundas se consignan a la adquisición de bienes de inversión, infraestructuras principalmente. Los errores y omisiones suelen tener su origen en cantidades de divisas que se corresponden con operaciones de las que no existen ninguna constancia oficial.

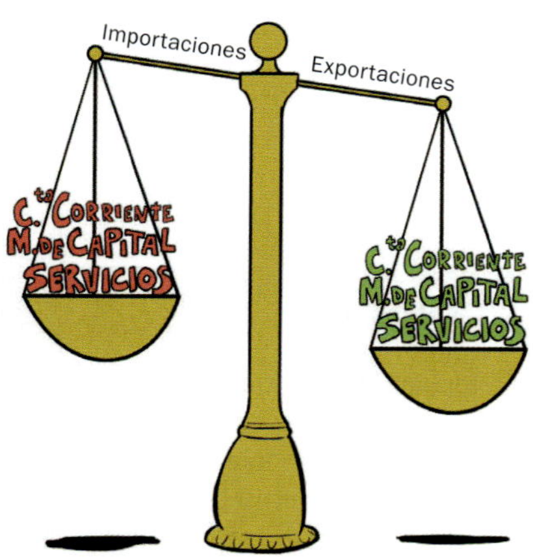

Fig. 13.5. Balanza de pagos en superávit. Las balanzas de pagos ilustran hasta qué punto un país depende de otros para el suministro de los bienes y servicios que necesita. Si la balanza es deficitaria, el país recibe más de lo que aporta al resto de los países y viceversa, cuando existe superávit.

Caso práctico 3

Ana es española y vive muy cerca de Portugal, donde realiza las siguientes operaciones durante el mes de mayo:

a) Cobra 50 € por hacer de canguro una noche.

b) Compra un disco de música valorado en 20 €.

c) Tiene una cuenta en un banco portugués que le renta 5 € de intereses.

d) Revende el disco por 18 € a una amiga portuguesa que tenía mucho interés en él.

Ana guarda todo su dinero en una hucha. A finales de mayo sus reservas de dinero ascienden a 53 €.

A la luz de estos datos:

1. Describe los hechos según los principios de la partida doble contable.
2. Registra los hechos conforme a la partida doble contable.
3. Registra los hechos conforme al formato de la balanza de pagos.

Solución

1. La técnica de la partida doble anota toda operación dos veces: por un lado, el dinero, y por otro, el concepto al que corresponde el ingreso o el pago.
   a) Ana recibe 50 € por prestar sus servicios como canguro. La prestación de servicios se valora en 50 €.
   b) Ana recibe un disco de música valorado en 20 € y paga en efectivo 20 €.
   c) Ana recibe 5 € en concepto de intereses bancarios, los cuales se valoran en 5 €.
   d) Ana recibe 18 € en efectivo por su disco de música: se valora en 18 €.
2. Para sistematizar la anotación, ya en el siglo xv se convino que la información detallada se organizaría en dos columnas: los ingresos se anotarían en la izquierda y los pagos en la derecha. En la columna contraria a la anotación del dinero se apunta el concepto con el que se corresponde ese ingreso o pago. Además se sintetiza la información en cuestión y se suman ambas columnas para comprobar que el registro es correcto.

   Así pues, primero se anota en la columna correspondiente el ingreso o pago y después, en la columna contraria, el concepto al que obedece.

Operación	Ingresos	Pagos
a)	50 €	Prestación de servicios: 50 €
b)	Bienes (disco): 20 €	20 €
c)	5 €	Intereses bancarios: 5 €
d)	18 €	Bienes (disco): 18 €
	Suma 93 €	*Suma 93 €*

Tabla 13.6. Las entradas y salidas de dinero se registran en ingresos y pagos, respectivamente.

3. La información registrada según los principios de la partida doble en el apartado anterior se reordena conforme a su naturaleza en las correspondientes subbalanzas de la balanza de pagos. El dinero (€) se anota en la balanza financiera y los distintos conceptos (disco, canguro e intereses) en la balanza por cuenta corriente. Observa que hay dos anotaciones por cada operación de Ana (ocho en total) y que, hasta cierto punto, podemos comprobar que son correctas, pues el saldo de la balanza

(Continúa)

Reflexiona

¿Son justas todas las ventajas comparativas?

No obstante lo apuntado sobre los beneficios del libre comercio, basados en el desarrollo de ventajas comparativas por parte de los países, hay que recordar que, en no pocas ocasiones, estas ventajas tienen su origen en economías de bajo coste que se apoyan en legislaciones permisivas desde un punto de vista laboral o medioambiental y se traducen en explotación de la mano de obra, expoliación de recursos naturales, contaminación, etc.

Reflexiona

¿Le ponemos palos a las ruedas?

Con la intención de evitar la especulación que se deriva de los movimientos internacionales de capitales, se ha planteado la existencia de una tasa, llamada **Tobin** en honor a su creador, que grave las transacciones financieras con un impuesto internacional. La idea es que los capitales no fluyan con tanta facilidad y rapidez, desincentivando los movimientos especulativos, al tiempo que la recaudación podría dirigirse a luchar contra la pobreza en el mundo.

Caso práctico 3 *(Continuación)*

es 0. Además, le asignamos a cada operación una letra entre paréntesis, a fin de comprobar rápidamente que las anotaciones se corresponden con la operación.

Después de todas estas operaciones, las reservas de Ana ascienden a 53 €, como ella misma ha comprobado contando el dinero que tiene en su hucha.

Balanza de pagos	Ingresos	Pagos	Saldos
I. Balanza por cuenta corriente			
Balanza comercial (disco)	18 € (d)	20 € (b)	– 2 €
Servicios (canguro)	50 € (a)		+ 50 €
Rentas (intereses)	5 € (c)		+ 5 €
Transferencias corrientes			
Saldo I)	+ 73 €	– 20 €	+ 53 €
	Variación pasivos € entregados	***Variación activos*** € recibidos	***VP – VA***
III. Balanza financiera			
Variaciones de reservas (euros)	20 € (b)	50 € (a)	– 30 €
		5 € (c)	– 5 €
		18 € (d)	– 18 €
Saldo III)	+ 20 €	– 73 €	– 53 €
IV. Errores y omisiones			
Saldo final (I+II+III+IV)	+ 93 €	– 93 €	0 €

Tabla 13.7. Balanza de pagos de Ana de acuerdo con el modelo que utiliza España expuesto en la tabla 13.5. Cada una de las filas se desglosa en tres columnas: por un lado, las filas de los epígrafes I y II se desglosan en las columnas Ingresos (I), Pagos (P) y diferencia entre ambas (Saldos) y, por otro, las filas del epígrafe III se desglosan en las columnas variación de pasivos (VP), variación de activos (VA) y diferencia entre ambas (VP – VA).

Observatorio 3

¿Por qué la balanza de pagos española es deficitaria?

Igual que ocurre en los países de nuestro entorno, la balanza por cuenta corriente suele ser negativa en España debido, sobre todo, a un importante déficit en la subbalanza comercial, pues es en este apartado donde se registra el comercio de petróleo, y este recurso energético escasea en España, al igual que en muchos otros países desarrollados. Por otra parte, es reseñable la importancia del turismo en la balanza de servicios, una de las más importantes fuentes financieras de la economía española. La balanza de rentas tiene saldo negativo, sobre todo debido a las que tienen su origen en capital extranjero y son invertidas en España. En lo que se refiere a la balanza de transferencias, en la actualidad son mayoritarios los fondos de esta clase que parten hacia el extranjero. En cuanto a las transferencias destinadas a bienes de inversión, tenían un saldo positivo, pero en el periodo 2007-2013 su cuantía ha disminuido debido la aceptación en la UE de países con rentas medias inferiores a la española. No obstante, y aunque en menor medida, estas ayudas se mantienen para el periodo 2013-2020.

Actividades

7> ¿En qué consiste la técnica de la partida doble? Pon un ejemplo.

8> Describe qué es la balanza por cuenta corriente y qué conceptos se anotan en cada una de sus subbalanzas.

9> ¿En qué epígrafe de la balanza contabilizan los países los aumentos o disminuciones de divisas?

10> ¿Por qué el saldo de la balanza de pagos debería ser cero y, sin embargo, en la práctica no es así?

5. El mercado de divisas

El comercio internacional se realiza en divisas, entendiendo por tal cualquier moneda que no sea la del propio país. En este sentido, por ejemplo, la libra es una divisa en Estados Unidos pero no en el Reino unido, y viceversa.

En lo que respecta a su tipo de cambio, el valor de las divisas está sujeto a las leyes de la oferta y la demanda: a mayor cantidad demandada, mayor será su precio, y viceversa. La peculiaridad del mercado de divisas radica en el hecho de que el tipo de cambio de una divisa se establece siempre en relación con otra moneda, por lo que este se expresa indicando ambas. Por ejemplo, el tipo de cambio del euro respecto al dólar se expresa así: **€/$**; el de la libra frente al euro es **£/€**, etc.

El **tipo de cambio** de una divisa es su precio con respecto a otra.

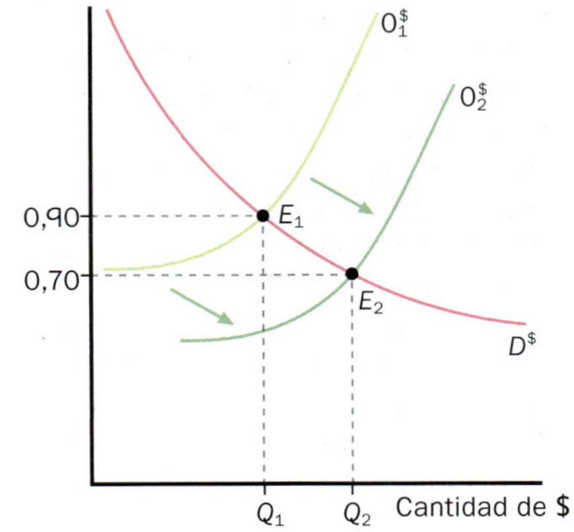

Fig. 13.6. Al aumentar la cantidad ofertada de dólares de Q_1 a Q_2, la curva de la oferta se desplaza hacia la derecha. En consecuencia, el tipo de cambio del euro respecto al dólar (€/$) se aprecia de 0,90 a 0,70 € por dólar (sube su valor, baja su tipo de cambio) pues hacen falta menos euros para comprar un dólar.

Cuando una divisa (al igual que una mercancía) es escasa, se dice que se aprecia o sube de precio, bien porque es muy demandada o porque hay poca cantidad comparada con otras divisas (ver Fig. 13.6). En cambio, las divisas se deprecian cuando son abundantes porque existe un exceso de oferta de las mismas o porque hay gran cantidad en relación con la escasa oferta de otras divisas (ver Fig. 13.7).

La pérdida o la ganancia de valor de una divisa, ya sea por circunstancias del mercado o por la actuación de las autoridades, no son necesariamente situaciones negativas ni positivas para una economía. Por ejemplo, y ante una situación de crisis, una devaluación permite que las exportaciones de un país sean más baratas, con lo cual se incrementa la demanda del resto de países. Es lo que se denomina devaluación competitiva.

5.1. Tipo de cambio del mercado

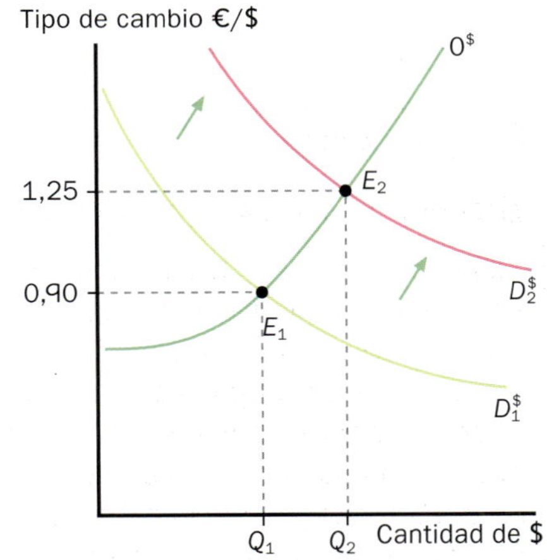

Fig. 13.7. Al aumentar la cantidad demandada de dólares de Q_1 a Q_2, la curva de la demanda se desplaza hacia la derecha. En consecuencia, el tipo de cambio del euro respecto al dólar (€/$) se deprecia desde 0,90 € hasta 1,25 € por dólar (baja su valor, sube su tipo de cambio) puesto que hacen falta más euros para comprar un dólar.

Los principales motivos por los que unos países demandan mayor o menor cantidad de divisas extranjeras son:

- **Las exportaciones o importaciones de bienes y servicios.** Es el exportador el que fija la moneda en la que se realiza una transacción internacional, normalmente la suya propia o el dólar de EE. UU. En consecuencia, los compradores demandarán la divisa acordada propiciando un aumento de su tipo de cambio en relación con otras divisas, y viceversa.
- **La tasa de inflación.** Si sube la inflación de un país y la de los demás no, aumentan los precios y las exportaciones disminuyen, lo cual ocasiona una menor demanda de la moneda del país en cuestión, y viceversa.
- **El precio del dinero.** Si aumenta el tipo de interés que los intermediarios financieros pagan por los depósitos en una determinada divisa, esa moneda será más atractiva a ojos de los inversores extranjeros, lo cual aumentará su demanda, de modo que sube su valor y, por consiguiente, disminuye su tipo de cambio.
- **Las previsiones de apreciación o depreciación.** Las expectativas de futuro también influyen: si una moneda tiende a depreciarse o las perspectivas económicas no son buenas, los agentes económicos querrán cambiarla antes de que se deprecie, ofertándola en el mercado a cambio de otras monedas más fuertes.
- **La actuación de las autoridades monetarias.** Los bancos centrales intervienen comprando o vendiendo su moneda a cambio de otras para conseguir los objetivos deseados o para evitar fluctuaciones agudas.

6. Los sistemas monetarios internacionales

> ***Sabías que***
>
> Una **moneda fuerte** es aquella que tiende a apreciarse, al contrario que una **moneda débil,** que será más inestable en su tipo de cambio y tenderá a perder valor. En consecuencia, las monedas fuertes tienen mucha demanda internacional, ya que se utilizan como medios de pago internacional por su garantía y seguridad, como el dólar o el euro.

Aunque la autoridad monetaria establece el tipo de cambio central, después es el libre juego de la oferta y la demanda el que determina el valor de cotización de mercado. Entonces, la autoridad monetaria puede influir sobre la cotización de su divisa en los mercados internacionales, comprando divisas extranjeras a cambio de la propia cuando quiere devaluarla y viceversa si desea que se revalúe.

Los procedimientos de cada autoridad monetaria presentan unas características determinadas y cada uno de ellos configura lo que se denomina *sistema monetario.*

> Los **sistemas monetarios** son formas de fijar los tipos de cambio, es decir, maneras de fijar la cotización o el precio de las divisas.

Los sistemas monetarios que se utilizan en la actualidad pueden ser:

- **De flotación libre.** Es el sistema más usual. Su principal característica es que no interviene la autoridad monetaria. La cotización de la divisa está determinada por la oferta y la demanda del mercado de divisas.
- **De flotación sucia.** Es una variante del anterior. También se deja actuar al mercado, pero en determinados casos la autoridad monetaria interviene comprando divisas extranjeras a cambio de la propia para devaluarla, y viceversa.
- **Ajustable.** Se parece al sistema de flotación libre, regido por la oferta y la demanda, y al de flotación sucia, en el que a veces se interviene en el mercado. La diferencia es que dicha intervención está limitada a unos topes mínimo y máximo previamente fijados. Mientras el tipo de cambio se encuentre dentro de la banda de fluctuación de topes, es el libre juego de la oferta y la demanda el que determina la cotización de mercado de la moneda, pero si se sale de esos topes, la autoridad monetaria interviene para devolverla a ella.
- **Fijo.** Consiste en establecer una divisa de referencia respecto a la cual se fija la cotización de la propia. Normalmente se elige una moneda fuerte (muchas veces, el dólar norteamericano). Se liga la suerte de la divisa propia a la de una economía fuerte para atribuirle una confianza que en principio no inspira.

Fig. 13.8. Guerra de divisas. Muchos países ajustan artificialmente sus tipos de cambio para corregir su situación económica mediante las exportaciones. Pero si todos los demás proceden de igual forma, nadie exporta y los países se empobrecen.

Actividades

11> ¿Cuál es la peculiaridad de las divisas en lo que respecta a su tipo de cambio?

12> Explica cómo afecta a una divisa una subida del precio del dinero en su zona monetaria.

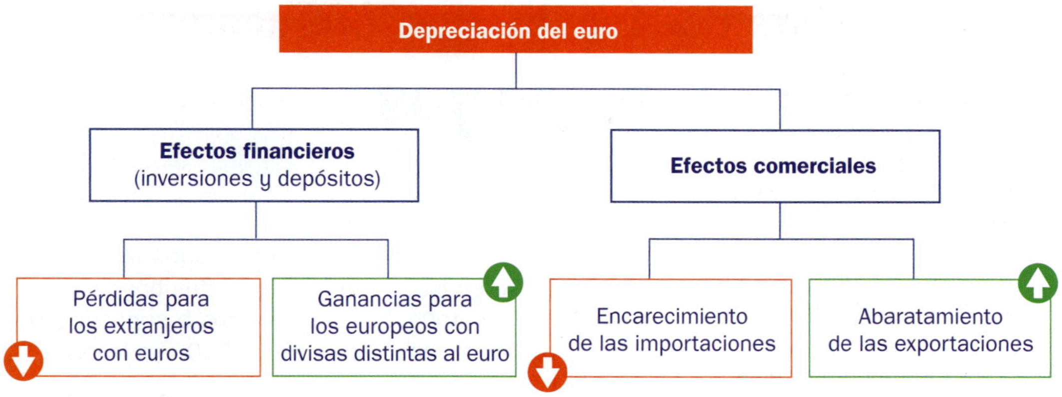

Fig. 13.9. Efectos de la depreciación del euro frente a otras divisas. Por un lado es más fácil exportar, pero las importaciones se encarecen al haberse apreciado las otras divisas. Financieramente se produce una huida de capitales en euros –los inversores los convierten a otras divisas más rentables–, de tal forma que existe presión para que el BCE suba el precio del dinero y atraiga nuevamente a los capitales extranjeros. Los capitales, extranjeros o no, suelen ser necesarios para financiar la deuda pública y las inversiones empresariales.

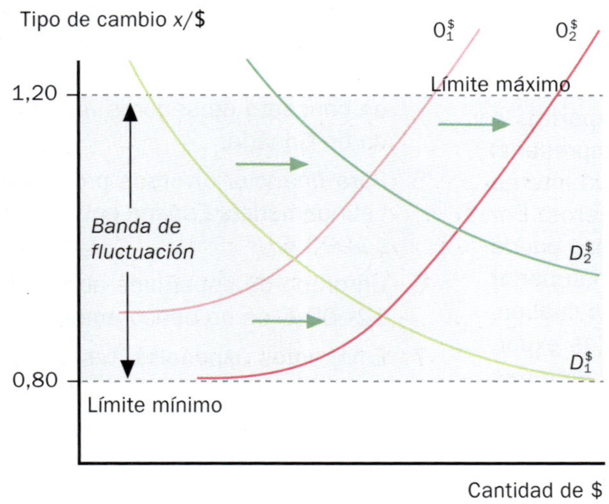

Fig. 13.10. En el sistema de cambio ajustable, la cotización de la divisa varía según el libre juego de la oferta y la demanda hasta cierto punto. El gráfico muestra la cotización de una moneda x frente al dólar USA, cuyo tipo de cambio central se fijó en 1:1. Cuando x se aprecia y llega cerca de 0,80, la autoridad monetaria intervendrá demandando dólares para devaluar un poco la cotización de x (y que el tipo de cambio x/$ se desplace hacia arriba en el eje y). Cuando x se deprecia llegando cerca de 1.20, la intervención consistirá en demandar x y vender dólares.

Actividades

13> Utilizando como referencia la Figura 13.8, describe los efectos de la apreciación del euro frente al dólar norteamericano.

14> ¿Por qué se dice que el sistema monetario ajustable es mixto?

15> Define con tus propias palabras qué se entiende por sistema monetario.

16> ¿Por qué se dice que el sistema monetario ajustable es mixto?

> **Recuerda**
>
> En un mercado, **cotización** es el tipo de cambio de un valor expresado en una determinada moneda. En el contexto internacional de divisas, entendemos por cotización el tipo de cambio de una divisa respecto a otra.

Textos de apoyo

Saldos de la balanza de pagos

El saldo final de la balanza de pagos es siempre cero debido a los ajustes que se realizan en la partida *Errores y omisiones*. Pero no sucede lo mismo con las balanzas y subbalanzas que la integran, las cuales pueden presentar desequilibrios en forma de déficit o superávit. De esta forma, los países pueden saber si han gastado en importaciones más de lo que han ganado exportando o viceversa.

La existencia de superávit o déficit es algo normal; tan solo será preocupante la situación cuando el desequilibrio sea muy importante o persista en el tiempo.

El análisis de la balanza de pagos se centra en:

— **Saldo de la balanza por cuenta corriente** (el saldo I de la Tabla 13.5). Si es positivo, hay superávit comercial (el país exporta más de lo que importa), lo cual significa que, en general, el país es capaz de atender su demanda interna y, al mismo tiempo, producir para el extranjero. En cambio, si es negativo, hay déficit comercial (el país importa más de lo que exporta), lo cual revela como insuficiente la inversión empresarial puesto que, en general, parte de la demanda interna está siendo atendida por productos extranjeros. Por ejemplo, un déficit persistente en esta balanza puede ser la consecuencia de una tasa de inflación superior a la de los países con los que se comercia, lo cual encarece los productos nacionales y dificulta las exportaciones. Además, las medidas fiscales y monetarias contractivas aplicadas por las autoridades de un país reducen la capacidad de consumo de las familias y, por tanto, su demanda de importaciones.

— **Saldo de la balanza por cuenta corriente más balanza de capital** (saldo I + saldo II en la Tabla 13.5). Revela el préstamo que la economía recibe o realiza al resto del mundo. Un saldo positivo indica exceso de ahorro: que el país presta dinero al resto del mundo. En cambio, un saldo negativo indica necesidad de financiación, puesto que está recibiendo un préstamo de otro país.

— **Saldo o variación de reservas** (en la balanza financiera). Indica la situación de déficit (disminución de reservas de divisas) o superávit (aumento de reservas de divisas) de la balanza de pagos globalmente considerada. Representa la liquidez de un país para efectuar pagos internacionales y analiza los distintos saldos. Recuerda que divisa es el nombre que recibe cualquier moneda extranjera.

Práctica

Vamos a registrar en la balanza de pagos las anotaciones que se deduzcan de las siguientes operaciones realizadas al contado. Para ello, vamos a suponer que el saldo oficial de reservas es de 55 000 € a favor.

1. Una empresa establecida en España ha comprado varios electrodomésticos a otra coreana por un valor de 5 000 €.
2. Durante las vacaciones de Semana Santa, los turistas europeos que vinieron a conocer nuestro país se gastaron 22 000 € en él.
3. Un banco suizo concede un crédito a cinco años a una empresa domiciliada en España. El principal de este préstamo asciende a 10 000 €.
4. Una empresa española paga al contado 9 000 € en concepto de seguros a una empresa domiciliada en Canadá.
5. Para financiar diversos proyectos de inversión en Latinoamérica, España entregó fondos por valor de 11 000 €.
6. Un grupo de españoles abre cuentas por valor de 12 000 € en un banco americano.
7. Emigrantes españoles, residentes en Brasil, enviaron a España 3 000 €.
8. Somalia vende a España un solar para que edifique su embajada por 55 000 €.

Solución

Realizamos las anotaciones según el método de la partida doble: por un lado, en las variaciones de reservas anotamos los euros recibidos o entregados; por otro, en la columna contraria a la anotación del dinero, se registra el concepto correspondiente. Así:

No hay error ni omisión alguna, puesto que la cifra oficial de reservas (+ 55 000 €) coincide con las transacciones registradas.

Si observamos los saldos de esta balanza, podemos extraer las siguientes conclusiones:

— El saldo de la balanza por cuenta corriente es de superávit, con lo que el país exporta más de lo que importa. Esto indica que es capaz de producir para el mercado nacional y también para el extranjero.

Textos de apoyo

— En cambio, el saldo de la balanza por cuenta corriente más la balanza de capital es negativo, lo que da a entender que el país es deficitario en capitales, los cuales provienen del extranjero.

— Por último, en cuanto al saldo de reservas, es positivo. Esto, como veíamos en la unidad, quiere decir que el país dispone de reservas con las que atender sus pagos internacionales.

Balanza de pagos	Ingresos	Pagos	Saldos
I. Balanza por cuenta corriente			
Balanza comercial		5000 € (1)	– 5000 €
Servicios	22000 € (2)	9000 € (4)	+ 13000 €
Transferencias corrientes	3000 € (7)		+ 3000 €
Saldo I)	+ 25000 €	– 14000 €	+ 11000 €
II. Balanza de capital			
Transferencias de capital unilaterales		11000 € (5)	– 11000 €
Compra o venta de activos no financieros		55000 € (8)	– 55000 €
Saldo II)		– 66000 €	– 66000 €
Saldo I) + II)	+ 25000 €	– 80000 €	– 55000 €
	Variación de pasivos	**Variación de activos**	**VP – VA**
III. Balanza financiera			
Otras inversiones	10000 € (3)	12000 €	– 2000 €
Variaciones de reservas	5000 € (1) 11000 € (5) 9000 € (4) 55000 € (8) 12000 €	22000 € (2) 10000 € (3) 3000 € (7)	+ 57000 €
Saldo III)	+ 102000 €	– 47000 €	+ 55000 €
IV. Errores y omisiones			
Saldo final (I+II+III+IV)	+ 127000 €	– 127000 €	

Tabla 13.8. En la balanza de pagos, según la técnica de la partida doble, cada anotación en una de las columnas tiene su pareja en la columna contraria. Un truco para rellenarla correctamente es anotar en primer lugar los euros entregados (en variación de pasivos) o recibidos (en variación de activos), y luego la misma cantidad en la fila correspondiente de la columna contraria.

Mapa conceptual

Comercio internacional

Especialización, fruto de la ventaja comparativa

Obtención de ciertos bienes

motivada por...

- Determinados costes de producción
- Satisfacer la demanda

Posturas

argumentos a favor

Proteccionismo	Libre comercio
Protección de industrias consideradas estratégicas para el interés público	Utilización más eficiente de los recursos productivos
Fomento de la industrialización y la creación de empleo	Incremento y fomento de la competencia
Desarrollo de industrias emergentes	Proporciona mayor variedad y cantidad de bienes y servicios
Recaudación de dinero	Favorece el logro de economías de escala

Registro de exportaciones e importaciones

Balanza de pagos	*Ingresos*	*Pagos*	*Saldos*
I. Balanza por cuenta corriente			
Balanza comercial		5000 € (1)	– 5000 €
Servicios	22000 € (2)	9000 € (4)	+ 13000 €
Transferencias corrientes	3000 € (7)		+ 3000 €
Saldo I)	*+ 25000 €*	*- 14000 €*	*+ 11000 €*
II. Balanza de capital			
Transferencias de capital unilaterales		11000 € (5)	– 11000 €
Compra o venta de activos no financieros		55000 € (8)	– 55000 €
Saldo II)		*- 66000 €*	*- 66000 €*
Saldo I) + II)	*+ 25000 €*	*- 80000 €*	*- 55000 €*
	Variación de pasivos	***Variación de activos***	***VP – VA***
III. Balanza financiera			
Otras inversiones	10000 € (3) 12000 € (6)		+ 22000 €
Variaciones de reservas	5000 € (1) 11000 € (5) 9000 € (4) 55000 € (8)	22000 € (2) 10000 € (3) 12000 € (6) 3000 € (7)	+ 33000 €
Saldo III)	*+ 102000 €*	*- 47000 €*	*+ 55000 €*
IV. Errores y omisiones			
Saldo final (I+II+III+IV)	*+ 127000 €*	*- 127000 €*	

Divisa

Factores que se deben tener en cuenta

- Convertibilidad
- Costes de cambio

Variación de tipo de cambio de una divisa respecto a otra según la ley de la oferta y la demanda

- Apreciación (escasez)
- Depreciación (abundancia)

Sistema monetario

Según intervención de la autoridad monetaria

- Flotación libre
- Flotación ajustable
- Flotación sucia
- Fijo

N.º 13. Diario independiente de información económica **Economicus**

«Zapatero, a tus zapatos».
Anónimo.

La doble moral de los países ricos

«Los subsidios agrícolas en los países ricos, alrededor de mil millones de euros al día, despilfarran recursos y perjudican profundamente las oportunidades de los países pobres para invertir en su propio desarrollo», señaló el presidente del Banco Mundial (BM) durante la reunión anual del BM y el Fondo Monetario Internacional (FMI), prestigiosos organismos de cooperación internacional. También pidió a los países desarrollados que fijaran un calendario para eliminar las subvenciones que conceden a los productos agrícolas, para que los países pobres pudieran competir en los mercados mundiales en igualdad de condiciones.

ANXO PENALONGA

En la misma línea, el prestigioso analista internacional Ben Porter criticó con dureza la hipocresía de los países ricos al forzar a que los pobres abrieran sus mercados mientras gastan millones de euros en subsidios y otras medidas proteccionistas. «La Unión Europea, EE. UU., Japón y Canadá representan alrededor del 75 % de la producción mundial y son los mercados más grandes a los que los países pobres dirigen sus exportaciones.» El informe redactado por Porter resalta que «mientras esas naciones hablan de liberalizar el comercio internacional, han actuado despiadadamente al mantener cerrados sus mercados internos a las exportaciones agrícolas y de textiles de los países más pobres».

Por ejemplo, Canadá y EE. UU. concentran las medidas proteccionistas en textiles y prendas de vestir, mientras que Europa y Japón las enfocan a productos agrícolas y alimentarios. «Este patrón de protección crea barreras para los países que están dando sus primeros pasos en la escala tecnológica; mientras, tanto EE. UU. como la UE inundan los mercados de productos subvencionados y niegan a los países pobres cualquier posibilidad de protección al forzar su liberalización unilateral.»

El cultivo del café es uno de los sectores perjudicados por el dumping.

La Unión Europea

Pero quien se llevó la mayor parte de las críticas fue la Unión Europea. Según estas fuentes, la UE destruye las ventajas comparativas de los países pobres en alimentos y textiles, principalmente por medio de altos aranceles que promedian un 35 % y pueden llegar hasta el 250 %. Luego, la UE mantiene subsidios agrícolas masivos, bajo la denominada Política Común Agrícola, por un total de 57 000 millones de euros al año, o sea, 19 000 euros anuales por cada agricultor de la UE. Tales subsidios impiden que los campesinos que no son de la UE puedan competir ante los artificialmente bajos precios que resultan del subsidio, con lo que se convierten en víctimas del llamado *dumping.* Esta subvención también provoca inmensos excedentes agrícolas, que los europeos colocan en el mercado internacional rebajando deslealmente los precios y poniendo en peligro la supervivencia de los campesinos no subsidiados de los países en desarrollo. Por ejemplo, el informe señala que la UE gasta tres mil millones de euros al año subsidiando el azúcar de remolacha en su territorio y, al mismo tiempo, fija un arancel bastante elevado a la muy barata azúcar de caña de los países pobres.

Pero como muy bien explica el informe Porter, los perjudicados por este tipo de actuaciones somos todos: «Las políticas agrícolas de la UE perjudican a los campesinos del mundo en desarrollo, dañan a los consumidores en Europa al aumentar artificialmente los precios de los alimentos y afectan a los productores europeos, los cuales dejan de recibir el dinero que se destina a la producción de alimentos».

Reflexiona

1> ¿Por qué las subvenciones que reciben los productores de los países ricos perjudican a los productores de los países pobres?

2> Explica cómo es posible que los subsidios creen excedentes.

3> ¿Por qué dice el artículo que los europeos practican el dumping agrario?

4> Según el artículo, ¿quiénes serían los principales beneficiados de la supresión de las medidas proteccionistas de la UE? Razónalo.

Un examen conjunto de matemáticas y baloncesto

«Irene y Marc se presentan a un examen que concede mayor puntuación cuantas más ecuaciones matemáticas se resuelvan y más triples de baloncesto se anoten, sin que sea posible dejar a cero ninguna de las actividades y asignando un punto a cada logro. En la media hora que dura la prueba, Irene puede resolver 20 ecuaciones o meter 20 triples. Marc, por su parte, puede resolver 8 ecuaciones o meter 16 triples. Como no es posible dejar ecuaciones sin resolver ni triples sin anotar, deben repartir el tiempo. Si dedican un cuarto de hora a cada actividad, Irene puede resolver 10 ecuaciones y meter 10 triples, mientras que Marc resolvería 4 ecuaciones y anotaría 8 triples. En el mejor de los casos, y entre ambos, resolverían 14 problemas y meterían 18 triples (nota total: 32 puntos). Globalmente, Irene es más capaz que Marc en las dos actividades, pero no se trata de que uno gane y otro pierda, sino de que ambos ganen. ¿Cómo? Dedicándose cada uno a una sola actividad, esto es, especializándose en aquello que les reporte mayor beneficio conjunto. Y para decidir el reparto de actividades nada como el coste de oportunidad: por cada ecuación que resuelve Irene, deja de anotar un triple, pero Marc deja de meter dos. Comparativamente, interesa que Irene se dedique solo a las ecuaciones y Marc solo a los triples. Con Irene dedicándose a lo que se le da mejor y Marc a lo que se le da menos mal, ambos totalizan 20 ecuaciones resueltas y 16 triples anotados (nota total: 36 puntos), la mejor de las soluciones planteadas. Y no solo eso, con el tiempo y gracias a la experiencia Marc mejorará su porcentaje de anotación de triples e Irene resolverá las ecuaciones de matemáticas con mayor rapidez».

Anxo Penalonga

La balanza de pagos de los países subdesarrollados, muy dependiente del precio de las materias primas, presenta un déficit permanente. De ahí que su capacidad para efectuar compras o pagos en los mercados internacionales sea limitada.

Hemeroteca

1945-1970

La guerra fría. Tras la Segunda Guerra Mundial (1939-1945), surgen las instituciones económicas internacionales (Banco Mundial, Fondo Monetario Internacional y Organización Mundial del Comercio), mientras las multinacionales se despliegan por el mundo. Surgen las disputas entre las dos superpotencias, Estados Unidos y la Unión Soviética, y el mundo se alinea en dos bloques antagónicos enfrentados también por el sistema económico: por un lado los capitalistas y, por otro, los «rojos» o comunistas. Nace la CEE, antecedente de la Unión Europea.

Lectura recomendada: MIL MILLONES DE MEJILLONES

Fernando Trías de Bes
Ilustraciones de Toni Batllori
Ediciones Temas de Hoy, 2010

Divertida sátira sobre el sistema económico y político mundial contada en formato de diario por un camarero que naufraga en una isla desierta con personajes tan variopintos como Fernando Alonso, Obama, Berlusconi, Carla Bruni, Hugo Chávez o el fantasma de Michael Jackson. Obligados a tomar decisiones, los personajes de la novela reproducen episodios de nuestra historia como el trueque de alimentos, la adopción de una moneda, la creación de la banca, la inflación o el comercio internacional.

«**Miércoles, 10 de noviembre.** Michael Jackson regresa con un primo segundo del negro de Banyoles que lo acompañó en su anterior viaje. Tiene pinta de buen chico y se le adivina afán emprendedor. Trae una exportación de 100 cocos. Los pone a la venta a 50 céntimos de mejillón a través de nuestros distribuidores, tal y como habíamos planificado. Los cocos nacionales, subvencionados con 8 mejillones, bajan a 25 céntimos. El negrito emprendedor no vende nada y vuelve a Banyoles Island. [...]. Para que pueda saldar sus deudas internas, Berlusconi le entrega un mejillón y le recuerda que los préstamos del Fondo Monetario Internacional están sujetos a intereses.

Lunes, 15 de noviembre. Cuando pensábamos que no iban a aparecer más negritos a comerciar con nosotros, ha llegado una patera con 3 negritos de Banyoles Island a bordo. Anhelan nuestros mejillones. Les damos agua, un trozo de coco y los repatriamos a su islote.

Viernes, 19 de noviembre. A las cinco de la madrugada aparece una patera con 40 negritos más a bordo que ha sido interceptada por nuestro servicio de espionaje. Les damos agua, un trozo de coco y los repatriamos a su islote. Les damos recuerdos para Michael Jackson, su primo segundo emprendedor y los tres compatriotas que nos visitaron el lunes.

Martes, 25 de noviembre. Aparece una patera con 110 negritos a bordo, 55 de los cuales son mujeres embarazadas. Son casi tantos como nosotros y procuramos que no se nos note que tenemos cierto miedo. Les damos agua y, como no tenemos cocos para tantos, los repatriamos a Banyoles Island en ayunas. En lugar de darles recuerdos para los anteriores visitantes, les entregamos una carta que han de hacer llegar a su presidente corrupto: es una propuesta de acuerdo bilateral para controlar la inmigración legal y clandestina».

Adaptado y extractado del capítulo sexto

Hoy recordamos a...

DAVID RICARDO

(Reino Unido, 1772–1823)

Corredor de bolsa y diputado parlamentario.

Nacido en el seno de una familia judía-sefardí, fue la lectura de *La riqueza de las naciones* lo que despertó su interés por la economía. Conoció a grandes pensadores de la época como Malthus o Mill, y fue uno de los primeros defensores de la teoría monetarista sobre la inflación. Sus grandes aportaciones a la economía fueron la teoría de la ventaja comparativa del comercio internacional y la ley de los rendimientos decrecientes.

Cine Europa
Próximamente
Oro negro

Director. Nick Francis y Marc Francis.

Reparto. Tadesse Meskela.

Sinopsis. Documental que disecciona el comercio internacional de café a través de los viajes de Tadesse Meskela, el gerente general de la corporación de granjeros de café de la región de Oromia, a diversas plantaciones de café, plantas procesadoras de granos y las oficinas del sindicato de cultivadores de café. Las compañías vendedoras de café más importantes del mundo, Starbucks, Sara Lee, Procter & Gamble, Kraft y Nestlé son mencionadas en el documental, pero declinaron conceder entrevistas.

Claves de reflexión. Comercio internacional, multinacionales, comercio justo, proteccionismo, libre comercio.

Ejercicios

1. ¿Qué es lo relevante para diferenciar una operación de comercio internacional de otra de comercio exterior?

2. En comercio internacional, ¿por qué se habla de derroche de recursos cuando un país no produce aquello en lo que tiene ventaja comparativa sobre los demás?

3. Dados los datos de la siguiente tabla, que muestra las posibilidades de producción para los países y los productos indicados:

	Alemania	Corea
Sombreros	6	2
Lámparas	2	1

a) Determina en qué bien o servicio les conviene especializarse a estos países, e identifica el coste de oportunidad de cada producto y para cada país si no existiera comercio exterior.

b) Demuestra las ventajas que reporta la especialización, ayudándote de una tabla si fuese preciso.

4. Cita y explica brevemente los argumentos a favor del libre comercio.

5. Di de qué tipo es cada una de las siguientes medidas arancelarias:

a) Fijación de un número máximo de unidades a importar por año.

b) Un impuesto proporcional sobre el precio de la mercancía que se importe.

c) La obligación de pasar la aduana en determinada ciudad alejada del mar o en un aeropuerto internacional.

d) Un impuesto fijo sobre cada unidad de mercancía importada.

e) Exigir que lo que se importe vaya etiquetado en todos los idiomas de la Unión Europea.

6. ¿Quiénes son los principales beneficiarios de las medidas arancelarias? ¿Y los más perjudicados? Razona la respuesta.

7. Haz un esquema con la estructura de la balanza de pagos.

8. ¿Qué es lo que determina la inclusión de una transferencia en una subbalanza u otra?

9. ¿Cuáles son las principales características de la balanza de pagos española?

10. Indica a qué balanza y subbalanza pertenecen los siguientes conceptos, correspondientes a operaciones entre España y el resto del mundo:

a) Exportación de coches.

b) Fletes.

c) Seguros.

d) Pagos de derechos de utilización de patentes extranjeras.

e) Fondos europeos de cohesión.

f) Servicios a empresas.

g) Rentas de inversiones directas.

h) Remesas de emigrantes.

i) Compras de patentes extranjeras.

11. ¿Qué relación existe entre las operaciones de exportación e importación y la demanda agregada de un país?

12. Explica cómo varía el tipo de cambio de una divisa en función de la oferta y la demanda.

13. Utilizando como ejemplo el texto de apoyo, copia en tu cuaderno la Tabla 13.5 y registra en ella las anotaciones de la balanza de pagos española que se deduzcan de las siguientes operaciones, las cuales se realizan al contado. Además, no ha habido errores ni omisiones, ya que el saldo oficial de reservas presentado por el banco central coincide con el resultante de las transacciones. Recuerda que, según el método de la partida doble, debes realizar dos anotaciones por cada operación.

a) Una empresa ubicada en España ha efectuado una compra a una multinacional de la informática con sede en Japón por valor de 2000 €. Ponemos como ejemplo la siguiente tabla:

Balanza de pagos	Ingresos	Pagos
Balanza comercial		2000
Balanza de pagos	**Ingresos**	**Pagos**
Variaciones de reservas	2000	

b) Los turistas ingleses gastaron 5 000 € durante sus vacaciones en España.

c) Un grupo de angoleños residentes en España envía a su país dinero por valor de 4 000 €.

Ejercicios

d) Un banco con sede en España concede un crédito a cinco años a una empresa domiciliada en Argentina. El principal de este crédito es de 20 000 €.

e) Una empresa española cobra al contado 4 000 € en concepto de fletes a otra con sede en China.

f) España recibió fondos de cohesión de la UE por valor de 60 000 €.

g) Unos emigrantes españoles residentes en Argentina abrieron cuentas bancarias en España por valor de 100 000 €.

14. Explica cómo es posible que al depreciarse el euro suba su tipo de cambio con respecto al dólar.

15. Un euro cotiza a 1,20 $ y posteriormente lo hace a 1,30 $. Representa gráficamente esta evolución del tipo de cambio €/$ y explica a qué factores puede obedecer.

16. ¿Cómo puede influir la autoridad monetaria de un país sobre la cotización de su moneda respecto a otra divisa, por ejemplo el dólar?

17. Dada la siguiente tabla con el valor de lo que exportaron e importaron Nigeria y Egipto durante dos años consecutivos, determina si la relación real de intercambio ha mejorado o empeorado en 01 con respecto al año 02:

	01		02		Variación (%); año base = 01	
	Export.	Import.	Export.	Import.	Export.	Import.
Nigeria	500	200	600	250		
Egipto	1 000	500	1 050	510		

18. ¿Qué efecto tendrán los siguientes hechos sobre el tipo de cambio del euro en los países de la Unión Europea, en términos de apreciación (A) o depreciación (D)? Razona la respuesta.

a) Un aumento de la tasa de inflación.

b) Una subida del precio del dinero.

c) Un aumento de las exportaciones.

d) Previsiones de una fase de recesión del ciclo económico.

19. ¿En qué se diferencia el sistema monetario de flotación libre del de flotación sucia? ¿Y el de flotación sucia del ajustable?

20. Todos los meses Irlanda compra 10 000 000 de barriles de petróleo a Venezuela a 62 $/unidad. En los meses de enero, febrero y marzo los pagos se hicieron a finales de mes, momento en que la cotización del euro por una unidad de dólar fue de 1,20, 1,10 y 0,95, respectivamente. Calcula la factura que pagó Irlanda en cada uno de los meses indicados, teniendo en cuenta que previamente tuvo que comprar dólares entregando euros a cambio, y utiliza el ejemplo para explicar cómo se benefician los países de la zona euro de la fortaleza de su divisa frente al dólar.

21. Supón que existe un sistema de cambio mixto fijo/ajustable entre el euro y la lira lituana (LTL), de forma que esta cotiza a 4 € y la banda de fluctuación es del 15 %. Indica cuáles son los límites de fluctuación por encima y por debajo de los cuales las autoridades lituanas intervendrán para devolverla a su banda de fluctuación ofertando o demandando euros.

22. En los años sesenta del siglo XX, durante la época previa a los meses de verano, España ofertaba pesetas a cambio de divisas europeas en los mercados internacionales. Por tanto:

a) La peseta, ¿se apreciaba o depreciaba en relación a otras monedas?

b) ¿En cuál de los sistemas monetarios encuadrarías el proceder del Gobierno español de la época?

c) ¿A qué sector de la industria española buscaba favorecer la autoridad monetaria?

23. Relaciona los siguientes titulares extraídos de la prensa económica con conceptos económicos estudiados a lo largo de esta unidad:

a) «Desciende el turismo en la UE, debido a la apreciación del euro».

b) «Algunas empresas españolas se internacionalizan para lograr economías de escala».

c) «Todos los ordenadores japoneses deben pasar la aduana en Lugo».

24. Temas de debate:

a) Para salvaguardar los puestos de trabajo de tu ciudad, ¿implantarías medidas proteccionistas que restrinjan el libre comercio?

b) ¿Productos de comercio justo a precios altos o los mismos productos a precios bajos aunque sin ser de comercio justo?

14

Integración económica: la Unión Europea

Desde los tiempos del Imperio romano, diversos pueblos han tratado de gobernar todo el espacio geográfico que hoy conocemos como Europa, pero esta pretensión por la vía militar ha fracasado: en distintas épocas, España, Francia, Inglaterra o Alemania intentaron, sin éxito, someter a sus vecinos europeos.

Pero lo que no se consiguió por las armas se está logrando con euros y mucha negociación. La UE es el intento de integración económica más ambicioso jamás llevado a cabo, y tan favorables fueron las épocas de bonanza que se aceleraron plazos y se incorporaron numerosos socios. Pero lo diseñado durante las vacas gordas no funcionó durante las vacas flacas y han sido necesarios numerosos parches. Hoy en día, el movimiento «europeísta» se divide entre quienes entienden que se ha ido demasiado rápido y quienes aún creen que la integración es posible.

1. La integración económica

La progresiva disminución de aranceles que siguió a la Segunda Guerra Mundial y las actividades internacionales de las grandes empresas estrecharon las relaciones económicas mundiales. Muchos países promovieron estructuras de colaboración que iban más allá de una simple cooperación. Estas fórmulas pretenden la formación, en etapas progresivas, de espacios económicos supranacionales, con la consiguiente cesión de soberanía nacional por parte de los Estados miembros. Estas estructuras comprenden el proceso denominado *integración económica.*

> ***Recuerda***
>
> A diferencia de la cooperación, la **integración económica** supone la aplicación de medidas que afectan a la soberanía nacional.

La **integración económica** es el proceso de unión de mercados que tiene como objetivo la formación de espacios económicos supranacionales más competitivos y eficientes que los de origen.

Esquema 14.1. Niveles de integración económica, de menor a mayor grado.

De menor a mayor grado, las estructuras de integración económica son:

a) **Comercio preferencial.** Es la forma de integración más básica. Dos o más países acuerdan reducir los aranceles entre sí. Es el caso, por ejemplo, del formado por la Unión Europea y los Estados de África, Caribe y el Pacífico (ACP).

b) **Área de libre comercio.** Consiste en la desaparición de los derechos arancelarios para los productos de los países integrados en el área establecida, pero conservando los aranceles propios respecto a los de fuera del área de libre comercio. Ejemplos de esta integración económica serían la NAFTA, la Asociación Norteamericana de Libre Comercio entre México, los Estados Unidos de América y Canadá; la Asociación de Naciones del Sudeste Asiático con China (ASEAN-China) y el Mercado Común Centroamericano (MCCA), organización esta última que a pesar de su nombre funciona como un área de libre comercio.

c) **Unión aduanera.** Es un área de libre comercio cuyos miembros adoptan un arancel común respecto de las importaciones procedentes de terceros. Ejemplos son la Comunidad Andina (CAN), el Mercado Común del Sur (MERCOSUR) y la Comunidad Económica Euroasiática (EURASEC).

d) **Mercado común.** Es una unión aduanera en la que, además, existe libre circulación de uno o varios recursos productivos, como por ejemplo de las mercancías, los trabajadores y los capitales. Tal integración implica ceder soberanía, por lo que es preciso crear instituciones u organismos supranacionales que aseguren la viabilidad de esta estructura económica. Es el caso de la Asociación Europea de Libre comercio (EFTA).

e) **Unión económica.** Es un mercado común en el que también son comunes la moneda y las políticas económicas y monetarias. La cesión de soberanía es aún mayor que en el mercado común porque, al dotarse de un sistema monetario único, cada país se somete a una disciplina monetaria común para mantener los tipos de cambio dentro de los márgenes autorizados. Por ejemplo, la Unión Europea (UE).

f) La **integración económica** total sería el paso siguiente a la unión económica, pues unifica las decisiones de política fiscal, además de las de política monetaria, bajo una autoridad supranacional.

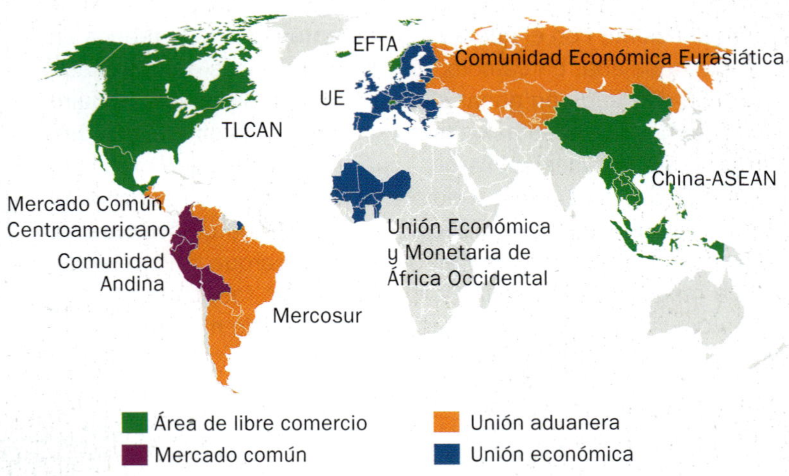

Fig. 14.1. Principales procesos de integración económica que existen en la actualidad. El más avanzado es el que conforma la Unión Europea.

Recuerda

Lograr economías de escala es una de las razones por las que muchas empresas internacionalizan sus actividades.

Entre las **razones** que justifican un proceso de integración cabe señalar:

- **La aparición de las economías de escala.** Al ser mayor el mercado, las empresas logran mayor eficiencia, incurren en menos costes y abaratan su producción porque reparten los costes entre más unidades de producto.
- **El desarrollo de actividades conjuntas.** Muchos proyectos, sobre todo los relacionados con la tecnología, exigen grandes inversiones difíciles de abordar de forma individual. Es el caso, por ejemplo, del programa espacial europeo.
- **Mayor especialización.** Sin barreras proteccionistas, resulta más fácil desarrollar o potenciar las ventajas comparativas de las que dispone un país en relación con los otros con los que forma la integración económica, ya que no hay que preocuparse de aranceles ni engorrosos trámites, que la encarecen y la dificultan, respectivamente.
- **Mayor poder de negociación frente a otras potencias.** Son mayores las ventajas que se pueden obtener negociando en bloque que aisladamente.
- **Mayor eficiencia productiva.** Al suprimirse las barreras arancelarias, hay más empresas que compiten en el mismo mercado, con lo cual se intensifica la competencia. En consecuencia, las empresas se vuelven más eficientes y mejoran la calidad de los productos, al tiempo que reducen sus precios.

La Unión Europea (UE) es la única unión económica que existe en el mundo. Evolucionando desde un mercado común, los países de la UE han superado con éxito sus diferencias, y a pesar de la ralentización del proceso y de los problemas que trajo la gran crisis mundial de finales de la primera década del siglo pasado, hoy es un claro exponente de las virtudes que proporciona la integración económica.

Constituida en 1957 por seis países, actualmente hay veintiocho miembros, pero el club no deja de crecer y ya están previstas nuevas incorporaciones en años venideros.

Observatorio 1

¿Por qué las empresas tratan de ampliar mercado?

A principios del siglo XX, a un obrero norteamericano empleado en la Ford le bastaba con trabajar seis meses para ganar el dinero suficiente con el que adquirir un automóvil de la fábrica en la que trabajaba. En cambio, un operario francés de la Renault tardaba dos años en ganar el salario que le permitiera adquirir un automóvil de prestaciones similares al norteamericano. Trabajos y automóviles similares: ¿cuál era el factor que explicaba una diferencia de año y medio entre ambos? Muy sencillo: el coste de producción. En Francia, el precio del automóvil era cuatro veces superior que en Estados Unidos porque la Ford producía a mayor escala que la Renault. Es decir, fabricaba muchas más unidades porque abastecía a un mercado más grande, lo cual le permitía reducir el coste por unidad. Efectivamente, al alcanzar grandes volúmenes de producción, la Ford se beneficiaba de las economías de escala y, en consecuencia, podía repartir el coste total entre un mayor número de unidades. De esta manera, el coste de producción por unidad se reduce y, con él, el precio de venta al público. ¿Y por qué Ford tenía un mercado mucho más grande que Renault? porque EE. UU., aunque sea un Estado federal, ha sido desde siempre un mercado único. En cambio, para vender sus coches, Renault tenía que pagar impuestos por exportar a Alemania o España, realizar campañas de publicidad diferenciadas, etc. Esta fue una de las razones por las que, después de dos guerras mundiales, los europeos crearon un mercado común en 1957.

Actividades

1> ¿Cuál es el rasgo básico que diferencia la cooperación de la integración económica?

2> ¿Por qué las empresas de un país son más competitivas cuando comparten mercado con las de otros países?

2. La Unión Europea (UE)

La Unión Europea (UE) no es un Estado que vaya a sustituir a los actuales Estados, pero es más que cualquier otra organización internacional. De hecho, la UE es única en el mundo. Para tomar decisiones democráticas sobre asuntos de interés común, sus Estados miembros han creado instituciones y organismos comunes en las que delegan parte de su soberanía; y mientras las instituciones son los órganos fundamentales de un Estado o sociedad, los organismos son entes públicos, independientes de las instituciones, cuyo objetivo es el cumplimiento de un servicio público (ver Esquema 14.2).

En todo caso, esta unión de soberanías se conoce con el nombre de integración que, en el caso de la UE, ha evolucionado desde un mercado común. En el ámbito europeo, se denomina **integración europea.**

La herramienta fundamental para lograr esta integración han sido los **tratados,** acuerdos que vinculan respecto al objetivo, pero que dejan libertad a los países sobre la forma de lograrlo.

Los **tratados** son acuerdos internacionales que vinculan a las naciones firmantes para el cumplimiento de unos objetivos determinados.

Los tratados se desarrollan con directivas, disposiciones que vinculan a los estados de la UE en la consecución de objetivos concretos en un plazo determinado pero que dejan libertad a los estados sobre la forma de alcanzarlos.

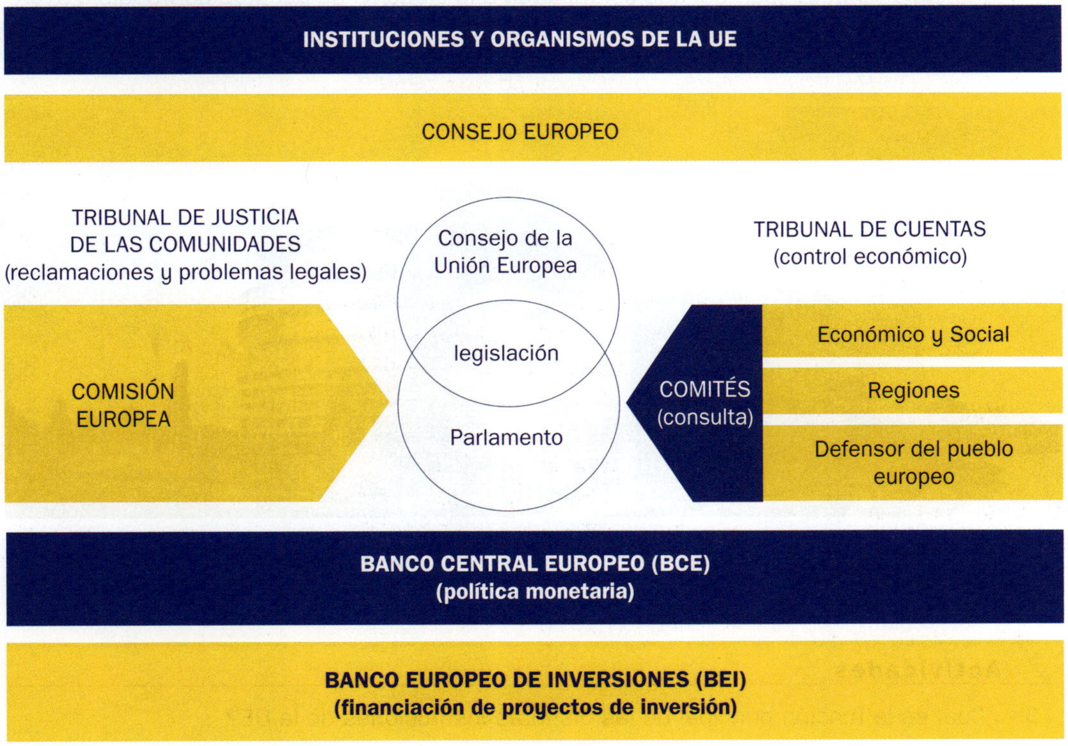

Esquema 14.2. Instituciones y organismos de la UE. A las cuatro instituciones básicas: Consejo Europeo, Parlamento, Comisión y Consejo de la Unión Europea, hay que sumar los órganos consultivos (comités y Defensor del Pueblo), los que velan por el cumplimiento de las leyes y presupuestos (tribunales) y, por último, los financieros (BCE y BEI).

Sabías que

Las reuniones del Consejo Europeo, ordinariamente de carácter trimestral, se designan comúnmente como «cumbres europeas» o «reuniones en la cumbre» debido a la importancia de sus asistentes, los jefes de Estado de todos los países miembros de la UE.

Recuerda

La Comisión Europea defiende tradicionalmente los intereses comunitarios. Todos los Gobiernos nacionales están representados en el Consejo de la Unión y son los ciudadanos de la UE los que eligen directamente al Parlamento Europeo por sufragio universal. Formada por tantos comisarios como países miembros, es habitual que la Comisión tome el nombre de su presidente, como fue el caso de la Comisión Durão Barroso durante el periodo 2010-2014.

2.1. Organismos económicos

Sabías que

El procedimiento usual de toma de decisiones en la UE se denomina *codecisión*. Significa que el Parlamento Europeo, directamente elegido, debe aprobar la legislación de la UE junto con el Consejo, formado por los Gobiernos de los países miembros.

En general, y tal como se puede ver en el Esquema 14.2, existen dos tipos de organismos: los políticos y los económicos. Estos últimos, ligados al control del dinero, funcionan como organismos independientes del poder político. Son los que citamos a continuación:

- **El Tribunal de Cuentas europeo: el valor de nuestro dinero**

Los fondos de los que dispone la UE deben utilizarse de forma legal, económica y para el propósito previsto. El Tribunal de Cuentas, una institución independiente de la UE con sede en Luxemburgo, es el organismo que controla la legalidad y la regularidad de la gestión del presupuesto de la UE.

- **El Banco Central Europeo (BCE): dinero estable para Europa**

El BCE es el responsable de la moneda única, el euro. El BCE gestiona independientemente la política monetaria europea, decidiendo, por ejemplo, cuál debe ser el precio del dinero y la cantidad de dinero que circula por la economía.

El objetivo principal del BCE es garantizar la estabilidad de los precios, de modo que la economía europea no se vea perjudicada sobre todo por la inflación.

- **El Banco Europeo de Inversiones (BEI): inversión en el futuro a largo plazo**

El BEI presta dinero para proyectos de inversión de interés europeo; en especial se benefician las regiones menos favorecidas. Por ejemplo, financia enlaces ferroviarios, autopistas, aeropuertos, proyectos medioambientales, y —a través de bancos asociados— inversiones de pequeñas empresas (pymes) que contribuyen a la creación de puestos de trabajo y al crecimiento. Los préstamos también apoyan el proceso de ampliación de la Unión y su política de ayuda al desarrollo.

Fig. 14.2. Las sesiones del Parlamento Europeo se celebran en Estrasburgo (Francia), las comisiones parlamentarias en Bruselas (Bélgica), y las oficinas administrativas están en Luxemburgo.

En Internet

Puedes obtener mucha información sobre la Unión Europea en la dirección http://europa.eu.int/index_es.htm. De hecho, esta página es la fuente utilizada para redactar buena parte de los contenidos sobre instituciones y organismos de la presente unidad.

Actividades

3> ¿Cuál es la función principal de las distintas instituciones de la UE?

4> ¿Qué sentido tiene que las entidades económicas sean organismos independientes?

5> ¿Cuál es la principal función del BCE? ¿Qué variables maneja?

6> ¿Qué papel juega el Banco Europeo de Inversiones en la construcción europea?

3. Las políticas comunes

Ya en el tratado germen de la actual Unión Europea, el **Tratado de Roma,** los países acordaron atribuir a las instituciones europeas competencias globales sobre sectores completos de actividad para lograr la integración socioeconómica y mejorar la competitividad frente a terceros países. Nació así la política común europea en **1957,** la cual mantiene plena **vigencia,** si bien actualmente es superior el número de ámbitos intervenidos por la Unión Europea, como consecuencia de una mayor integración.

Por **política común europea** entendemos las acciones conjuntas llevadas a cabo por los países de la Unión Europea sobre distintos ámbitos y que tiene como objetivo el establecimiento de unas normas comunes, la defensa de los sectores productivos y la mejora de la competitividad.

Efectivamente, la UE tiene establecidas políticas específicas por ámbitos: regional, agricultura, economía y moneda, medioambiente, defensa de los consumidores, pesca, empresas y un largo etcétera (ver Tabla 14.2). En la presente unidad, sin ánimo de cuestionar la importancia de todas y cada una de ellas, vamos a analizar las dos citadas en primer lugar: la primera por estar relacionada con el desarrollo económico y el nivel de vida de las regiones, y la segunda por ser esencial para el buen funcionamiento de la UE, al afectar a cuestiones clave como el déficit público o el precio del dinero.

Regionales	Económicos
Fomentar el desarrollo de las regiones más desfavorecidas	Integrar las economías de los países de la UE de manera eficaz
Promover la creación de puestos de trabajo y la incorporación de la juventud a la vida activa	Promover el crecimiento y la prosperidad en Europa
Promover el desarrollo rural y urbano	

Tabla 14.1. Objetivos de la política regional y económica que se derivan de la aplicación de las políticas comunes en los ámbitos resaltados en la Tabla 14.2.

Ámbitos de la política común europea	
Aduanas	Empresas
Agricultura	Energía
Ampliación	Fiscalidad
Asuntos institucionales	Lucha contra el fraude
Asuntos marítimos y pesca	Investigación e innovación
Audiovisual y medios de comunicación	Justicia, libertad y seguridad
Ayuda humanitaria	Medioambiente
Comercio exterior	Mercado interior
Competencia	Política exterior y de seguridad
Consumidores	Política regional
Cultura	Presupuesto
Derechos humanos	Relaciones exteriores
Desarrollo y cooperación	Salud pública
Economía y moneda	Seguridad alimentaria
Educación, formación, juventud	Sociedad de la información
Empleo y política social	Transportes

Tabla 14.2. Ámbitos de la política común europea. Los ámbitos sobre los que hablaremos en esta unidad son política regional, por un lado, y economía y moneda, por otro.

Observatorio 2

¿Por qué es controvertida la política agraria común (PAC)?

Desde siempre, la PAC ha sido una de las áreas estratégicas de la Unión Europea, máxime cuando esta nació en una época en la que los países miembros aún emergían de una posguerra caracterizada por la escasez de alimentos. Garantizar un nivel de vida justo a los agricultores era muy razonable entonces, pero con el paso de los años, con una Europa estable y en paz, se ha revelado como un gran problema. Por un lado, las subvenciones agrícolas se comen la mayor parte del presupuesto comunitario en detrimento de otras áreas y, por otro, el proteccionismo perjudica tanto a los consumidores europeos como a terceros países. Los productos extranjeros, más baratos en producción que los europeos, se ven gravados con cuantiosos aranceles para entrar en la UE, lo cual incrementa notablemente el precio final de venta al consumidor. Por su parte, los productos europeos, protegidos por los aranceles frente a la competencia exterior, no tienen que bajar los precios para competir, y estos permanecen artificialmente altos. En cualquier caso, los perjudicados son los consumidores.

3.1. La política regional

Sabías que

Puesto que se está potenciando la región como unidad territorial básica de la Unión Europea, se habla muchas veces de *la Europa de las regiones.*

Cohesionar, es decir, equiparar el nivel de vida y de desarrollo económico en las distintas regiones y naciones de la Unión Europea es, desde hace varios años, una de las principales preocupaciones de los gobernantes europeos. Y es que, a pesar de los éxitos económicos de la Unión Europea, aún existen grandes contrastes en lo que al nivel de vida se refiere. Por ejemplo, el Producto Interior Bruto (PIB) per cápita de Bélgica es el doble que el de Finlandia; o la región de Londres, en Reino Unido, que es la más rica de Europa, tiene una renta per cápita que supera en diez veces a la de Severozapaden, en Bulgaria.

No es casualidad que hablemos de *regiones* en lugar de *naciones,* porque actualmente esta unidad territorial —denominada comunidad autónoma o ciudad autónoma en nuestro país— se considera como la unidad básica de la ordenación territorial europea. Su menor dimensión, en relación con las naciones que las comprenden, permite conocer mejor la realidad en la que se mueven para tomar medidas más adecuadas que corrijan los desequilibrios entre regiones.

Recuerda

Europa 2020 es la estrategia de crecimiento de la UE para la próxima década, caracterizada por una economía inteligente, sostenible e integradora.

El conjunto de las medidas destinadas al logro de este objetivo configura la llamada política regional de la Unión Europea, y en la actualidad está orientada a la consecución de los objetivos Europa 2020. Sus principales objetivos son:

- La creación de empleo.
- La competitividad.
- El crecimiento económico.
- La mejora de la calidad de vida.
- El desarrollo sostenible.

Fig. 14.3. Capitales europeas manejadas por una mano oculta. Las vinculaciones con antiguas colonias, las alianzas estratégicas o la dependencia energética son solo algunos de los factores que condicionan las decisiones de los miembros de la UE, de tal forma que es muy difícil alcanzar el consenso cuando de política exterior se trata.

La política regional europea se hace efectiva mediante la adjudicación de dos tipos de **fondos o partidas** cuya concesión depende directamente de la Comisión Europea: los fondos estructurales y de cohesión.

Unidades territoriales de la Unión Europea			
Nivel NUTS	*N.º mínimo de personas*	*N.º máximo de personas*	*Denominación española*
I	3 millones	7 millones	
II	800 000	3 millones	Comunidades y ciudades autónomas
III	150 000	800 000	Provincias

Tabla 14.3. La Europa de las regiones. En el marco de la Unión Europea, la unidad territorial básica es la región o NUTS (nomenclatura de Unidades Territoriales Estadísticas) de nivel II.

En España no existen NUTS de nivel I, denominación reservada para agrupaciones de regiones con características culturales e históricas comunes. Esta es la denominación que reciben en otros países, donde sí existen, las NUTS de nivel I: Gewesten/Régions, en Bélgica; Länder, en Alemania; Continente, en Portugal; y Office Regions, en el Reino Unido.

Fondos estructurales y de cohesión

Eliminar los desequilibrios regionales es un largo proceso que puede durar varios años. Como no es posible conseguirlo en un periodo corto de tiempo, las intervenciones comunitarias que persiguen este objetivo se denominan estructurales o a largo plazo. Son **cuatro** los tipos de fondos estructurales, de los que el principal es el FEDER, y el resto son complementarios:

Siglas	Denominación
FEDER	Fondo Europeo de Desarrollo Regional
FSE	Fondo Social Europeo
FEADER	Fondo Europeo Agrícola de Desarrollo Rural
FEMP	Fondo Europeo Marítimo y de la Pesca

Tabla 14.4. Tipos de fondos estructurales y de cohesión.

Junto con los fondos estructurales, existe el llamado **Fondo de Cohesión,** que apoya determinadas acciones en ámbitos específicos para alcanzar la convergencia, como el medioambiente y las infraestructuras de transporte.

La política regional comunitaria persigue, a través del FEDER, el FSE y el Fondo de Cohesión, la consecución de tres **objetivos:**

- Convergencia, mediante el impulso del crecimiento económico.
- Competitividad regional y empleo.
- Cooperación territorial europea, mediante iniciativas locales y regionales conjuntas.

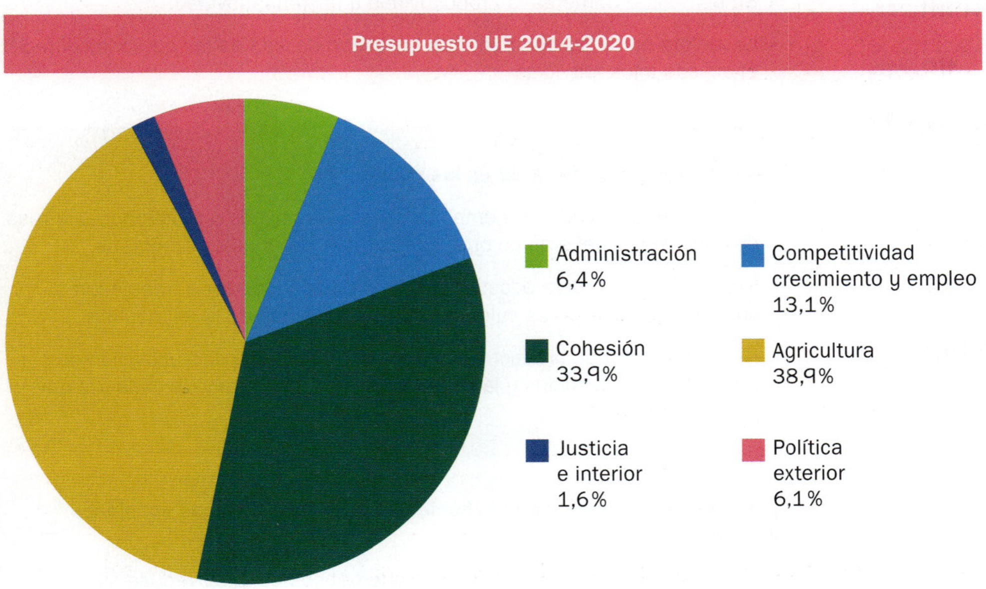

Fig. 14.4. Presupuesto UE 2014-2020. Las principales partidas del presupuesto europeo son los gastos de cohesión y la agricultura. Los porcentajes de las partidas presupuestarias se mantienen inalterables durante seis años para asegurar la consecución de los objetivos perseguidos. Fuente: Comisión Europea.

@ En Internet

Puedes recabar más información sobre la política regional en el enlace: http://ec.europa.eu/regional_policy/index_es.cfm

!! Atención

Por *converger* entendemos «acercar posiciones». En términos económicos, se utiliza para referirse a la aproximación de los índices económicos de distintos países a unos mínimos consensuados que suponen un punto de partida homogéneo.

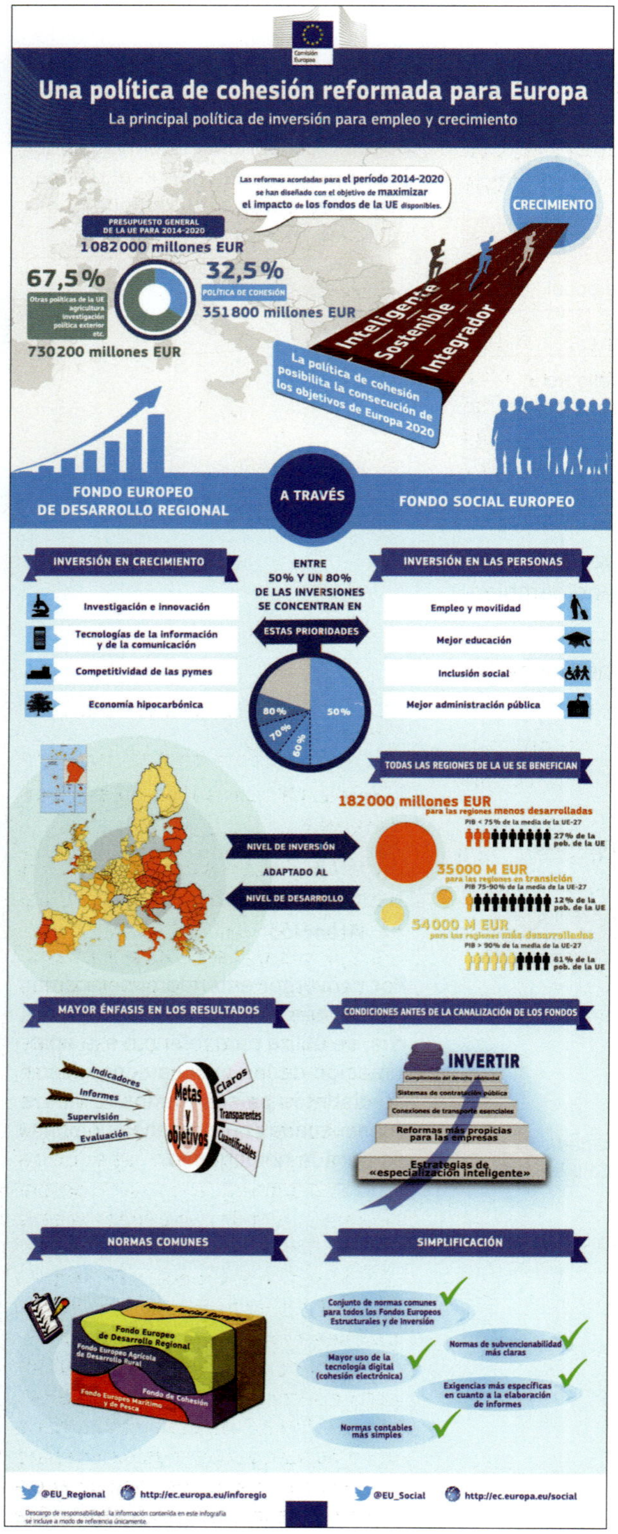

Esquema. 14.3. Instrumentos y fines de la política de cohesión europea.
Fuente: Comisión Europea.

1. Investigación e innovación
2. Tecnologías de la información y de la comunicación (TIC)

Áreas clave para el crecimiento económico y la creación de empleo

3. Mejora de la competitividad de las pequeñas y medianas empresas (pymes)
4. Apoyo al cambio hacia una economía de bajas emisiones de carbono

1. ¿Por qué invertir en investigación e innovación?

- La innovación genera hasta un 80 % del crecimiento económico en los países desarrollados.
- Europa necesita innovar para crear productos y procesos comercializables que impulsen el crecimiento económico.
- Europa se está quedando a la zaga de sus principales competidores mundiales. El gasto en I+D es muy inferior al de EE. UU., Japón, Corea del Sur y China.

2. ¿Por qué invertir en TIC?

- Las empresas presentes en Internet logran un mayor crecimiento de los ingresos y crean más empleo que los competidores que no lo están.
- Su uso eficaz aumenta la productividad y la competitividad.
- La mejora en su acceso aumenta la calidad de vida de las personas al facilitar el acceso a los servicios

3. ¿Por qué debe invertir la UE en las pymes?

- Generan dos de cada tres empleos del sector privado y mantienen una tasa de crecimiento del empleo que duplica la de las grandes empresas.
- Necesitan ayuda para acceder a la financiación y atraer a trabajadores cualificados, y son más vulnerables a los vaivenes de la economía.
- Necesitan ser más productivas y mejorar la calidad y diferenciación de sus productos, los servicios y la comercialización, en un mundo cada vez más globalizado.

4. ¿Por qué invertir en el cambio hacia una economía de bajas emisiones de carbono?

- Perseguir los objetivos climáticos y energéticos de la UE reduce su dependencia energética.
- Crear actividades empresariales y de investigación en tecnologías de bajas emisiones de carbono fomenta la creación de nuevos empleos en la economía ecológica.

3.2. La política económica (presupuestaria)

A nivel europeo, hay dos áreas económicas fundamentales: la política presupuestaria y la política monetaria. De esta última ya hablamos en la Unidad 11 a propósito de la estabilidad de los precios y el precio del dinero, por lo que en el presente apartado nos centraremos en la política presupuestaria, que analizamos en dos subapartados: el presupuesto comunitario y la llamada supervisión multilateral.

A. El presupuesto comunitario

Aunque el presupuesto comunitario es de miles de millones de euros, esta cifra solo representa un 1% o 2% del PIB del conjunto de sus Estados. Estos porcentajes parecen muy pequeños, pero hay que tener en cuenta que la mayoría de los gastos derivados de la intervención pública (defensa, seguridad, educación...) siguen siendo asumidos por los Estados nacionales. El presupuesto comunitario sostiene las políticas comunes, siendo la PAC y los fondos estructurales y de cohesión las partidas de gasto principales.

En lo que se refiere a los **ingresos,** podemos clasificarlos en cuatro categorías:

- **Exacciones agrícolas:** impuestos sobre las importaciones de productos agrícolas. Suponen entre un 1% y un 2% de los ingresos de la Unión.
- **Derechos de aduanas:** arancel común para los productos importados procedentes de terceros países. Supone una décima parte, aproximadamente, de los ingresos de la Unión.
- **Cuota sobre el IVA:** también supone en torno a una décima parte de los ingresos de la Unión. En los últimos años, debido a la crisis, ha disminuido el consumo y, por tanto, los impuestos sobre el valor añadido.
- **Cuota en relación con el PIB:** supone tres cuartas partes de los ingresos de la Unión. Los países que más contribuyen son los más fuertes económicamente, como es el caso de Alemania y Francia.

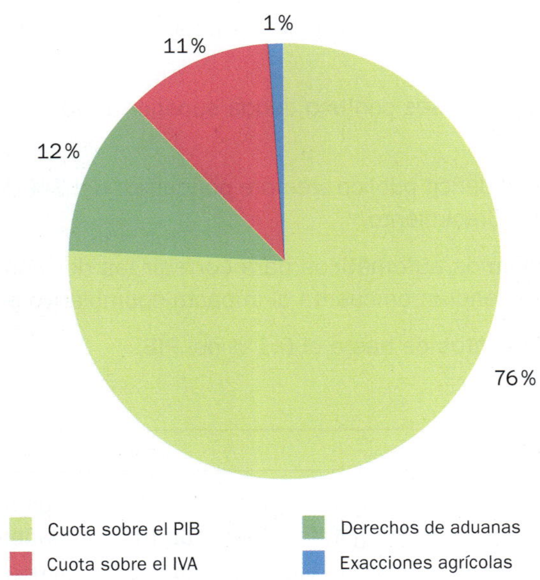

Fig. 14.5. Ingresos de la UE en % (media de los últimos años). Ocasionalmente, existen otras fuentes como las multas impuestas a los Estados miembros o los excedentes positivos de años anteriores, entre otros.

Reflexiona

¿Debe la UE subvencionar a sus agricultores?

En la UE, la subvención media por agricultor ronda los 20000 €, lo cual les da una ventaja tremenda frente a los agricultores de los países pobres, todo ello sin contar con los aranceles que gravan la entrada de productos agrícolas en la UE. El problema es que, sin estas protecciones, serían todavía menos los incentivos de los agricultores europeos para trabajar en una labor tan poco agradecida como el campo, los cuales se encuentran además con que los costes de producción no dejan de aumentar y ellos obtienen un pequeño porcentaje del producto final, mientras los grandes márgenes se los llevan intermediarios y distribuidores. Pero esto no impide que, gracias a las subvenciones, los agricultores europeos puedan vender sus excedentes a precios bajos en los mercados extracomunitarios, donde arruinan a los productores locales, los mismos que no pueden vender en la UE debido a la protección arancelaria.

B. La supervisión multilateral

> **Recuerda**
>
> **El Pacto de Estabilidad y Crecimiento** es el nombre con el que se conocen los criterios comunes consensuados entre los distintos Estados miembros de la zona euro para asegurar el éxito de la política económica presupuestaria.

Desde la entrada en la tercera etapa de la UE, los Estados de la zona euro han consensuado unos criterios comunes que se conocen con el nombre de **Pacto de Estabilidad y Crecimiento.** Para asegurar el cumplimiento de este pacto, los programas económicos de los países de la zona euro son supervisados por el Consejo de la Unión Europea, actuación que recibe el nombre de supervisión multilateral. Los criterios son:

- **Respetar** el **objetivo presupuestario** a medio plazo, que consiste en conseguir situaciones presupuestarias próximas al equilibrio, o bien de superávit.
- **Adoptar** las **medidas correctoras** que estimen necesarias para alcanzar los objetivos establecidos en sus programas de estabilidad o convergencia.
- **Corregir** los **déficits excesivos,** si se producen, tan pronto como sea posible. Incurrir en un déficit excesivo, fijado en el 3 % del PIB, puede suponer sanciones para el Estado en cuestión.

La crisis mundial desatada en 2008, y la crisis de la eurozona a partir del 2010, demostraron la insuficiencia de la supervisión multilateral para resolver los problemas que surgieron, de tal forma que fue necesario un compromiso más amplio y estricto que cristalizó en 2012 y al cual se conoce con el nombre de Pacto Fiscal Europeo.

Fig. 14.6. Si un país de la zona euro dejase de poder pagar su deuda, esto tendría efectos negativos sobre todos los demás porque debilitaría al euro. Por eso, el Pacto Fiscal Europeo busca garantizar que los países de la Unión tengan niveles de deuda manejables que no obliguen a tomar medidas drásticas en lo que respecta a la moneda común.

C. El Pacto Fiscal Europeo

El Tratado de Estabilidad, Coordinación y Gobernanza en la Unión Económica y Monetaria, denominado coloquialmente Pacto Fiscal Europeo, es un acuerdo firmado en 2012 por casi la totalidad de los miembros de la Unión Europea. Establece una disciplina fiscal reforzada con la introducción de la conocida como «regla de oro» (citada en primer lugar a continuación) y una vigilancia más estricta dentro de la zona del euro. Sus puntos básicos son los siguientes:

- Límite de un déficit estructural anual (sin incluir los gastos e ingresos de carácter cíclico) del 0,5 % del PIB y del 1 % en aquellos países en los que la deuda es inferior al 60% del PIB.
- Obligación por parte de los países con una deuda superior al 60 % del PIB de reducirla en una veinteava parte al año.
- Obligación de mantener el déficit público siempre por debajo del 3 % del PIB, como lo exige el Pacto de Estabilidad y Crecimiento.
- Implantación de mecanismos automáticos para corregir los desvíos de los objetivos de déficit, mecanismos que tendrán en cuenta el impacto acumulativo en la deuda.
- Sanciones por incumplimientos de hasta el 0,1 % del PIB.

Actividades

7> ¿Cuáles son los objetivos de la política regional comunitaria?

8> ¿Por qué en la UE-28 los países del Este son uno de los principales beneficiarios de la política regional europea? Busca en los medios de comunicación o Internet datos sobre el PIB per cápita de distintas regiones europeas, compáralos y coméntalos con tus compañeros.

9> ¿En qué consiste la supervisión multilateral?

10> ¿A qué está obligado un país de la UE con una deuda del 70% del PIB?

Textos de apoyo

Historia de la Unión Europea

El plan de reconstrucción europea promovido por Estados Unidos (conocido como Plan Marshall) da pie al germen de la actual Europa, sobre todo cuando, en 1948, se pone en marcha la Organización Europea de Cooperación Económica (OECE). Entre los objetivos de este organismo multinacional se incluía favorecer las relaciones económicas entre los países europeos participantes en la Segunda Guerra Mundial sin vencedores ni vencidos.

- **Tratado fundacional**
  A pesar de la oposición del Reino Unido, los países del Benelux, Francia, Italia y la República Federal de Alemania plantearon crear un mercado común global, y en 1957 se firmaba el **Tratado de Roma.** Había nacido la Comunidad Económica Europea (CEE), un organismo supranacional cuyo objetivo era suprimir gradualmente todas las barreras entre sus países miembros hasta crear un mercado común. Aún hoy, el Tratado es el documento base de todas las decisiones y procedimientos adoptados por los países de la UE.
- **Libertad de circulación**
  No obstante, la supresión de barreras, prevista en el Tratado de Roma para 1970, se iba retrasando a consecuencia de las sucesivas ampliaciones de socios —el reino Unido, Dinamarca e Irlanda— y de otros acontecimientos internacionales. Era necesario revitalizar la integración económica y el primer paso fue el **Acta Única Europea** (1986), que suprimió progresivamente cualquier barrera al intercambio e hizo por fin realidad el deseado mercado común europeo, con libre circulación de personas, capitales y mercancías, en 1993. En 1986 se unen España y Portugal. Previamente, en 1981, lo había hecho Grecia.
- **Unión Económica y Monetaria (UEM)**
  El **Tratado de Maastricht** (1992) culminó en 2002 con la introducción de la moneda común, el euro, y el diseño de un nuevo proyecto europeo, la Unión Europea que, en su camino hacia la unión política, dotó de mayores poderes al Parlamento Europeo. En 1995 se unieron Suecia, Austria y Finlandia.
- **La gran ampliación**
  En 1999 entra en vigor el **Tratado de Ámsterdam,** que refuerza los principios de libertad, democracia y respeto a los derechos humanos, incluyendo explícitamente el principio de desarrollo continuado. La ampliación del 1 de mayo del 2004 en diez nuevos miembros (Estonia, Letonia, Lituania, Polonia, República Checa, Hungría, Eslovaquia, Eslovenia, Malta y Chipre) fue la mayor ampliación que se ha dado en la UE. Con posterioridad, el 1 de enero del 2007, se incorporaron dos nuevos países a la Unión (Rumanía y Bulgaria).
- **La constitución fallida**
  Con el fin de reemplazar los distintos tratados y de unificar doctrina, se firmó un Tratado Constitucional en Roma en 2004. La ratificación del Tratado fue iniciada por la aprobación del Parlamento, pero aunque las consultas populares en España y Luxemburgo fueron favorables, fracasaron en Francia y los Países Bajos. Se abría un periodo de reflexión sobre el rechazo.
- **Lucha contra la crisis mundial**
  En el 2007 se firmó el conocido como **Tratado de Lisboa,** el cual reconoció el fracaso de la Constitución, pero mantenía la mayoría de sus cambios. Hoy en día, con la UE luchando con el Pacto Fiscal contra la crisis mundial y de la eurozona, la búsqueda de la unidad institucional se halla estancada y hay muchas reticencias a la incorporación de nuevos socios.

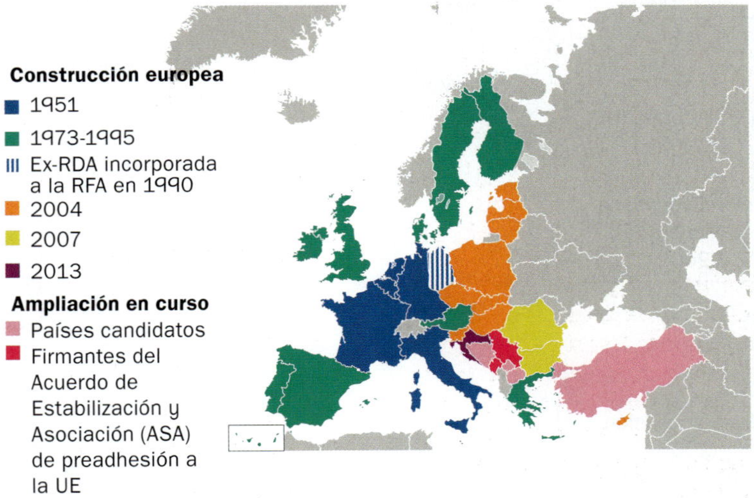

Fig. 14.7. La Europa de los veintiocho es una realidad desde 2013, año en el que se incorporó Croacia. En camino hacia la adhesión se encuentran como candidatos Albania, Macedonia, Islandia, Montenegro, Serbia y Turquía.

1> ¿Por qué fue decisivo el Tratado de Maastricht?

2> ¿Qué es lo que marcó el fracaso de una posible Constitución europea?

3> Determina, previa consulta en los medios de información, el momento que atraviesa en la actualidad la Unión Europea.

Mapa conceptual

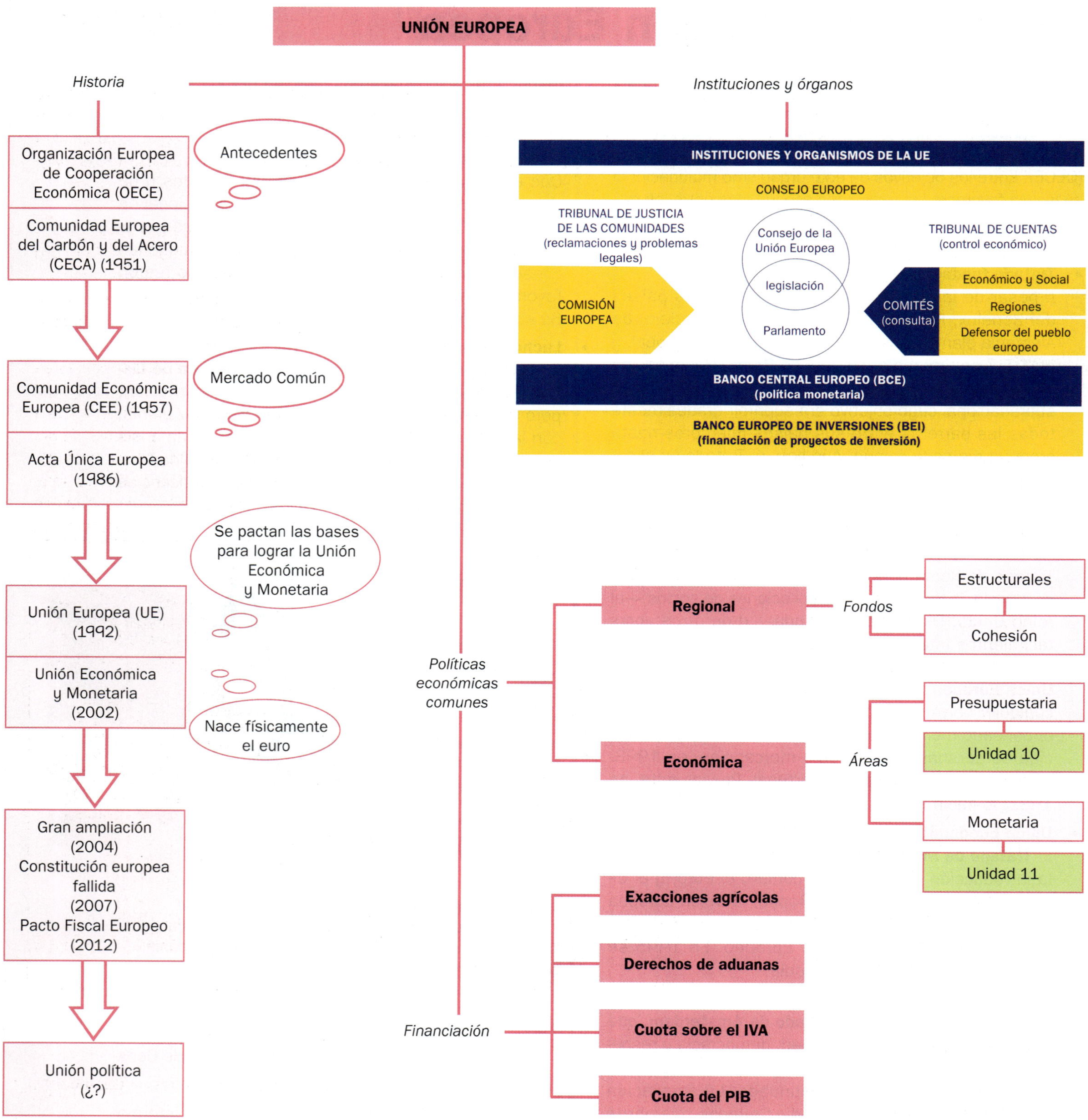

N.º 14. Diario independiente de información económica Economicus

«¿Quo vadis Europa?»
Anónimo.

El futuro del Estado de bienestar europeo

El Estado de bienestar, tal como lo conocemos, es uno de los grandes logros de la civilización europea, una de las grandes contribuciones de Europa al mundo. Desde sus orígenes, el Estado de bienestar ha evolucionado lentamente y se ha producido un cierto consenso sobre estas garantías básicas, de manera que el ser humano puede confiar en la ayuda de los demás. En función de la gravedad de las circunstancias, esta ayuda puede ser mayor o menor. Sin embargo, tengo que apuntar mi preocupación por tres grandes temas:

*AMARTYA SEN

El primer tema que me preocupa es la idea de que la Unión Monetaria Europea ha de tener una moneda común llamada euro. Por ello, hay que hallarse en la situación en la que la moneda común opere sin traumas, y esto quiere decir que las presiones que conducen inevitablemente a la devaluación o la apreciación no deberían producirse. Si se produjeran con una moneda común, en la medida en que no es posible modificar el valor del euro a conveniencia de países con economías tan dispares como Alemania, Irlanda o España, este ajuste se realizará en términos reales: grave depresión, desempleo, recesión, etc. Esto hay que evitarlo. El segundo tema, el más importante, es el de la inflación y la posibilidad de que si no se limita el Estado de bienestar, podría producirse una presión tan fuerte de la inflación que pondría en peligro el crecimiento económico. Este es un tema grave, es algo que se aplica a cualquier país individualmente, pero que puede tener su origen en los países vecinos. Si, por ejemplo, España decide mejorar sus infraestructuras aumentando los gastos en carreteras, las empresas adjudicatarias necesitarán materias primas, que demandarán en los mercados internacionales. La escasez momentánea de materias primas que ocasionan los grandes pedidos de las adjudicatarias de las obras públicas, sean de la nacionalidad que sean, generan exceso de demanda y el correspondiente aumento de los precios. Y ese aumento afecta a todos porque en ese mismo mercado de materias primas se aprovisionan otras empresas de la UE que, a su vez, también realizan obras públicas en sus países.

El tercer tema es el de los incentivos económicos. En este punto puede decirse que si el Estado de bienestar ofrece un alto grado de protección, las personas no se esforzarán en buscar trabajo y, a veces, se dice que el desempleo viene alimentado por el subsidio del paro, pues se goza de una relativa seguridad, y de ahí que la atracción hacia el trabajo sea muy inferior a la que existiría sin este subsidio. Hay cierta verdad en ello, si bien hay que ver cuánta verdad hay y cuánta exageración en lo que respecta a la incentivación. Es decir, debemos preguntarnos: ¿En qué medida el subsidio de paro es un factor que hace que la gente no se interese por la búsqueda de un puesto de trabajo? Esto, evidentemente, sucederá en algunos casos, pero vemos todo lo contrario en otros.

(Basado en las ideas de Amartya Sen)

Premio nobel en 1993 por sus contribuciones a la economía del bienestar, Sen ha sido reconocido por investigar las causas de las hambrunas, así como las del desarrollo económico.

Reflexiona

1> ¿De qué forma el euro impide a los países realizar ajustes de forma individual?

2> ¿Por qué un Estado de bienestar incontrolado puede crear inflación?

3> ¿Cómo contribuye el Estado de bienestar a desincentivar ciertas actividades?

4> ¿Trabajarías por debajo de lo que podrías cobrar del subsidio de desempleo?

El eurogaleón

Las incertidumbres sobre la integración europea siguen a la orden del día. Por un lado, los euroescépticos señalan la parálisis y anuncian la disolución de un proyecto nacido muerto a causa de las complejas y profundas diferencias entre las naciones europeas. En este sentido, señalan como indicativo que los intentos de reanimación han agravado la crisis, así como las desigualdades entre naciones, generaciones y clases sociales. Por otro lado, los europeístas toman cada signo «no negativo» para hacer bueno el «no diga crisis, diga oportunidad», y con optimismo señalan que debe prevalecer el interés público sobre las diferencias. El problema es que no se trata de un interés sano y constructivo. Los europeos quizá no sepan muy bien lo que quieren pero, con la crisis durmiendo en el sofá, saben perfectamente lo que no quieren. Las economías de los países europeos se han vuelto demasiado interdependientes como para afrontar viajes en solitario cuando la globalización ya ha demostrado que los peces pequeños nadan más lentos, eso si no se los comen los grandes. También los galeones españoles tuvieron que organizarse en flotas para evitar los ataques de los piratas. ¿Quién se atreve a desmantelar la Unión Europea en tiempos de crisis? La UE cerrará filas hasta que no haya crisis ni piratas, y después... Después también. Cuando has capeado la fiesta a cara de perro con un par de bocadillos pierde sentido no seguir en ella cuando llegan las risas y el champán. Eso sí, mientras tanto, todos embarcados en el eurogaleón y ¡ay de quien se salga!

Anxo Penalonga

La solidaridad entre los pueblos es uno de los principios básicos de la Unión Europea.

Hemeroteca

1970-1989

La revolución informática. El crecimiento económico de los llamados países desarrollados parecía no tener techo, pero el embargo petrolero de principios de los setenta frena en seco el crecimiento de Europa, Norteamérica y Japón. Es el fin de la era de la energía barata. El nacimiento del ordenador personal marca un antes y un después en lo que se refiere a productividad y métodos de producción. El bloque soviético se derrumba, incapaz de afrontar los problemas reales de los ciudadanos.

Lectura recomendada:
PUESTA EN MARCHA

Publicaciones de la Unión Europea, 2011

Relatos inspirados en historias reales que posibilitan un mejor conocimiento acerca de la esencia, funcionamiento y características del Fondo Social Europeo, uno de los principales mecanismos de la Unión Europea para fomentar el empleo en los Estados miembros y promover una mayor cohesión económica y social. Sus protagonistas —Alex, Natalie, Ivana y Dimitra— son cuatro europeos que gracias a su actitud y espíritu emprendedor cambian el rumbo de sus vidas al crear su propio puesto de trabajo.

Viñetas extractadas de *La historia de Alex*.

Hoy recordamos a...
PAUL KRUGMAN

(Estados Unidos, 1953–)

Profesor, columnista y premio nobel de economía

Conocido por sus críticas a las políticas económicas de George W. Bush, ha escrito más de 200 artículos y 21 libros, siendo destacable *Economía Internacional: la teoría y política*, que es un referente en economía internacional. Ha replanteado modelos matemáticos para resolver problemas relacionados con la actividad económica y ha diseccionado con brillantez el trasfondo político y los intereses ocultos en la economía.

Cine Europa
Próximamente
¡Bienvenido, Mr. Marshall!

Director: Luis García Berlanga.

Reparto: José Isbert, Manolo Morán y Lolita Sevilla.

Sinopsis. En la década de los cincuenta, un pequeño pueblo se prepara para recibir a los norteamericanos que, por aquel entonces, ayudaron a Europa a superar la posguerra mediante el llamado Plan Marshall.

Comentario. En tono de sátira y crítica, se ilustra la situación política y económica de una España que pasaba hambre, mientras Europa se beneficiaba de las ayudas norteamericanas que posibilitarían el nacimiento de la CEE.

Claves de reflexión. Unión Europea, pobreza, subvenciones, desarrollo, consumismo y militarismo.

Ejercicios

1. ¿Por qué los procesos de integración económica favorecen una mayor especialización de los países?

2. ¿Qué relación guarda la intensificación de la competencia con la integración económica?

3. ¿Qué tiene un mercado común que no tengan una unión aduanera y un área de libre comercio?

4. ¿En qué se diferencian y parecen la NAFTA americana y la Unión Europea?

5. Consulta Internet para contestar a las siguientes preguntas sobre las instituciones políticas de la Unión Europea:
   a) ¿En qué se diferencia el Consejo Europeo del Consejo de la Unión Europea?
   b) ¿Qué tipo de reclamaciones es posible ejercer ante el Defensor del Pueblo europeo?
   c) ¿Cuál es la diferencia básica entre el Consejo de la Unión Europea y la Comisión Europea? ¿Cómo están organizadas estas instituciones?
   d) ¿Cuáles son las funciones del Parlamento Europeo y en qué se diferencia esta institución del Parlamento español? ¿Por qué se dice que es la institución más democrática?
   e) ¿Qué objetivos persigue la Política Agraria Común (PAC)?

6. ¿Cómo vigila la UE que el destino de los fondos europeos sea el adecuado?

7. ¿Qué es y qué pretende la política común europea?

8. ¿En qué consiste la protección arancelaria de la UE? De acuerdo con lo estudiado en la Unidad 13, ¿cuáles son las medidas más empleadas para frenar las importaciones de productos de otros países?

9. En lo que respecta a la política regional europea:
   a) ¿Cuáles son sus principales objetivos?
   b) ¿Qué son las NUTS y con qué unidades territoriales españolas se corresponden?
   c) ¿Qué parámetro económico indica si se ha alcanzado el objetivo de convergencia?
   d) ¿Cuál es el objetivo con mayor asignación presupuestaria? ¿Qué razón crees que explica este hecho?

10. ¿Por qué es tan importante el Pacto de Estabilidad y Crecimiento?

11. En lo que se refiere a la política económica presupuestaria:
    a) ¿Cuáles son sus principales objetivos?
    b) ¿Por qué el presupuesto europeo es más bajo que el de cualquiera de sus Estados miembros a pesar de tratarse de un espacio geográfico mucho más amplio?
    c) ¿Cuáles son las principales partidas de gastos e ingresos?
    d) ¿Por qué el desequilibrio presupuestario de un país miembro puede afectar a los demás países?
    e) ¿Por qué, comparativamente hablando, los países latinos ingresan más que sus vecinos del Norte en concepto de IVA a las arcas europeas?

12. ¿Qué relación guarda el desequilibrio presupuestario del Estado con el precio del dinero?

13. Repasa lo que aprendiste en la Unidad 11 sobre la política monetaria, el Banco Central Europeo (BCE) y el Sistema Europeo de Bancos Centrales (SEBC), y contesta a estas cuestiones:
    a) ¿Cuáles son las dos tareas fundamentales de la política económica europea?
    b) ¿Cuál es el objetivo fundamental de la política monetaria de la UE?
    c) ¿Cuál es el principal efecto indeseado de una política monetaria restrictiva?
    d) ¿Qué es el Eurosistema?

14. Infórmate en los medios de comunicación y averigua:
    a) ¿Qué trío de países ostentan actualmente la presidencia de la UE y cuáles son las prioridades de sus agendas?
    b) ¿En qué ciudad europea tuvo lugar la última cumbre del Consejo Europeo? ¿Cuáles fueron los temas tratados?
    c) ¿Existe algún comisario europeo de nacionalidad española? ¿Cómo se llama y qué dirección general preside?

Ejercicios

15. Selecciona una noticia en Internet sobre la UE relacionada con España y léela en voz alta con tus compañeros, comentando lo que te haya llamado la atención y por qué.

16. Empareja los conceptos de ambas columnas:

a) Los tratados...	... comparten el poder legislativo.
b) El Consejo Europeo...	... es un objetivo de la PAC.
c) El desarrollo sostenible...	... son fondos estructurales.
d) Mantener el déficit por debajo del 0,5 % del PIB...	... son acuerdos internacionales.
e) El objetivo de la política económica presupuestaria...	... se conocen con el nombre de Pacto de Estabilidad.
f) El Consejo de la Unión Europea y el Parlamento Europeo...	... es lograr el equilibrio de las cuentas públicas europeas.
g) Los criterios comunes consensuados para lograr el éxito de la política económica presupuestaria...	... es la regla de oro del Pacto Fiscal Europeo.
h) Tanto el FEDER como el FSE...	... es uno de los objetivos de la estrategia Europa 2020
i) Garantizar a los agricultores un nivel de vida justo...	... es el responsable de la moneda única.

17. Cita, de mayor a menor importancia, las fuentes de financiación de la UE.

18. Es muy probable que la entrada de nuevos países en la Unión Europea suponga la pérdida de los fondos estructurales que actualmente se destinan a España. Intercambia opiniones sobre esta cuestión y debate con tus compañeros qué medidas crees que debería tomar el Gobierno español al respecto.

19. Dividid la clase en cuatro grupos. Cada uno deberá averiguar en qué consiste una de las siguientes políticas comunes europeas: asuntos marítimos y pesca, industria, defensa de los consumidores y medioambiente (u otras que aparecen en la Tabla 14.2). Una vez hecho el trabajo de investigación, cada grupo deberá resumir en cinco o seis líneas los principales rasgos de cada una de estas políticas y exponerlas delante de la clase.

20. Razona la veracidad o falsedad de las siguientes afirmaciones:

a) El Acta Única Europea supuso la consolidación de la unión aduanera europea.

b) Al pagar un refresco en un bar estás financiando a la Unión Europea.

c) Es obligatorio que los países de la UE con una deuda superior al 60 % del PIB la reduzcan en una veinteava parte al año.

d) La principal función de la política regional es corregir los desequilibrios entre los países.

e) Los Estados miembros de la UE contribuyen al presupuesto comunitario con un porcentaje que ronda el 75 % de su PIB.

21. Comenta en clave económica los siguientes recortes de la prensa económica:

a) «Los países de la UE cierran filas en torno al euro».

b) «Con la ampliación, vuelve el debate sobre los fondos de cohesión».

c) «Agricultores del Tercer Mundo se manifiestan en contra de la PAC».

22. Temas de debate:

a) ¿Protegemos a nuestros agricultores o eliminamos los aranceles para no perjudicar a los países pobres?

b) ¿Es conveniente la ampliación de la UE a países cuya renta y producción están muy por debajo de la media?

c) ¿Debe España volver a la peseta para gestionar individualmente la política monetaria?

15

La globalización y los desequilibrios de la economía mundial

La informática, el desarrollo de los transportes y las medidas liberalizadoras están impulsando la globalización, nombre con el que se conoce la creación de un mercado mundial sin fronteras, libre de controles y reglamentos. Las grandes empresas afirman que este fenómeno significa riqueza y progreso para todos, y es cierto que, en los últimos años, países como Brasil, la India, China o Rusia –donde vive un tercio de la población mundial– han dejado de ser cenicientas para convertirse en serios aspirantes a potencias mundiales. Si el fenómeno globalizador aún suscita dudas es porque sigue sin resolver algunos de los grandes problemas que afectan a toda la humanidad: contaminación, guerras, grandes bolsas de pobreza y una larga lista de cuestiones pendientes.

1. La cooperación internacional

Finalizada la Segunda Guerra Mundial, se apuntó que una de las razones que la desencadenaron había sido la falta de cooperación entre países. En consecuencia, los países acordaron la constitución de organismos internacionales cuyo fin sería fomentar dicha cooperación para evitar la reincidencia en los errores del pasado.

Existían precedentes históricos de organizaciones de cooperación internacional de tipo político, como la Sociedad de Naciones, pero lo novedoso en esta ocasión fue la creación de instituciones específicamente económicas. Esta última decisión fue tomada bajo el convencimiento de que otro factor que había empujado a los países a la guerra fue la devastadora crisis económica de los años treinta. En definitiva, se crearon dos tipos de organismos de cooperación internacional, unos de corte político y otros de tipo económico. De estos últimos hablaremos detenidamente en este apartado.

!! *Atención*

Las razones que se apuntan como desencadenantes de la Segunda Guerra Mundial son tres: la falta de cooperación internacional, los efectos de la crisis económica de los años treinta y, en lo que respecta a la contienda en suelo europeo, los humillantes términos a los que fue sometida Alemania por los países vencedores de la Primera Guerra Mundial.

De corte político	– Organización de las Naciones Unidas (ONU).
De corte económico	– Fondo Monetario Internacional (FMI) y Banco Mundial (BM). – Organización Mundial de Comercio (OMC). – Organización para la Cooperación y el Desarrollo Económico (OCDE).

Tabla 15.1. Organismos de cooperación internacional.

A. El Fondo Monetario Internacional (FMI) y el Banco Mundial (BM)

Después de la Segunda Guerra Mundial, la ONU sustituyó a la Sociedad de Naciones como organismo de cooperación internacional. El Fondo Monetario Internacional (FMI) y el Banco Mundial (BM) son dos organismos vinculados a la ONU que nacieron en 1944 con los siguientes objetivos:

- Lograr la estabilidad de los tipos de cambio y de las paridades de las divisas de los Estados miembros.
- Asegurar la **liquidez internacional** y crear un **sistema multilateral de pagos.**
- Conceder **préstamos internacionales.**

Para alcanzar el primer objetivo, se acordó que las reservas monetarias de los países firmantes estuvieran formadas por oro y dos monedas de intervención, el dólar y la libra esterlina, canjeables por un valor de oro fijo. El cumplimiento del segundo objetivo recayó sobre EE. UU., país que además aportó dólares en concepto de ayuda a los Estados miembros mediante el Plan Marshall. No obstante, la afluencia de dólares a los mercados internacionales fue tan amplia que pronto superaron las reservas americanas de oro, por lo que su canje se hizo imposible. En 1971 se declaró la no convertibilidad del dólar a cambio de oro. Hoy en día, el sistema del dinero respaldado por mercancía se halla totalmente superado, y se trata, únicamente, de una mera cuestión de confianza. En lo que se refiere al tercer objetivo, el FMI, a través del Banco Mundial, también concede préstamos a países, sobre todo a los que están en vías de desarrollo. Para ello utiliza fondos adicionales que algunos Estados miembros se comprometen a aportar. Estos préstamos deben ser reembolsados tan pronto como el país receptor mejore su situación o, como muy tarde, a los tres o cinco años de su concesión, dependiendo de la cuantía.

Fig. 15.1. Hay muchos países que emplean el dólar americano como moneda de intervención. Una moneda de intervención es la que, por convenio, se emplea para influir sobre el tipo de cambio de la divisa propia, ya sea ofertándola a cambio de la divisa propia para que se aprecie el valor de esta, o demandándola a cambio de la divisa propia para depreciar el valor de dicha divisa.

B. La Organización Mundial del Comercio (OMC)

> **!! Atención**
>
> El *dumping* es la venta de un producto por debajo de su precio de coste para eliminar la competencia o captar nuevos mercados. Cuando el logro de precios por debajo del coste tiene su origen en una legislación laboral poco exigente, el *dumping* se denomina social.

La **Organización Mundial del Comercio (OMC)** es un organismo que surgió en enero de 1995 con la intención de convertirse en la referencia del comercio internacional.

Los principios básicos que persigue la OMC son:

- **Comercio sin discriminación.** Según este principio, todo acuerdo suscrito entre dos países de la OMC será extensible al resto de los países que forman parte de la organización.
- **Acceso previsible y creciente a los mercados.** La OMC limita las medidas proteccionistas a la aplicación de aranceles, pero con cierta tendencia a eliminarlos, para favorecer el libre comercio.
- **Promoción de una competencia leal.** La OMC persigue las formas desleales de competencia, como por ejemplo el *dumping*, dando la posibilidad a los Estados miembros de actuar en consecuencia.
- **Fomento del desarrollo y de la reforma económica.** A los países en vías de desarrollo se les permite periodos de transición para adaptarse a las disposiciones más exigentes de la OMC. Además, se favorece que sus productos accedan a los mercados internacionales.

Regulando y homogeneizando las relaciones de comercio internacional entre sus países miembros, la OMC pretende superar la debilidad de su predecesor, el GATT *(General Agreement on Tariffs and Trade)*. Estos son los instrumentos normativos de los que se vale: acuerdo general sobre mercancías; servicios y derechos de propiedad intelectual; procedimientos para solucionar diferencias entre países; y examen de las políticas comerciales de los países.

C. La Organización para la Cooperación y el Desarrollo Económico (OCDE)

La **Organización para la Cooperación y el Desarrollo Económico (OCDE)** es un foro de consulta y coordinación entre Gobiernos creado en 1961.

En él se discuten y analizan las políticas económicas, financieras, ambientales, industriales, tecnológicas, científicas, educativas, laborales y comerciales de los 34 países que lo componen a fecha de principios de 2015, así como de otros interesados en las recomendaciones o comentarios de la OCDE. El principal requisito para ser miembro de la OCDE es liberalizar progresivamente los movimientos de capitales y de servicios, incluyendo los servicios financieros.

Las instituciones citadas han tratado de adaptarse a los nuevos tiempos, pero la realidad del siglo XXI, propiciada principalmente por la globalización, las ha dejado anticuadas.

> **Sabías que**
>
> El G-7 no es más que una reunión formal de los jefes de Gobierno de los países más industrializados del mundo (Alemania, Canadá, Estados Unidos, Francia, Gran Bretaña, Italia y Japón), pero tiene una gran trascendencia mundial debido al peso de sus socios como potencias económicas, tanto a nivel individual como en los organismos internacionales de los que forman parte. En sus reuniones se debaten las grandes cuestiones económicas mundiales.

Actividades

1> ¿En qué consiste el principio de no discriminación de la Organización Mundial del Comercio (OMC)?

2> Haz un esquema con los principios básicos u objetivos de la OMC, el FMI y el BM.

2. La globalización

En las últimas décadas, el incremento de los movimientos de mercancías, personas y capitales, así como la difusión de ideas y conocimientos, han acelerado la apertura de economías y fronteras a escala mundial, proceso que actualmente se conoce con el nombre de globalización.

La **globalización** es el nombre con el que se conoce el proceso de creación de un mercado mundial sin fronteras geográficas.

Fig. 15.2. La globalización es controvertida porque en la práctica son los más fuertes, los países desarrollados y las multinacionales, quienes más provecho obtienen en los mercados mundiales, cuando lo deseable sería que fueran los menos favorecidos.

En los mercados podemos encontrar juguetes homologados para la Unión Europea pero fabricados en China, pantalones vaqueros de marca norteamericana manufacturados en Perú o marisco procedente de Namibia durante los meses de la veda en España. Incluso podemos invertir en acciones de Wall Street. Pero de igual forma que los europeos podemos acceder a productos de todo el mundo, los extranjeros pueden acceder a los productos europeos.

2.1. Factores de la globalización

Entre los factores que, desde los años ochenta del pasado siglo, han propiciado la creación de un gran mercado mundial cabe señalar:

- La **tecnología.** El progreso de la informática, especialmente de Internet, ha posibilitado y abaratado la realización instantánea de comunicaciones y transferencias económicas en cualquier parte del mundo. El desarrollo de los transportes también ha contribuido a reducir notablemente los costes y los tiempos necesarios para movilizar mercancías y personas.
- La **normalización.** Son muchos los países que han adoptado normas similares o **estándares** en lo que respecta a los sistemas de producción o las normas de calidad internacionales. Por ejemplo, son estándares internacionales el formato de las tarjetas de crédito, el enchufe de los aparatos eléctricos, la clavija micro USB de los móviles o el tamaño de los electrodomésticos.
- Las **oportunidades de financiación.** Ya no es necesario ceñirse a las condiciones crediticias de los bancos o cajas del propio país, puesto que los bancos, como si de multinacionales se tratara, operan tanto en el mercado propio como en el extranjero. Por poner un ejemplo, podemos contratar una hipoteca o un préstamo en yenes o en francos suizos.
- La **homogeneización de los gustos y necesidades a escala mundial** (también llamada **globalización cultural**) facilita el comercio y las campañas de publicidad, de tal forma que cada vez se parecen más los bienes y servicios que consumimos en todo el planeta. Por ejemplo, en los países desarrollados es normal que los jóvenes vistan vaqueros, escuchen música en un dispositivo portátil, consuman comida rápida y vean películas norteamericanas en el cine.
- El **liberalismo económico.** Con el tiempo se han impuesto las tesis de esta corriente de pensamiento económico que entiende que la supresión de las barreras en las transacciones de capital propiciará la creación de un gran mercado mundial que, a su vez, generará mayor riqueza y crecimiento económico para todos.

Sabías que

Los **estándares** son normas documentadas que contienen especificaciones técnicas u otros criterios que aseguran que determinados materiales, productos, procesos o servicios se ajusten a su propósito.

2.2. Ámbitos de la globalización

Fig. **15.3.** Jóvenes al salir de clase. ¿Sabrías decir a qué país pertenece la escena? La globalización cultural está uniformando las modas y preferencias a nivel planetario. Una pista: no se trata de Europa ni de América.

Los bienes y servicios que compramos o contratamos como particulares son la cara visible de la globalización, pero existen otros ámbitos en los que también triunfa la globalización. En concreto son:

- **Comercial.** Los intercambios de bienes y servicios con otros países se han incrementado hasta el punto de que, en la actualidad, lo habitual es adquirir productos fabricados por empresas extranjeras y que las empresas nacionales vendan parte de su producción más allá de nuestras fronteras.
- **Productivo.** Con independencia del mercado al que destinen sus productos, son muchas las empresas que instalan sus fábricas en países donde los costes de producción son menores. Bajos costes salariales, impuestos bajos o legislación medioambiental permisiva son factores muy valorados al elegir en qué país emplazar una fábrica.
- **Financiero.** Los movimientos financieros internacionales de capitales posibilitan que los inversores puedan obtener mayores rendimientos de sus ahorros fuera de su país.

Un cuarto ámbito sería la globalización cultural, temática sobre la cual ya hemos hablado al inicio de este apartado y retomamos en el Observatorio 1.

2.3. Los fallos de la globalización

La globalización se ha traducido en una mayor diversidad de productos en todo el planeta, avances tecnológicos, precios más bajos y reducción de los costes de producción. Pero no todo son ventajas. De igual forma que los fallos de mercado son inevitables, tal como estudiamos en la Unidad 6, el mercado mundial que supone la globalización también ha traído consecuencias negativas. Concretamente:

- Mayor poder de las multinacionales en detrimento de la competencia empresarial.
- Mayor exposición de los países a las crisis (sobre todo de los pobres) debido a la interdependencia entre las economías.
- Mayores desigualdades entre países ricos y pobres porque los primeros están en posición de aprovechar mejor las ventajas que ofrece el mercado mundial.
- Degradación del medioambiente por la explotación de los recursos.

En los siguientes apartados abordaremos la problemática de las desigualdades y el deterioro del medioambiente, problemas que la globalización ha agravado notablemente o, en todo caso, no ha solucionado.

Actividades

3> ¿Qué papel ha jugado la tecnología en lo que respecta a la globalización?

4> ¿Cómo se relacionan la globalización y la deslocalización de empresas?

5> ¿De qué forma acentúa la globalización las diferencias entre los países ricos y pobres?

6> Señala otros ejemplos de globalización cultural distintos de los citados en el texto.

Observatorio 1

¿Por qué preocupa la globalización cultural?

La homogeneización o estandarización de la cultura a nivel mundial (globalización cultural) es considerada muy preocupante por su alcance y trascendencia en lo que se refiere a la pérdida de las señas de identidad nacionales o étnicas. Hoy en día, si nos dijeran cuáles son las preferencias de un estudiante de dieciséis años en cuanto a su modo de vestir, sus hábitos alimentarios o su forma de ocio, no podríamos saber su nacionalidad, a no ser que tuviéramos más datos, pues prácticamente son las mismas en todo el mundo. Que las diferencias culturales se reduzcan y los gustos se unifiquen no tiene por qué constituir un problema si se produce de forma natural, pero lo que sucede es que en la práctica esta unificación está siendo alentada por las grandes empresas desde los medios de comunicación de masas, para, de esta forma, vender mejor sus mercancías en cualquier lugar del planeta.

3. Desigualdades y subdesarrollo

Las desigualdades en el interior de los países se han incrementado en todos los países, pero son muy superiores las que se producen entre países. Al no existir medidas redistributivas a nivel mundial como las que existen en el interior de cada país, el incremento de transacciones que ha traído consigo la globalización no ha contribuido a paliar estas desigualdades. En consecuencia, mientras una parte de la población mundial vive confortablemente, la mayoría sigue subsistiendo en el umbral de la pobreza. Los rasgos que caracterizan a la mayoría de estos países subdesarrollados son los siguientes:

- **Baja renta per cápita.** Poseen una renta por debajo de la media mundial, por lo que su capacidad de consumo es muy limitada, y la de ahorro casi nula.
- **Estructura productiva primaria.** La producción se concentra, principalmente, en torno a la agricultura, la ganadería o la minería, lo cual convierte en crónico el déficit de sus balanzas de pagos, puesto que exportan materias primas baratas e importan productos manufacturados y tecnología a precios altos.
- **Mercados pequeños e ineficientes.** Los mecanismos de mercado de estos países son muy imperfectos y deficientes. En la práctica, dependen de la inversión extranjera.
- **Altas tasas de crecimiento demográfico.** En general, su poco crecimiento económico es incapaz de generar un nivel aceptable de renta para una población con altas tasas de natalidad y creciente esperanza de vida.
- **Inestabilidad política.** La debilidad de las instituciones públicas (corrupción, falta de medios, inseguridad, etc.) genera incertidumbre a la hora de atraer empresas y garantizar las inversiones.
- **Nivel de infraestructuras deficiente.** El equipamiento que posibilita el crecimiento económico (carreteras, puertos, red eléctrica, etc.) es deficiente o muy escaso.
- **Escasa formación cultural y social.** Sin la adecuada formación técnica y cultural de una importante parte de la población, no es posible que fructifiquen las inversiones necesarias para impulsar el crecimiento económico.
- **Elevada deuda externa.** Durante los años sesenta, muchos países en vías de desarrollo se endeudaron en la confianza de devolver los préstamos con los ingresos de sus exportaciones, pero el precio del principal componente de estas, las materias primas, disminuyó en la década de los ochenta. En la actualidad, el pago de los intereses de la deuda externa impide el crecimiento económico de estos países.

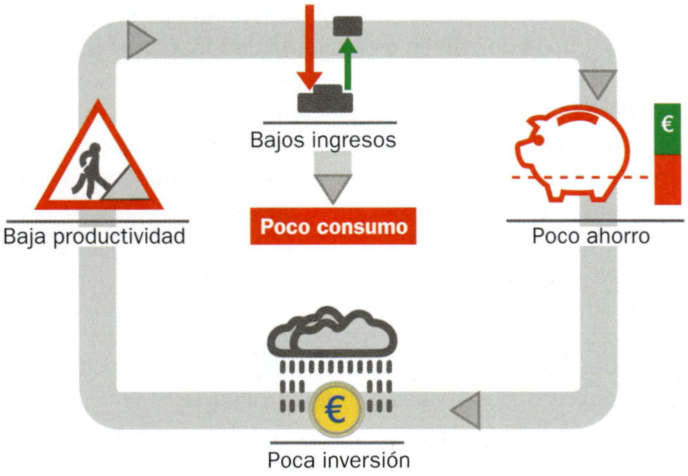

Fig. 15.5. Círculo vicioso de la pobreza. Sin consumo los ingresos son bajos y es difícil ahorrar para llevar a cabo las inversiones que un país necesita.

Reflexiona

¿Peces o cañas de pescar?

Con frecuencia, las campañas humanitarias benefician más al país donante que al necesitado. Por ejemplo, con la llamada ayuda condicionada, el Gobierno compra productos que se envían a los países que los necesitan, pero lo relevante es que el dinero queda en el país donante y es por tanto en este donde se genera empleo y negocio. Si no se les proporciona a los países medios propios con los que resolver sus problemas, siempre se verán en la obligación de recurrir una y otra vez a la ayuda internacional.

Fig. 15.4. Acostumbramos a pensar en la pobreza como algo que sucede a miles de kilómetros cuando muchas veces la tenemos en la periferia de nuestras ciudades.

Atención

La elevada deuda externa de los países subdesarrollados es el origen de los constantes desequilibrios en su balanza de pagos.

3.1. Desarrollo humano y económico

En contraposición al subdesarrollo se posiciona el desarrollo, palabra que en general significa progreso, avance o mejora. El desarrollo puede ser de dos clases:

- **Humano.** Es el que implica mejor calidad de vida para las personas, ya sea a nivel material (mejor sanidad, nutrición adecuada, más renta, etc.) o social (mayor libertad, respeto a los derechos humanos, mayor cultura, etc.).
- **Económico.** Es el que permite el crecimiento económico sostenible, normalmente asociado a organizaciones económicas modernas basadas en la tecnología, la especialización y el comercio (Tabla 15.2).

Organización económica	Técnicas de explotación en el sector primario	Especialización en el trabajo	Tecnología	Inversión de capitales	Comercio
Tradicional	Básicas	Poca	Rudimentaria	Escasa	Reducido
Moderna	Intensivas	Mucha	Puntera	Alta	Alto

Tabla 15.2. La organización económica moderna es el paradigma del desarrollo económico. Pero la denominada organización económica moderna, entendida como un medio para lograr el crecimiento económico sostenible asociado al desarrollo, solo ha tenido éxito en determinados países. Eso es así porque las recetas para lograr el desarrollo económico no son extrapolables, y cada país debe encontrar la suya para crecer económicamente.

Bélgica	508	**Colombia**	378	**Portugal**	220
Walmart	469	**Israel**	291	**Perú**	202
Venezuela	438	**Toyota**	266	**Samsung**	170
Royal Dutch Shell	428	**Pakistán**	237	**Apple**	155
China Petroleum	388	**Wolkswagen**	234	**Hungría**	130

Datos de 2013, en miles de millones de dólares.

Tabla 15.3. Comparativa entre la producción de algunos países (ajustados al nivel de vida) y la facturación de las multinacionales.

Sabías que

La educación es un factor fundamental a la hora de cimentar el desarrollo económico. Tras la Segunda Guerra Mundial, países como Alemania, Japón o Italia se recuperaron económicamente mucho antes de lo que se esperaba debido al alto nivel de educación de su población. En cambio, otros países con elevados índices de analfabetismo han quedado atrasados aun recibiendo importantes ayudas económicas. El hecho es que, actualmente, los países industrializados del norte invierten una media anual de 5 000 dólares en la enseñanza obligatoria de cada alumno, cantidad que ronda los 50 dólares en los países africanos.

Observatorio 2

¿Qué es el problema norte-sur?

Teniendo en cuenta que el desarrollo comprende muchos aspectos, para medirlo necesitamos un amplio abanico de indicadores, entre los que cabría destacar: el crecimiento económico; la renta por habitante; la tendencia al ahorro; las tasas de actividad, ocupación y paro; los índices de analfabetismo; la estructura sanitaria; o el crecimiento demográfico. Lógicamente, todos los indicadores son relativos y se precisa de un referente para compararlos. Y las comparaciones revelan que siguen existiendo dos grupos de países bien diferenciados: por un lado, los países desarrollados y, por otro, los países que se encuentran en vías de desarrollo. Debido a que la mayoría de los primeros se localizan en el hemisferio norte y, a su vez, la mayoría de los segundos en el hemisferio sur, es frecuente denominar a esta cuestión el problema norte-sur.

Actividades

7> ¿Son siempre un problema las altas tasas de crecimiento demográfico? Razona la respuesta.

8> Diferencia desarrollo económico y humano.

9> Explica cómo influye la deuda externa en el crecimiento económico de los países subdesarrollados.

10> ¿Por qué las recetas económicas no son extrapolables?

4. El deterioro medioambiental

Una de las razones que ha hecho posible el alto crecimiento económico de los países desarrollados es el desmedido consumo de recursos naturales cuando no su despilfarro. Los graves costes medioambientales en los que se incurren comprometen, a su vez, la cantidad y calidad de los restantes recursos. Por poner solo un ejemplo, la isla de basura del Pacífico es un remolino de millones de toneladas de plástico que ocupa una superficie equivalente a Europa occidental y, aunque es la más grande, es solo una de tantas que hay repartidas por los mares contaminando las aguas y envenenando a los animales marinos.

El deterioro medioambiental se está produciendo a todos los niveles, y aunque los problemas se han constatado hace varios años, las políticas medioambientales se han revelado como insuficientes. El Tratado constitutivo de la Comunidad Europea de 1957, modificado por el Acta Única Europea en 1986, prevé expresamente la elaboración y la puesta en práctica de una política comunitaria en materia de medio ambiente. El Tratado de Maastricht de 1992 asignó a la Unión Europea el objetivo de promover un crecimiento duradero respetuoso con el medio ambiente.

!! *Atención*

El calentamiento de la Tierra debido a los gases de efecto invernadero se considera la amenaza más seria contra el medioambiente por sus repercusiones sobre la producción agrícola y la destrucción de parte de la flora y la fauna.

Política medioambiental de la Unión Europea	
Ámbitos	Resultados
Contaminación atmosférica	Reducción de las emisiones de dióxido de azufre, partículas en suspensión, plomo y clorofluorocarbonos (CFC), acompañada, no obstante, de un fuerte aumento de las emisiones de gases de efecto invernadero.
Contaminación de las aguas	Disminución de la contaminación de las aguas interiores acompañada, no obstante, del aumento de la contaminación (procedente principalmente de la agricultura), la calidad de las aguas y la eutrofización del agua dulce. No se ha logrado contener la contaminación marina.
Deterioro del suelo	Gestión insuficiente de los residuos, desarrollo de los riesgos relacionados con actividades industriales, aumento en la agricultura del uso de nitratos y lodos de depuración, aumento de los cultivos hiperintensivos, utilización abusiva de abonos, pesticidas y herbicidas, acidificación y desertificación de determinadas regiones.
Conservación de la naturaleza	Amenazas a diversas especies y a su hábitat natural, reducción de la diversidad biológica, deterioro ambiental en zonas costeras, de montaña y de bosque con especial incidencia de los incendios.
Medio urbano	Deterioro del entorno como consecuencia de la contaminación, el ruido y el deterioro del patrimonio arquitectónico así como de los lugares públicos.
Gestión de residuos	Aumento del flujo de residuos domésticos e industriales y escaso éxito del reciclaje y la reutilización.

Tabla 15.4. Ámbitos de actuación y resultados en materia medioambiental en la Unión Europea.

Fig. 15.6. Devastación en Filipinas. El cambio climático está provocando que los desastres naturales sean cada vez más numerosos y extremos. En 2013 el tifón Haiyan arrasó el Sureste Asiático y volvió a atraer la atención mundial sobre los efectos del cambio climático. Se estima que murieron más de 6300 personas.

4.1. Resolución de los problemas medioambientales

Recuerda

Tal como estudiamos en la Unidad 6, el **desarrollo sostenible** es aquel que satisface las necesidades de la generación presente sin comprometer la capacidad de las generaciones futuras para satisfacer sus propias necesidades.

Ante la incapacidad del mercado para cuantificar y corregir los problemas que causa al medio ambiente, los Estados promueven distintas medidas:

- **La política medioambiental.** Sobre este tipo de política ya hablamos en la Unidad 6 a propósito de los fallos de mercado. Consiste en el desarrollo y aplicación de normativas que contribuyan a mantener los recursos naturales. En España son las comunidades autónomas quienes tienen la mayoría de las competencias en materia medioambiental y, por ejemplo, regulan los espacios naturales, la protección de especies o los residuos.
- **Fomento de energías alternativas limpias y renovables,** como es el caso de la energía solar, la eólica o la maremotriz.
- **Establecimiento de impuestos y subvenciones.** Además de regular, los Estados incentivan a quienes actúen de forma responsable con el medioambiente y gravan a quienes generen efectos negativos.
- **Educación ambiental.** Hoy día es una prioridad la concienciación de la sociedad, así como el de las nuevas generaciones, sobre el buen uso de los recursos naturales, a fin de lograr un desarrollo sostenible.

Principio de cautela	Afirma que cuando haya peligro de daño grave e irreversible, la falta de certeza científica absoluta no deberá utilizarse como razón para postergar la adopción de medidas eficaces en función de los costes a la hora de impedir la degradación del medioambiente. Se trata de un principio que pretende poner un cierto límite a nuevas actividades que pudieran afectar al medioambiente, así como evitar que los Estados invoquen el desconocimiento para eludir sus responsabilidades.
Principio de acción preventiva	Asigna prioridad a las medidas de prevención de los daños al medioambiente, ya que su coste económico es menor y hay daños que pueden ser irreparables.
Principio de corrección en la fuente	Cualquier problema ecológico debe solucionarse prioritariamente en el lugar en el que se ha producido, a fin de que un Estado miembro no exporte sus problemas de medioambiente a otro Estado.
Principio de «quien contamina paga»	El contaminador debe asumir los gastos de prevención, así como los de eliminación de la contaminación.

Tabla 15.5. Principios de la política de la UE en materia de medio ambiente.

Observatorio 3

¿Por qué fracasan los acuerdos en materia de medioambiente?

Puede sorprender que, a pesar de existir cierto consenso generalizado sobre la necesidad de tomar medidas en materia medioambiental, los países se muestren tan reacios. Porque si en 1997 fueron 141 los países que participaron en los debates que culminaron con la firma del protocolo de Kyoto, llegado 2012 solo 37 habían decidido reducir sus emisiones de gases de efecto invernadero, y hoy día la parálisis es la tendencia. EE. UU. y Australia argumentan que cumplir los acuerdos sería muy perjudicial para sus economías. Brasil, China e India consideran que no deben asumir las consecuencias de la contaminación generada por Occidente aun cuando ellos también son grandes contaminadores. Canadá directamente se retiró en 2011. Es decir, nadie quiere renunciar al santo grial del crecimiento económico, mientras parece evidente que asistimos a un cambio climático. Es paradójico que Nueva Zelanda, uno de los países con mayor compromiso ecológico, supere ampliamente su cupo de emisiones de gases debido a su numerosa cabaña ganadera.

Actividades

11> Ilustra para cada uno de los ámbitos del deterioro ambiental descritos al inicio del Apartado 4 un ejemplo a nivel español y otro a nivel planetario.

12> ¿Cuál es la lógica del principio de cautela de la política medioambiental de la Unión Europea?

5. La emigración

En solo unas décadas los países ricos se han convertido en sociedades multiculturales con inmigrantes que proceden principalmente de países económicamente menos desarrollados. Y aunque siempre han existido las migraciones, las cifras que se han producido en los últimos años son extraordinarias. La globalización, con el abaratamiento y mejora de los medios de transporte, así como la difusión de los modos de vida a través de los medios de comunicación, ha sido la gran artífice de este fenómeno. Al efecto llamada de un mayor bienestar se le ha sumado la falta de conformidad de amplios sectores de la población con las condiciones económicas, políticas o laborales en sus propios países.

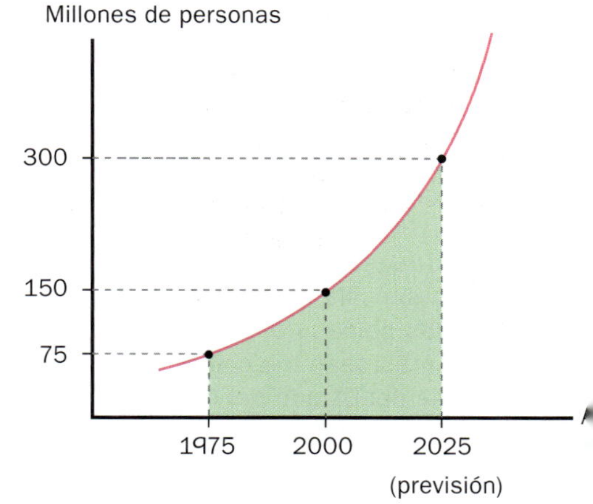

Fig. 15.7. Cifras de las migraciones internacionales. Incluyen emigraciones laborales con sus dependientes, refugiados y emigrantes permanentes.

Efectivamente, la globalización ha propiciado un sistema mundial de libre circulación de capitales, bienes y personas. Y, a su vez, los flujos de bienes y capitales han acabado por impulsar notablemente los de personas:

- Los **flujos de bienes** del comercio internacional han disminuido la producción en los países pobres o la han reemplazado por importaciones más baratas, con la consiguiente pérdida de puestos de trabajo y el incremento de las desigualdades sociales. La pérdida de oportunidades y el deterioro de las condiciones en el propio país actúan como factores de expulsión.
- Los **flujos de capitales** generan un efecto inmediato de creación/destrucción de empleo (según entre o salga de ciertos países) que promueve, a su vez, un flujo de trabajo siguiendo al capital.

5.1. Tipos de emigración

Los principales colectivos que constituyen el núcleo de los flujos de trabajo o procesos migratorios son:

- La **élite empresarial.** Ejecutivos, empresarios y emprendedores migran desde y hacia todas las partes del mundo en busca de las mejores oportunidades de trabajo o negocio.
- La **élite profesional, artística, deportista y científica.** En su busca de mejores salarios o condiciones de trabajo, es frecuente la migración de los más destacados o cualificados en sus áreas. Especialmente gravosa para cualquier país es la «fuga de cerebros», la marcha de los mejores profesionales o científicos después de haberlos formado durante muchos años.
- Los **trabajadores no cualificados.** En busca de mayor bienestar o mejores condiciones laborales, este tipo de trabajadores de los países pobres emigran para emplearse en puestos de trabajo considerados indeseables o mal pagados por las poblaciones nativas de los países ricos, como son por ejemplo los del trabajo doméstico, la construcción o la agricultura.

> **!! *Atención***
>
> La «fuga de cerebros» es uno de los principales problemas para cualquier país: no solo se marchan quienes podrían levantar el país con su trabajo y talento, sino que además son otros quienes recogen el fruto de años de esfuerzo y formación. Y para cualquier Estado, lo más valioso de los trabajadores (ya sean nativos o emigrantes) son los impuestos y cotizaciones que generan, porque con ellos se construyen carreteras, hospitales, colegios, etc., es decir, se beneficia el conjunto de la sociedad.

Las élites, cualquiera que su país de origen, generan altos ingresos y, en la medida que tienen poca competencia en los puestos de trabajo que desempeñan, se integran con facilidad en los países de acogida dada su alta preparación o cualificación. En cambio, los trabajadores no cualificados se integran peor, ya que se trata del grupo migratorio más numeroso y compite con los trabajadores no cualificados nativos, así como con los grupos previos de emigrantes.

5.2. Los desafíos de las emigraciones

En los países desarrollados existe demanda de trabajadores no cualificados de otros países porque, por un lado, este tipo de emigrantes desempeñan tareas difíciles de cubrir con trabajadores nativos y, por otro, en principio estos trabajadores no presionan sobre la estructura de salarios como pudieran hacerlo los trabajadores ya establecidos.

No obstante, el efecto llamada ha sido tal que los países ricos se han visto obligados a restringir el número de inmigrantes no cualificados. Las políticas migratorias, normalmente restrictivas, agravan los problemas para los países pobres en tres frentes diferentes:

- **Sobreexplotación de los inmigrantes no cualificados en los países ricos,** ante el temor a mayores restricciones.
- **Mayor desigualdad en los países pobres.** Las remesas de emigrantes no compensan el efecto de la «fuga de cerebros» y agudiza las diferencias económicas entre quienes las reciben y quienes no.
- **Trata ilegal de las personas** que no han podido acceder legalmente a los países.

Las políticas migratorias son necesarias, pero sus características deben apoyarse en un marco internacional sólido y consensuado, basado en el respeto a las normas y el apoyo social. En este sentido, las recomendaciones de la Organización Internacional del Trabajo (OIT) son:

a) **Gestión de las migraciones apoyada en las normas,** para así desterrar la trata ilegal de personas y la explotación de los inmigrantes irregulares.

b) **Planificación consensuada entre los países de origen y los de acogida,** mediante sistemas, informados y transparentes, de categorías migratorias con fines de empleo, elaborados para dar respuesta a las necesidades legítimas y reales de cada país.

c) **Establecimiento de normas mínimas de empleo,** para todos los sectores de actividad con vistas a penalizar el abuso contra los trabajadores y desalentar el empleo irregular, tanto de trabajadores nativos como de emigrantes.

d) **Aplicación de planes contra la discriminación y la xenofobia,** para dar sostenibilidad a la cohesión social.

e) **Participación de todos los interlocutores sociales** en la elaboración y ejecución de la política migratoria, con el fin de recabar el máximo apoyo social.

Observatorio 4

¿Por qué no vemos a Messi o Ronaldo como emigrantes?

Nadie piensa en el argentino Leo Messi o en el portugués Cristiano Ronaldo como inmigrantes porque son multimillonarios y no tienen competencia en su puesto, de tal forma que nadie se plantea sustituirles con éxito a la hora de meter goles. Messi o Ronaldo son casos extremos, como también lo son los inmigrantes irregulares. Y mientras que a los primeros no se les considera inmigrantes, los segundos no pasan tan desapercibidos en su condición de competencia directa para los profesionales ya establecidos. Y ahí radica otra queja de los nativos poco formados: si hubiera escasez de mano de obra para cubrir esos oficios en los que ellos no deseaban trabajar, es probable que dejaran de estar tan mal retribuidos y, por tanto, quizá se plantearían cubrirlos. Esta es una creencia falsa porque hablamos de puestos que, al exigir muy poca preparación, contarían siempre con muchos aspirantes potenciales para cubrirlos. Con o sin inmigrantes, entraría en juego la ley de la oferta y la demanda. Esos puestos nunca estarían bien pagados.

Reflexiona

¿Regularizar a los «sin papeles»?

Los «sin papeles» son una fuerza de trabajo importante porque desempeñan trabajos mal pagados o poco atractivos para la población local. Pero regularizarlos no es una decisión sencilla para los gobernantes de los países desarrollados: cuantos más sean los comensales a la mesa del Estado del bienestar, menos toca a repartir entre quienes ya están sentados. Y aunque en el caso de regularizarlos estos emigrantes también pagarían impuestos y cotizaciones, para quienes se sienten perjudicados no está claro que vayan a aportar más de lo que recibirán.

Actividades

13> Los flujos de capital, ¿cómo propician las migraciones?

14> ¿Por qué crees que en los países ricos hay quien considera fuerza de reemplazo a los emigrantes?

Textos de apoyo

La economía del siglo XXI

A los economistas se los ha ridiculizado por haber sido incapaces de prever cambios trascendentales en el paisaje financiero y no haber advertido las señales de una catástrofe repentina del mercado de valores. Pero ahora, en los primeros años del tercer milenio, han surgido cuestionamientos más básicos que afectan a los cimientos mismos de la disciplina: resulta demasiado difícil ignorarlos.

El primero es el hecho de que sus doctrinas clave, las que encarnaron John Maynard Keynes (partidario del intervencionismo del Estado) y Milton Friedman (defensor acérrimo del libre mercado), fueron probadas hasta hacerlas añicos a lo largo del siglo XX, con frecuencia con resultados desagradables.

El segundo es un problema más básico. Desde los primeros días de la disciplina, la economía ha confiado más o menos en la idea de que los seres humanos se comportan de forma racional, es decir, que siempre actúan buscando su propio beneficio y que el conjunto de esas acciones, en un mercado que funcione plenamente, hará a la sociedad más próspera.

Sin embargo, esto no explica por qué las personas con tanta frecuencia toman decisiones que a todas luces van en contra de su propio interés. Una muerte prematura no beneficia a nadie, pero a pesar de toda la información disponible acerca de los peligros de la obesidad y el cáncer de pulmón, la gente continúa fumando y comiendo alimentos ricos en grasas. Argumentos similares se han planteado a propósito del cambio climático y la polución provocada por el hombre.

Nuevas disciplinas como la economía del comportamiento han revelado que la mayor parte del tiempo las personas toman sus decisiones basándose no en lo que más las beneficiaría, sino en la heurística (reglas generales fruto de su propia experiencia), o por imitación.

A la luz del hecho de que las personas no siempre actúan de forma racional, es probable que en el futuro los legisladores adopten una perspectiva más paternalista. De hecho, por ejemplo, existen ya propuestas para que se regule el mercado hipotecario de manera más rigurosa, de modo que a los consumidores les resulte menos fácil tomar decisiones que vayan en contra de sus intereses a largo plazo. Porque muchas familias que no tenían una posición acomodada aceptaron hipotecas sin darse cuenta de que cuando terminaran los años de tipos de interés bajos sus amortizaciones mensuales se dispararían repentinamente a niveles que no estarían en condiciones de pagar.

La economía se encuentra en un proceso de evolución que plantea un cambio radical de perspectiva: de una fe casi ilimitada en la capacidad de los mercados para decidir el mejor resultado se camina hacia una disciplina que cuestiona precisamente que los mercados siempre tengan esa capacidad. Como la novela moderna, que en lugar de limitarse a un único discurso escoge con sentido práctico entre una variedad de estilos diferentes, la economía del siglo XXI habrá de elegir elementos del keynesianismo, el monetarismo, la teoría de los mercados racionales y la economía del comportamiento para crear una nueva fusión.

Fuente: *50 Cosas que hay que saber sobre Economía.* Edmund Conway. Editorial Ariel.

1> Enumera tres ejemplos en los que quede claro que las personas actuamos en contra de nuestros propios intereses.

2> Averigua en Internet en qué consisten los estilos económicos citados en el último párrafo y describe sus ideas clave.

Mapa conceptual

COOPERACIÓN INTERNACIONAL

- ONU
- OMC
  - Comercio sin discriminación
  - Acceso previsible y creciente a los mercados
  - Promoción de una competencia leal
  - Fomento del desarrollo y de la reforma económicas
- FMI y BM
  - Lograr la estabilidad de los tipos de cambio
  - Asegurar la liquidez internacional
  - Crear un sistema multilateral de pago
  - Conceder préstamos internacionales
- OCDE
  - Liberalizar servicios y capitales

Desarrollo de la tecnología → **GLOBALIZACIÓN**
Normalización → **GLOBALIZACIÓN**
Oportunidades de financiación → **GLOBALIZACIÓN**
Homogeneización de gustos y necesidades → **GLOBALIZACIÓN**
Liberalismo económico → **GLOBALIZACIÓN**

GLOBALIZACIÓN — ámbitos:

- Comercial
- Productivo
- Financiero
- Cultural

Características de las organizaciones económicas

Organización económica	Técnicas de explotación en el sector primario	Especialización en el trabajo	Tecnología	Inversión de capitales	Comercio
Tradicional	Básicas	Poca	Rudimentaria	Escasa	Reducido
Moderna	Intensivas	Mucha	Puntera	Alta	Alto

Principios de la política de la UE en materia de medioambiente

- Cautela
- Acción preventiva
- Corrección en la fuente
- «Quien contamina paga»

Recomendaciones de la OIT en materia de emigraciones

a) Gestión de las migraciones apoyada en las normas
b) Planificación consensuada entre los países de origen y los de acogida
c) Establecimiento de normas mínimas de empleo
d) Aplicación de planes contra la discriminación y la xenofobia
e) Participación de todos los interlocutores sociales

N.º 15. Diario independiente de información económica **Economicus**

«La globalización está provocando un obsesivo afán de identidad, que va a provocar muchos enfrentamientos. Nuestras cabezas se mundializan, pero nuestros corazones se localizan».
José Antonio Marina, filósofo español (1939 -)

Pobreza, desigualdades y globalización

Yo quiero que haya un mundo sin pobres. Sin embargo, no sé qué pensar sobre las desigualdades. Depende de dónde vengan, de las causas, del nivel de desigualdad. Una persona rica y otra pobre pueden consumir de manera diferente, según sus apetencias, pero ser igual de felices. Los expertos dicen que la felicidad es importante pero que no se puede calcular; en cambio, sí podemos calcular la renta. Si quisiéramos un mundo igualitario con las dos personas felices, ya estaría bien. Pero como solo observamos la renta, vemos unas grandes desigualdades. Así que si ponemos un impuesto elevado al rico y se lo damos al pobre vamos a crear desigualdades de bienestar, que no igualdades de renta.

***SALA-I-MARTIN**

Antes de la Revolución industrial, casi todos los ciudadanos del mundo eran iguales, es decir, igual de pobres. Había un rey, había un césar, había un burócrata chino, había gente rica, pero eran poquísimos. La mayor parte de la gente, la mayor parte de los ciudadanos del planeta eran agricultores, en China, en América y en Europa, y vivían en niveles de subsistencia. Comían, se vestían y se morían. Es decir, estaban al nivel de subsistencia. Por lo tanto, en todo el planeta la gente era más o menos igual de pobre. Pero, de repente, en Inglaterra se inicia la Revolución industrial y la gente empieza a hacerse rica y cada año lo es más. En la Inglaterra de hoy, los ciudadanos de a pie viven mucho mejor de lo que vivía el césar o los reyes en el siglo XV. Tienen cosas que antes no tenían. Tienen dentistas, gafas, calefacción, CD, helados de vainilla y muñecas Barbie.

Si lo comparamos con la población de hoy, la situación previa a la Revolución industrial sería la equivalente a la de casi 7 000 millones de personas igual de pobres. De repente, los ingleses, que son pocos, empiezan a crecer. Ya no hay tantos pobres. Luego se apuntan los norteamericanos, el resto de Europa, Australia y Japón. Las diferencias van subiendo y, en términos de la población mundial, había 1 000 millones de ciudadanos —la OCDE, esencialmente— creciendo sin parar y 5 000 millones de personas pobres como ratas, viviendo en niveles de subsistencia. Esta es la historia del siglo XIX y de casi todo el siglo XX. Pero en 1980, y gracias a la formación de ese mercado mundial llamado globalización, pasan cosas fantásticas: 1 300 millones de chinos empiezan a crecer, 1 100 millones de indios empiezan a crecer, 300 millones de indonesios empiezan a crecer, 50 millones de malayos y tailandeses, también. Más de la mitad de la población del planeta, de repente, empieza a crecer. Y lo hace al 6, al 7, al 10 %. Es decir, que la mitad de los que estaban «abajo» antes de la década de los ochenta, convergen rapidísimamente hacia nuestros niveles. Y esto es lo que causa que las desigualdades empiecen a bajar: la mayor parte del planeta se ha apuntado a la Revolución industrial y sus rentas por primera vez en la historia convergen con las nuestras. Si antes de la globalización había un rico por cada cuatro pobres, resulta que ahora son casi tantos los ricos como los pobres. Y no solo eso, además esos ricos ya no se concentran en el mundo occidental, Japón y Australia. Las previsiones indican que en el 2030 China superará el PIB de EE. UU. y en el 2050 la India lo igualará. Otras superportencias económicas serán México, Rusia, Brasil y Suráfrica.

**(Basado en la intervención del autor en el Campus FAES. Navacerrada, Madrid [2006])*

Catedrático de la Universidad de Columbia, Nueva York, Sala-i-Martin es un duro crítico de la intervención gubernamental y un defensor acérrimo del libre mercado.

Reflexiona

1> ¿Qué distinción establece el escritor entre pobreza y desigualdad?

2> Según el autor, ¿en qué se parecen la Revolución industrial y la globalización?

3> Sala-i-Martin sostiene que el hecho de que haya más ricos no implica que haya más pobres, ¿no crees que esta afirmación constituye una contradicción? Argumenta tu respuesta.

Economicus **N.º 15. Diario independiente de información económica**

Una moneda mundial llamada Big Mac

ANXO PENALONGA

«¿Cuánto valdría un euro en dólares o en yenes, en un mundo sin fronteras ni manipulaciones? En un mundo así, una vez que se tuviera en cuenta el tipo de cambio de las distintas divisas, todo costaría lo mismo con independencia del lugar donde se viviera. Esto quiere decir que si un Ferrari cuesta 100 000 euros en Roma y 80 000 dólares en Nueva York, un euro equivaldría a 0,80 dólares. Pero los mercados distan mucho de ser eficientes, y el de las divisas no es una excepción. Los tipos de cambio no guardan relación con el poder adquisitivo que se puede ejercer realmente en cada país. Es entonces cuando se habla de que una divisa está depreciada o apreciada en relación con la que se compara. Siguiendo con nuestro ejemplo del Ferrari, y si en realidad un euro se cambia por 0,70 dólares, entonces el euro está depreciado y el dólar apreciado. Para solapar las dificultades de comparación del coste de vida entre distintos países, la revista *The Economist* propuso en su día un patrón distinto para realizar comparaciones: ni más ni menos que el precio de ciertas hamburguesas a lo largo y ancho del mundo. Nació así el índice Big Mac, un indicador que compara el precio en dólares de esta marca de hamburguesas a nivel mundial. En 2014, una de las hamburguesas más caras estaba en Noruega y valía 7,80 dólares, mientras que la más barata era la de la India, que podía adquirirse por 1,54 dólares. Esto quiere decir que la corona —la moneda noruega— y la rupia —la moneda india— eran la moneda menos valorada y la más valorada, respectivamente. Es en la India donde rinde más el dinero como consecuencia de que la rupia sea tan valorada: si tuviéramos 100 dólares en Oslo, podríamos comprar 12 hamburguesas, aproximadamente, pero en Mumbai podríamos adquirir 64».

Hemeroteca

1970-1989

La revolución informática. El crecimiento económico de los llamados países desarrollados parecía no tener techo, pero el embargo petrolero de principios de los setenta frena en seco el crecimiento de Europa, Norteamérica y Japón. Es el fin de la era de la energía barata. El nacimiento del ordenador personal marca un antes y un después en lo que se refiere a productividad y métodos de producción. El bloque soviético se derrumba, incapaz de afrontar los problemas reales de los ciudadanos.

La globalización ha venido para quedarse y está cada vez más presente en nuestra vida. Podemos criticarla, pero no podemos darle la espalda.

Lectura recomendada:

ECONOMÍA PARA ANDAR POR CASA

Pedro Pablo González Vicente, Olvido Macías Valle, Carlos Rodríguez Braun e Ignacio Rodríguez Burgos

Un economista y tres reconocidos periodistas sintetizan las dudas más comunes que afectan a cualquier ciudadano en España para convertirlas en preguntas que se responden de forma sencilla y clara, aclarando conceptos y desmontando tópicos. Estas preguntas se organizan en torno a temáticas comunes (familia, vivienda, empleo, seguros, impuestos, banca, inversión y economía). Su lenguaje llano y directo ya ha propiciado una segunda entrega después de que la presente alcanzara varias reediciones.

«¿Para qué sirve un economista? Mucha gente compara a este profesional con un aficionado al fútbol: conoce el juego perfecto en teoría, pero no salta al campo de juego. El economista, tampoco.

Esto es cierto en el sentido de que los economistas, como el resto de las personas, no lo saben todo: unas veces son bastantes ignorantes y otras son tan arrogantes que no reconocen su propia ignorancia. Sin embargo, no es verdad que los economistas tengan teorías perfectas, y tampoco que no salten al campo de juego. Un economista es una persona que estudia la acción humana desde el punto de vista de los recursos que utilizamos para mejorar nuestra propia condición, que es algo que hacemos todos; por eso, el economista está todo el rato fijándose en precios y costes, en valores y en productos. Sus teorías no son perfectas, como tampoco lo son las de ninguna otra disciplina, en particular las que se ocupan de la conducta de los seres humanos. Esa imperfección es lo que debería sustentar la modestia de los economistas, virtud que por desgracia no todos ostentan. Si son arrogantes y además pasan, por así decirlo, de las musas al teatro, o de la teoría a la práctica, los economistas pueden ser peligrosos. Si vemos dónde están los economistas comprobaremos que un porcentaje nada despreciable está en la Administración y en la política. ¡Hasta hay un ministerio que lleva su nombre! Un economista ignorante y arrogante que haga tonterías en su casa con su dinero causará daño a su familia y a pocas personas más. Pero uno que intervenga en la economía de un país entero puede causar un daño enorme a mucha gente. En el medio está el caso del economista que asesora a empresas o a inversionistas. Él también puede perjudicar a la gente, pero en este caso se trata de gente que se juega su propio dinero, y por eso mismo tenderá a ser cuidadosa con él, y a no creer todo lo que dice el economista».

Hoy recordamos a...

JOSEPH STIGLITZ

(Reino Unido, 1943-)

Profesor y premio nobel de economía.

Ha desarrollado conceptos tales como la «selección adversa», el «riesgo moral» o las «asimetrías en la información» para evidenciar la ineficiencia de los mercados. También ha participado en numerosos puestos de carácter político, como por ejemplo para la Administración Clinton o el Banco Mundial. *Globalización y sus descontentos* es uno de sus libros más importantes.

Cine Europa
Próximamente
En un mundo libre...

Director: Ken Loach.
Reparto: Julliet Ellis, Kierston Wareing, Leslaw Zurek y Colin Caughlin.

Sinopsis. Una trabajadora es despedida de su empleo y decide montar su propia empresa. En su negocio de contratación laboral, pronto pasa de insultar a sus antiguos jefes a comportarse como ellos.

Comentario. En un mundo cada vez más globalizado, denuncia la indefensión que caracteriza la vida laboral de los inmigrantes —mano de obra barata y fácil de despedir—, situación que puede llegar a extenderse a los nativos. El acierto del director estriba en plantear la película desde la perspectiva de una persona «bienintencionada» que aparentemente lucha por el bien del trabajador.

Claves de reflexión. Mercado laboral, ETT, inmigración, globalización y ética en los negocios.

Ejercicios

1. ¿Qué dos razones se apuntan en el texto como desencadenantes de la Segunda Guerra Mundial?

2. ¿Con qué objetivos nació la OMC?

3. Busca en Internet o en la prensa económica una noticia sobre la OMC y coméntala en voz alta para tus compañeros.

4. ¿Cuáles son los instrumentos normativos que utiliza la OMC para lograr sus fines?

5. ¿Con qué objetivos nacieron el FMI y el grupo del Banco Mundial?

6. ¿Por qué durante el siglo XX se declaró la no convertibilidad del dólar a cambio de oro?

7. ¿Por qué es importante la formación cultural y social para salir del subdesarrollo?

8. En la actualidad, ¿qué factores condicionan las relaciones económicas internacionales?

9. Cita tres ejemplos de productos que utilizamos habitualmente y siguen un estándar internacional.

10. ¿Qué crees que implica la continua liberalización en materia de comercio?

11. ¿Cuáles son y en qué consisten los ámbitos de la globalización?

12. ¿Por qué la globalización es actualmente uno de los grandes temas de debate a nivel mundial?

13. Imagina que eres el director general de una multinacional. Argumenta a favor de la globalización y defiende tu postura ante un compañero que opine lo contrario.

14. ¿Por qué la inestabilidad política es un freno para los países subdesarrollados?

15. En la I UNCTAD (Conferencia de las Naciones Unidas sobre Comercio y Desarrollo), llevada a cabo en 1964, se aprobó que los países ricos deberían realizar una aportación mínima del 1% de su ingreso neto en concepto de ayuda al desarrollo. De esta cuantía, un 0,7% debería ser la Ayuda Oficial al Desarrollo. Este porcentaje no se cubre en la mayoría de los países y, según los últimos informes, el volumen de las ayudas se aleja cada vez más del objetivo del 0,7%.

a) Averigua en Internet las cantidades y porcentajes de su PIB que destinan los países desarrollados, España incluida, a la Ayuda al Desarrollo.

b) Busca ejemplos que demuestren la utilización política de la Ayuda al Desarrollo.

16. ¿Qué apartado de la balanza de pagos de los países subdesarrollados es el que presenta un déficit crónico debido al pago de intereses de la deuda externa que deben efectuar?

17. ¿En qué se diferencia una organización económica moderna de una tradicional?

18. ¿Por qué crees que entre las medidas para luchar contra la pobreza en el mundo figura frenar el cambio climático?

19. ¿Por qué las élites migratorias pasan desapercibidas en los países receptores?

20. ¿Qué sentido tiene que los países de origen y los receptores de emigración fijen un sistema de categorías migratorias con fines de empleo?

21. ¿Cómo influyen sobre los emigrantes la aplicación de normas mínimas laborales para todos los sectores de actividad?

22. Define con tus propias palabras los siguientes conceptos:

a) Desarrollo económico.

b) Organización económica moderna.

c) Deuda externa.

d) Efecto invernadero.

e) Política medioambiental.

f) Desarrollo sostenible.

g) Efecto llamada.

h) Flujo migratorio.

23. Relaciona los siguientes titulares extraídos de la prensa económica con conceptos económicos estudiados a lo largo de esta unidad:

a) «Cada día, norte y sur se distancian más».

b) «Varias islas desaparecerán en los próximos años».

c) «Aumenta el número de pateras en el estrecho».

Ejercicios

24. Lee el siguiente texto y responde a las preguntas que se formulan a continuación:

> En 1976 Sufiya era una mujer extremadamente pobre de la región de Yobra, en Bangladés, que malvivía de la fabricación de taburetes de bambú. Como Sufiya no tenía dinero para comprar, se veía obligada a pedir prestados los cinco taka (0,10 euros, aproximadamente) que costaban las cañas de bambú. A cambio se comprometía a vender al prestamista los taburetes fabricados al ridículo precio de 5,50 taka. Los intereses eran tan abusivos que el margen de beneficio obtenido apenas permitía sobrevivir a Sufiya, pero esta no tenía más remedio que acudir a un usurero, prestamista oportunista o tiburón porque no podía acceder al crédito normal de un banco a causa de su incapacidad para ofrecer garantías. Su caso ilustra bien por qué un sistema de usura es una sutil forma de esclavitud: el margen de beneficio es tan pequeño que resulta imposible ahorrar para comprar materia prima, así que las «Sufiyas» quedan condenadas a volver al usurero para producir la siguiente remesa de taburetes. Muhammad Yunus y sus alumnos de la cercana Universidad de Chittagong hicieron un listado de 42 personas que fabricaban artesanías pero no tenían dinero para comprar la materia prima. El resultado fue sorprendente: esas 42 personas solucionarían su dependencia de los usureros con un préstamo total... ¡de 27 dólares! Yunus les dio el dinero de su propio bolsillo y los artesanos vendieron sus productos al mejor postor. Todos devolvieron el préstamo. Convencido de haber encontrado la piedra filosofal, Yunus contó a bancos y autoridades lo que había pasado. Fue inútil. «Los bancos solo prestan dinero a quienes no lo necesitan» es una frase que resume bien la respuesta con la que se topó. Originalmente fue pronunciada en la película *Las uvas de la ira,* protagonizada por Henry Fonda y basada en la novela de John Steinbeck, cuando un campesino pide un préstamo al banco y le es denegado ante la falta de avales ni riquezas que sirvan de garantía.
>
> Yunus perseveró y por fin un banco liberó créditos para toda la aldea de Yobra, si bien el profesor tuvo que firmar como avalista de todos y cada uno de los préstamos. Una vez más se produjo el aparente milagro: todos devolvieron la cantidad fiada. La fórmula se trasladó con éxito a cien aldeas más y, solo dos años después, en 1976, se fundaba el Banco Grameen (–«rural–»), una institución sin ánimo de lucro de la que se puede afirmar sin lugar a equivocaciones que ha salvado de la miseria a cientos de miles de personas. El Banco Grameen funciona a pie de calle y concede préstamos a 7,5 millones de personas en Bangladés, de los que el 96 % son mujeres pobres, siendo la tasa de devolución del 97 %. Y la actividad crediticia no se ha detenido ahí: desde su nacimiento, el banco ha prestado más de 10 000 millones de dólares entre los más de cuarenta países en los que opera.
>
> Fuente: *Homo Economicus,* Anxo Penalonga

a) ¿Cómo se convierten la usura o los préstamos abusivos en formas de esclavitud?

b) ¿Por qué crees que la mayoría de los destinatarios de los microcréditos son mujeres?

25. Dividíos en tres grupos y organizad un debate. Uno de los grupos argumentará a favor de la globalización defendiendo los intereses de las grandes empresas, y otro en contra. Un tercer grupo tomará notas sobre lo que los otros dos exponen y al final del debate propondrán medidas que concilien los intereses de ambas posturas. Todos los grupos deberéis llegar a un mismo acuerdo.

26. Razona la veracidad o falsedad de las siguientes afirmaciones:

a) Organismos como la OMC fueron referencia en cuanto a la normativa del comercio internacional durante el siglo XX.

b) El principio de «quien contamina paga» implica que cualquier problema ecológico debe solucionarse en el lugar en el que se ha producido.

c) Todos los inmigrantes compiten con los trabajadores nativos de los países receptores.

27. Temas de debate:

a) ¿Bienestar material equivale a bienestar humano?

b) ¿Qué medidas impulsarías para frenar una unificación de modas a lo largo del planeta?

c) ¿Cómo crees que deberían intervenir los Gobiernos en la globalización?

ANEXO

Con la vocación de ser un libro de economía no demasiado formal, ameno y con dosis de opinión, nació en el 2011 *Homo economicus,* una publicación del Grupo Planeta bajo el sello Gestión 2000. La idea era escribir sobre economía pero de una forma más directa, sencilla y amena. Para ello, la fórmula elegida fue la «relectura» de la actualidad con los ojos de un economista, esto es, utilizar noticias y temas de actualidad para analizar y comentar las grandes cuestiones de la economía. El resultado ha sido una publicación que se complementa a la perfección con tu libro de Economía de 1.° de Bachillerato de McGraw-Hill. Así, *Homo economicus* explica, al tiempo que entretiene, cuestiones tan interesantes como:

- ¿En qué nos parecemos un millonario, un bosquimano, usted y yo?
- ¿Por qué le llaman democracia cuando realmente es una oligarquía?
- ¿Por qué pagamos colegios privados cuando los resultados de la enseñanza pública son similares?
- ¿Qué tienen en común los vendedores de móviles y los traficantes de drogas?
- ¿Por qué no vemos a Kaká como un emigrante?
- ¿Por qué deberían echarse al monte los cerdos, los pollos y las vacas?
- ¿Por qué hay bancos que no piden avales a sus clientes pobres?
- ¿Por qué los Gobiernos gastan más de lo que ingresan?
- ¿Por qué las burbujas siguen cobrándose víctimas a pesar de los controles de bancos y Gobiernos?
- ¿Por qué los países que lo hacen todo ellos mismos son pobres?
- ¿Qué tienen en común las acciones de una naviera del siglo XVIII y las hipotecas *ninja* del siglo XXI?
- ¿Cómo es posible producir vino en la bodega de un barco?
- ¿Por qué debería haber más multinacionales en los países pobres?

Estas y otras preguntas fluyen a lo largo de 17 capítulos, los cuales, a grandes rasgos, guardan correspondencia con las unidades de este libro:

Capítulos de *Homo economicus*	**Unidades relacionadas en este libro**
1. Introducción	1
2. Democracia descafeinada	1, 2
3. Prisión *market*	4
4. El sueño de las bananas	4, 5
5. El dilema	3, 5
6. Las ventanas más famosas del mundo	5
7. Kaká	8, 14
8. La buena educación	2, 6
9. Tigres, toros y otros animalitos	2, 6
10. El barco mágico	2, 3, 13, 14, 15
11. Las gafas del primer mundo	13, 14, 15
12. Historia de un billete	9, 11
13. El invento de los orfebres	11, 12
14. El misterio de las burbujas asesinas	12
15. Nilómetros y bañeras	2, 6, 7, 9, 10, 14
16. El tren de los hermanos Marx	7, 11
17. Unos padres ejemplares	1

De acuerdo con la tabla expuesta, ofrecemos una selección de textos de *Homo economicus* para que puedas desarrollar los conceptos aprendidos en este libro.

El autor

Unidad 1

La razón de ser de la economía

«El premio que más nos atrae a los españoles es el Gordo de la Lotería de Navidad. En este sorteo tenemos tantas probabilidades de ganar como números tengamos sobre un total de 85 000. El *superincentivo* que constituye ganar un multimillonario premio de azar no debería ser una excusa para tirar el dinero, pero gastamos en este tipo de juegos a sabiendas de que todas las matemáticas del mundo están en contra de nosotros. En nuestro interior subyace el viejo anhelo de disponer de recursos ilimitados para satisfacer todas nuestras necesidades. Y por momentos, cuando imaginamos que el 22 de diciembre es nuestro número el que pronuncian los niños de San Ildefonso, nos sentimos como Adán y Eva en el jardín del Edén. Soñamos despiertos con la posibilidad de vivir sin estrecheces el resto de nuestra vida. En la película *El halcón maltés*, toda la trama gira en torno a una estatua de la antigüedad hecha de un material precioso. El protagonista, un detective interpretado por Humphrey Bogart, tiene una perspectiva muy distinta a la de los demás personajes de la cinta, los cuales únicamente se mueven movidos por la codicia. Cuando al final de la película le preguntan de qué está hecha la estatua —todo el mundo estaba dispuesto a morir por ella— él lo tiene claro: del material del que están hechos los sueños. ¿No valen los sueños más que los veinte euros que cuesta un décimo de lotería navideña? Yo diría que valen bastante más. Soñar es uno de los pocos rasgos que hacen que todavía se pueda creer en la humanidad. El *homo economicus* necesita soñar y emociona verlo entregado a sus anhelos».

Extracto del Capítulo 17
«Unos padres ejemplares»

Preguntas de reflexión:

1. Desde un punto de vista económico, ¿a qué se refiere el texto cuando dice que nos gustaría sentirnos como Adán y Eva en el jardín del Edén?
2. ¿Cuál es el coste de oportunidad de un décimo del Gordo?

Unidad 2

Organización y crecimiento

«Los tigres salvajes indios, de titularidad pública, son poco rentables en relación con lo que cuesta su protección. No voy a abundar en que el Estado indio no va tan sobrado de recursos como otros países más ricos. Vivo, el único provecho que se obtiene de unos animales tan difíciles de proteger es mediante su exhibición en las reservas. ¿Se puede lograr mayor implicación conservacionista por parte de los operadores de excursiones y safaris que ganan mucho dinero llevando a los turistas a ver animales exóticos? Sí, si el Gobierno obliga a todas las proveedoras de estos servicios. Si alguna de ellas aumentara por cuenta propia sus aportaciones a la conservación, las empresas que no hubieran hecho inversiones disfrutarían de los beneficios de los tigres que se han salvado sin coste alguno. La compañía de vocación conservacionista, en cambio, sufriría una doble desventaja en costes que podría llegar a expulsarla del mercado. Primero, si no traslada el coste de la inversión en conservación al precio de las excursiones, su margen de beneficios será menor. Segundo, a pesar de subir los precios no es seguro que convenza a los usuarios de safaris que son precisamente sus esfuerzos, y no los del Gobierno, los que están salvando a los tigres. Pero compensar a las operadoras turísticas por sus inversiones conservacionistas puede exigir el incremento del precio de las excursiones, de tal forma que serán menos quienes puedan gozar de ver al tigre en libertad. Incluso es probable que ni siquiera estas subidas sean suficientes para salvar al tigre porque dejan de lado un elemento esencial: siguen existiendo muchos incentivos para querer matarlo.

Para ser eficaz, cualquier estrategia debe alinear adecuadamente los incentivos de todas las partes implicadas, y esto implica seguir buscando motivos para que a la gente no le interese matar animales».

Extracto del Capítulo 9
«Tigres, toros y otros animalitos»

Preguntas de reflexión:

1. Dentro de las economías de mercado o mixtas, ¿dónde ubicarías el problema descrito en este texto?
2. Debate posibles soluciones para una mejor conservación del tigre.

Unidad 3

Producción y distribución

«El planteamiento de Henry Ford fue muy adelantado a su época. Se dio cuenta de que era mucho mejor vender muchas unidades con escaso beneficio que pocas con gran margen de beneficio. ¿Pero cómo hacer muchos coches baratos? La técnica que permitió a Ford abaratar la producción de automóviles es hoy de sobra conocida: la cadena de montaje. Los primeros Ford T, llamados popularmente Tin Lizzies, se vendieron en 1908 por 850 dólares y fueron necesarias trece horas de trabajo para montarlos. En 1924, y gracias a la mayor eficiencia y experiencia de los trabajadores en la cadena de montaje, el tiempo del proceso de fabricación se había reducido a hora y media y ya se vendían por 290 dólares. Que el Tin Lizzie fuera barato no explica que un obrero de la Ford cobrara un buen sueldo por montarlo; más bien al contrario, porque si lo esencial era vender un coche sin apenas beneficio no se tendrá que pagar mucho a los operarios. Una vez más Ford fue un visionario: no solo no escatimaba con los gastos laborales sino que pagaba espléndidamente a sus obreros. Por un lado, así se aseguraba la fidelidad de la plantilla y, por otro, al proporcionar ingresos superiores a los que se pagaban en el sector, era muy probable que ganara un cliente dispuesto a comprarse un automóvil. Y acertó en todos los sentidos: la mayoría de sus trabajadores acabó por comprarse un Tin Lizzie, y fuera de su fábrica la mitad de los coches que circulaban por Estados Unidos en los años veinte eran de este modelo.

Imponer la economía de escala no fue un problema para Ford en el gran mercado norteamericano. ¿Cómo se las arreglan las empresas en los mercados pequeños? Sencillamente hacen las maletas, se internacionalizan. Lo habrían hecho Renault y otras empresas europeas, pero en la Europa de principios del siglo xx ya sonaban los tambores de la Primera Guerra Mundial».

Extracto del Capítulo 5
«El dilema»

Preguntas de reflexión:

1. ¿Qué relación guardan la especialización y la cadena de montaje?

2. ¿Por qué crees que se abarató el precio del Ford T?

Unidad 4

El funcionamiento del mercado

«Los mercados nos hacen humildes e iguales porque, por encima de cualquier otra consideración, lo que cuenta es la aceptación que tiene el producto que comercialicemos en él. ¿Zanahorias, chocolate, cigarrillos, queso, jamón, margarina? Por muy importante que los prisioneros de los campos de concentración de la Segunda Guerra Mundial creyeran que era un producto de su paquete de la Cruz Roja, cada día se encontraban con el inapelable veredicto del mercado: una lata de jamón valía media libra de margarina, una ración de queso se cambiaba por siete cigarrillos, el pan equivalía a dos raciones de chocolate y una lata de zanahorias... Una lata de zanahorias no valía nada, así que todos los prisioneros se las comían sin mediar más consideraciones. Si estas hortalizas hubieran sido tan efectivas para mejorar la vista como se decía en la época, en pocos meses todos los prisioneros habrían podido prescindir de las gafas. Fue precisamente durante la Segunda Guerra Mundial cuando nació el mito de que el consumo de zanahorias mejora la vista. Para ocultar que el sistema de radar era el secreto tras el repentino incremento de derribos de bombarderos alemanes, la fuerza aérea británica difundió el rumor de que sus pilotos comían zanahorias para mejorar la agudeza visual. En realidad, los betacarotenos y la vitamina A presentes en la zanahoria mejoran la vista solo cuando existe un déficit previo de los citados elementos en la dieta. En todo caso, observe que en ningún momento hemos mencionado que el trabajo o la producción sean imprescindibles para que exista un mercado. En el caso de nuestros prisioneros, los envíos de la Cruz Roja constituían un maná celestial del que se les abastecía regular e igualitariamente sin que mediara actividad alguna por su parte».

Extracto del Capítulo 3
«Prisión *market*»

Preguntas de reflexión:

1. ¿Qué determina el mayor o menor precio de un producto?

2. ¿Qué papel juega la producción en la existencia de un mercado?

Unidad 5

Tipos de mercado

«¿Compramos libremente zumo de naranja u otros productos? Las empresas invierten gran cantidad de dinero en persuadir al público sobre la bondad de adquirir sus productos. También crean demanda sobre sus propios productos tratando de ajustar los gustos y las preferencias de los consumidores a su conveniencia. ¿Somos conscientes de la cantidad de impactos publicitarios que recibimos a lo largo de un día o hasta qué punto influyen en nuestras decisiones? No, pero numéricamente es posible establecer una ratio relacionando anuncios y espectadores. Los profesionales suelen manejar una cifra media de tres mil impactos publicitarios al día para alguien que viva en una ciudad y consulte los diferentes medios de comunicación. En total, se llega a más de un millón de impactos anuales. No obstante, existe una desproporción entre la influencia de los distintos medios: de esos tres mil señuelos diarios, los más efectivos son los noventa recibidos por televisión, que representan el 50 % de todos los recordados por los consumidores. Por lo tanto, no tiene que preocuparle su salud mental si identifica automáticamente las frases "yo no soy tonto" con Mediamarkt, "destapa la felicidad" con Coca-Cola, "Posiblemente la mejor cerveza del mundo" con Carlsberg o "¿te gusta conducir?" con BMW. Es normal asociar un eslogan a una marca, e incluso al revés.

Algunos de los recuerdos de mi juventud son esos tándems eslogan-marca. Por ejemplo, asocio las palabras "buenas costumbres" a la marca de aceite Carbonell. "Buenas costumbres Carbonell" es el lema de una campaña publicitaria con tantos años que ni siquiera he podido encontrar vestigios de ella en Internet. Si es cierto que una mentira cien veces repetida se convierte en una verdad, no lo es menos que, nos mientan o no, tenemos muchas verdades publicitarias en la cabeza».

Extracto del Capítulo 4
«El sueño de las bananas»

Preguntas de reflexión:

1. ¿Por qué las empresas tratan de ajustar los gustos y preferencias de los consumidores a nivel mundial?
2. ¿Por qué crees que la televisión es el medio publicitario más influyente?

Unidad 6

Los fallos del mercado

«Los expertos *economicus* denominamos *puros* a aquellos bienes públicos de los que se puede disfrutar de forma plena independientemente de la cantidad de usuarios. El ejemplo por excelencia es un faro. Un punto de luz en el mar orienta la navegación sin importar cuántos barcos lo utilicen como referencia. En cambio, los bienes públicos *impuros* sí se enfrentan al problema de que su aprovechamiento va a ser desigual porque existe rivalidad entre los usuarios. ¿La enseñanza es de la misma calidad en una escuela pública en la que el ratio es de treinta alumnos por profesor que en otra donde es de quince? No, por supuesto: cuanto mayor sea la cuota de atención del profesor a cada alumno, mayor será la calidad de la docencia y mejores los resultados académicos. Es fácil que la masificación ocasione una cascada de fallos del mercado. Beneficios para los propietarios de viviendas cercanos a colegios menos concurridos, ingresos para los profesores particulares contratados como apoyo, más empleo para sustitutos que relevan al sobrecargado profesor titular...: son todas desviaciones de recursos que disimulan el problema real que representa el que la escuela pública no esté suficientemente bien dotada. En todo caso, si *"puro"* significa libre y exento de mezcla o imperfección moral, un bien puro es uno moralmente perfecto. Al menos sobre el papel no se nos pueden negar a los expertos *economicus* nuestras buenas intenciones: definimos como perfectos aquellos bienes que pueden ser disfrutados sin restricciones por todos».

Extracto del Capítulo 8
«La buena educación»

Preguntas de reflexión:

1. Razona si sería posible un mundo en el que solo existieran bienes puros.
2. Según el texto, ¿por qué se originan los fallos del mercado en lo que a la educación pública respecta?

Unidad 7

Indicadores económicos: producción

Cuando el dinero fluye parece que la economía va bien. Tanto da que hablemos de Venezuela o de España. En contextos de dinero abundante, los *economicus* nos sentimos más ricos y nos lanzamos a comprar más. Como las cifras de ventas de las empresas suben, caemos en un espejismo. Y si no atención a este pequeño relato:

«En un pequeño país que vive del turismo, sus habitantes están sufriendo duramente la crisis económica cuando un millonario llega al hotel de la localidad a pasar unas vacaciones. El millonario pide ver las habitaciones, pero antes deja un billete de cien dólares sobre el mostrador de la recepción. Mientras el conserje enseña las habitaciones del hotel al millonario, el dueño del establecimiento coge el billete y corre a pagar su deuda con el carnicero. Nada más cobrar, el carnicero corre a pagar su propia cuenta con el criador de cerdos, y este, cuando cobra, corre a pagar al que le suministra el pienso. A su vez, este sale a pagar lo que le debe a la prostituta local, que con el billete de cien dólares va al hotel que utiliza para su trabajo, y con el que también tiene una deuda, y deja los cien dólares en el mostrador de recepción. En ese momento, el millonario, que ha acabado su inspección del hotel, decide que no le gusta ninguna habitación, coge su billete y se marcha». (*)

Sí, momentáneamente hay más dinero en manos de las personas, pero no porque se haya creado riqueza, sino porque la autoridad monetaria ha puesto en marcha las imprentas y el dinero circula. En el hotel no se ha alojado ningún millonario y, sin embargo, el dueño del hotel, el carnicero, el criador de cerdos, el suministrador de piensos y la prostituta han pagado sus deudas. Aliviados, los protagonistas de este relato podrían creer que la crisis está pasando; sin embargo, las habitaciones del hotel siguen vacías.

Extracto del Capítulo 16.
«El tren de los hermanos Marx»

(*): Anécdota citada por Victoria Toro en el suplemento dominical *Mercados de La Voz de Galicia,* diciembre de 2010.

Preguntas de reflexión:

1. ¿Qué es lo que hace creer que la crisis está pasando?
2. ¿Qué tiene que pasar realmente para que se produzca crecimiento económico?

Unidad 8

Indicadores económicos: empleo y precios

«En la película *Arcadia,* de Constantin Costa-Gavras, un alto ejecutivo de una fábrica de papel es despedido junto con cientos de sus compañeros debido a un expediente de regulación de empleo. En principio la medida no le preocupa: es joven, cuenta con una preparación excelente y cree que no tardará demasiado en recolocarse en un puesto de nivel similar. Tres años después, aún sin trabajo y con los ahorros al límite, solo tiene en mente sobrevivir y preservar su bienestar y el de los suyos. Uno por uno, el protagonista [...], mata a todos los candidatos que podrían optar al puesto laboral que él ansía: la gerencia de la corporación papelera Arcadia. Eliminar a la competencia para asegurar la elección es un caso realmente extremo, pero la abundancia de rivales en un mundo en el que lo que prima es lo escaso ciertamente es decisiva. Los *supertrabajadores* son los únicos que no tienen competencia. Un deportista de élite, como por ejemplo el futbolista de la primera división española Kaká, no tiene que preocuparse de potenciales competidores. Es tan capaz en lo suyo que no precisa de ayudas o barreras para conseguir buenas condiciones laborales y salariales. En cambio, los trabajadores *economicus* normales, conscientemente o no, nos vemos en la obligación de echar mano de todos nuestros recursos para eliminar o limitar la competencia. No es para menos, el trabajo constituye la principal fuente de ingresos para la mayoría de las familias. Y un buen trabajo no se consigue así como así. Una barrera laboral que suele pasar desapercibida es la acción de los sindicatos. Al estar amparados por la ley, acostumbramos a pensar en los sindicatos como entidades humanitarias que velan por las condiciones laborales de *todos* los trabajadores. Lo cierto es que no se trata de instituciones públicas ni solidarias, sino de clubes que velan por los derechos de *sus* trabajadores, esto es, de aquellos de entre sus afiliados que están trabajando, pero no de los trabajadores que desean ingresar en esta o aquella profesión».

Extracto del Capítulo 7
«Kaká»

Preguntas de reflexión:

1. ¿Qué opinión te merece la actitud adoptada por el protagonista de la película *Arcadia* para lograr trabajo?
2. Según el texto, ¿qué se entiende por *supertrabajador*?

Unidad 9

Las fuerzas internas del mercado

«Si quieres saber el valor del dinero, trata de obtenerlo prestado». Lo dijo Benjamin Franklin, científico y estadista estadounidense al que debemos el pararrayos y que participó activamente en el proceso de independencia de su país. Se le considera uno de los padres de la patria y es una de las efigies más difundidas de la historia: no en vano se le da su nombre al «Big Ben», que es como se conoce popularmente al billete de cien dólares estadounidense.

Quienes prestan dinero entienden que les compensa renunciar a consumir en el presente para poder consumir mayor cantidad en el futuro, una vez que se les haya devuelto el préstamo junto con la recompensa, llamada interés. En el lado contrario están quienes prefieren el consumo presente , razón por la que comprometen su renta futura para hacer frente a la devolución del principal y los intereses. El tipo de interés de un préstamo se calcula en forma de recargo sobre la cantidad prestada y, lógicamente, cuanto más alto es el tipo de interés, mayor es el incentivo para animar al prestador a que renuncie a consumir en el presente. Hoy en día todo esto suena muy lógico, pero no siempre fue así. Recordemos que el *homo economicus* es un egoísta impuro y entre esas impurezas se contaron hace unos siglos las que se derivaban de la religión. Durante buena parte de la Edad Media, la Iglesia católica condenó el cobro de intereses, denominándolo peyorativamente «usura». San Buenaventura, teólogo franciscano del siglo XIII , resumió perfectamente el sentir eclesiástico: con el cobro de intereses se vende el tiempo, y el tiempo solo pertenece a Dios. La Iglesia se mantuvo en sus trece hasta finales de la Edad Media. El ascenso del protestantismo durante el siglo XVI provocó una lenta revisión de ideas a favor del cobro de intereses. Hasta entonces —y después también— los judíos fueron los encargados de ejercer de banqueros de Europa. Ellos adelantaron varios siglos lo que hoy es la principal función de la banca moderna: intermediar entre quienes ahorran y quienes prestan dinero.

Extracto del Capítulo 12
«Historia de un billete»

Preguntas de reflexión:

1. ¿Por qué los europeos cristianos no cobraban intereses por los préstamos?

2. ¿Cómo ganan dinero los bancos?

Unidad 10

Las políticas macroeconómicas. La política fiscal

«Una metáfora adecuada para no confundir déficit público y deuda es una inmensa bañera. El agua que, año a año, va llenándola es el déficit, mientras que la deuda es el total de agua acumulada a lo largo de los años. Cuando el agua rebosa es que el país ya debe más dinero del que gana. A esas alturas, con el agua empezando ya a filtrarse entre los azulejos hacia el piso de abajo, ese país tiene muy mermada su capacidad para devolver la deuda, como pasó con Grecia y —con matices— con Irlanda en el 2010. Hoy por hoy quienes tienen más llena su bañera en la UE son los países del sur de la eurozona, con problemas fiscales y altos niveles de endeudamiento. En el 2010 y el 2011 las bañeras de Grecia, Irlanda y Portugal perdieron agua y los demás países de la zona euro acudieron en su ayuda con nada más y nada menos que unos cientos de millones de euros. La razón de tan gigantesco rescate se encuentra en las deudas entrecruzadas que tienen entre sí los socios de la eurozona. Resulta que si Grecia no paga puede meter en problemas a Francia, el Reino Unido o Alemania porque, a su vez, estos países tendrán problemas para atender sus pagos. Francia también se la juega con España e Italia. España depende de los pagos de la deuda de Portugal. Irlanda es un problema para la banca inglesa y alemana, etc. Porque, aunque no lo hayamos mencionado hasta ahora, se podrán imaginar que los bancos, instituciones financieras privadas, son los principales adquirentes de los títulos de deuda pública: de igual forma que prestan dinero a particulares y empresas, también se lo prestan a los Estados a cambio de un interés fijo».

Extracto del Capítulo 15
«Nilómetros y bañeras»

Preguntas de reflexión:

1. Explica con tus propias palabras la diferencia entre deuda y déficit.

2. ¿Por qué la UE rescató a Grecia, Irlanda y Portugal?

Unidad 11

El dinero, los bancos y la política monetaria

«Uno de los negocios que florecen en tiempos de crisis es el de cobro de morosos. Como la gente deja de pagar más que antes, los banqueros se vuelven más cautos. Lejos quedan los tiempos en los que, gracias a cierto relajamiento en los filtros de selección, se concedían alegremente los préstamos. Concretamente, en el caso de España el pinchazo de la burbuja inmobiliaria ha dejado en el armario de los bancos un montón de créditos tóxicos de difícil cobro. Y las garantías de esos créditos son casas y propiedades que valen menos que el crédito concedido para su compra. Por tanto, las familias ni siquiera tienen la oportunidad de vender esas propiedades. Las familias no solo se abstienen de comprar casas y solicitar créditos hipotecarios, sino que tampoco piden créditos al consumo. Al miedo o al padecimiento del paro hay que sumarles la falta de confianza en el futuro y el enorme endeudamiento contraído durante la época de vacas gordas. Cuando hay nubarrones en el horizonte, los *economicus* guardan la ropa. Ahorran mucho más que antes para poder devolver lo que deben a los bancos y, por supuesto, solicitan menos créditos a la espera de que baje el precio de la vivienda o a que las condiciones del mercado de trabajo mejoren. Un parado o un trabajador que ve peligrar su puesto de trabajo no piensan en comprarse una casa o un coche. Y por tanto, no solicitan ni créditos al consumo ni créditos hipotecarios.

Las otras víctimas inocentes de la crisis, las empresas, dejan de pagar a sus empleados porque han cerrado o no están en condiciones de afrontar gastos con regularidad. Al igual que las familias, tienen que desendeudarse, y eso significa pedir menos créditos. No en vano, todavía tienen que devolver el enorme volumen de créditos que ya tienen concedido. Además, como pintan bastos, invierten menos, aumentan en menor cuantía su capacidad productiva, compran menos maquinaria, contratan menos personal, etc. Un ejemplo muy claro en el caso español son las promotoras inmobiliarias o las empresas vinculadas al sector de la construcción, como las de muebles, electrodomésticos, menaje del hogar, etc.».

Extracto del Capítulo 13
«El invento de los orfebres»

Preguntas de reflexión:

1. ¿Qué papel juegan los bancos en las sociedades modernas?
2. ¿Qué tienen que ver los filtros de selección de prestatarios con las crisis?

Unidad 12

El sistema financiero español. La bolsa

«Sé temeroso cuando otros son codiciosos y codicioso cuando otros son temerosos, es un lema de Warren Buffet, una de las mayores fortunas del planeta. Pero la historia está llena de ejemplos en el sentido contrario y, además, con la particularidad de que la mayoría de los poco prudentes inversores se arriesga con dinero que no es suyo. Lo que permitió la expansión de los contratos de futuros tulipanes neerlandeses en el siglo XVII fue la posibilidad de hacer la compra entregando una señal. En el XVIII, el valor de las acciones de la Compañía de los Mares del Sur creció como la espuma porque todo el mundo prestaba dinero a potenciales inversores. En el siglo XX y el presente, y ya con los bancos asentados como prestamistas principales, el error se ha sistematizado: demasiada gente utilizando dinero mayormente prestado ha comprado algo que parecía muy buena inversión pero no ha resultado serlo porque en un momento dado ha prevalecido el exceso de oferta. En consecuencia, y si no quiere ser víctima de una burbuja, desconfíe cuando los bancos ofrecen condiciones excelentes a todo el mundo —subrayo lo de todo el mundo— para invertir en algo. En cuanto mucha gente tenga ese algo, ya no resultará tan apetecible poseerlo y bajará de precio. Da igual que se trate de tulipanes, títulos de renta fija, acciones o casas. No obstante, si usted cree que es capaz de entrar en el mercado y salir antes de que la burbuja estalle, adelante..., pero recuerde que siempre hay posibilidades de una brusca caída al grito de "sálvese quien pueda". O de "tonto el último"».

Extracto del Capítulo 14
«El misterio de las burbujas asesinas»

Preguntas de reflexión:

1. ¿Qué dicho de la sabiduría popular encierra el lema de Warren Buffet?
2. Según el texto, ¿cuál es el error cometido por los inversores en las grandes burbujas de la historia?

Unidad 13

Comercio internacional

«La existencia de aranceles infla el precio de los productos importados e, indirectamente, el de los productos nacionales. Si una camisa llega a la frontera valiendo cuarenta euros y se le impone un arancel del 10%, los importadores pagan el impuesto de cuatro euros y posteriormente añaden al producto ese importe para recuperar el peaje pagado. Así, el precio de venta de la camisa sube hasta los 44 euros. Supongamos que los fabricantes locales son capaces de poner a la venta una camisa similar por 41 euros. De no existir el arancel, estos productores se verían en la obligación de ser más competitivos en prestaciones o precio para poder competir con las camisas extranjeras pero, en lugar de eso, se encuentran con que no hay problema si suben el precio hasta los 43 euros. ¿Explica la etiqueta del producto nacional que en realidad usted podría adquirir una camisa de utilidad similar por cuarenta euros pero que los tres euros restantes son prácticamente un impuesto? Por tanto, los beneficios de la existencia de aranceles son palpables solo para los fabricantes locales de camisas y los sindicatos del ramo. Se puede argumentar que los cuatro euros por camisa pagados por los chinos en la aduana, en la medida en que son ingresos públicos, serán destinados a servicios públicos; o que los fabricantes locales de camisas aprovecharán el incremento no justificado de dos euros para crear puestos de trabajo. Sin embargo, todo eso es muy relativo, ya que el destino final de esos aranceles también puede ser un fin no deseado por los ciudadanos; en cuanto a las ganancias extras de los empresarios, quizá sí generen algunos puestos de trabajo, pero el arancel será un freno perpetuo a los incentivos para mejorar la calidad de sus productos».

Extracto del Capítulo 10
«El barco mágico»

Preguntas de reflexión:

1. La existencia de aranceles, ¿cómo afecta a la competitividad de los productores nacionales?

2. ¿Quiénes son los principales perjudicados por la existencia de aranceles?

Unidad 14

Integración económica: la Unión Europea

«Es lógico que el rechazo de los trabajadores nativos hacia la inmigración aumente cuanto menores sean la formación propia y los escrúpulos que demuestren los competidores inmigrantes. Pero más que una cuestión de racismo, tal como argumentan algunos, es un asunto de interés personal. Al poseer pocas habilidades con las que reorientar su vida laboral, los trabajadores poco cualificados establecidos se sienten atrapados dentro de una profesión en la que ya compiten con mucha gente del propio país. Es por ello que se resisten a la incorporación de nuevos profesionales, sean de la nacionalidad que sean. Ante la presión de las oleadas de recién llegados, estos trabajadores ya establecidos podrían pensar en emigrar a su vez, pero lo habitual en Europa es engrosar las listas del paro. Las particularidades lingüísticas y culturales, más acusadas entre los países europeos que entre los estados de EE. UU., constituyen una importante restricción a la hora de cambiar de residencia. En todo caso, lo curioso es que las personas más afectadas por la nueva ola de trabajadores poco cualificados son los grupos previos de emigrantes. Y es que las capacidades o motivaciones de los recién llegados son similares a las de los que fueron emigrantes. Por otra parte, para los trabajadores cualificados locales es fácil hablar de integración. La mayoría de los inmigrantes no compiten con ellos. Amparados en una titulación universitaria pueden acceder a puestos de trabajo vedados a los menos preparados, sean nativos o no. Y son muchos más los inmigrantes sin formación.

En cambio, el trabajador formado de cualquier país tiene muchos menos incentivos para emigrar que el resto de sus compatriotas y no suele plantearse abandonar su hogar, a no ser que pueda acceder a un buen puesto en el país de destino».

Extracto del Capítulo 7
«Kaká»

Preguntas de reflexión:

1. ¿Cuál es el factor que dificulta la movilidad laboral entre los países europeos?

2. Según el texto, ¿por qué la emigración es menos problemática para los trabajadores nativos más cualificados?

Unidad 15

La globalización y los desequilibrios de la economía mundial

«Hoy en día, un ciudadano de a pie disfruta de mayor calidad de vida que cualquier rey europeo de la antigüedad. ¿O cuánto creen ustedes que habría pagado el Rey Sol por disponer de una carroza autopropulsada llamada automóvil, hablar desde cualquier lugar del reino por un teléfono móvil o escuchar miles de conciertos de música clásica gracias a un iPod? Si antes de los años ochenta se podía decir que en el planeta había un rico por cada cinco pobres, ahora ese ratio ha saltado por los aires. China, India, Indonesia, Brasil, Rusia... un par de miles de millones de personas —que se dice pronto— han protagonizado una Revolución industrial acelerada que las ha enganchado al vagón del primer mundo. Y no solo eso, sino que algunas de las naciones citadas se postulan como las grandes potencias del siglo XXI. Si la Revolución industrial marcó el auge de los mercados de los países que la emprendieron, la globalización, con Internet y las nuevas tecnologías, ha derribado las fronteras entre los mercados de todo el mundo. El mercado se ha convertido en un fenómeno global en tan solo veinte años. Entonces, ¿por qué tiene tan mala prensa la globalización? Simplemente porque los *economicus* vivimos enfrentados a nuestros deseos: una cosa es lo que el mundo es, y otra lo que nos gustaría que fuera. Gracias a la globalización los ricos cada vez son más ricos, pero eso no quiere decir que haya más pobres que antes. Sí, todo es mejorable pero objetivamente la humanidad está mucho mejor que antes. No obstante, el *homo economicus* es un inconformista nato. Hay quienes siguen viendo el vaso medio vacío».

Extracto del Capítulo 11
«Las gafas del primer mundo»

Preguntas de reflexión:

1. ¿Cómo ha propiciado la globalización la creación de un mercado mundial?
2. ¿A qué se refiere el texto cuando habla de que el *homo economicus* es un inconformista nato?

MICROECONOMÍA

1. La razón de ser de la economía
2. Organización económica
3. Producción y distribución
4. Funcionamiento del mercado
5. Tipos de mercado
6. Fallos del mercado

UNIDAD 1

Recursos Limitados

Ocasiona

Necesidades ilimitadas — Problema de la escasez económica

Para administrar lo escaso surge la

ECONOMÍA — Elegir es renunciar

El coste de oportunidad es aquello a lo que se renuncia

Decisiones sobre bienes y servicios para satisfacer necesidades humanas.

ACTIVIDADES ECONÓMICAS

Consumo — Producción — Distribución

Plantean

PROBLEMAS ORGANIZATIVOS BÁSICOS

¿Qué producir? — ¿Cómo producir? — ¿Para quién producir?

La respuesta a estas preguntas da lugar a distintos...

SISTEMAS ECONÓMICOS

UNIDAD 3

Perspectiva: Económica — Funcional utilitaria — Técnica

Posibilidades de producción: Recursos productivos disponibles — Tecnología empleada

Decisiones

¿Qué tecnología emplear? — Eficiencia técnica

¿Qué combinación de recursos seleccionar? — Eficiencia económica

La actuación del sector público en los sistemas de mercado mixtos se concreta en dos áreas bien diferenciadas: por un lado y en aras de la equidad, trata de paliar los fallos de mercado; por el otro, trata de ser eficiente para lograr los mejores resultados en términos de producción, empleo y precios.

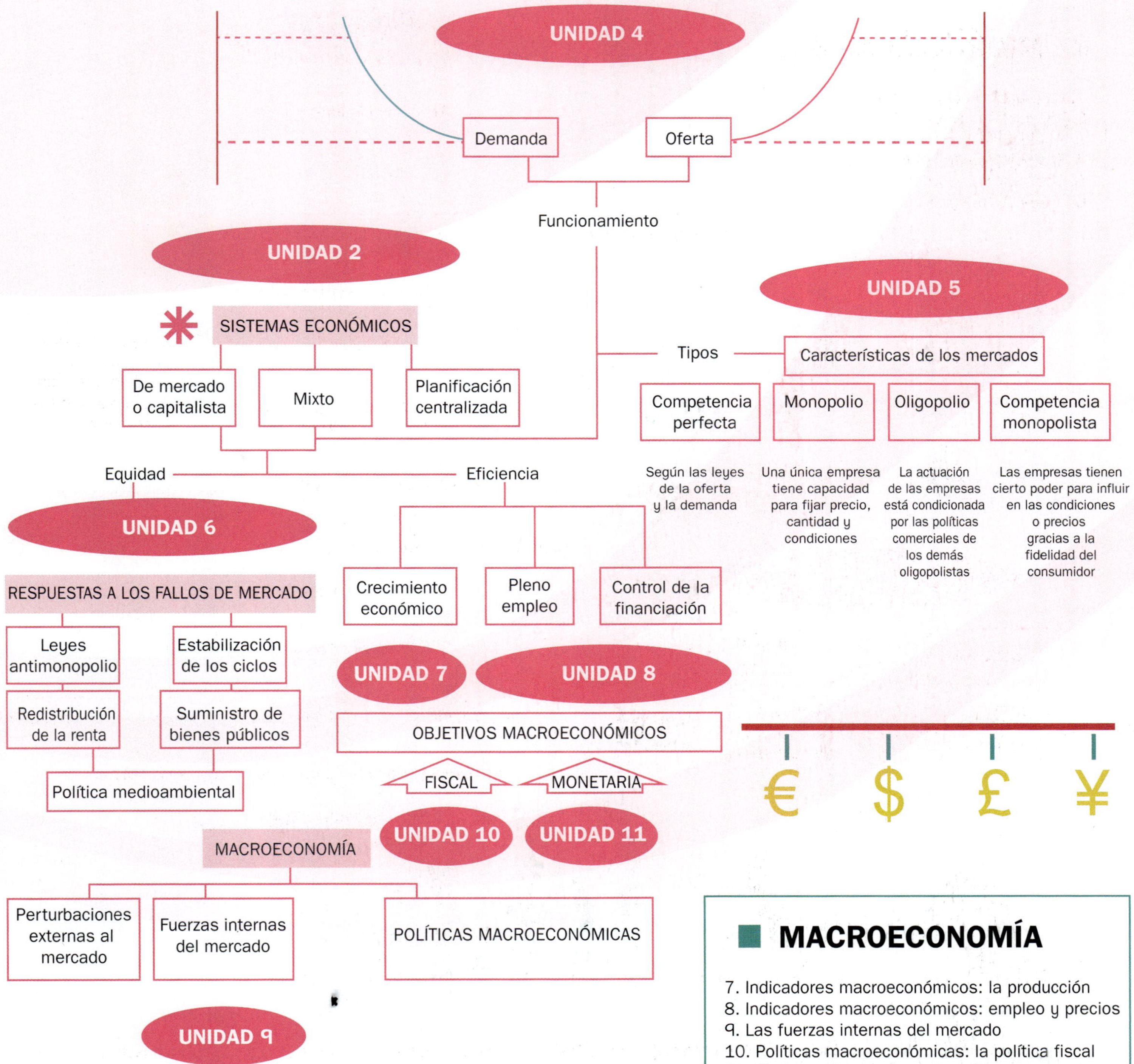

MACROECONOMÍA

7. Indicadores macroeconómicos: la producción
8. Indicadores macroeconómicos: empleo y precios
9. Las fuerzas internas del mercado
10. Políticas macroeconómicas: la política fiscal
11. El dinero, los bancos y la política monetaria